माँ

संपादकों का मातृस्मरण

संपादन : संदीप रामराव काळे

हिंदी रूपांतरण : धिरज बालासाहेब पावडे

Maa : Sampadakon ka Matrusamran
First Published in Hindi by Sakal Media Pvt. Ltd.
© Sandip Ramrao Kale

माँ : संपादकों का मातृस्मरण

संपादन	: संदीप रामराव काळे
प्रथम संस्करण	: मार्च 2021
हिंदी रूपांतरण	: धिरज बालासाहेब पावडे
अंतिम शुद्धिकरण	: डॉ. रजनी रणपिसे
मुखपृष्ठ	: नयन बाराहाते
टायपिंग और डिजाईन	: संदीप घावरे
प्रकाशक	: सकाळ मीडिया प्रा. लि. 595, बुधवार पेठ, पुणे 411002
ISBN	: 978-93-89834-46-8
अधिक जानकारी के लिए	: 020-2440 5678 / 88888 49050 sakalprakashan@esakal.com

दोस्त...
माँ समान भी हो सकता है...।
चित्रकार
नयन बाराहाते जी को... एवं
ब्रह्मांड का सारा प्रेम, वात्सल्य, करुणा,
सौंदर्य जिसमें समाया है,
उस विश्व की महान योद्धा माँ
की प्रतिनिधि
मेरी माँ
सौ. शालिनी बालासाहेब पावडे को...

प्रास्ताविक

विश्व की उत्पत्ति कैसे हुई? कब हुई? इस विषय की संकल्पनाओं का कोई अंत नहीं, वह असीम है। निर्जीव से जीवित्व की ओर यह प्रवास हुआ होगा। संस्कृति एवं सभ्यता के निर्माण में जिस की अहम भूमिका होती है, संपूर्ण पारिवारिक व्यवस्था का भार जिस पर होता है, वह होती है माँ। माँ, जो जन्म देती है, माँ जो पालन-पोषण करती है, माँ जो संस्कार देती है, जो बुरी नजर एवं बुरे विचारों से बचाती है, वह माँ ही होती है। माँ की महत्ता का वर्णन करना शब्दों के बस की बात नहीं है। शब्दों की अलंकारिकता एवं चमत्कारिकता भी फीकी लगे इतनी अपार महिमा होती है, 'माँ' इस विश्वात्मक रिश्ते की।

सच में माँ ही घर में भरा-पूरा गाँव होती है, माँ ही अपना विश्व होती है। जब हम लोगों से घिरे होते हैं, या कामों में कितने भी व्यस्त हो, पर एक क्षण के लिए भी जब उसकी याद आती है और वह सामने ना हो तो, दिल में अजब सी कसक की अनुभूति होती है। जी मचलने लगता है। 'माँ' शब्द के केवल उच्चारण से अथवा दिल में 'माँ' की याद आते ही हमें स्वयं को छोटे बालक की अनुभूति होती है। इसमें उम्र का कोई बंधन नहीं है। जब तक माँ की छत्र-छाया होती है, तब तक आप मान सम्मान से एवं पद-प्रतिष्ठा से कितने ही बड़े क्यों ना हो, 'माँ' के सामने बालक ही होते हैं।

मेरी सामाजिक एवं राजनैतिक समझ बूझ माँ के कारण ही बढ़ी। मेरे जन्म से पूर्व मेरी माँ शारदाबाई पवार पुणे जिला लोकल बोर्ड पर चुनाव जीतकर प्रतिनिधि हो चुकी थी। हम सभी भाई बहन माँ को 'बाई' नाम से संबोधित करते थे। अपनी हर संतान शिक्षित हो, विभिन्न क्षेत्रों में अपनी क्षमताओं से स्वयं को सिद्ध करें, यही बाई का लक्ष्य था। माँ ने बहुत सम्मान के साथ पारिवारिक और राजनैतिक जिम्मेदारियों को संभाला। यही कारण था कि, हम सभी अपने-अपने क्षेत्र में खुद को स्थापित कर पाए। मुझे राज्य का मुख्यमंत्री बनना चाहिए, यह उसका सपना था। मैं मुख्यमंत्री भी हो गया, पर यह देखने के लिए माँ इस दुनिया में नहीं थी। इसका दुःख मुझे हमेशा रहा।

संदीप काळे द्वारा माध्यमों के गणमान्य संपादकों के सभी संपादित लेख पढ़ने के बाद यह एहसास हुआ कि, विपरित स्थितियों से हमेशा दो हाथ करने वाली,

निडर, बच्चों की भलाई के लिए जी जान से लगन से कार्य करने वाली, कभी मोम सी मुलायम, तो कभी पत्थर से भी सख्त, बच्चों का भविष्य संभालने वाली, वात्सल्य मूर्ति अगर कोई है, तो वह केवल 'माँ' ही है। माँ इस एक शब्द में ब्रह्मांड का सारा प्रेम, वात्सल्य, करुणा, सौंदर्य आदि समाया हुआ है। 'माया डियरेस्ट मदर' इस काव्य में 'कर्स्टन रोलैंडर' इस कवयित्री ने माँ का वर्णन बड़े ही सुंदरता से किया है।

"She is an angel without wings
Makes life special with littlest things
Whenever I'm in need of a shoulder
There's no one as devoted as my mother"

मूलतः बालक का जन्म ही स्त्री का दूसरा जन्म होता है। इसी जन्म का नाम माँ है। इसी दूसरे जन्म को संपादकों द्वारा स्वानुभव से शब्दांकित किया है। माँ घर-गृहस्थी के भार का वहन करती है, बच्चों की भलाई के लिए खुद को झोंक देती है, खुद की पसंद-नापसंद, व्यासंग-कला इन सभी को दुय्यम स्थान देती है, या हमेशा के लिए उससे किनारा कर लेती है। पर माँ ने खुद को भी समय देना चाहिए। कला की साधना करनी चाहिए। जिसके कारण बच्चों पर अनायास ही संस्कार होते हैं। कुमार केतकर जी की माँ ने अभावों में जीवन यापन करते हुए जिस लगन से बच्चों को पढ़ाया और साथ में साहित्य, संगीत, हारमोनियम वादन इन अभिरुचियों को भी सँवारा।

श्रीपाद अपराजित की माँ ने भी सितार वादन, नाट्य गीत, गायन-कला की निरंतर साधना की। भारतकुमार राऊत जी की माँ ने चित्रकला की कोई भी औपचारिक शिक्षा नहीं ली, फिर भी अटूट लगन से जमशेदजी टाटा का रेखा चित्र बनाकर अपनी सृजनशीलता का परिचय दिया। यह बातें बहुत कुछ सिखा जाती हैं। हम सब देखते हैं कि, जो प्रयासपूर्वक किए जाते हैं वह उपचार ही रह जाते हैं और जो अनायास होते हैं वह संस्कार होते हैं। ऐसे संस्कार जिसके द्वारा प्राप्त होते हैं उस माँ का जीवन स्वयं एक पाठ होता है। संपादकों की माताओं ने इस प्रकार की शिक्षा दी। मेरी माँ ने भी राजनैतिक एवं सामाजिक कार्यों में अपना योगदान दिया, इसी कारण मुझ पर भी वही संस्कार हुए।

मेरी माँ भी बड़ी ही धीर गंभीर एवं धीरोदात्त औरत थी। बैल की टक्कर से पैर टूटा, पर उसकी हिम्मत नहीं टूटी। उतने ही लगन से वह काम करती रही। मेरी माँ की तरह ही पिताजी पर हुए हमले के बाद अतुलनीय गंभीरता दर्शाने वाली महेश म्हात्रे की माँ ने दिल को छू लिया। सत्कर्म पर अटूट श्रद्धा रखते हुए, संत वचन केवल हरिपाठ के लिए नहीं अपितु दैनंदिन परिपाठ के लिए उपयुक्त होते हैं, यही बात उस माँ ने बच्चों को सिखाई। शिवाजी बनकर पाटील जी की माँ धीरोदात्त श्रेणी में आती

है। घर के व्यक्ति नहर में डूबकर मर गए, फिर भी वह विचलित नहीं हुई। ऐसा शेर का कलेजा बहुत ही कम लोगों में देखने को मिलता है। श्रीपाद अपराजित की माँ समस्याओं से जूझते हुए अटल खड़ी रही। पिताजी का देहांत हुआ, फिर भी आशिष दीक्षित जी की माँ हताश नहीं हुई, समय से आगे चलती रही। आशिष जाधव जी की माँ ने वृद्धावस्था में भी खेती में काम करने के लिए कमर कस ली। राही भिड़े जी की माँ भी दुख भरे जीवन से परेशान नहीं हुई, हर पन्ने पर उसी प्रकार का असीम नि:स्वार्थ सेवा भाव, क्षमा शीलता एवं धीर गंभीरता का परिचय सभी लेखों में हुआ।

माँ केवल घर-परिवार के लिए ही त्याग नहीं करती अपितु वह तो देश के लिए त्याग करने में भी उतनी ही तत्पर होती है, यह अभिनंदन थोरात जी की माँ ने दिखा दिया। सन 1962 के भारत-चीन युद्ध के समय खुद के आभूषण युद्ध निधि के लिए दान किए। नौकरानी को खुद चाय बना कर पिलाने वाली माँ-बच्चों के पैर जमीन पर ही रहे, जन सामान्य के प्रति आदर-संवेदनशीलता बनी रहे, इन मूल्यों को प्रस्थापित करने के लिए कितना बड़ा आदर्श प्रस्तुत करती है। अपनी हैसियत के हिसाब से दान धर्म करने वाली माँ अपने बच्चों के लिए कितना विशाल मूल्यशिक्षा का भंडार खोल देती है।

माँ के पास केवल सहनशीलता ही नहीं अपितु वहनशीलता भी होती है। पारिवारिक जिम्मेदारियों का निर्वहन इतनी सहजता से करने वाली माँ, पति का साथ हो या ना हो कर्म पथ पर वह कभी थकती नहीं, रुकती नहीं। राही भिड़े जी की माँ से पति ने किनारा कर लिया, दादी से सदैव प्रताड़ना ही मिली, फिर भी संघर्ष पथ पर वह अडी नहीं बल्कि लड़ती रही। मधुकर भावे जी के पिता को महात्मा गांधी जी की हत्या के बाद गिरफ्तार किया गया। फिर भी वीरता की प्रतिमूर्ति माँ ने बच्चों को बड़े ही संघर्ष से बड़ा किया। ज्ञानेश महाराव जी की माँ भी ''क्या हार में क्या जीत में, किंचित नहीं भयभीत मैं, संघर्ष पथ पर जो भी मिले, यह भी सही वह भी सही'' इन काव्य पंक्तियों का जीता जागता उदाहरण है। 90 साल की उम्र में भी सदैव कार्य मग्न रहती है। श्रीराम पवार जी की माँ ने भी व्यवहारिक जीवन में आदर्श जीवन यापन करने के पाठ पढ़ाएं। बढ़ती उम्र को भी कभी अपने पर हावी नहीं होने दिया। खुद को क्रियाशील रखने का सूत्र वे बखूबी जानती है। चंद्रमोहन पुप्पालाजी की माँ 70 की दहलीज पर होते हुए भी मानो ऊर्जा से ओतप्रोत बहने वाला स्वयं स्फूर्ति का झरना ही है। पति को आर्थिक रूप से फसाएं जाने पर उत्पन्न प्रतिकूल स्थितियों को उन्होंने अपनी पाक कला के माध्यम से अनुकूलता में परिवर्तित कर दिया। भारतकुमार राऊत जी की माँ भी इसी प्रकार परिवार के लिए जूझती रही। घर में 'टाइम्स ऑफ इंडिया' शुरू करने के लिए एजेंटों के घर दूध पहुंचाने का काम किया। कहाँ से आती है इतनी उर्जा, लड़ने की इतनी शक्ति।

माँ कालजयी, उदारमतवादी एवं क्रांतिकारी मनोवृतियों को भी अपने में सहजता से समाहित रखती है। मंदार फणसे जी की माँ ने घर से पलायन करके अपने पसंद के लड़के के साथ शादी करने का क्रांतिकारक निर्णय लिया। विनोद राऊत जी की माँ ने अंतरजातीय विवाह प्रथा का स्वागत किया। शैलेश पांडे जी की माँ के विषय में 'ब्राह्मण्यता से मुक्त होकर केवल मानवता ही शेष रही' यह अंत: प्रेरणा से अपने आप हो गया। विद्या विलास पाठक जी की माँ भी इसी श्रेणी में आती है। जाति से परे विचार एवं आचार को जीवन का सार बनाने वाली। वैसे तो स्त्री सुलभ मन भावुक और संवेदनशील होता है, पर विश्व के अंतिम सत्य का परिचय बचपन में ही हो और वे लौकिक जीवन का महत्व समझ सके इसलिए अपने बच्चों को अंत्यसंस्कार विधि में भेजने से भी परहेज ना करने वाली आशिष दीक्षित जी की माँ सच में अद्वितीय है।

सुभाष शिर्के जी और भारतकुमार जी इन दोनों की माँ अभी 50 साल से भी कम उम्र की है, पर दोनों के जीवन को आकार देने का काम उन्होंने बखूबी पूरा किया। उत्तम कांबळे जी के संदर्भ में माँ होकर भी हमेशा उनसे बिछड़ना ही रहा। यही विरह की अनुभूति थी जिसके कारण शिक्षा और निर्वाह के लिए यहाँ-वहाँ भटकते समय कितनी ही माताओं में अपनी माँ को उन्होंने देखा। पर माँ का वैश्विक मूल्य कभी नहीं भूले। माँ के गर्भ में रहते हुए माँ से बना हुआ अटूट रिश्ता औरों में माँ को खोजते समय और अधिक दृढ़ और सशक्त हो गया।

रोला रिज इस आयरिश कवयित्री ने 'मदर' नामक काव्य में भयावह और विरान परिदृश्य को सौंदर्य से ओतप्रोत करनेवाला विशाल चंद्रप्रकाश ही माँ है। ऐसा सुंदर वर्णन किया है। राजदीप सरदेसाई जी द्वारा माँ का किया गया वर्णन पढ़ने के पश्चात्, अनायास ही सात्विक, सुंदर और अनुशासन प्रिय माँ की प्रतिमा आँखों के सामने प्रकट हो जाती है। राजीव खांडेकर जी की माँ उंगली लहूलुहान होने पर भी सारी वेदनाओं को सहन करती रही, पर बच्चों द्वारा दुकानदार से बिना पूछे गोलियाँ लिए जाने के कारण उनका मन लहूलुहान हो जाता है। ऐसी भावुक एवं अनुशासन प्रिय माँ का शब्द रूप चित्रण अपने लेखों में किया है। सुरेश द्वादशीवार जी की माँ ने वास्तविक परिस्थितियों के अनुरूप खुद को ढाल लिया। घर के ऐश्वर्य की चमक-दमक कम हो गई पर खुलकर निकलने वाली हँसी की चमक-दमक खोने नहीं दी।

माया पंडित नारकर जी ने माँ इस विषय को इतने अध्ययन पूर्ण ढंग से लिखा है कि, संशोधन कार्य अथवा स्पर्धात्मक परीक्षा के लिए संदर्भ रूप में उपयोग करने का मोह हो जाता है। तुळशीदास भोईटे, राम शेवडीकर, ह. मो. मराठे इन जेष्ठ संपादकों द्वारा भी अपने लेखों के माध्यम से माँ शिक्षित हो अथवा ना हो फिर भी आदर्श जीवन जीने के पाठ वह पढ़ाती है, इस बात को पाठकों तक पहुंचाने का

कार्य किया है। दिलीप चितलांगे जी की माँ भी इसी आशा को सहेज कर रखती है कि, बच्चों ने अच्छी शिक्षा प्राप्त कर उच्च विद्या विभूषित होना चाहिए।

आज मेरी माँ इस दुनिया में नहीं है। वह वापस भी नहीं आ सकती किंतु मेरे मन का पंछी अपने पर फैलाकर अतीत में उड़ान भरने के लिए सदैव लालायित रहता है। एलिजाबेथ एकर्स एलेन इस कवयित्री की 'रॉक मी टू स्लीप' इस काव्य की कुछ महत्वपूर्ण काव्य पंक्तियाँ हमें अतीत में ले जाती हैं।

Backward, turn backward, time, in your flight

Make me a child again just for tonight!

Backward, flow backward, o tide of the years!

I am so weary of toil and of tears....

None like the mother can take away pain

From the sick soul and the world weary brain....

वास्तविकता का अहसास है, किंतु काल्पनिकता में मानो माँ बड़े प्यार से सिर पर हाथ फेर रही हो।

'माय डार्क प्लेसेस' इस उपन्यास के लेखक जेम्स एलरॉय एक जगह कहते हैं, 'हे माँ, मैं आपको नई सांस देना चाहता हूँ।' संदीप काळे द्वारा संपादित संपादकों के मातृ स्मरण करनेवाले सभी लेख माँ की स्मृतियों को जागृत कर, उसे नई सांस प्रदान करते हैं। 'मु. पो. आई' इस किताब के द्वारा बुद्धिजीवि संपादकों का दिल अपने माँ के प्रति कितना संवेदनशील है, इस तथ्य को संकलन के माध्यम से पाठकों तक पहुंचाने का कार्य किया है। इस विरासत को सहेज कर रखना चाहिए। पाठकों द्वारा इस किताब का निश्चित रूप से स्वागत ही होगा।

— शरद पवार

■ ■ ■

मेरी भावना... मन की गहराई से...

24 जून 2017 को मुंबई से नांदेड जाने के लिए देवगिरी एक्सप्रेस में बैठा। साथ में ज्येष्ठ संपादक एवं सांसद कुमार केतकर जी भी साथ थे। 25 जून को नांदेड़ में पाँचवें, डॉ. बाबासाहेब आंबेडकर विचार सम्मेलन का आयोजन किया गया था। आयोजकों द्वारा सांसद केतकर जी को नांदेड लाने की जिम्मेदारी मुझ पर सौंपी गई थी। रेल में हमारी बातचीत शुरु थी। मैंने केतकर सर से यूं ही पूछा, ''आपके विचारों को वैचारिक अधिष्ठान कैसे प्राप्त हुआ?'' इस सवाल का जवाब देने के लिए मुझे इतिहास में झांकना पड़ेगा। निःसंदेह यह तो माँ के इरादों का ही असर है। मेरे व्यक्तित्व का निर्माण करने में मेरी माँ की भूमिका सबसे महत्वपूर्ण है। ''मेरे प्रश्न को ध्यान में रखते हुए सर ने बोलना शुरू किया।''

पुणे स्थित अभाव में बीता बचपन, वहाँ की शालेय शिक्षा, 1950 के युग में महिलाओं का नौकरी करना अनुचित माना जाता था। ऐसी स्थिति में अभाव एवं आवश्यकता के कारण माँ का नौकरी करना, बाद में मुंबई का स्थलांतर, यह संपूर्ण कालखंड और उसके बाद का कालखंड इस विषय पर सर बोलते रहे। मैं बड़े उत्सुकता से और उतने ही कौतूहल से सुनता रहा। उनके वैचारिक अधिष्ठान की कहानी केवल माँ के परिधि से बाहर नहीं है, इस बात को मैं समझ रहा था। उनके कथन में हमेशा माँ का नाम आता रहा। बच्चों की शिक्षा के लिए किया गया अपरिमित संघर्ष, संगीत, साहित्य, कला आदि क्षेत्रों में माँ की अटूट साधना, पढ़ने की असीम चाह, तथा कथा लेखन, काव्य लेखन, भाषा पर प्रभुत्व... माँ के संदर्भ में वह बोलते रहे।

''माँ तबला और हारमोनियम बजाने में निपुण थी।'' माँ के गुणों का वर्णन करते हुए केतकर जी जाने-अनजाने उनके व्यक्तित्व निर्माण में माँ के व्यक्तित्व का कितना योगदान था, इसका सूत्र बता रहे थे।

''मन लगाकर पूरा अखबार पढ़ना और महत्वपूर्ण खबरों को काटकर संभाल कर रखना, यह उनका शौक था। शायद इसी कारण मुझ पर पत्रकारिता के संस्कार हुए।'' इस बात को कहते हुए पत्रकारिता में उनके अस्तित्व को कायम रखने वाले 'कवच-कुंडल' उन्हें माँ से ही प्राप्त हुए। मानो इस बात को वह बता रहे थे।

"माँ सुबह 6 बजे से रेडियो सुनती थी। श्रुतिका, खबरें अथवा संगीत सभा, उस पर समीक्षा भी करती थी। शायद यही से जाने-अनजाने मैंने अग्रलेख लिखना सीखा होगा।"

कुमार केतकर जी ने पत्रकारिता के क्षेत्र में एक ऊँचा मक़ाम को हासिल किया और उसे बरकरार भी रखा। लोकसत्ता, महाराष्ट्र टाइम्स, लोकमत, दिव्य मराठी इन वृत्तपत्रों के मुख्य संपादक के रूप में आपने काम किया। उनका खुद का बहुत बड़ा वाचक वर्ग भी उन्होंने निर्माण किया। भारत सरकार द्वारा आपके अतुलनीय कार्य के लिए बहुप्रतिष्ठित 'पद्मश्री' पुरस्कार से आप को पुरस्कृत किया गया। राज्यसभा के मानद सभासद के रूप में उन्हें राज्यसभा में सांसद के रूप में स्थान मिला। बेबाक और बिना झिझक के सीधे-सीधे अपना मत प्रदर्शित करना यह उनका स्थायी स्वभाव है।

किंतु इस 'विकास' प्रक्रिया का प्रमुख स्रोत माँ है इसे वे निःसंकोच रूप से कहते हैं। बातों ही बातों में नासिक स्टेशन कब पीछे छूट गया, पता ही नहीं चला। थोड़ी देर बाद केतकर जी को नींद आ गई। किंतु मैं जागता रहा। माँ के संस्कारों द्वारा निर्मित एक सफल संपादक के विषय में मैं सोचता रहा। और अचानक ही मन में एक कल्पना का जन्म हुआ।

विचारों के अश्व बड़े ही तेज गति से दौड़ रहे थे। रेल के डिब्बों में मंद प्रकाश था। वैसे मेरे मन की कल्पना भी अस्पष्ट थी, भविष्य में यही कल्पना एक किताब का रूप धारण करेगी, इसका एहसास मुझे नहीं था।

मेरी पत्रकारिता के छोटे से कार्यकाल में अनेक संपादकों का सान्निध्य प्राप्त हुआ। उनका साहित्य पढ़ने एवं समझने का मुझे सौभाग्य मिला। संपादक यह व्यक्ति विशेष ना होकर वृत्तिविशेष होते हैं, यह मेरी मान्यता है। हर घटना को अपने तीसरे नेत्र से देखने की जिजीविषा उनके व्यक्तित्व को विशेषता प्रदान करती है। संकलन, अध्ययन, आकलन एवं विश्लेषण ऐसी एक नहीं अनेक प्रक्रिया से होते हुए यह प्रवास पूर्ण होता है। कालांतर में इस प्रक्रिया के कारण व्यक्ति को इतनी प्रखर निपुणता प्राप्त होती है कि, कभी-कभी वह सीधे विश्लेषण के चक्रव्यूह में कूद जाते हैं। स्तंभित करने वाले निष्कर्ष, दिशा देने वाला अध्ययन-विश्लेषण और एक पीढ़ी के निर्माण का सामर्थ्य एक संपादक के व्यक्तित्व में निहित होता है। सत्ता परिवर्तन का सामर्थ्य एवं राजधर्म सिखाने का चातुर्य यह संपादक के अद्भुत गुण विशेष होते हैं। सही मायने में संपादक प्रजातांत्रिक प्रणाली का लोक विलक्षण कार्यकर्ता होता है। वाचक, चिंतक, आस्वादक, लेखक, समीक्षक इन सभी परिक्षाओं की अग्नि से तप कर निकलने वाला खरा सोना जब अपनी कक्षा एवं परिधि का विस्तार करता है, उस आधुनिक विचारधारा के धनी कार्यकर्ता को संपादक कहकर संबोधित करना चाहिए, यह मेरी मान्यता है। हर व्यक्ति विशेष की विशेषता से आगे, रचना से परे और घटना के पीछे की वास्तविकता को देखने,

समझने और दिखाने की क्षमता रखने वाली तीसरी आँख संपादक के पास होती है। जो जन सामान्य से भिन्न है। अपने आकलन से वह विश्व को सचेत करता है। नई सोच देता है। यही कारण है कि, नई विवेकशील विचार व्यवस्था के निर्माण का वह जन सामान्य अभिन्न अंग है। प्रजातांत्रिक व्यवस्था ने तो उसे 'प्रगल्भ और जन मान्य समाज व्यवस्था के स्तंभों में एक स्तंभ' इतना महत्वपूर्ण स्थान दिया है।

'पद्मश्री कुमार केतकर जी की माँ' यह विचार बोधात्मा से होते हुए 'संपादकों की माँ' के रूप में अंतरात्मा तक पहुंच गया।

समाज के अनेक घटकों द्वारा अपनी माँ को शब्दशिल्प के रूप में साकार किया गया है। 'माँ' इस विषय पर लिखा नहीं ऐसा एक भी लेखक साहित्य के क्षेत्र में नहीं मिलेगा। शेक्सपियर से लेकर गार्गी तक और संत ज्ञानेश्वर से लेकर नामदेव जी ढसाळ तक सभी प्रज्ञावंतों ने 'माँ' को शब्द शिल्प के माध्यम से जीवित किया है। ऐसा एक भी कवि नहीं मिलेगा जिसने माँ के भाव विश्व को स्पर्श ना किया हो। अनेक विचारवंतों ने, लेखकों ने, वैज्ञानिकों ने, राजकर्ताओं ने, माँ को शब्द शिल्प में अजर अमर किया है।

किंतु मेरी जिज्ञासा का कारण अलग ही था। एक संपादक अपनी माँ को किस प्रकार प्रस्तुत करेगा! केतकर जी ने मेरी जिज्ञासा को अपरिमित उर्जा प्रदान की थी। उनकी वाणी ने माँ की महिमा को उजागर किया था। केतकर जी की माँ समान अन्य संपादकों की माँ की कहानी किसी फिल्म की भाँति मेरी आँखों के सामने आने लगी। मेरे अनेक संपादक मित्रों की यादें मेरे मन में जीवित होने लगी। राजदीप सरदेसाई, विनोद राऊत, राही भिड़े, ज्ञानेश महाराव, शैलेश पांडे, मंदार फणसे आदि अनेक संपादकों ने मेरे मानस पटल पर दस्तक दी। वैसे मैंने कभी इनकी माता जी के विषय में सोचा नहीं था। किंतु अब मुझे यह महसूस हो रहा था कि, मानो इन सारी माताओं ने मेरे दिलो-दिमाग पर अपना राज्य स्थापित किया है। अब मुझे हर संपादकीय लेखन शैली और विषय वस्तु में उनकी माँ ही दिखाई देने लगी।

सोचते-सोचते कब आँख लगी पता ही नहीं चला। सुबह जब नींद खुली तब खुला आकाश था। पाँचवा डॉ. बाबासाहेब आंबेडकर विचार सम्मेलन यशस्विता के साथ संपन्न हो गया। मेरा सम्मेलन में सक्रिय सहभाग था। मेरा दायित्व मैंने पूरी शक्ति के साथ निभाया था। किंतु संपूर्ण दिनभर संपादकों की माता जी मेरे साथ ही थी। संध्या समय मुंबई के लिए निकला, तब उन्होंने एक अस्पष्ट सा रूप धारण किया था। मुंबई जाते समय रेल में मैंने किसी से बातें नहीं की। जो कुछ बातचीत हुई वह संपादकों की माताजी से ही। मुंबई पहुँचा तब तक माँ का पूर्ण स्पष्ट रूप मन में साकार हो चुका था।

'संपादकों की माँ' इस प्रकार से एक किताब संपादित करने का निश्चय किया। माँ इस विषय को लेकर कौन संवेदनशील नहीं होता? सभी माँ के वात्सल्यमय आधार सूत्र के आस-पास ही घूमते हैं। ऐसे ही एक बार मन में विचार आया कि, माँ

इस विषय को लेकर दीर्घ चर्चा होनी चाहिए फिर सोचा कि दीर्घ चर्चा करने के लिए किसे सम्मिलित किया जाए? इसमें मुझे सभी अपने ही दिखे, जो पत्रकारिता से संबंधित थे। माँ होने से लेकर माँ बनने के पूर्व चार स्तरों को पार करने तक माँ का प्रवास एक इतिहास ही होता है। वैसे पत्रकारों का भी है। एक रिपोर्टर, सामान्य खबरें जुटानेवाले, स्टिंजर से संपादक, मुख्य संपादक यह बहुत बड़ा प्रवास किसी इतिहास के समान ही होता है। इसलिए मुझे 'संपादक' यह विषय चर्चा करने के लिए उपयुक्त लगा।

मेरे परिचित समस्त संपादक दोस्तों की सूची तैयार की, और उन्हें फोन करके इस विषय के बारे में सूचित भी कर दिया। इसके बाद एक पत्र भी तैयार किया। उसमें लेखन सामग्री के विषय में मेरी भूमिका को स्पष्ट किया। मुझे क्या चाहिए यह पत्र के माध्यम से कहने का मेरा प्रयास था। सौभाग्य की बात है कि, सभी संपादक महोदय को पत्र प्रपंच एवं मेरा आवाहन भा गया। अब लेखन कार्य के लिए उनका समय लेना और उनसे विषय वस्तु के अनुरूप सर्वोत्तम को हासिल करना आसान काम नहीं था। विशेष रूप से यह दिग्गज लोग और काम में सदैव व्यस्त। किंतु सभी संपादकों ने मुझे खूब सहकार्य किया। माया पंडित नारकर, कुमार केतकर, भारतकुमार राऊत, सुरेश द्वादशीवार, ह.मो. मराठे, राजदीप सरदेसाई, उत्तम कांबले, मधुकर भावे, श्रीराम पवार, ज्ञानेश महाराव, अभिनंदन थोरात, राही भिड़े, चंद्रमोहन पुप्पाला, प्रवीण बर्दापुरकर, राजीव खांडेकर, मंदार फणसे, विद्या विलास पाठक, महेश म्हात्रे, श्रीपाद अपराजित, शैलेश पांडे, सुभाष शिर्के, संजय वरकड, राम शेवडीकर, तुळशीदास भोईटे, आशिष जाधव, नीलेश खरे, आशिष दीक्षित, विनोद राऊत, दिलीप चितलांगे, शिवाजी बनकर पाटिल, डॉ. अविनाश सानेकर आदि सभी ज्येष्ठ-श्रेष्ठ संपादकों ने मुझे सहकार्य करते हुए अपने लेख लिखकर मुझे भेज दिए। इस पुस्तक लेखन के कारण इन सभी संपादकों से मेरी दीर्घ चर्चाएं हुई। हर एक से एक बार नहीं अनेकों बार बातचीत हुई। यह सारी चर्चाएं मेरे लिए बहुत बड़ा अनुभव है! जो एक दीर्घ लेखन का विषय ही है।

कुमार केतकर जी से उस रात जो संवाद हुआ उसी चर्चा से 'संपादकों की माँ' इस संकल्पना ने जन्म लिया। केतकर जी की माँ का मुझ पर इतना प्रभाव था कि, मानो वह मुझ में साक्षात् रूप में बस गई हो। जब अन्य संपादकों के लेखों का वाचन करने लगा तब उनकी ही प्रतिमा मुझे घेरे हुए थी। यह एक मनोवैज्ञानिक प्रभाव था। हो सकता है थोड़ा बहुत अंतर हो किंतु हर किसी की माँ ऐसी ही होगी, मानो मेरे मानस पटल पर यह बात प्रतिबिंबित हो चुकी थी।

किंतु जैसे जैसे एक-एक लेख का पठन किया, तब मानो काली मिट्टी समाप्त होकर नया प्रस्तर आँखों के सामने दिखाई देने लगा। असंख्य वैविध्य पूर्ण खनिज संपदा का खजाना मिल जाए, ऐसी मेरी अवस्था हो गई थी। यह उत्खनन 'माँ

नामक अनेक अनोखे शहर' ढूंढ निकालेगा, ऐसा मैंने कभी सोचा भी नहीं था। हर एक संपादक की माँ वेदना, औदार्य और कृतित्व के आभूषणों से अलंकृत। हर किसी की माँ अलग-अलग सांस्कृतिक, सामाजिक, आर्थिक स्तर से आयी थी। किंतु हर माँ अपने घर के लिए खुद को तिलांजलि देने में पीछे नहीं रही। पति, बच्चे, परिवार और उसके साथ प्राप्त दायित्व को पूरा करते-करते तिल-तिल कर मिटते हुए भी जूझना। फिर भी असीम कष्ट एवं दुखों को भोगती हुई 'माँ', इस वैश्विक मानवीय संस्कृति का सर्वोच्च मूल्य रूप प्रतिष्ठित करने वाली माँ का स्थान स्नेह, संवेदनाओं के अग्र स्थान में है। माँ के इस व्यक्तित्व की 'मर्मभेदी स्मृतियाँ' अर्थात् यह किताब है। मैं इसी दृष्टि से इस किताब को देखता हूँ। मानवीय संस्कृति के हर विकास स्तर पर माँ की गाथा में नूतन विशेषताएं और विशेष्य विशेषण संक्रमित होते हुए हम देखते हैं। विश्व साहित्य और इतिहास ने भी माँ का निःस्वार्थ भाव और निसंकोच रूप से गौरव गान किया है। यह संपादन इस गौरव गाथा का मुखपृष्ठ हो सके इतना समृद्ध है। यह पुस्तक अर्थात् माँ के निवास का पता है... 'मु.पो. आई'

अपवाद माया पंडित नारकर जी का लेख। माँ इस संकल्पनाओं से संबंधित प्रस्थापित सामाजिक और स्त्री के रूप में माँ से संलग्न वास्तव इस विरोधाभास को उन्होंने उतने ही अध्ययनपूर्ण और अनेक उदाहरणों के साथ लेखनीबद्ध किया है। यह अंतर्विरोध भारतीय माँ की सांस्कृतिक और सामाजिक मान्यताओं को लहूलुहान कर देता है। पारिवारिक संस्था के समान माँ भी एक संस्था बन चुकी है। इसे प्रतिपादित करते हुए प्रभुत्वसत्ता में स्थित संस्थानिक 'राजकीय' आकांक्षाओं का दिल दहलानेवाला प्रारूप उन्होंने स्पष्ट किया है। इतना ही नहीं तो ''निजी संपत्ति के तत्वों से, संकल्पनाओं से, महिलाओं को गुलामी की जंजीरों से जकड़ने वाली विवाह संस्था का उदय होना अर्थात् विश्व की तमाम महिलाओं की ऐतिहासिक पराजय है।'' इस एंगल्स के विधान को उल्लेखित कर उस स्त्री दास्यत्व की, गुलामी की, जवाबदेही प्रस्थापित विवाह संस्था पर बड़े ही जिम्मेदारी के साथ तय करती है। परिणामों की विशुद्धता के स्तर पर मातृत्व की मार्मिक तुलना उनके आकलन की ऊंचाई, गहराई और संपूर्ण परिधि मूल्यांकनों को पार कर गई है। इस पुस्तक के सभी लेखों का पठन करने के पश्चात् वे सभी लेख माया पंडित नारकर जी के मातृत्व को स्पर्श करके ही गए हैं, यह एहसास सदैव होता है।

कितना भी जल्दी उठो, किंतु वह सबसे पहले उठती है। भारतकुमार राऊत की माँ इसी श्रेणी में आती है। उनके संपूर्ण लेख में उन्होंने अपनी माँ की सहनशीलता और कर्तव्य परायणता को प्रस्तुत किया है। उसमें भी उनकी कला साधना उन्हें धन्य करने वाली है। उनके जीवन का सार उनकी तात्विकता से प्रकट होता है। ''काम में मन नहीं लगता तब तक ही वह नौकरी छोड़ देनी चाहिए। नहीं तो इसी

स्थिति की आदत हो जाती है। ऐसा हुआ तो कुछ समय बाद तुम खुद को कोसते रहोगे।'' यह उनका चिंतन, निराशापूर्ण जीवन व्यतीत करना छोड़ देने के पीछे उनके प्राकृतिक निश्चय का समृद्ध आधार है।

'नलिनी जनार्दन' यह सुरेश द्वादशीवार जी का लेख अकल्पित रहस्य और भावविभोर स्वरों के शिवरंजनी में बंधित गीतों के समान ही प्रतीत होता है। द्वादशीवार ग्यारहवें वर्ष में ही मातृछत्र से वंचित हो गए। छह दशक पश्चात् माँ की यादों के सूर खोजते हुए वे समय के स्पष्ट-अस्पष्ट बादलों में तैरते हुए, माँ के मातृत्व बाष्प को खोजते हुए प्रतीत होते हैं। जीए (जी. ए. मराठी के एक जानेमाने लेखक) की कथाओं के पात्र अचानक कहीं मिल जाए, ऐसा अपवादात्मक और शैलीसंपन्न अनुभव द्वादशीवार जी ने दिया है। ईश्वरीय आधार के बिना रहने वाली उनकी निश्चयी माँ अपने दुःख अकेले ही किस आधार पर सहन करती होगी, इस प्रश्न का उत्तर खोजते हुए वे लिखते हैं, ''मूलतः मुझे वह याद आती है एक ईश्वर के समान!'' प्रकाश लहरी के समान विचरण करने वाली उनकी माँ... ''अभी उनके सपनों में आती है। फिर चाँदनी की भाँति धूमिलता में वह चेहरा दिखता है और लुप्त हो जाता है।'' द्वादशीवार जी के ऐसे कुछ वाक्य है जो स्तंभित कर देते हैं-मन की दुर्बलता केवल दयनीयता को ही जन्म नहीं देती अपितु उस व्यक्ति को दुष्ट भी बनाती है। यह वाक्य पाठकों को हिला कर रख देता है 'रूद्र वर्षा' इस महेश एलकुंचवार के नाट्य से एक पात्र के संवाद का एक वाक्य मुझे याद आता है-दुर्बल व्यक्ति द्वारा किया गया अन्याय सारी सीमाओं को पार कर देता है।

'नलिनी जनार्दन' इनकी यादों का आकाश द्वादशीवार जी ने धूमिल रंगों में चित्रित किया है। उनके रंगों के आविष्कार से करुण रस की अधिकता छलकती है, जो मन को विचलित कर देती है। और माँ के शब्दशिल्प को चिरंतन तेजोमय रखने वाला भी है।

ह.मो. मराठे इनकी माता का जीवन अर्थात् केवल शौच! पिताजी के विक्षिप्त और बेफिकर, निष्ठुर व्यवहार से पीड़ित, निस्तेज, इतनी अशक्त हो गई थी कि, बिस्तर में सोई हो तो दिखती भी नहीं ...गोवा के उमस भरे वातावरण में मवेशियों की चमड़ी को चिपके किलनी की भाँति जीवन व्यतीत करना मानो नियति बन चुका था। उनके 'जीवन की पूँजी' बासी, माँ को हर क्षण जहर के निवाले खिलाने वाली, सत्र करते हुए खत्म होने वाली, मराठे पठन करते समय, इस प्रकार जीवन व्यतीत करने वाले हजारों-लाखों माताओं का शाप अपने जीवन को झिंझोड़ रहा है, ऐसा प्रतीत होता है। 'रंडी के'...इस प्रकार आपको जैसे कोई आवाज दे रहा हो। शरीर पर रोंगटे खड़े हो जाते हैं। माँ के द्वारा अपने हाथों से भरा हुआ निवाला, काल अपने शरीर पर उड़ेल रहा हो, ऐसा प्रतीत होकर मुंह मानो खट्टा हो जाता है। माँ की मृत्यु यात्रा का यह कठिन प्रवास वर्णन एक अनचाहा ठहराव हो गया है।

‘‘बेटा, तुम्हें अच्छा नागरिक बनना है।’’ इस प्रकार नागरिकत्व के पाठ जीवनभर पढ़ाने वाली राजदीप सरदेसाई जी की माँ उच्चशिक्षित है। उनके संस्कार एवं संयम का परिणाम राजदीप के जीवन पर हुआ है।

रोटी और माँ इस प्रकार एकत्व प्रस्थापित करने वाला उत्तम जी का लेखन भूख से जुड़े हुए अनेक माताओं का करूण शिल्प है। गरीबी, भूख और जाति के त्रिशूल से आहत जीवन पर संयोगवश मिली अनेक माताओं ने मरहम लगाया है। आँचल में लेने वाली, मीठे पकवान खिलाने वाली, खाते पीते घर की मध्यम वर्गीय माँ उत्तम कांबळे जी को परिस्थिति वश मिली ही नहीं। सीधे रोटी से रिश्ता जोड़कर ऊर्जा देने वाली, जाति और आस्तिक-नास्तिकता से परे निःस्वार्थ प्रेम का आविष्कार करने वाली अनेक माताओं ने कांबळे जी को ‘पुत्र’ वत सम्मान दिया है। उनके खून में इन माताओं के नमक का एक अंश सदैव विचरण करता रहता है। माँ शब्दों में, वर्णनों में समाहित नहीं हो सकती। उसे पकड़ने वाले शब्द आज तक पैदा नहीं हुए हैं। ऐसे बेबाक विधान अखिल भारतीय मराठी साहित्य सम्मेलन के अध्यक्ष और ‘सकाळ’ दैनिक के मुख्य संपादक के रूप में कार्यरत रहने वाले सिद्धहस्त लेखक उत्तम कांबळे जी ने किया है।

मधुकर भावे जी की ‘प्रेम स्वरूप माता’ बड़ी ही धार्मिक है। उनमें स्थित ‘वात्सल्य सिंधु’ को चित्रित करते हुए ‘माँ’ के विषय में लिखना कठिन है। ऐसा लिखते हुए बिल्कुल सीधे-साधे और मन को स्पर्श करने वाली भाषा में माँ को वर्णित किया है। उसके जीवन को और समृद्ध करने वाले सदैव खुले द्वार इस लेख में और भी विस्तृत हो जाते हैं। ‘‘द्वार बंद करके कैसे बैठते हो?’’ क्या यह सवाल ‘माँ की छत्रछाया से वंचित’ हर पुत्र को वे पूछती है।

श्रीराम पवार जी की माँ ने किसी को घर छोड़ने नहीं दिया। सभी भाई एक ही घर में रहेंगे और चूल्हा भी एक ही होगा, यह अनुशासन उसने अपने बच्चों को दिया है। माँ एक उत्तम व्यवस्थापक होती है, यह स्वर हर लेख से ध्वनित हुआ है, किंतु व्यवस्थापन के आदर्श के रूप में श्रीराम पवार जी की माता का उल्लेख करना अपरिहार्य हो जाता है। अमीरी और आभाव दोनों स्थितियों से गुजरी पवार जी की माता आधुनिकता और प्रागैतिकता की वाहक बनी है। उनके समृद्ध वाचन को पवार जी ने सदैव उल्लेखित किया है। एक बहुत समाधान देने वाले और सूचक विधान पवार करते हैं। वे लिखते हैं ‘‘वृद्धावस्था नामक वृत्ति ने अभी तक उसे स्पर्श नहीं किया है।’’ सामाजिक, सांस्कृतिक और उससे विकसित पारिवारिक चक्की में पिसी हुई माँ सदैव वृद्ध ही होती है। इन सभी से अलिप्त श्रीराम पवार जी की माँ सच में भाग्यशाली है।

कार्य, समय और गति का समायोजन करनेवाली और व्यवस्थापन की सकारात्मकता खून में बसानेवाली ज्ञानेश महाराव जी की माँ श्रीराम पवार जी की माँ समान ही करारी है। उम्र के 80 साल में भी वृद्धावस्था उन्हें स्पर्श भी न कर

सकी। बुढ़ापे का अर्थ, कोई खाना देगा क्या? मदद करेगा क्या? ऐसी याचना करने की अवस्था होती है, ऐसा किसने कहा? इस प्रकार स्पष्टता से सवाल पूछती है। वृद्धावस्था में उन्होंने ईश्वर को निवृत्ति दे दी है। वृद्धावस्था में अपना जीवन ईश्वर सेवा में लीन करने की समाज की प्रवृत्ति है। किंतु महाराव जी की माँ ने उम्र के 80 साल में गर्भाशय निकाल कर फेंक दिया है। किसी बैसाखी का सहारा न लेते हुए उन्होंने 'नी रिप्लेसमेंट' कर ली है। प्रतिकूल अवस्थाओं में निर्बलता को दूर कर नव निर्णयों को कार्यान्वित करने की शैली महाराव जी को पत्रकारिता में उपयुक्त सिद्ध हुई है। रात के अंधेरे को दिन के उजाले पर हावि ना होने देने का 'जीवनसत्व' उन्होंने उनके ज्ञानेश को पिलाया है।

'शो मस्ट गो ऑन' ऐसा कहने वाली माँ का दिल से अभिनंदन करना चाहिए! अभिनंदन थोरात जी की माँ निडर और आधुनिक विचारों की है। किंतु उनकी आधुनिकता आक्रामक नहीं अपितु समन्वय की है। वह बच्चों को 'अर्नाळिकर' पढ़ने के लिए देती है, जाति-पाति की संकल्पनाओं को मानती नहीं। बच्चों के मुश्किल और जटिल प्रसंगों में उनके साथ खड़ी रहती है। सभी बहुओं के साथ उसने मैत्रीपूर्ण रिश्ते बनाए हुए हैं। इस पुस्तक में उनके अस्तित्व का स्वागत ही होना चाहिए।

सच में, माँ के संदर्भ में लिखते समय राही भिड़े जी ने अपने अंतर द्वंद्व से संघर्ष किया है। क्योंकि उनके संपूर्ण जीवन पर माँ की छत्रछाया रही है। यहाँ तक कि, माँ उनके जीवन का केंद्र बनी है। जीवन में जो कुछ सिखाया, उसका विद्यापीठ उनकी माँ ही है। मेहनत, मेहनत और मेहनत इसी जीवन के सार को नियति मानने वाली माँ और उसमें स्थित 'बाई' की अगतिकता को राही जी ने अनुभूत किया है। किंतु घर के स्नेहबंध को संभालते हुए उसे एक बंधन में पिरोया। माँ के अंतरदाह की कसक और जख़्म राही जी के मन से जाते नहीं। नियति के भोग को भूलकर निरपेक्ष और स्पष्ट रूप से जीवन को समझने की मनोसाधना राही जी के उज्ज्वल भविष्य की पृष्ठभूमि है, यह मेरा मानना है। माँ ने खुद की लड़ाई स्वयं अकेले ही लड़ी और जीत भी हासिल की। यही सामर्थ्य और धैर्य राही जी के व्यक्तित्व का अभिन्न अंग कैसे बना इसका जवाब राही जी ने अनजाने में ही माँ की लड़ाई से सिद्ध किया है।

'सेव्हंटी ईयर यंग' चंद्रमोहन पुप्पाला जी की अम्मा का जीवन अन्य माँओं के समान संघर्षरत नहीं था, ऐसा नहीं, किंतु बदलते जीवन का पासवर्ड खोज कर नूतन सफलताओं के शिखर खोजने की जिजीविषा उसमें कायम है। वह मल्टी टास्किंग है। क्राइसिस मैनेजमेंट के अनुभव का प्रमाणपत्र तो उसे स्वयं चंद्रमोहन जी ने ही दिया है! टिफिन सर्विस प्रारंभ करने वाली अम्मा से लेकर अंग्रेजी भाषा ज्ञान के लिए क्लासेस लगाने वाली, आयुर्वेद विशारद का क्लास पूर्ण करने वाली, दोसा, पिज़्ज़ा, केक बनाने वाली माँ तत्पश्चात् व्हाट्सएप चलाने वाली, फेसबुक वॉल को रंगीन बनाने वाली पुप्पाला जी की माँ अपवर्ड मोबिलिटी का पर्याय ही

प्रतीत होती है। अगर कल हम उन्हें पाककला के यूट्यूब चैनल पर देखें तो किसी को भी अचरज नहीं होना चाहिए।

यादों की जीर्ण चादर को अक्षरों के सुई धागे से एकसंघ कर प्रवीण बर्दापुरकर जी की माँ से हमारी मुलाकात होती है। विलक्षण विचलित करने वाला और गुस्से को शांति में परिवर्तित करने वाला यह लेखन माँ की वैश्विक प्रतिमा को छेद देते हुए और आगे जाता है। बर्दापुरकर जी का संधिकाल का यह आलाप गहरा और भावुक हुआ है। इस लेख में माँ की यादों की गंध हर पंक्तियों में खुशबू की तरह बिखरती है। प्रवीण जी की माँ नर्स थी, किंतु गाँव में उसे सभी 'डॉक्टरीन बाई' कहते। पति के जीवन काल में और पति की अनुपस्थिति में भी नियति ने जो एकाकी जीवन दिया उसे सँवारते हुए, स्वयं के साथ-साथ बच्चों का भी सामाजिक एवं सांस्कृतिक स्वास्थ्य की देखभाल करने वाली कथित 'डॉक्टरनी' किसी सुपर स्पेशलिस्ट डॉक्टर से एक कदम आगे ही थी, इसका साक्षात्कार सदैव होता है। पूरबार गली के पीछे खेत में स्थित बेरों का स्वाद, माँ के स्पर्श का आभास, पुराने वाडे का पेटी के शौचालय की दुर्गंध, माँ द्वारा कपोल को चूमना और उसका एहसास, शुद्धलेखन के लिए मिली सजाएं, आदि संदर्भ युक्त स्मृतियाँ बर्दापुरकर जी के लेखन को समृद्ध बनाती है। विषय वस्तु को अद्भुत ढंग से क्रमबद्ध किया गया है।

राजीव खांडेकर, मंदार फणसे, विद्याविलास पाठक, महेश म्हात्रे, श्रीपाद अपराजित, शैलेश पांडे, सुभाष शिर्के, संजय वरकड, राम शेवडीकर, तुळशीदास भोईटे, आशिष जाधव, निलेश खरे, आशिष दीक्षित, विनोद राऊत, दिलीप चितलांगे, शिवाजी बनकर पाटील, डॉ. वीणा सानेकर आदि द्वारा माँ के प्रति व्यक्त भावनाओं की जितनी सराहना करें उतनी कम ही है। आदरणीय शरद पवार जी ने अपनी प्रस्तावना में सभी लेखों का संवेदनशील अवलोकन किया ही है। मैंने प्रातिनिधिक अवलोकन के रूप में कुछ उदाहरण आपके सम्मुख प्रस्तुत किए हैं। सभी ने अपने लेखों का सुगठित रूप से प्रस्तुतिकरण किया है। सामान्यतः सभी ने अपनी माँ के विषय में प्रथमतः ही लिखा है। सभी को इस औचित्य के कारण फिर से एक बार धन्यवाद करता हूँ।

इस पुस्तक का नाम क्या होना चाहिए? इसके लिए बहुत से नामों पर विचार-विमर्श हुआ। अंत में 'मु. पो. आई' यह नाम निश्चित किया गया। 'मु. पो. आई-संपादकांचं मातृस्मरण' यह नामाभिधान मुझे अधिक उचित और समरूप लगता है। इन सभी संपादकों ने माँ को व्यक्त करते हुए गतकाल की स्याही से संवेदनाओं की लेखनी को भावविभोर किया है, इसका एहसास हर समय होता रहता है।

पद्मभूषण देशपांडे सर और नयन बारहाते इन दोनों को पुस्तक निर्मिति का संपूर्ण श्रेय जाता है। नयन जी ने मुखपृष्ठ से साज-सज्जा तक जो मेहनत की है, उन्हें शब्दों में कैसे कहूँ? नयन बहुत ही कोमल हृदय और मातृत्व मन के हैं। मुझे माँ समान

ही प्रिय। उन्हें ही यह पुस्तक समर्पित करनी है, यह विषय की पूर्णता होते ही निश्चय किया था। पद्मभूषण देशपांडे सर... मेरे राष्ट्र सेवा दल के पुराने मार्गदर्शक, साथी। तत्पश्चात् 'सकाळ' में उनकी फिर से मुलाकात हुई। भूषण सर अर्थात् पत्रकारिता क्षेत्र में जानकार व्यक्तित्व। उनकी सूचनाएँ कमाल की थीं। मुश्किल घड़ी में वे 'ट्रबलशूटर' की भूमिका अदा करते। मेरे समान कार्यकर्ता, पत्रकारों को प्रोत्साहित करने का कार्य वे सदैव ही करते हैं। उनके बगैर मेरा पत्ता तक नहीं हिलता यह सच है। प्रा. कविवर्य मनोज बोरगांवकर सर, उत्तम कांबळे सर इन्होंने जो सूचनाएं की थी, वह बहुत ही महत्वपूर्ण थीं। अच्छा, यह सूचनाएँ कोई एक बार नहीं मिली, प्रति दो दिन के पश्चात् सूचनाएँ अवश्य मिलती। एक अलग पुस्तक का निर्माण करना अर्थात् कितनी मेहनत लगती है, यह मेरे लिए कोई नई बात नहीं थी, किंतु सबको साथ लेकर उनकी इच्छाओं के अनुरूप, उनके समय के अनुरूप सब कुछ करवा लेना इतना आसान नहीं था। लेखक के रूप में जिन संपादकों को मैंने एकत्रित किया, वह सभी पहले वैसे दूर थे, किंतु अब यह सारी मंडली एक परिवार के समान ही है।

किसी सामान्य अथवा बहुत बड़े व्यक्ति को लिखने के लिए प्रेरित करना आसान है, किंतु पत्रकार और वह भी संपादक से लिख कर लेना? बाप रे..., अति कठिन कार्य! लेख के लिए ना कहने वालों की और यह किस लिए करते हो? ऐसे खड़े बोल सुनाने वालों की कमी नहीं थी। डॉ. उदय निरगुड़कर सर ने तो "मुझ जैसे छोटे व्यक्ति का लेख क्यों लेते हो? आप के पास तो बहुत बड़े-बड़े संपादक हैं।" ऐसा सूचित किया। निखिल वागले सर और गिरीश कुबेर सर ने लिखने के लिए मेरे पास समय नहीं है, ऐसा कहा और मेरे सबसे करीबी सदैव साथ रहने वाले संजय आवटे सर तो रोज सुबह कहते "दोपहर तक जरूर देता हूँ।" पुस्तक छप कर तैयार होने का समय आ गया, किंतु उनकी दोपहर अब तक नहीं आयी। मेरी संस्था के अनेक संपादकों ने मुझे प्रोत्साहित ही किया। ठीक है। ऐसी बहुत सी यादों ने मन में घर कर लिया है। मेरे सर प्रा. डॉ . सुभाष पाठक जी ने संयम की घुट्टी इतनी जबरदस्त पिलाई है कि, पूछो ही मत। इसलिए मेरा नाराज होना, हताश होना और किसी विषय की शुरुआत करने से पहले ही 'नहीं हो सकता' ऐसी भावना मन में आना, कभी संभव ही नहीं और प्रा. गुरुवर्य सुरेश पुरी सर ने जनसंपर्क के जो पाठ पढ़ाये हैं वह तो रग-रग में है ही।

इस पुस्तक निर्माण की वैसे अच्छी यादें अधिक है। नागपुर के अपराजित सर इन्होंने लेख के संदर्भ में आवाहन करने वाले पत्र को पढ़कर जो भावनाएं व्यक्त की वह मन को लुभानेवाली थी। उन्होंने कहा, "दोस्त संदीप, अगर तुम मेरे सामने होते तो तुम्हें सीने से लगा लेता। इतने अच्छे विषय का चयन तुमने किया है। अरे यह मेरा सबसे प्रिय विषय है।" इसके उपरांत पुस्तक हाथ में आने तक तीन-चार दिन में उनका फोन आना तय था। आश्चर्य की बात है राजदीप सरदेसाई, कुमार केतकर और भारतकुमार राऊत इन्होंने एक दिन में

लेख लिखकर दिया। इतना ही नहीं, केतकर सर ने बार-बार पुस्तक के निर्माण की स्थिति का जायजा लिया। जब मैंने लेखन के लिए प्रवीण बर्दापुरकर जी को प्रस्ताव दिया, तब उन्होंने कहा, "मैंने भी कुछ लेखकों की इसी प्रकार की एक किताब लिखी है, जो 'साधना प्रकाशन' ने प्रकाशित की है।" मैंने सुरेश द्वादशीवार, ह .मो. मराठे और बर्दापुरकर जी से लेख के लिए अनुरोध किया था। उनके लिखे हुए लेख मुझे बर्दापुरकर सर के कारण प्राप्त हुए। ह. मो. सर और अरुण साधू इनसे अनेक बार वार्तालाप हुआ। अरुण साधू सर लिख रहे थे, इसी बीच उनके देहांत की खबर आयी। ह.मो.सर भी इहलोग छोड़ कर चले गए। ह.मो. सर का लेख मिला, किंतु साधु सर का लेख मिला ही नहीं। और फिर उनके परिवार को इस लेख के विषय में पूछने की हिम्मत मेरे पास नहीं थी। रवीश कुमार के समान कुछ बड़े संपादकों ने हम माँ के संदर्भ में लिख नहीं सकते, इसके बहुत बड़े भावनिक कारण बताएं... माँ को लेकर अनेक तरह की गंभीर बातें हो सकती हैं, इस पर यकीन ही नहीं होता।

प्रस्तावना किसकी लें, इस विषय पर विचार मंथन हुआ। तभी शरद पवार साहब का नाम आगे आया। आदरणीय शरद पवार साहब ने इस पुस्तक के लिए प्रस्तावना लिखी ...और इस रचना को चार चाँद लगा दिए। प्रस्तावना के लिए जब उनसे मिलने गया, तब उनके हाथ में प्रस्तावना के विषय में पत्र दिया। उन्होंने वह पत्र बारीकी से पढ़ा, बहुत सुंदर पत्र है, यह उनकी भावना थी। उन्होंने सभी संपादकों की सूची देखी और भौंहें चढ़ाई। एक क्षण में ही लिखता हूँ मैं प्रस्तावना ऐसा उन्होंने कहा। उस दिन शरद पवार जी के साथ जो वार्तालाप हुआ वह मुझे जीवन भर याद रहेगा ऐसा ही था। मैं युवाओं के साथ काम करता हूं, यह पवार सर को पहले से ही पता था। इससे पूर्व चार-पाँच मुलाकातों में इस संदर्भ में चर्चाएँ भी हुई थीं। पवार साहब को युवाओं के संदर्भ में राज्य की राजनीति चिंता का विषय था। उन्होंने कहा राजनीति सामाजिकता का दूसरा अंग है, वर्तमान में यह युवाओं की सोच नहीं है। राजनीति में परिसंवाद शुरू है, इसलिए सजग युवा राजनीति के संदर्भ में 'यह मेरा काम नहीं है' इस दृष्टि से देखता है। इस विषय पर और अन्य विषयों पर चर्चा हुई। अंत में विदा लेते समय उन्होंने मेरे पैर के जूते देखें और कहा, ऐसे जूते और स्टाइलिश ड्रेस पहनकर अगर आप ग्रामीण क्षेत्र में युवाओं का संगठन करने के लिए जाओगे तो युवा तुम्हें अपना कैसे कहेंगे? देखो, मेरे पैरों में कैसी चप्पल है। मैंने उनके पैरों की चप्पल देखी बिल्कुल सामान्य! मेरी तो हवाइयाँ ही उड़ गईं। पवार सर को साष्टांग दंडवत किया और बाहर आते ही पहले उनकी चप्पल के समान चप्पल खरीदी। बिल्कुल सामान्य। वैसे पवार साहब इतने बड़े क्यों हैं? इसके हजारों उदाहरण अपनी आँखों के सामने होते हैं, किंतु इस मुलाकात में पवार सर उनके निरीक्षण शक्ति के कारण और पालकत्व की नि:स्वार्थ भावना से सब पर प्रेम करते हैं, इसीलिए वे इतने बड़े हैं, ऐसा मुझे लगा। व्यक्ति इतने बड़े कैसे बनते हैं?

इसका उत्तर शरद पवार सर के साथ मुलाकात के बाद ही समझ में आता है। उनके द्वारा लिखी प्रस्तावना अभूतपूर्व अध्ययन इसका नमूना है। हर संपादक के लेख के विषय में उन्होंने स्वतंत्र भाष्य किया है। किस संपादक ने कौन सा विषय महत्वपूर्ण रूप से प्रतिपादित किया है, इसे उन्होंने प्रभावी रूप से लिखा है।

आदरणीय श्रीराम पवार, फ. मु. शिंदे सर इनके साथ-साथ अनेकों ने 'मुझे मेरी माँ' के संदर्भ में संपादकीय में ही सही, किंतु कुछ तो लिखो, यह सूचित किया था। सच कहूँ तो मैं लिखने वाला नहीं था। क्योंकि मैं किसी बड़े संपादकों की सूची में समाविष्ट नहीं हूँ। इसलिए माँ के विषय में लिखने से संकोच होता था। माँ के संदर्भ में इतने कम शब्दों में लिखें तो कैसे लिखें? हजार-दो हजार शब्दों में माँ के संदर्भ में लिखना कठिन है। अगर उसके विषय में लिखूँ तो चारसौ पन्नों की पुस्तक भी कम पड़ जाए।

विश्व में जब पहले बालक ने जन्म लिया होगा, उस सुखद अनुभूति में प्रेम से माँ ने जो शब्द कहे होंगे, वही विश्व का पहला गीत, पहले शब्द और पहली भाषा होगी। और आश्चर्य देखिए ऐसी माँ को शब्दबद्ध करते समय मुझे शब्द नहीं सूझ रहे, भाषा अपर्याप्त प्रतीत होती है। उसके दिखने से परे जो अस्तित्व है वह शब्दों में समाहित होना असंभव है। शब्द भी बड़े जादूगर हैं। व्यक्तित्व की गहराई के साथ-साथ शब्दों की गहराई भी बढ़ती जाती है। शायद इसीलिए माँ शब्द के साथ जो गहराई होती है, वह केवल अनुभूति से ही साध्य होती है, शब्दों से नहीं। उसे कागज पर उतारते हुए एक प्राकृतिक शाश्वत को अप्राकृत तो नहीं कर रहे हैं, यह भावना भी मन में जन्म लेती है।

सांडस, कलमनूरी तहसील, जिला हिंगोली यह माँ का तत्कालीन मायका। विठ्ठलराव निरगुडे की प्रथम कन्या अर्थात् ठाट-बाट होना सहज है। मेरे पिताजी से माँ की शादी हुई तब वह तेरह-चौदह साल की होगी। काळे खानदान की बहू के रूप में वह पाटनूर आयी और जीवन में संघर्ष प्रारंभ हुआ। आर्थिक स्थिति होते हुए भी दीनता के अलावा उसके हिस्से अधिक कुछ नहीं आया। पिताजी की दादी 'हीराबाई' जब तक थी, ठीक था। किंतु दादी के पश्चात् नियति ने उस के नसीब में संघर्षों की वृद्धि ही की। किंतु मेरे पिताजी के ठाठ-बाट देख अच्छे-अच्छे भी शर्मा जाते, तब भी और आज भी, फिर जेब में कुछ हो अथवा ना हो। उस समय पिताजी 12 वीं पास थे। 12 वीं होना कोई आसान बात नहीं थी, उस समय। खेत के कामों से कोसों दूर, छोटी नौकरी करने की हिम्मत जुटाना कठिन ऐसी दुविधा में पिताजी फंसे। शायद मैं एक-दो साल का था, तब पिताजी औरंगाबाद के एक कंपनी में छोटी-मोटी नौकरी करते थे। अधिक समय वहाँ नहीं टिके। तत्पश्चात् पाटनूर आकर दूध का व्यवसाय किया, वहाँ भी कुछ बात बनी नहीं। फिर वह हैदराबाद नौकरी करने चले गए। वहाँ भी दिल नहीं लगा फिर से गाँव वापस और शक्कर कारखाने में छोटे पद पर कार्यरत हुए। अभी दो वर्ष पूर्व पिताजी निवृत्त हुए हैं।

अर्थात् मेरी जानकारी के अनुसार अब तक चार से पाँच जगह उन्होंने काम किया। जब से मेरी समझ बढ़ी तब से माँ को क्या-क्या संघर्ष करना पड़ा, इसे मुझसे अधिक कौन जानता है। माँ को सास नहीं थी। ससुर जी को उसका चेहरा देखना भी पसंद नहीं था। मायके की लाडली बेटी। कभी घर के काम का अनुभव नहीं था। गलतियाँ होती। इसी कारण ससुर जी के साथ अन्य सभी उसे प्रताड़ित करते। उसके साथ ठीक से बात भी नहीं करते। कुछ ना कुछ करके वह हमारा पेट भरती थी। वह अकेली ही दिन गुजारती थी। पिताजी बाहर गाँव से (नौकरी के गाँव से) घर आते, तो साथ में समस्याएँ भी लाते। नहीं तो छोटे-मोटे कारणों से माँ के साथ झगड़ा करते। वैसे कौन से पति-पत्नी आपस में झगड़ा नहीं करते? पिताजी का व्यवहार ऐसा क्यों है? यह प्रश्न हम तीनो भाई-बहनों के सम्मुख सदैव उपस्थित होता था, आज भी होता है। अब नाती-पोतियों के ज़िद के सामने पिताजी ने घुटने टेक दिए। पिताजी को हमारा बहुत अभिमान है, इसे वे दूसरों से जब बात करते हैं तब हमारे विषय में बोलते हैं किंतु हमारे सामने कभी नहीं बोलते। माँ इससे विपरित है। वह प्रशंसा करते थकती नहीं। पिताजी नौकरी के लिए बाहर ही रहते, उस समय मेरी बहन शारदा और भाई परमेश्वर इनके जन्म के समय माँ मायके में साल साल भर रहती थी मायके की संस्कृति का माँ पर गहरा प्रभाव था। अर्थात् बारहवीं तक वह मुझ पर भी था। गुरुवर्य प्रा. राजाराम वड्डामवार सर से मिलने तक यह प्रभाव कायम था। दत्त संप्रदाय की भक्ति में लीन मेरे मामा का घर इतना तल्लीन था कि, दिन कब खत्म हुआ पता भी नहीं चलता। रामायण, भागवत, नवनाथ, ज्ञानेश्वरी, भक्ति विजय ऐसे कितने ही ग्रंथ बार-बार के पठन से माँ को मुखोद्गत हुए थे। उसमें निहित हजारों छोटी-छोटी बातें उसे कंठस्थ रहती थी। दसवीं तक मैं रात को सोते समय और दिन भर काम करते-करते इतनी कहानियाँ सुनाती थी कि, पूछो मत। किंतु उन कहानियों में एक कहानी उसने दोबारा कहीं हो ऐसा गलती से भी नहीं हुआ।

दूर कहीं एक नगर था। वहाँ एक राजा था, वह राजा बड़ा ही शूर, निडर और प्रजावत्सल था। वह सदैव जनता की भलाई के विषय में ही सोचता। यह सारे गुण राजा के पास थे, क्योंकि वह सब माँ के संस्कार थे। ऐसी कहानियाँ माँ हमें बचपन में सुनाती थी। बाप रे ..! जब वह कहानियाँ सुनाती तब रोंगटे खड़े हो जाते थे और लगता, माँ की इन कहानियों का राजा, नायक हम ही हैं। इन सारे संस्कारों के कारण ही कल्पकता की अधिकता का निर्माण हम में हुआ। हम कुछ कर सकते हैं, यह आत्मिक बल माँ की कहानियों से प्राप्त हुआ। संपूर्ण परिवार नामस्मरण करने वाला। घर में सभी प्रकार के धार्मिक ग्रंथ। प्रतिदिन ग्रंथ का पठन होता था। मुझ में स्थित एक लेखक का जन्म माँ द्वारा सुनाई कहानियों से और कल्पनाओं से हुआ है। मामा के घर कर्मकांड की कोई सीमा नहीं थी, किंतु उससे उत्पन्न चर्चा सत्र

और पठन की चाहत उत्पन्न हुई। रामायण, महाभारत, नवनाथ इन ग्रंथों का पठन जब मंदिरों में होता था, तब अर्थ कथन करने वाले व्यक्तियों से पूर्व ही मैं अर्थ बता देता। आसपास के व्यक्ति चकित होते कि यह ऐसे किस प्रकार संभव है। यह सारे ग्रंथ माँ ने मुझे बचपन में ही कहानियों के माध्यम से सुनाए थे। इसी से वह अर्थ बाहर निकलते। माँ के संस्कारों का गान कितना भी करो कम ही होगा।

असीम साहस और निडर वृत्ति मेरी माँ का स्वभाव है। स्थिति का सामना कैसे करना चाहिए? उससे ही इसी बात को सीखना चाहिए। पिताजी भाऊराव चव्हान शुगर फैक्ट्री में नौकरी करते थे। जिस बस्ती में हम रहते थे, वहाँ आग लग गई। पूरी बस्ती जलकर खाक हो गई। डेढ़ सौ से अधिक परिवार केवल शरीर के कपड़ों के साथ अपनी जान बचा सके। बाकी सब कुछ राख, अपनी गृहस्थी आँखों के सामने जलती देख, मानो सब की दुनिया उनकी आँखों के सामने उजड़ गई। नानाजी विठ्ठलराव निरगुडे उस समय वही थे। हम सभी दूर खड़े होकर जलता हुआ घर देख रहे थे। नानाजी जोर-जोर से रो रहे थे। हम सभी भयभीत और डरे हुए थे, किंतु माँ शांत थी। केवल जलता हुआ घर उसकी आँखों में दिख रहा था। उसके चेहरे पर ना कोई नाराजगी थी और ना ही उदासी के भाव थे। दिख रही थी केवल चिंता, चिंता जलते हुए घर की नहीं! अब बच्चों को कहाँ रखेंगे? यह चिंता अधिक थी। जब घर जल रहा था, तब बड़े साहस के साथ घर में जाकर महत्वपूर्ण कागजों की सूटकेस बचाने में वह सफल हुई थी। इसलिए वह कागजात बच गए। अग्निशमन की गाड़ी आयी किंतु सब कुछ जल जाने के बाद। घर जला, घर में क्या-क्या जला? कितना नुकसान हुआ? इससे माँ को बुरा नहीं लगा, बुरा लगा तो यह सोच कर कि, मेरी सारी किताबें इस आग में जल गई थीं। मैं उस समय बी.ए. द्वितीय वर्ष में था। कम से कम दो-ढाई हजार किताबें थी घर में। वह भी जलकर खाक हो गईं। सभी किताबें एक ही जगह पर थी, इसी कारण जब किताबें जल रही थीं, तब आग की लपटें और भड़क गई। दो दिन के बाद भी किताबों के मलबे में आग थी। माँ आते-जाते सभी को यही दिखाती, बताती "देखो संदीप की किताबें अभी तक चल रही हैं।" इतने भयावह प्रसंग में भी वह विचलित नहीं हुई। केवल आठ दिनों के अंदर ही उसने अपना परिवार फिर से खड़ा किया। ऐसी कितनी ही घटनाएँ मेरे जीवन में घटित हो गई हैं, जिसे मैं कह सकता हूं...

ऐ अंधेरे देख ले, मुंह तेरा काला हो गया।
माँ ने आँखें खोल दी, घर में उजाला हो गया।

मुनव्वर राणा की यह पंक्तियाँ मेरा छोटा बेटा अर्णव हमेशा गुनगुनाता है घर में। वह अपना मातृप्रेम व्यक्त करते रहता है। उसे देखकर मुझे अपना बचपन हमेशा याद आता है। आज जिम्मेदारियों के बोझ तले दबा हुआ हूँ मैं। उसे अधिक समय नहीं

दे पाता हूँ, यह सच है। प्यार का कितना ही सैलाब क्यों ना आए, किंतु मुंबई की व्यस्त घड़ी के काँटे उस सैलाब को शांत कर देते हैं, किंतु शुक्र है वह मेरे मन तक नहीं पहुंच पाते, जहाँ माँ के प्रेम से ओत प्रोत एक घरौंदा है, जो खुला रहता है, हमेशा के लिए। अब माँ के बगैर पिताजी और पिताजी के बगैर माँ एक मिनट भी नहीं रह सकते, यह स्थिति है। शायद यही स्थिति पहले भी होती तो उसके जीवन में कुछ साल जरूर बढ़ जाते। अब माँ के 'ठाठ' किसी रानी के समान है। अपनी खेती, अपना पति और पाटनूर का घर, अब यह त्रिकोण ही उसका विश्व है। उसे ना बच्चों की जरूरत है, ना नाती-पोतों की।

बचपन में सुनी हुई एक रशियन कथा मन में घर कर के बैठी है। अपने प्यार के लिए माँ का कलेजा काट कर ले जाने वाला लड़का ठोकर खाकर गिरता है, तब माँ के कलेजे से आवाज आती है, ''बेटा तुम्हें कुछ लगा तो नहीं?'' तब भी और आज भी तर्क की कसौटी पर इस कथा को कभी कसा नहीं। यही है माँ के नाम की महिमा। जिस प्रकार सच को हम कैद नहीं कर सकते, उसे पकड़ नहीं सकते, उसकी छाया ही हमें 'लार्जर दैन लाइफ' प्रतीत होती है... बिल्कुल उसी प्रकार केवल माँ की छाया ही हम पकड़ सकते हैं, और वह भी इतनी सर्वव्यापी होती है कि, ना वह शब्दों में व्यक्त होती है, ना समाए जा सकती है, ना ही जीवन में। माँ हो तो पूरे घर में चैतन्य की लहरें प्रवाहित होती रहती है ...वह जो दिखती है उससे परे माँ के विशाल रूप को पकड़ने की चेष्टा मैंने इस संपादन से की है ...अंजलि में समंदर को समाना वैसे भी असंभव ही है फिर भी...

मेरा भाई, मेरा दोस्त धिरज बालासाहेब पावडे ने बडे ही लगन से और उतने ही संवेदनशीलता से माँ को शब्दों से अलंकृत करने का प्रयास किया है। हिन्दी के अच्छे जानकार और सहृदय कवि होने के कारण उनकी लेखनी से मातृत्व की ममता शब्दों के माध्यम से कागज़ पर उतरी है। मुझे आशा है पाठकों के दिलों तक भी आसानी से पहुँचकर उन्हें भी भाव विभोर कर देगी। धिरज पावडे जी के अथक प्रयास के कारण ही 'मु.पो. आई संपादकांचं मातृस्मरण' का हिन्दी अनुवाद साकार रुप धारण कर सका है। उनकी मेहनत के लिये मैं उन्हें दिल की गहराईयों से धन्यवाद देता हूँ।

माँ का प्यार यह समर्पण से जुड़ा हुआ होता हैं। और यह समर्पण कोई बाहरी घटना नहीं है, वह किसी स्कूल या पाठ्यक्रम से नहीं सीख सकते वह तो 'अंदर की बात है'। इसी कारण वह प्रेम जिसकी कोई सीमा नहीं, परमोच्च होता है।

Only from the heart can you touch the sky...
Jalaluddin Rumi
रूमी जी की यह पंक्तियाँ माँ के लिए कितनी यथार्थ सिद्ध होती है, है ना!

– संदीप रामराव काळे

■■■

हिंदी रूपांतरणकार का मनोगत

विश्व की 'महान योद्धा माँ' अर्थात् त्याग और प्यार का मानवीकरण; सहनशीलता, संयम और साहस का दूसरा नाम माँ को संपादकों की लेखनी के माध्यम से समझने का प्रयास करते हुए पाठकों के मन, मस्तिष्क को झकझोरने वाला संघर्ष अर्थात् 'मु.पो. आई-संपादकांचं मातृस्मरण' जो आप के आचार, विचार एवं सोच को नये सिरेसे सोचने पर मजबूर कर देता है। माँ के प्रती आप की आस्था, प्रेम, आत्मीयता, संवेदनशीलता को निश्चित रुप से वृद्धिंगत कर देता है। समाज व्यवस्था, अर्थव्यवस्था, धर्मव्यवस्था, पारिवारिक स्थितियाँ, परिस्थितियाँ, आत्मिक, आंतरिक एवं बाह्य आदि अनेक रणभूमियों में माँ निरंतर अकेली ही लड़ी है, लड़ रही है और सदैव लड़ती ही रहेगी; बिना थके, बिना किसी डर, चिंता के अकेली ही पहाड़ जैसी समस्याओं के सामने सीना ताने, सिर उठाकर, आत्मविश्वास के साथ संघर्ष के लिए हर पल, हर क्षण तैयार रहती है। कहाँ से आता है इतना साहस? किस लिए? और किसके लिए? केवल और केवल अपने बच्चों की भलाई। इस एकमेव उद्देश्य की पूर्ति करना उसके जीवन का लक्ष्य होता है और यही बातें हैं जो माँ को विश्व की महान योद्धा बनाती है।

संदीप रामराव काळे मेरे बाल सखा, बचपन से हम साथ रहे। भाऊराव चव्हाण शुगर मिल नांदेड में हम दोनों के पिताजी नौकरी करते थे। अत्यधिक विलोभनीय एवं प्राकृतिक दृष्टि से सर्वथा संपन्न परिवेश में हम पले और बड़े हुए। हमारे सभी दोस्तों में प्रतिभा की कोई कमी नहीं थी। सभी किसी न किसी क्षेत्र में माहिर थे। वर्तमान में हम सभी अपने-अपने क्षेत्र में कामयाब जीवन जी रहे हैं। राज्य एवं राष्ट्रीय स्तर पर अपने कार्य का लोहा मनवाते हुए युवा पीढ़ी के लिए आदर्श एवं प्रेरणा का स्रोत बने हैं। संस्कार, आचार, विचार, सोच एवं लक्ष्य किसी कार्य तत्पर व्यक्ति को शांत बैठने नहीं देते; संदीप जी इसी श्रेणी में आते हैं। छात्र दशा से ही अपने विचारों को लेखनी के माध्यम से व्यक्त करने की कला में वह माहिर थे। अपने मनोगत में संदीप जी ने जिस अग्नि तांडव का उल्लेख किया है; उसे मैंने अपनी आँखों से देखा है। उस समय भी, ''चिंता घर जलने की नहीं मेरी सारी

किताबें जल रही हैं।'' यही उनके शब्द थे। संदीप जी की माता ने जलते हुए घर में प्रवेश किया और एक सूटकेस लेकर बाहर निकली किंतु किताबें और संदीप जी द्वारा लिखित साहित्य आग से बचाने में वे असफल रही। संदीप जी के पिताजी रामराव जी काळे से मेरा दोस्ताना अधिक है। कई बार अनेक विषयों पर हमारी चर्चा होती थी। उन्हें अपनें बेटों पर और उनकी काबिलियत पर नाज है। ''संदीप आज जो कुछ भी है वह उसकी खुद की काबिलियत के दम पर है।'' अगर यहीं बात संदीप जी से कहे तो वे कहते हैं, ''माँ-पिताजी के आशीर्वाद साथ हो तो सब कुछ आसान हो जाता है।'' किन्तु एक बात विशेष रुप से माननी ही होगी कि, विषयों का चयन कैसे करना है इस बात को संदीप जी से ही सीखना चाहिए; उनकी पैनी नजर से कुछ भी नहीं छूटता।

संदीप जी द्वारा लिखित सभी किताबें मेरे पास है। नयन बाराहाते जी द्वारा 'मु.पो. आई संपादकांचं मातृस्मरण' यह किताब मुझे मिली। पुस्तक पढ़ते समय अनायास ही संपादकों की अनुभूतियों से तादात्म्य स्थापित होते हुए, माँ के संघर्ष को संवेदनशीलता के साथ भावविभोर होकर पढ़ता ही रहा। मन की स्थितियों का वर्णन शब्दों में कर पाना संभव नहीं है। प्रेम, ममता, साहस, आदर्श, संस्कार, अनुशासन, प्रेरणा, संयम, विद्रोह, जुझारूपन, वेदना, संवेदना और न जाने कितनी ही लहरों में मैं केवल बहता ही रहा। मा. शरद पवार जी के प्रास्ताविक से लेकर डॉ. वीणा सानेकर जी तक ''माँ को केवल एक योद्धा के रूप में ही देखा।'' मा. शरद पवार जी ने अपने प्रास्ताविक में सटीक शब्दों से सभी माताओं की विशेषताओं को अंकित किया है। प्रास्ताविक पढ़ते ही समझ में आता है कि, पत्रकारिता के विशाल नभ मंडल में सितारों से चमकने वाले संपादकों का निर्माण किस प्रकार हुआ होगा? आभाव के अंध:कार को चीरती हुई रोशनी की किरण बनने के लिए माँ को कितनी कड़ी साधना से गुजरना पड़ा होगा? विपरित परिस्थितियों से लोहा लेते समय माँ कभी थकी नहीं, झुकी नहीं और कभी रूकी भी नहीं। कोमल शरीर, भावुक मन, बड़ो का आदर सम्मान, धर्म, व्यवस्था, आचार, विचार, पति की आज्ञाकारी पत्नी आदि सभी स्थितियों में सामान्य सी प्रतीत होने वाली माता; विपरित परिस्थितियों में, संकटों में, पति के मृत्यु के पश्चात् इतनी असामान्य, इतनी सशक्त, इतनी ताकतवर, इतनी जुझारू कैसे हो जाती है? इसका एक ही जवाब है और वह है, 'मातृत्व'। किसी भी स्थितियों से परिस्थितियों से लड़ने की ताकत होते हैं बच्चे। माँ की जंग का केवल एक ही उद्देश्य होता है 'अपने बच्चों की भलाई।' इस उद्देश्य के सम्मुख दुख-दर्द, वेदना, कष्ट, अभाव सब कुछ परास्त हो जाते हैं। अपने बच्चों के लिए माँ एक सशक्त कवच बन जाती है। जिस पर किसी भी स्थितियों का कोई भी असर नहीं होता। 'मु. पो. आई' में माँ की यही जंग हर पन्ने पर नजर आती है। कभी

मन आक्रोश करता है तो कभी विद्रोह; भावनाओं की लहरों में गोते खाते हुए, कभी डूबते, कभी संवरते हुए, यह प्रवास अंतिम पन्ने तक पहुंच जाता है। फिर सन्नाटा; मन, मस्तिष्क, दिल, दिमाग सब कुछ सन्न Pin drop Silence विचार, वाणी, ज्ञान, अनुभव सब कुछ शांत हो जाता है। फिर मन, मस्तिष्क, विचारों से होते हुए माँ का संघर्ष, उसकी साधना, बच्चों की भलाई, सब कुछ अंतरात्मा तक पहुंच जाता है। एक संवेदनशील वाचक की यह हालत होती है तब आप सोच सकते हैं; इन संपादकों ने अपनी माँ के इस संघर्ष को देखा और उसे शब्दों में लिखा दोनों ही अवस्था में उनकी क्या हालत हुई होगी? किंतु एक बात निश्चित है वह यही कि, इसी संघर्ष में संपादकों के निर्माण का मूल तत्व है। माँ के इसी संघर्ष की नींव पर संपादकों के व्यक्तित्व का निर्माण हुआ है।

It's a journey to making the legend..... actually it's a process

'मु.पो. आई संपादकांचं मातृस्मरण' पढ़ने के बाद, माँ के संघर्ष को समझने के बाद आठ-दस दिन तो केवल इन्हीं माताओं के साथ गुजरे। बोलने में, सोचने में बस यही माताएँ मेरे साथ रहीं। कुछ संभलने-संवरने के बाद यह एहसास हुआ कि, सभी माताओं ने मेरे दिलोदिमाग पर गहरा असर किया है। एक संवेदनशील लेखक होने के कारण, इतनी सशक्त साहित्यकृति और वह भी मान्यवर संपादकों की लेखन शैली से अलंकृत माँ को पढ़ने-समझने के बाद यह असर होना स्वाभाविक ही था। 'मु. पो.आई' की सभी माताओं के विषय में मेरी पत्नी 'कल्पना' से बातचीत होती थी; सुनकर वह भी प्रभावित हुई। उसने भी 'मु. पो.आई' को दो दिन में पढ़ने के बाद मुझे यह सुझाव दिया कि, "कितनी प्रेरणादायी बातों का खजाना है इस किताब में! यह किताब हिंदी में भी होनी चाहिए; आप इस किताब का हिंदी अनुवाद क्यों नहीं करते?'' उसे पता था तब मैं मा. खा. शिवाजीराव देशमुख जो 1962 से 1977 तक परभणी लोकसभा से सांसद थे। पंडित जवाहरलाल नेहरु की सलाहकार समिति के सदस्य और संसदीय कार्य समिति के सचिव थे... क्या क्या लिखूं? पिछले डेढ़ साल से एक संशोधक के समान उनके समकालीन लोगों के साक्षात्कार, समाचारपत्र, अखबार (दैनिक), संसदीय भाषण आदि का गहन अध्ययन कर मा. खा. कै. ॲड. शिवाजीराव देशमुख जो मेरे दादा जी के भाई थे; उनकी जीवनी लेखन का कार्य मैं कर रहा था किंतु कोरोना काल में लॉकडाउन के कारण लोगों से साक्षात्कार करना संभव नहीं था। अतः पत्नी की सलाह को उचित समझकर संदीप काळे जी को फोन किया, उत्कृष्ट साहित्य कृति के लिए बधाई दी और इस किताब को मैं हिंदी में अनुवादित करना चाहता हूँ यह भी बता दिया। संदीप जी ने तुरंत हामी भरते हुए कहा, "आप इस किताब का अनुवाद हिंदी में करना चाहते हैं; इससे बड़ी खुशी की बात और क्या हो सकती है?'' बस अगले ही दिन से मेरा कार्य प्रारंभ

हुआ। पैंसठ दिनों के अथक प्रयास के बाद अनुवाद का कार्य संपन्न हुआ किंतु इसकी सब से अधिक कीमत चुकाई मेरे बेटे समर्थ ने जो अभी साढ़े आठ साल का है; जिसे मेरे बगैर नींद नहीं आती और मैं रात भर अनुवाद में व्यस्त। सोने से पहले उसके अनेक सवाल होते ''पप्पा आज काम करने वाले हो क्या? आपका कितना काम बाकी है? आज सुबह काम किया है; रात में मत करना।'' आदि जिस दिन अनुवाद का कार्य समाप्त हो गया उस दिन मुझ से भी ज्यादा अगर कोई खुश था तो वह था मेरा बेटा समर्थ और मेरी पत्नी कल्पना। कल्पना को इस बात की खुशी थी कि, उसका सुझाव एक पुस्तक के रूप में ढल गया था।

'मु.पो. आई' का अनुवाद करना मेरे लिए अत्यधिक आनंद का विषय था। 'माँ को समझते हुए' उत्तम कांबळे जी की भाँति हर संपादक की माता में मुझे मेरी माता के दर्शन सदैव होते रहे। मेरी माँ संपादकों की माताओं से भिन्न नहीं है। फिर भी माँ के संदर्भ में कितना भी लिखूं कम ही है। उत्तम कांबळे जी शब्दों में कहूँ तो माँ शब्दों में नहीं समाती; क्योंकि उसे पकड़ने वाले शब्द अभी तक पैदा ही नहीं हुए। फिर भी साहित्य में माँ को शब्दों में पकड़ने के प्रयास निरंतर होते ही रहते हैं। अपने अप्रकाशित खंड काव्य के माध्यम से माँ को साधने का असफल प्रयास मैंने भी किया है। किंतु जिसने शब्द बोलना सिखाया उस माँ को शब्दों में पकड़ना आसान नहीं है। फिर भी...

शांताबाई माणिकराव देशमुख की इकलौती संतान शालिनी अर्थात् मेरी माँ। माणिकरावजी शिक्षक थे। अनेक भाषाओं के ज्ञाता। सुखी संपन्न परिवार में माँ का जन्म हुआ था। किन्तु नियति को यह सुख देखा नहीं गया। माँ के बचपन में ही उसके पिता का निधन हो गया। शिवराम जी दादा देशमुख (काटेकर) जी ने अपनी कन्या शांताबाई और पोती शालिनी को अपनी छत्रछाया में ले लिया। शिवराम जी दादा देशमुख अत्यधिक प्रभावशाली व्यक्ति थे। सामाजिक, धार्मिक, अध्यात्मिक एवं राजनीतिक आदि क्षेत्रों में राज्य से लेकर राष्ट्रीय स्तर तक उनके नाम का सिक्का चलता था। जब दसवीं कक्षा तक शालिनी की पढ़ाई हो गई तब मानोरा तहसिल में स्थित कुपटा गाँव के बालासाहेब व्यंकोजीराव पावडे इनके साथ विवाह हो गया। कालांतर में मेरा और मेरी दो बहनें सोनिका और अश्विनी का जन्म हो गया। हम तीनो की देखभाल में माता-पिता ने कोई कमी नहीं की। एक आदर्श माता-पिता को जो करना चाहिए शायद उससे भी अधिक हमारे लिये किया। माँ का प्यार और पिता का अनुशासन ही था जिसने हमें रास्ता भटकने नहीं दिया। पिता धूप तो माँ छांव है यह अहसास बचपन में सदैव होता रहा। माँ को पढ़ने की आदत है। ग्रंथालय से किताबें लाकर रात रात भर पढ़ते हुए मैंने उसे सदैव देखा है। उसकी अंग्रेजी भी बहुत अच्छी है। बच्चों पर कभी भी किसी भी चीज के लिए जबरदस्ती

नहीं की। सदैव हमारा हौसला बनी। कक्षा आठवीं से आज तक मेरे साहित्य की पहली श्रोता मेरी माँ ही रही है। उसे मेरी कविताएं, कथाएँ, गीत सब कुछ अच्छा ही लगता है। मेरी पढ़ाई समाप्त होने के बाद बेकारी की अवस्था में मैं कुछ दिन घर पर केवल खाना और सोना इस बात से तंग आ गया था। तब माँ ने मुझसे कहा था अभी वक्त है तो आराम कर ले बाद में आराम करने के लिये तुझे वक्त ही नहीं मिलेगा। कितना सच कहा था माँ ने आज जिंदगी की भाग दौड में मेरे पास सब कुछ है सिवाय वक्त के।

मुझमें छिपे साहित्यकार को सबसे पहले पहचानने वाली मेरी माँ ही है। मुझे सदैव लिखने को प्रेरित करने वाले, मेरे साहित्य की सदैव सराहना करने वाले दोस्त सहपाठी प्रा.डॉ. सुनिल जाधव (नांदेड) जो स्वयं अंतर्राष्ट्रीय काव्य सम्मेलनों की शान बढ़ाते हैं। एक दिन मैं वाशिम से नांदेड पहुँचा और प्रा.डॉ. सुनिल जाधव को फोन किया कि ''कहाँ हो? मैं तुम्हारे घर आ रहा हूँ। साहित्य कला अकादमी पूरास्कार प्राप्त कवि से मिलने जाना है।'' तब डॉ. सुनिल जाधव ने मुझसे कहा अबे, तेरी कविताएँ क्या सड़ने के लिये लिखी हैं। तेरे कविता संग्रह अगर तूने प्रकाशित किये होते तो आज तू स्वयं साहित्य कला अकादमी पुरस्कार प्राप्त कवि होता। मेरे सहकारी अध्यापक दशरथ खडसे जी जो स्वयं गीत संगीत के ज्ञाता है। अपने संगीत कार्यक्रमों से हजारों लोगों का दिल जितने वाले जब मेरा साहित्य सुनते हैं, पढ़ते है तो सदैव कहते हैं ''तुम्हारा साहित्य, तुम्हारी सोच तुम्हें बहुत दूर तक ले जायेगी लिख लेना।'' मुझे पुत्र के समान प्रेम करने वाले प्रा.डॉ.टी. पी. देशपांडे और प्रा.डॉ. शोभा राऊत मॅडम जिन्होंने मुझे सदैव सहयोग किया। आप सब के सहयोग के बिना यह अनुवाद संपन्न होना संभव ही नहीं था। शिवाजी शिक्षण संस्था के अध्यक्ष तथा अमरावती विभागीय शिक्षक आमदार ॲड. किरणराव जी सरनाईक, सौ अनितातांई सरनाईक जिन्होंने मेरे साहित्य प्रयास की सदैव सराहना की, पहले छात्र काव्य सम्मेलन को सफलतापूर्वक संपन्न कराने के लिये केवल सहकार्य ही नहीं किया अपितु स्वयं उपस्थित रहकर मेरे प्रयासों की तारिफ भी की। स्नेहदिप सरनाईक जिन्होंने लंडन से एम.बी.ए. किया है और मेहनत से अपने आप को सिद्ध किया है। मेरी कविताओं को सुनकर मेरी तुलना 'हरिवंशराय बच्चन' से करते हैं। (अवश्य ही मै इतना बडा नहीं हूँ और ना ही बन सकता हूँ।) यह उनका प्यार ही है, जो सदैव प्रोत्साहन के रुप में हमें मिलता है। जिससे लिखने की ऊर्जा दुगुनी हो जाती है। इसके साथ ही धनंजय गुणवंतराव देशमुख (काटा), विदर्भ रत्न साहित्यकार बाबारावजी मुसळे, अजिंठा क्रिएटिव्ह साहित्यकार गृप के संस्थापक मोहन शिरसाट सर, साहित्य कला अकादमी पुरस्कार प्राप्त साहित्यकार पद्मश्री डॉ.ना.च. कांबळे सर, युवा कवि जिनकी कविताएँ मुझे सदैव सोचने पर मजबूर

कर देती है डॉ. विजय काळे, साहित्यिक एवं फिल्म अभिनेता अरविंद उचित, उर्दू शायर साबीर दानिश साहब ...सभी का सहयोग और सहकार्य अनुवाद लेखन के लिये सदैव प्राप्त हुआ।

आशा है कि, संदीप काळे जी द्वारा लिखित 'मु.पो.आई संपादकांचं मातृस्मरण' का हिंदी अनुवाद पाठकों की अपेक्षाओं पर खरा उतरेगा और मेरे प्रयास को पाठक एवं साहित्य जगत् से जरुर सराहना एवं उचित न्याय मिलेगा। संदीप काळे जी को विशेष धन्यवाद देता हूँ कि उन्होंने मुझपर विश्वास जताकर हिंदी अनुवाद करने की अनुमति प्रदान की। अतः सबका आभार व्यक्त करते हुए इस अनुवाद को पाठकों के हवाले करते हुए अत्यधिक आनन्द की अनुभूति कर रहा हूँ।

– धिरज बालासाहेब पावडे

■■■

अनुक्रम

मातृपर्व

– प्रा.डॉ. माया पंडित नारकर

आप राजनीतिक, सामाजिक एवं सांस्कृतिक क्षेत्र में कार्यरत हैं। हैदराबाद के 'इंग्लिश एंड फॉरेन लैंग्वेजेस' इस केंद्रीय विद्यापीठ में 'इंग्लिश भाषा का अध्यापन' विषय की प्राध्यापक, संशोधक और प्रशिक्षक के रूप में आप कार्यरत हैं। कुछ साल तक वहाँ आपने प्रकुलगुरु के रुप में भी अपने दायित्व का निर्वाह कुशलता से किया है। अनुवाद, स्त्रीवादी साहित्य और नाट्य क्षेत्र में आपने महत्वपूर्ण योगदान दिया है। राष्ट्रीय एवं अंतरराष्ट्रीय स्तर पर डेढ़ सौ से अधिक परिषदों में आप सम्मिलित रही और तीनों विषयों पर अनेक संशोधनात्मक लेख प्रसिद्ध कर अपना लोहा मनवाया है। स्त्री मुक्ति आंदोलन और मराठी नाट्य आंदोलन में आपकी सक्रिय सहभागिता रही है। आपने अंग्रेजी और मराठी इन दोनों भाषाओं में अनेक महत्वपूर्ण साहित्य कृतियों को अनुवादित कर अंतरराष्ट्रीय आदान-प्रदान में महत्वपूर्ण योगदान दिया है। महात्मा फुले द्वारा लिखित 'गुलामगिरी' का *Slavery*, बेबी पवार द्वारा लिखित 'आयदान' का *The weave of my life*, सानिया द्वारा लिखित 'त्या नंतर' इस उपन्यास का *There after*, दारियों फो द्वारा लिखित *'The Accidental Death of an Anarchist'* और *'The Awakening'* इस नाटक का अनुक्रम से 'एक राजकीय कैद्याचा अपघाती मृत्यु' और 'जाग' इसी के साथ जयंत पवार द्वारा लिखित 'अधांतर' का *'The No where People'* संजय पवार द्वारा लिखित 'कोण म्हणतो टक्का दिला' इस नाटक का *'Pass the Buck on Brother'* और रामू रामनाथन द्वारा लिखित 'महादेव भाई' आदि महत्वपूर्ण साहित्य कृति एवं नाटकों का अनुवाद आपने किया है। साहित्य अकादमी दिल्ली के लिए आपने *'Voice from the Margins'* यह मराठी दलित लेखकों पर आधारित संशोधनात्मक चलचित्रपट का दिग्दर्शन किया है। *'Adventure with Grammar and Composition'* इस प्रकार से अंग्रेजी व्याकरण की दो किताबें और *'Gopal Ganesh Agarkar'* यह स्वतंत्र अंग्रेजी किताब का लेखन कार्य भी आपने किया है। काव्य के क्षेत्र में 'तल्खली' यह आपका मराठी काव्य संग्रह

प्रकाशित हुआ है। वर्तमान में लोक शाहिर अण्णाभाऊ साठे द्वारा लिखित 'फकीरा' का अंग्रेजी अनुवाद प्रकाशन की राह पर है।

~~~

माँ कहते ही, सबकी आँखों के सामने भावनाओं से ओतप्रोत ऐसा एक विशाल सांस्कृतिक खजाना ही खुल जाता है। जिसे धर्म, जाति, पंथ ऐसे किसी बंधन में नहीं बांधा जा सकता। जो 33 कोटी भगवान को मानते हैं उनके लिए 'न मातुः परदैवतम्' यह कहकर सभी भगवान एक पलडे में और माँ दूसरे पलडे में रख दी जाए तो माँ का पलड़ा भारी होगा, ऐसा कहा जाता है; तो 'माँ के पैरों तले जन्नत होती है' ऐसा एकेश्वरवादी खुदा के बंदे भी श्रद्धापूर्वक कहते हैं। गणपति ने अपने बड़े भाई - कार्तिकेय को, पृथ्वी प्रदक्षिणा की शर्त में किस प्रकार हराया था, यह कहानी भी अजब-गजब है। उन्होंने अपने माता-पिता की एक प्रदक्षिणा पूर्ण की और पृथ्वी की प्रदक्षिणा हो गई, यह घोषित कर दिया। यहाँ उनके पिताजी का होना सच कहे तो यूँ ही 'मान ना मान मैं तेरा मेहमान' इस प्रकार से है। सच्ची प्रदक्षिणा माँ को ही है। माँ के शरीर मैल से उत्पन्न गणपति को प्रथम भेंट में ही मारने पर उतारू होने वाले शंकर के प्रति अधिक प्रेम होने की संभावना मुझे थोड़े कम ही लगती है। द्यूत खेलने वाले लोग, उसमें भी केवल माँ को, द्यूत के खेल से उठाकर केवल पृथ्वी प्रदक्षिणा जैसे सामान्य कार्य के लिए 'जरा यहाँ आओ' कहकर उठाना, यह कोई मामूली बात नहीं है! पूर्वकाल में 'गंजीफा' और वर्तमान में ताश खेलने में व्यस्त माता को 'खाने को दो ना' कह कर कोई बच्चा अगर रट लगाए तब कान के नीचे जो आवाज आती है वह अनेक बच्चों को आज भी याद होगी! उससे भी कठिन भूत पिशाच को अपने कमर पर बांधकर रहने वाले, शीघ्र कोपी पिताजी को 'जरा बाजू हो जाइए' ऐसा कहना गणपति को थोड़ा कठिन ही गया होगा। इसलिए गणपति ने दोनों को अर्थात् माता-पिता की प्रदक्षिणा पूर्ण की होगी। माँ का गुणगान करनेवाली और भी कुछ कथाएं हैं। केवल 'प्राप्त भिक्षा पाँच भाइयों में बांट लो' ऐसा कुंती माता ने कहा इसलिए द्रौपदी को पाँच पतियों के साथ गृहस्थी करने की नौबत आ गई। ठीक है। सवाल यह है कि, माता की महत्ता को धर्म से, पुराण से, कथा-कहानियों से इतना संप्रेषित किया गया है कि, छोटे बच्चों को भी स्कूल में मेरी माँ, माँ मेरी गुरु, माँ कल्पतरू इस प्रकार ज्ञान दिये बिना शिक्षा का श्री गणेशा होता ही नहीं।

कहानी यहीं खत्म नहीं होती, जब बच्चे थोड़े बड़े हो जाते हैं तब उनके कानों में 'स्वामी तिन्ही जगाचा आई विना भिकारी', 'आई म्हणोनी कोणी आईस हाक मारी, ती हाक येता कानी मज दुःख होई भारी', 'प्रेम स्वरूप आई वात्सल्यसिंधु आई; बोलवू तुज आता मी कोणत्या उपयी'(मराठी काव्य)। इस प्रकार काव्य गूंजते रहा
~~~

है। यह क्या कम था जो शशि कपूर ने अमिताभ बच्चन को 'मेरे पास माँ है; तेरे पास क्या है?' ऐसा कहकर 'शर्मसार' करनेवाली आधुनिक कहानी और निरूपा रॉय, सुलोचना के समान उस कहानियों को जीवित करने वाली साक्षात् त्यागमूर्ती माता! यही संदेश दादा कोंडके की 'आये' (माँ) ने भी जनसामान्य के हृदय पर अंकित किया है। इसलिए माँ कहते ही प्रेम, त्याग, करुणा का महासागर अपनी आँखों के सामने लहरों की तरह झूमता रहता है, जो लहरों के समान कभी खत्म नहीं होता। माँ के प्रतिमा की महिमा यह अपने समाज के मानस पटल पर अंतर्मन तक कायम हो चुकी है, वह इसी प्रकार है।

अर्थात् एक ओर जनसामान्य में इस मातृ प्रतिमा का असर गहरा है; तो दूसरी ओर उन्हें छेद देने वाली कुछ अन्य विद्रोही सांस्कृतिक प्रतिमा के दर्शन भी होते हैं। 19 वीं शताब्दी में ताराबाई शिंदे ने अपने 'स्त्री-पुरुष तुलना' के माध्यम से पुरुषों द्वारा प्रताड़ित बाल विधवा विजयालक्ष्मी की कहानी को आधुनिक काल में विद्रोह का प्रारंभ कह सकते हैं। सूरत के पास एक छोटे से गाँव में रहने वाली विजयलक्ष्मी, यह एक असहाय बाल विधवा! उसे फंसाने वाले मतलबी स्वार्थी पुरुषों के द्वारा उसका गर्भवती होना; फिर समाज क्या कहेगा? इस डर से दाई की सहायता से अपने ही नवजात बच्चे का गला घोटना; इस संपूर्ण घटनाक्रम पर एक पुलिस द्वारा बारीक नजर रखना; फिर भ्रूण हत्या के अपराध में उसे और दाई को कैद करना, हर्ष उल्लास के साथ 'कैसे पकड़ा!' कहते हुए उसे अदालत में खड़ा करना; उसे अदालत द्वारा जेल की सजा सुनाना (उसे फँसाने वाला पुरुष हमेशा की तरह यहाँ कहीं भी नहीं है।) इस बेरहम, अंधी और विपरित न्याय पर ताराबाई ने अपनी खास सत्यशोधक शैली में टिका कर न्याय व्यवस्था, समाज व्यवस्था, पुरुष प्रधानता आदि पर 'आसूड' (चाबुक) चलाया है। इस सांस्कृतिक इतिहास को भी हमें याद रखना चाहिए। बीसवीं शताब्दी में तेंदुलकर द्वारा लिखित 'शांतता कोर्ट चालू आहे' (मराठी नाटक) में, सुलभा देशपांडे जी ने अपने अभिनय द्वारा जिसे जीवित किया वह मुंह बंद करके मार खाने वाली महिला, हमारी माँ से संबंधित प्रस्थापित विचारधारा और व्यवहारों को तार-तार कर हमारी आँखों के सामने खड़ी हो जाती है और बाप के नाम के बगैर बच्चे को जन्म देने का माँ को अधिकार नहीं, इस सत्य को पाखंडी संस्कृति के मुँह पर मारती है। फिर चाहे वह संस्कृति 'स्वामी तिन्ही जगाचा आई विना भिकारी (तीनों जगत् के स्वामी ईश्वर माँ के बिना भिकारी)' के ढोल कितने ही क्यों न पीटे!

और इन सब को पीछे छोड़ने वाली बाबूराव बागल जी द्वारा लिखित कहानी की 'माँ'! स्वरूप संपन्नता के कारण पत्नी पर संदेह करनेवाले पति द्वारा जीवन भर प्रताड़ना सहन करती रही, उसके देहांत के पश्चात् आंचल के छोटे से बच्चे को

मेहनत से, जान से भी ज्यादा महत्व देकर उस बच्चे को पालनेवाली माँ और समाज की वहशी नजरों से शरीर के अंग-प्रत्यंग को घायल करने वाले दरिंदों से ठेकेदार का शारीरिक आधार लेकर स्वयं को बचाने की कोशिश करने वाली महिला, यह दोनों भूमिका भिन्न है। उस विक्षिप्त और जानलेवा तनाव को बागुल जी ने उतने ही संयम के साथ सशक्त रूप से शब्दबद्ध किया है और महिला - माँ की तड़प, कुंठा के अनेक भेद खोले हैं। जिस समय वह ठेकेदार के कारण अपने बच्चे के लिए द्वार नहीं खोल सकती, उसी क्षण यह तनाव उससे माँ के रूप में जीवन व्यतीत करने के सारे अधिकार को छीन लेता है। माँ-बेटे के रिश्तों को तार-तार कर माँ के भावविश्व को बर्बाद कर देता है। इसी के साथ उसके छोटे बच्चे के समीप संपूर्ण संस्कृति द्वारा वर्णित 'प्रेम स्वरूप आई' का स्वरूप एक ही क्षण में नष्ट हो जाता है और उसी जगह माँ की लैंगिक आसक्ति के विषय में संतप्त गुस्से की ज्वाला उत्पन्न होती है। माँ और लैंगिकता? कितना बड़ा पाप! बच्चे का जन्म होता है वह भी लैंगिकता से ही! किंतु महिला जब एक बार माता बन गई, तो उसे लैंगिक शून्य ही बनाना चाहिए! विशेष रूप से विधवा, विवाहित महिला को तो लैंगिकता का विचार करना भी चोरी है! अगर वह ऐसा करती है तो वह वेश्या ही! और स्वयं वेश्याओं को भी पुरुषों की लैंगिक वासना को पूर्ण करने के अतिरिक्त संपूर्णतः बाजार की वस्तु के रूप में जीवन जीने के अतिरिक्त, स्वयं के विषय में सोच-विचार करने का अवसर कहाँ प्राप्त होता है? सवाल यह है कि माँ-बेटे के रिश्तो की असहायता और कुंठित होकर बर्बाद होना मेहनतकश महिला माता के जीवन इतिहास में नया ना भी हो, किंतु प्रस्थापित साहित्य संस्कृति के विश्व में ऐसी प्रतिभा नूतन ही थी! स्त्रीत्व के अनेक मर्म भेद को बागुल जी ने इस कथा के द्वारा प्रकाशित किया और जनसामान्य में लौकिक रूप से प्रस्थापित सभी रूढ़ प्रतिमा-परंपराओं पर, सांस्कृतिक संकल्पनाओं पर और विचारधाराओं पर इस चित्रण के द्वारा जबरदस्त प्रहार किया है, एक नया मोड़ दिया है।

समाज में माँ के संदर्भ में प्रस्थापित विचारधाराएँ और स्त्री के नसीब में माँ के रूप में मिलनेवाली प्रत्यक्ष वास्तविकता इसमें कितना अंतर है, इसे देखने-समझने के लिए परित्यक्ता, विधवा अथवा असहाय वेश्याओं के रूप में समाज से बहिष्कृत महिलाओं में अगतिक माता को खोजने के लिए, वृंदावन जाने की जरूरत नहीं। वृंदावन शहर उसके पौराणिक महत्व के अलावा आज प्रसिद्ध है, वह अनचाही माँ और असहाय विधवा महिलाओं को छोड़ देने वाले गाँव के रूप में। स्त्री और माँ यह दो भिन्न छोर की समान प्रतिमाएं तो हैं ही; माँ शब्द का उपयोग कर, दी जाने वाली गालियों से यह अंतर्विरोध कितने सशक्त रूप से प्रकट होता है, इसके विषय में हम कभी सोचते भी हैं?

मातृत्व एवं अपनी लोकसंस्कृति को संजोकर रखने वालों को तमाशा में नृत्य करने वाली महिलाओं का मातृत्व नहीं दिखता! नवजात मासूम बच्चे को कपड़ा लपेटकर मंच के पीछे छोड़कर पुरुषों के मनोरंजन के लिए, पापी पेट को भरने के लिए नाचने वाली दलित जाति की 'विठाबाई' के समान कितनी माताओं की और महिलाओं की इज्जत, प्रतिष्ठा, मान, सम्मान का खयाल अपने आप को महान समझने वाली संस्कृति ने कभी किया है; सच में यह भी एक संशोधन का ही विषय है। दुर्गा देवी के सामने नवरात्र में 'माता' ऐसे नामस्मरण की रट लगा कर नतमस्तक होकर भक्ति-भाव के साथ हाथ जोड़नेवाले पुरुष भक्तों के हाथ, देवी के सामने गरबा करती लड़कियों को देखकर कैसे निर्लज्जता की सारी हदें सार्वजनिक रूप से पार करने के लिए लालायित रहते हैं, यह भी हम देखते ही हैं! 'वह तो पुरुष ही है।' कह कर हम उसे नजरअंदाज कर देते हैं। मूल्य और वास्तव में इतना अंतर्विरोध है कि, अपनी संस्कृति की महत्ता के ढोल पीटने वाले मवालियों को, उसका खुलेआम बाजार बिठाने वाले बुआ-बाबा और भारत माता के नाम पर चरनेवाले राजनेताओं को यह सब कुछ दिखता भी नहीं! सच कहे तो हमें भी कहाँ दिखता है? अगर आँखें थोड़ी खुली करके देखेंगे तो यह अंतर्विरोध हमें चकाचौंध कर देने वाली सांस्कृतिक मूल्यों की रोशनी में छुपे घर-घर के अंधेरे कोने में भी दिखेगा। माँ होने में ही स्त्री के जीवन की सार्थकता है, ऐसा गला फाड़कर कहनेवाली संस्कृति को माता और स्त्री के जीवन की दहकती वास्तविकता नहीं दिखती! संवेदनाओं के स्तर पर भी नहीं और अनुभूति के स्तर पर भी नहीं।

सवाल यह है कि, वह क्यों नहीं दिखता? जनसामान्य में इतनी आदर युक्त प्रस्थापित मातृत्व की प्रतिमा का वास्तव प्रत्यक्ष रूप में इतना जटिल कैसे? क्यों? किस लिए? मातृत्व महत्ता के मोहक मूल्य और महिलाओं के प्रति इतना दाहक विपरित असंस्कृत व्यवहार? यह अंतर कैसे उत्पन्न हुआ? यह सब कुछ पहले से ही क्या इसी प्रकार का था?

सवाल केवल एक माता और उसके बच्चे, महिला और उसकी प्रजनन क्षमता यहाँ तक ही सीमित नहीं है। वर्तमान में परिवार के समान माँ भी एक संस्था के रूप में प्रस्थापित हो गई है। इतना ही नहीं तो वह प्रभुत्वसत्ता के सत्ताकारण की एक रणभूमि बनी है। जाति व्यवस्था, वर्ण व्यवस्था, धर्म व्यवस्था, पुरुषसत्ता और व्यापार पर आधारित पूंजीवाद और नव पूंजीवादी अर्थव्यवस्था के कारण 'मातृत्व' और 'स्त्रीत्व' निर्मिति किस प्रकार से प्रभावित हुई है, इसे थोड़ा समझने की जरूरत है। अर्थात् मातृत्व यह बात इतनी संस्थापक और इतनी राजनैतिक कैसे हो गई? माँ यह संज्ञात्मक रिक्तता इतने आंतरिक विरोध से, इतने सत्ता कारण से कैसे व्याप्त हो गई? इस बात को आप समझ पायेंगे। एक ओर मातृत्व यह प्राकृतिक है; तो

दूसरी ओर मातृत्व ही सांस्कृतिक, राजनैतिक संस्था, यह यात्रा बहुत बड़ी है और उसे उतने ही सूक्ष्मता से देखने की जरूरत है। इसे समझने के लिए महिलाओं के ऐतिहासिक पन्नों को जरा हल्के से पलटना भी आवश्यक है।

आदिम काल में व्यक्तियों को अपने समूह के साथ विचरण करते हुए स्त्री और उसकी निर्मिति क्षमता का आभास हुआ होगा। जिस प्रकार बारिश, तूफान, पेड़, पत्ते, फूल इनके विषय में प्रकृति रहस्यात्मक थी; उसी प्रकार बच्चों को जन्म देने वाली स्त्री, अर्थात् माता, यह भी रहस्यात्मक ही थी। सृजन की दैवी शक्ति उसके पास थी। अपनी ऐतिहासिक 'शक्ति' देवता का स्रोत उसके इसी सृजन के रहस्य और अगम्य शक्ति में ही है। 'शिव' यह इस शक्ति देवता को साथ देने वाला पुरुष देव संस्कृति में बाद में आया। और उसके बाद 'शिवशक्ति' इस युगल का निर्माण हुआ। 'लोकायत' के तांत्रिक इस आदिम शक्तिमाता के उपासक, इसीलिए शाक्त! प्रारंभ में केवल भारत में ही नहीं; अपितु विश्व की संस्कृति स्त्री-प्रधान थी, इसके अनेक प्रमाण हमें मानववंशशास्त्र के अध्ययन में प्राप्त होते हैं। इस समय की संस्कृति में स्त्री का स्थान मध्यवर्ति था। समूह के साथ विचरण करने वाले जंगली अवस्था के व्यक्तियों को एक जगह स्थिर करने वाली महिलाएं ही थीं। फलों के बीच से अनेक पौधे निर्माण होते हैं, उसकी निगरानी करने से आनाज उत्पादित होता है। मवेशियों को पालने से अनाज निर्मिति आसान हो जाती है। बच्चों की भूख मिटा सकते हैं... इस प्रकार के अनेक निरीक्षणों से महिलाओं ने खेती और पशुपालन की खोज की; समूह के पुरुष शिकार के लिए जाते, प्राणियों को मार कर लाते और महिलाएं अनाज, फल और अन्य उत्पादन और बालसंगोपन के कार्य करती। व्यक्तियों की संख्या अधिक होना यह समूह के शक्ति का प्रतीक था। इसीलिए बच्चों को जन्म देना और उनका पालन पोषण करना महत्वपूर्ण कार्य था। धीरे-धीरे महिलाओं ने पेड़ की छाल, वनस्पति और कपास के रेशों से वस्त्र की बुनाई प्रारंभ की। उस समय समाज में घर की निर्मिति करना, समूह के कायदे-कानून निर्माण करना, समूह के अंतर्गत व्यवहार को देखना इस क्षेत्र में महिलाएं आगे होती थीं। इसे ही अनेक लोग मातृसत्ताक अथवा मातृकेंद्रित संस्कृति के नाम से संबोधित करते हैं। इस समय उत्पादन और उसका वितरण इन बातों को सामान्यतः महिलाएं ही करती थीं। परिवार और विशेष रूप से आज के वर्तमान में हमें जो ज्ञात है इस परिवार का उस समय कोई अस्तित्व ही नहीं था। व्यक्ति समूह से रहते थे और महिलाएं प्रमुख थीं। समूह और समूह के सभी बच्चे उन्हें समूह की प्रमुख स्त्री के नाम से जाना जाता था। पांडवों का नाम 'कौंतेय' यह उनकी माता कुंती के नाम से ही रूढ़ हुआ। पुराणों में वैनतेय, राधेय ऐसे अनेक नाम मिलते है। स्त्री और धरती दोनों को अद्भुत, दैवी माना जाता था। क्योंकि वह अनिर्बंध सृजन की शक्ति को

धारण करने वाली, माताएँ थीं। उनकी सृजन शक्ति पर पुरुषों का किसी भी रूप से नियंत्रण नहीं था। अनेक महिलाएँ और अनेक पुरुष इस प्रकार से संबंध होते थे। समूह का परिवर्तन गणों में हुआ, तब भी महिलाएँ उनके गणों का राजनैतिक अनुशासन करती थीं। प्रमुख शासक एक स्त्री ही होती थी। धीरे-धीरे विवाह संस्था का प्रचलन हुआ, वह भी स्त्री प्रधान ही था। और वंशक्रम एवं विरासत भी मातृप्रधान ही थी। कॉ. शरद पाटिल द्वारा लिखित 'दासशूद्रांची गुलामगिरी' वि.का. राजवाडे द्वारा लिखित 'भारतीय विवाह संस्थेचा इतिहास' राहुल सांकृत्यायन द्वारा लिखित 'वोल्गा ते गंगा' डी.डी. कोसंबी द्वारा लिखित 'पुराण कथा आणि वास्तव' देवी प्रसाद चट्टोपाध्याय द्वारा लिखित 'लोकायत' ऐसे अनेक विद्वानों की किताबों से हमें मानव संस्कृति के प्रारंभ में स्त्री का स्थान कितना उच्च एवं महत्वपूर्ण था, इसकी जानकारी प्राप्त होती है। उस समय देवी का पौरोहित्य करना, उपासना के अधिकार महिलाओं को ही थे; क्योंकि उन्हें पवित्र माना जाता था। पुरुषों को इस मंदिर में प्रवेश करने का कोई अधिकार नहीं था। अधिक से अधिक वे सहायक होते थे। आज के वर्तमान में भी 'खासी' और 'गोरा' इस क्षेत्र में कुछ जगहों पर मातृसत्ताक राज्य पद्धति है; ऐसा शरद पाटिल ने उल्लेखित किया है। (उस समय) माता यह परिवार की मुखिया (प्रमुख) और रिश्तों का एकमात्र स्रोत एवं पाश है, इतना ही नहीं; तो संपत्ति की वह एकमात्र स्वामिनी है; और विरासत का एकमेव उगमस्थान भी। पिता का उसके बच्चों के साथ कोई रिश्ता नहीं। वे उनकी माता के कुल से होते हैं... आद्य पूर्वज यहाँ स्त्री ही होती है... मृत व्यक्तियों की चिरंतन स्मृति के लिए निर्मित शिलालेख भी कुलमाता के नाम से ही पहचाने जाते... इस प्रकार का निरीक्षण शरद पाटिल ने अपनी 'दासशूद्रांची गुलामगिरी' इस ग्रंथ में उल्लेखित किया है। यही आचरण हम विश्व में घटित हुआ देखते हैं। फिर वह अरबी बेदूईन संस्कृति हो अथवा अफ्रीकन या अमेरिका की अनेक आदिवासी जाति हो। भिन्न-भिन्न संस्कृति में प्राप्त मातृप्रतिमा, लज्जागौरी, सप्तमातृका के समान देवताओं की मूर्ति, इन महिलाओं का संस्कृति में महान स्थान दर्शाती है।

अमरिकन आदिम आदिवासी 'इरक्वाय' संस्कृति का वर्णन-विश्लेषण करते हुए जॉर्ज कॅनॉनटिओ यह मानववंश के अध्ययनकर्ता कहते हैं- 'इस्क्वाय' जमाति के समाज में हम महिलाओं को केंद्रस्थान में मानते है। महिलाओं के पास सृजनशक्ति है, इसलिए महिलाएँ ही सत्तास्थान में होनी चाहिए, यह हमें उचित प्रतीत होता है। हम हमारे कुल की वंशपरंपरा महिलाओं के माध्यम से ही खोजते हैं। जब बच्चे जन्म लेते हैं, वह अपने कुलमाता के नाम से ही पहचाने जाते हैं। हमारी जमात में खेती को अधिक महत्वपूर्ण माना जाता है। इसलिए महिलाएँ यह काम करती है और हमारे छोटे बच्चों को भी हम यह काम सिखाते हैं। महिलाएँ जन्म देने

वाली होती हैं, इसीलिए हमारे पालन-पोषण का, खेती का कार्य उनका ही है, हम यही मानते हैं। हमारी संपत्ति अर्थात् जमीन वह भी उनके ही प्रभाव में रहना योग्य है, यह हमारी सोच है। हमारी जमात के सभी प्रश्न महिलाएँ हल करती हैं, कानून बनाने का कार्य वही करती है और गैर कानूनी क्या है? इसे भी वह तय करती है। केवल आर्थिक और राजनैतिक सत्ता से संबंधित नहीं; तो अन्य जमात के साथ युद्ध करने का निर्णय भी वही करती है। युद्ध करने का निर्णय उन्हीं के अधिकार क्षेत्र में है, ऐसा हम मानते हैं। (विकिपीडिया)

पूर्वाश्रमी की संस्कृतियों में महिलाओं का, उनके प्रजनन, मातृशक्ति का स्थान इतना ऊंचा था; तो फिर इस के पश्चात के काल में वह गौण कैसे हो गई? इतना ही नहीं; तो महिलाओं में उच्च-नीचता की इतनी भिन्न-भिन्न श्रेणी व्यवस्थाओं का प्रचलन कैसे निर्माण हुआ? यह सवाल उपस्थित होना सहज और प्राकृतिक बात है।

इसके अनेक कारणों का ज्ञान हमें अपने इतिहास के कृत्रिम काल में विकसित अनेक व्यवस्थाओं से मिलता है। एक तो छोटे-छोटे समूहों में सामाजिक, व्यापारिक और राजनैतिक ऐसे संबंधों में वृद्धि होने लगी। उत्पादनों के साधनों में हो रहे परिवर्तन भिन्न-भिन्न धातुओं की खोज, खेती योग्य क्षेत्र में अधिकाधिक वृद्धि, उसमें होनेवाली उत्पादनों की वृद्धि, राजस्व में वृद्धि, जमीन, मवेशी आदि पर स्वामित्व स्थापित करने के उद्देश्य से की गई लड़ाईयों में प्राप्त जमीन, उत्पादन, बच्चे, स्त्री-पुरुष आदि पर स्वामित्व का अधिकार, दासप्रथा का प्रारंभ, इसी से संपत्ति और निजी धनसंपदा की संकल्पनाओं में धीरे-धीरे वृद्धि होने लगी। निकट के समूह से अब दूरस्थ प्रांत में भी आवागमन एवं व्यापार प्रारंभ हो गया था। बच्चे और परिवार समूह का अंतरिम व्यवस्थापन करनेवाली महिलाओं को अपने कार्य पूर्ण करके, सुदूर यात्रा कर व्यापार एवं युद्ध लड़ाईयाँ यह जटिल कार्य करना भी संभव नहीं हो रहा होगा। इसी कारण फिर व्यापार, संपत्ति, लड़ाईयाँ एवं सत्ता पर अधिकार धीरे-धीरे महिलाओं से पुरुषों को हस्तांतरित हुआ। बाहर से उत्तर दिशा से आए कुछ भटकते हुए पशु पालन करने वाले समूह के पुरुषदेव स्थिरता को प्राप्त संस्कृति में प्रस्थापित हो गए और मातृदेवता का अस्तित्व एक तो लुप्त हो गया अथवा उन्हें नए देवता की तुलना में गौण माना जाने लगा। पहले शक्तिदेवता को वश करने वाला, उसका नियंत्रण करने वाला ईश्वर अर्थात् शिव अपनी संस्कृति में प्रस्थापित हो गया। तत्पश्चात् 'शक्ति अर्थात् अनिर्बंध प्रकृति' और शिव अर्थात् उसका नियंत्रण, नियामक ईश्वर यह नया समीकरण निर्माण हो गया। और बाद में तो केवल पुरुष देवताओं का ही उदय हुआ और मरीआई के समान अनेकानेक स्त्री-देवताओं को गौण एवं कनिष्ठ माना जाने लगा, ऐसा प्रतीत होता है। उससे भी आगे जाकर कैसे भारतीय संस्कृति में ब्रह्मा, विष्णु, महेश इन तीनों देवताओं ने स्थिर स्थानीय संस्कृति से भिन्न-भिन्न मातृदेवताओं

को संस्कृति से बाहर का रास्ता दिखा दिया और उनकी जगह स्वयं को प्रस्थापित कर लिया, यह प्रतीत होता है। वे उच्च समझी जाने वाली संस्कृति से अदृश्य हो गईं अथवा पुरुष देवताओं की पत्नी के रूप में उन्हें मान्यता प्राप्त हो गई। महिला पुजारी के बदले पुरुष पुजारी प्रस्थापित हो गए। निजी संपत्ति की लालसा से नई राजनैतिक सत्ता व्यवस्था निर्माण हो गई और उन्हें तत्कालीन उदित अवस्था वाले पुरुष पुजारी वर्ग का समर्थन मिलने लगा। इस प्रकार सत्ता, संपत्ति एवं धर्म यह व्यवस्थाएँ स्त्री से पुरुषों के अधिकार क्षेत्र का हिस्सा बन गईं। वहाँ उनका अधिपत्य स्थापित हुआ। इसकी तुलना में महिलाओं को अधिकाधिक दुय्यम स्थान मिलने लगा। मातृसत्ताक से समाज इस प्रकार पितृसत्ताक की ओर संक्रमित हो गया।

अब भारतीय समाज में दोहरी नई व्यवस्थाओं का निर्माण होने लगा। संपत्ति एवं सत्ता पर अधिकार जताने वालों का श्रेष्ठ गुट तैयार हो गया और समाज के विभिन्न गुटों का विभाजन वर्ग एवं वर्णों में होने लगा। वर्णों में उच्च-नीचता भी आ गई; उसने समाज में सत्ताधारी और मेहनतकश ऐसा विभाजन भी किया। किंतु धीरे-धीरे इन वर्णों से जातियों की निर्मिति हुई और सामाजिक स्थान में मेहनतकश लोगों की नई फिसलन का निर्माण हुआ। वर्गों का रूपांतरण सीमित वर्णों में होने लगा। धर्म के ठेकेदारों ने इस व्यवस्था को कर्म सिद्धांत के नाम से, यह जन्म अर्थात् पूर्व जन्म के पाप-पुण्य का हिसाब मानकर, कर्मकांड के माध्यम से सुचारू रूप से प्रस्थापित किया। सच कहे तो जाति-व्यवस्था का इतिहास यह इसी प्रकार से पितृसत्ताक के प्रभाव में महिलाओं का दमन कितने मार्गों से विकसित होता गया, इसका भी इतिहास है। वर्ग एवं वर्ण इन दोनों व्यवस्थाओं ने शोषण की विभिन्न पद्धतियों का उपयोग कर महिलाओं को समाज की भिन्न-भिन्न व्यवस्थाओं में दुय्यम स्थान दिया है। उनकी सृजन शक्ति का उपयोग स्वयं का अधिपत्य स्थापित करने के लिए किया। इसी लिए अलग-अलग कर्मकांड, मिथकों की उत्पत्ति की। सच में इस इतिहास को सूक्ष्मता से संशोधित करने की जरूरत है।

इस संपूर्ण घटनाक्रम का परिणाम महिलाओं के स्थान पर हुआ, उनका दुय्यमीकरण अनेक प्रक्रियाओं के माध्यम से हुआ। संस्कृति में केंद्रीय स्थान पर विराजमान स्त्री अब एक तो दुय्यम बन गई; किंतु पुरुषों को विभाजित करनेवाली जाति व्यवस्था की श्रेणियों में भी हर स्तर पर उसे पुरुषों से निम्न स्थान प्राप्त हुआ। जाति कायम रखनी हो, उसमें श्रेष्ठ-कनिष्ठता कायम रखनी हो, प्रत्येक जाति की शुद्धता कायम रखनी हो, तो फिर महिलाओं की लैंगिकता पर कठोर प्रतिबंध की अनिवार्यता भी होनी ही चाहिए, इसीलिए महिलाओं पर एवं उसकी लैंगिकता पर, अनेक निर्बंध लगाए गए। एक पुरुष को अनेक महिलाओं से विवाह करने का अथवा अनैतिक संबंध स्थापित करने का अधिकार दिया गया। तो महिलाओं

की लैंगिकता पर अनेक निर्बंध लगाए गए। योनिशुचिता मूल्य प्रस्थापित हो गया। महिलाओं के निर्बंध और भी कड़े किए जाने लगे। एक समय देवत्व को प्राप्त करने वाली महिलाएँ पुरुषों को दूषित करने वाली, अस्पृश्य, उनके उन्नति के मार्ग की बाधाएं और 'पापा योनि' के रूप में मान्यता प्राप्त होने लगी, केवल उपभोग की वस्तु बनकर रह गई। निम्न वर्ग की महिलाओं के उपयोग का अधिकार उच्च वर्ग के पुरुषों को बहाल कर दिया गया। बदली हुई विवाह संस्था के कारण जन्म लेने वाले बच्चों पर पिता के समाज मान्यता की मोहर के बगैर उन्हें मान्यता देने से इंकार कर दिया गया और अब बच्चों को जायज-नाजायज ऐसे गुटो में विभाजित किया जाने लगा। महिलाएँ अब वर्ग एवं जाति के साथ-साथ अधिमान्य सधवा माता, विधवा माता, अविवाहित माता, कुमारी माता, रखैल, वेश्या इस प्रकार विभाजित होने लगीं। उनके संतति और संपत्ति के अधिकारों को नकारा गया। पूर्व कालीन मातृकेंद्रित संस्कृति में सहभाग, समन्वय, सामूहिक शांतिपूर्ण जीवन, मुक्तता, क्लेशदायक नियंत्रण का अभाव, समता यह तत्व स्पष्ट रूप से दिखते हैं।

वर्तमान की पितृकेंद्री व्यवस्था में महिलाओं की लैंगिकता एवं सृजन क्षमता पूर्णतः पुरुषों की अधिकार कक्षा में गई है। उन्हें आर्थिक, सामाजिक, धार्मिक, कर्मकांड में दुय्यम अथवा निरर्थक स्थान दिया गया है। उनके सामाजिक-आर्थिक अधिकारों को संपूर्णतः तिलांजलि देने का कार्य किया गया है। स्त्रीलैंगिकता यह केवल उत्पादकता मूल्य होने की और कुछ शर्म आने वाली बात बन गई और मातृत्व प्रत्येक स्त्री का मौलिक अधिकार ना होकर अब वह केवल विवाहजन्य और पति के बगैर मान्य न होने वाली बात बन गई है। पुरुषों के अधिकार अथवा सत्ता को अमान्य करते हुए सिद्ध हुआ मातृत्व यह शर्म का, लज्जा का और घृणा का विषय हो गया। इतना कि विजयालक्ष्मी के समान महिलाओं के सामने भ्रूण हत्या करने अथवा आत्महत्या बस दूसरा कोई मार्ग शेष बचा ही नहीं। इसके साथ एक और विशेष बात यह कि, बच्चों का लालनपालन यह केवल स्त्री का ही धर्म हो गया। खाना बनाना, घर के काम यह भी केवल स्त्री के हिस्से ही आ गए। इतना ही नहीं तो; 'स्त्री का दिमाग चूल्हे तक ही', 'स्त्री अर्थात् पैर की जूती' इस प्रकार के मूल्यों का प्रसार हुआ। घर काम करने वाला, पत्नी को गुलाम न मानने वाला, छोटे बच्चों की देखभाल करने वाला पुरुष 'बैल' बन गया। अर्थात् जब होटल, लॉन्ड्री और आटे की चक्की का उपयोग प्रारंभ हो गया और खाना बनाना, कपड़े धोना, आटा पीसना आदि कार्यों का रूपांतर उत्पादक श्रमों में हुआ और आर्थिक लाभ होने लगा, तब तो यही कार्य पुरुषों ने सहजता से अपने अधिकार कक्षा में ले लिए! तब उन्हें किसी ने 'बैल' नहीं कहा; बल्कि वे कार्यक्षम पुरुष बन गए! सामान्य कार्य से लेकर वैद्यकीय व्यवसाय तक यही सब कुछ हुआ देखेंगे। प्राचीन काल से बच्चे

के जन्म में सहायक का कार्य महिलाएं (दायी, सूईन) हीं करती थी। किंतु आधुनिक वैद्यक शास्त्र की स्थापना से यह कार्य भी पुरुषों के पास चला गया! और दाई का ज्ञान वास्तव में चूल्हे तक ही सीमित रह गया! इन सारी बातों का उद्वेग महिलाओं के साथ विनोद शैली में होता है। अर्थात् पुरुषों का उपयोग क्या है? वे तो केवल उत्प्रेरक है। यह स्त्री-संस्कृति में स्थित उपहासात्मक विधान उदाहरण के रूप में दे सकते हैं।

महिलाओं को दास्यत्व की ओर ले जाने वाली इसी प्रकार की प्रतिक्रियाओं का प्रतिबिंब हमारी विवाह संस्था में अनेक रूपों से दृष्टिगोचर होता है। हर संस्कृति में यह कैसे होता गया इसका विश्लेषण करते हुए वह किस प्रकार से स्त्री-विरोधी होते गए, इस विषय में कुछ समान तथ्यों को हम देखते हैं-संस्कृति चाहे मुस्लिम हो अथवा हिंदु, ख्रिश्चन, पारसी या फिर यहूदी, महिलाओं का स्थान सभी जगह निम्न दर्जे का, केवल उपभोग की वस्तु बनकर रह गया है। निजी सत्ता बन गई। पुरुष वारिस को जन्म देने वाला जननी यंत्र होकर रह गई, यही प्रतीत होता है। क्योंकि विवाह संस्था का जन्म केवल स्त्री पर पुरुषों का अधिकार प्रस्थापित करने के उद्देश्य से हुआ है। 'निजी संपत्ति के तत्व से, संकल्पना से इस प्रकार की महिलाओं को दास्यता तक लेकर जानेवाली विवाह संस्था का उदय होना अर्थात् विश्व की तमाम महिलाओं का एक ऐतिहासिक पराभव ही है।' ऐसा विख्यात तत्वज्ञ 'एंगल्स' ने कहा, वह इसीलिए। अर्थात् उसी समय भिन्न-भिन्न धर्मों ने इस भयावह वास्तव को लुभावना बनाने के लिए आकर्षक लेप चढ़ाकर महिलाओं पर हो रहे अन्याय को छुपाने वाले मूल्यों की निर्मिति की और उस अन्याय को गौरवान्वित किया। फिर चाहे वह क्रिश्चयन धर्म की मदर मेरी हो अथवा हिंदू धर्म की दुर्गा, गौरी, लक्ष्मी, पार्वती यह विविध देवता हो। हिन्दू धर्म ने तो स्त्री-देवता के मैत्री भाव में भी विशेष रूप से पुरुष मनोवृति की भाँति सौत-मत्सर (इष्र्या, द्वेष) जेष्ठा-कनिष्ठा ऐसी भूमिकाएं भी स्थापित की! और इसी गौरविकरण से सहनशीलता, त्यागशीलता, समर्पणवृत्ति, एवं अ-लैंगिकता इन स्त्री विशिष्ट गुणों का उदात्तीकरण करनेवाली विचारधारा को स्थापित किया गया। सती प्रथा यह इसी गौरवान्विकरण का उदाहरण है। इसी के साथ स्वयं का, स्वयं की लैंगिकता का, शक्ति का विशेष रूप से विचार करने वाली स्त्री अर्थात् पापीन, राक्षसीनी घोषित कर दी गई। रामायण की शूर्पणखा यह उसका उदाहरण है। (भरी लोकसभा में हंसने वाली स्त्री के कारण हुआ अपमान सहन न होकर उसे शूर्पणखा कहने वाले प्रधानमंत्री के पद पर आसीन नेताओं ने इस परंपरा को कायम जागृत रखने का कार्य किया गया था, यह उदाहरण निकट समय का ही है। शायद वह आपकी स्मृति में अभी भी कायम होगा! ठीक है!) इसके विपरित माँ यह लैंगिकता से पूर्णतः अलिप्त इसीलिए वह महान! लैंगिकता के माध्यम से महिलाएँ माँ बन गईं, इस सत्य को ऐसे समय अपनी सुविधा के अनुसार नजरअंदाज किया जाता है।

17 वीं सदी से उदय होने वाली पूंजीवादी विकास प्रक्रिया सामान्यतः वस्तु करण की प्रक्रिया में अधिक वृद्धि होने में सहायक सिद्ध हुई और अधिक रूप से दास्यता एवं अन्याय में पिसने वाले नव-नवीन चक्र में उसे उलझाने में अधिक सहायक सिद्ध हुई। और मातृत्व तो जैसे कोई अपराध हो इस प्रकार की विचारधारा का निर्माण हो गया। कम से कम लागत में अधिक से अधिक मुनाफा कमाना यह पूंजीवाद का मूल तत्व है। इसी कारण घर में बैठी माँ का अस्तित्व अनेक कारणों से पूंजीवाद को महत्वपूर्ण लगा। प्रथमतः कारखानों में काम करने के लिए स्वस्थ प्रकृति के श्रमिकों का निर्माण करना, उनकी श्रमशक्ति उन्हें खिला-पिलाकर तैयार करना, अर्थात् श्रमशक्ति का निर्माण और पुनर्निर्माण करना यह कार्य स्त्री ने माँ के रूप में सहज और बिना किसी आर्थिक इच्छा के मुफ्त में करना पूंजीवाद के लिए लाभदायक ही था। दूसरी बात यह कि, परिवार की आदर्श विचारधारा अर्थात् त्यागशीलता, समर्पणवृत्ति अत्यधिक दृढ़ करने से घर का उत्पादन और पुनर उत्पादन का कार्य स्त्री के हिस्से देना अथवा उन्हें इस कार्य के लिए प्रेरित करना आसान होता। पूंजीवाद से निर्मित उदारमतवादी विचारधारा एक ओर तो स्त्री को व्यक्ति के रूप में प्राप्त निजी स्वतंत्रता को मान्य करता है; तो दूसरी ओर उस व्यक्ति स्वतंत्रता के साथ-साथ घर के काम और बाहर के काम भी स्त्री को ही करने चाहिए यह प्रलोभन भी उन्हें दिखाया। व्यक्ति के रूप में उन्हें शिक्षा, ज्ञान प्राप्त होना चाहिए, उनकी स्वयं की उन्नति के लिए नौकरी करना चाहिए, आर्थिक लाभ को प्राप्त कर स्वयं का स्वतंत्र अस्तित्व भी प्रदर्शित करना चाहिए, यह पूंजीवाद और उदारमतवाद का मानना है। किंतु इसके लिए आवश्यक अन्य मूलभूत रचनात्मक आर्थिक, राजनैतिक एवं सामाजिक परिवर्तन करने के लिए यह व्यवस्था तैयार नहीं। क्योंकि वह उनके फायदे, मुनाफे में किसी भी रूप में सहायक नहीं है। इसके बहुत से उदाहरण है। इसे थोड़ा विस्तार पूर्वक जानना आवश्यक है।

हम सब तो यह जानते हैं कि, पूंजीवाद ने महिलाओं को हमेशा ही अतिरिक्त कामगारों की फौज के रूप में इस्तेमाल किया है। हड़ताल हो अथवा मजदूर युद्ध लड़ने के लिए बाहर गए हो, तब महिलाओं का कारखानों में काम करना कितना आवश्यक है; इस बात को स्त्री के मानस पटल पर अंकित किया जाता है; किंतु वहीं मजदूर जब पुनः वापस आते हैं, तो महिलाओं को घरेलू कार्यों की महत्ता का ज्ञान उदाहरणों के साथ दिया जाता है। और इस श्रम के बाजार से महिलाओं को घर तक भागने के लिए राजसत्ता और अर्थव्यवस्था इन की अहम भूमिका होती है। भारत को स्वतंत्रता मिलने के बाद स्वतंत्रता संग्राम में घर-बार को छोड़कर जान की बाजी लगाने वाली महिलाओं को 'अब आपको उत्तम माता, उत्तम पत्नी होना अनिवार्य है।' इस बात को विविध स्तर से उन्हें बार-बार कहा गया। यह बात

अमेरिका में द्वितीय विश्वयुद्ध के बाद घटित हुई। महिलाएँ घर के आटे-दाल के लिए हमेशा ही कम पैसों पर काम करने के लिए तैयार रहती हैं; पितृप्रधान संस्कृति ने महिलाओं में सहनशीलता के गुण को गौरवान्वित करने के कारण उन्हें अधिक कार्य भी दिए जाए तो वह कम तनख्वाह में कार्य करती हैं। कोई शिकायत नहीं करती; इतना ही नहीं तो समान कार्य के लिए समान वेतन की माँग भी नहीं करती, संगठित नहीं होती, हड़ताल नहीं करती और पुरुष मजदूरों से अधिक प्रामाणिकता से कार्य करती हैं, नशा-पान नहीं करती, बिना कोई शिकायत अपनी श्रमशक्ति पूंजीवादियों के लिए कम पैसों में इस्तेमाल करने देती हैं। उनका लैंगिक शोषण करना भी आसान होता है, यह भी एक फायदा होता है। आपके बच्चे राष्ट्र की धरोहर है, इस बात को उन्हें समझाया जाता है, फिर महिलाएं घर में बच्चों पर अधिक ध्यान केंद्रित करती हैं। फिर उनका ध्यान वे कामगार भी हो तो वहाँ होने वाले शोषण पर नहीं रहता। हम उत्तम संतति का निर्माण कर राष्ट्र सेवा में सहायक हो रही हैं, यह भावना महिलाओं के मातृत्व को अधिक सशक्त करता है। किंतु आश्चर्य की बात यह है कि, उत्तम संतति का निर्माण करना यह कार्य आपका भी है, यह पुरुषों को कभी नहीं कहा जाता। बच्चों का बिगड़ना अर्थात् माताओं का अपने काम में ध्यान नहीं है और उन्हें लापरवाह की उपाधि से अलंकृत किया जाता है; किंतु इस विषय में पुरुषों के कर्तव्य क्या है? इसे कभी स्पष्ट नहीं किया जाता। दूसरी महत्वपूर्ण बात यह है कि, इस कार्य के लिए अच्छा वेतन और सुविधा, अच्छा खान-पान, वैद्यकीय सेवा, घर या शिक्षा इसके लिए अधिक खर्च करने के लिए सरकार या पूंजीवाद तैयार नहीं। परिणाम स्वरूप माता और महिला के रूप में उनका जीवन और भी जटिल बनता है। पूंजीवाद और पितृसत्ता सदैव हाथ में हाथ मिलाकर चलते हैं, यह कहा जाता है; यह यूंही नहीं। इसी के साथ-साथ अच्छी माता कैसे बनना चाहिए, घर कैसे संभालना चाहिए, अच्छे पकवान बनाकर बच्चों को कैसे खिलाना चाहिए, उनके स्वास्थ्य की देखभाल कैसे करनी चाहिए, उनका अध्ययन कैसे लेना चाहिए और सबसे महत्वपूर्ण आदर्श माता एवं आदर्श मजदूर कैसे बनना चाहिये इस विचारा एवं मूल्यों को संस्कृति के माध्यम से सदैव प्रस्तुत किया जाता है। जिस प्रकार गधे के सामने गाजर दिखाकर उसे भगाया जाता है; उसी प्रकार महिलाओं के सम्मुख मूल्यों का गाजर पकड़कर उन्हें काम पर लगाया जाता है; जीवन भर उन्हें काम में उलझायें रखा जाता है। इस मृगतृष्णा से वे कभी आजाद ही नहीं हो पाती।

वर्तमान पूंजीवादी अर्थव्यवस्था के समय तो मातृत्व की विचारधारा कितने नए-नए मार्गों से महिलाओं को शारीरिक एवं मानसिक श्रमों के खूँट से बाँध रही हैं और उनके सम्मुख कितने भिन्न-भिन्न तनाव एवं चुनौतियों को खड़ा किया जा रहा है, यह देखना एक प्रबोधन ही सिद्ध होगा। मातृत्व यह एक महत्वपूर्ण जिम्मेदारी है

और उसे निभाने के लिए उन्हें क्या क्या बनना पड़ता है, इसके नए-नए खाके तैयार हो रहे हैं। जैसे माध्यमों के विज्ञापन में दिखाई देने वाली माताओं को देखें। वह कभी गुस्सा नहीं करती, थकती नहीं, हमेशा दुबली-पतली, आकर्षक और चिरस्थायी सुंदरी की प्रतिमा दिखती हैं! विशेष द्रव पदार्थ से शौचालय धोने से फर्श पोंछने तक हर काम हँसते हुए करती हैं; नन्हें बालक को फला-फला औषधि पिलाती है, विशेष साबुन अथवा पोषक तत्व के आहार देकर स्वस्थ रखती हैं, कोई ना कोई दूध की पाउडर, शरीर को लगाने वाली पाउडर का उपयोग करती हैं, अगर भूख लग जाए तो विशिष्ट कंपनी के बिस्कुट अथवा न्यूडल्स जल्द से बना कर देती हैं, कार्यालय में आदर्श कर्मचारी रहती हैं, किंतु फिर भी उनका मन घर में ही लुप्त होता है। घर में पति के साथ-साथ सभी छोटे-बड़े व्यक्तियों की माताएं ही होती हैं; सास-ससुर को तत्परता से चाय, मनपसंद नाश्ता, पौष्टिक खाना देती हैं। उनके स्वास्थ्य की उचित देखभाल, औषधि उपचार से विशेष सेवा करती हैं। साथ में उच्च विद्याविभूषित एवं व्यवसायिक भी होती हैं, किंतु महत्वपूर्ण बात यह है कि, उन्हें मिलने वाला वेतन भी खुशी से अपने पति के हवाले करती हैं। अर्थात् 'भोज्येषू माता', 'शयनेषू रंभा' और 'प्रियशिष्या ललितकलाविधौ' इस प्रकार से वे सर्वगुण संपन्न होती हैं। काम करते समय कमर में दर्द हो जाए, पैर फिसल जाए, सर में दर्द हो तो किसी ना किसी दवाई के प्रभाव से ठीक भी हो जाती हैं। यह आदर्श प्रत्यक्ष आचरण में लाना सच में असंभव है। किंतु फिर भी नगर, मध्यमवर्गीय, उच्च वर्गीय महिलाओं के समक्ष इस बात को प्रस्तुत किया जाता है और ग्रामीण क्षेत्र की मेहनत कश महिलाओं के समक्ष भी। और फिर आसानी से इन सभी से बीमार, प्रौढ़, व्यंग्य, आदिवासी, मोटे अथवा सौंदर्य की रूढ़ परिभाषा में कहीं भी ना समाने वाली माता-भगिनियों को अदृश्य किया जाता है। जैसे उनका मातृत्व, मातृत्व की श्रेणी में आता ही नहीं है।

नवपूंजीवाद के इस मातृत्व के नए आदर्श में उन्हें मातृत्व का कार्य और अच्छे ढंग से कर सके इसलिए कल्याणकारी कानून, सुविधा निर्मित आदि बातों को कोई स्थान नहीं है। उन्हें अपनी सुविधा के अनुसार अनदेखी की जाती है। समान कार्य को सामान वेतन, पलना घरों का निर्माण, कार्यों के घंटों में लचीलापन रखना, प्रजनन कालावधि में वेतन युक्त छुट्टी कम से कम एक साल तक देना, उनके लिए काम पर आने-जाने के लिए साधन, औषधि, खाना आदि सुविधाएं और रियायतों को उपलब्ध कराने के प्रश्न उपस्थित होते ही, यही व्यवस्था विश्वामित्र के समान अपने हाथ खड़े कर देती है। महिलाओं को इनमें से हर बातों के लिए हर समय संघर्ष करना पड़ता है, झगड़ना पड़ता है। रशियन राज्यक्रांति के बाद वेश्याव्यवसाय बंद हो गया था और महिलाओं को समान वेतन था और मातृत्व के दायित्व का निर्वाह कुशलता से करने के लिए पलना घरों के साथ-साथ अनेक

सुविधाएं दी गई थीं, इस इतिहास को हम भूल गए हैं। किंतु उसकी ओर ध्यान देना आवश्यक है। आज की नवपूंजीवादी व्यवस्था के दुष्चक्र में रात-दिन कार्यरत रहने वाली माता नहीं दिखती। ना ही नागरी क्षेत्र में और ना ही ग्रामीण क्षेत्र में। इसी के साथ नन्हे बच्चों को पेड़ के झूले में डालकर भूखे पेट, तो कभी अफीम खिला कर सुलानेवाली, गन्ने के गठहर ढोने वाली, सीमेंट की वजनदार टोकरी सर पर उठाने वाली, उठाकर सीढ़ियाँ चढ़कर निर्माण कार्य में अपने खून को जलाने वाली अथवा तपते हुए धूप में रास्ते पर बैठकर पत्थर फोड़ने वाली माताएं भी नहीं दिखती। क्योंकि उनके लिए कुछ करना पूंजीवाद के लिए फायदे का सौदा नहीं है। किंतु इस कारण अशक्यप्राय आदर्श और दुर्घटनाएं इसमें जो अंतर है वह कम नहीं होता। इन घटनाओं का महिलाओं के, पुरुषों के अथवा छोटे बच्चों के उम्र पर क्या परिणाम होता है? इस विषय में कोई गंभीरता से सोचने वाला भी दिखता नहीं।

साथ में हिंसाचार और धर्म यह दो बातें तो व्यवस्था की चाकरी करते ही हैं। 'जिच्या हाती पाळण्याची दोरी ती जगाते उद्धारी' (मराठी कहावत, अर्थात् जिसके हाथ में पलने की डोर होती है वह विश्व का उद्धार करती है।) ऐसा कहते हैं, किंतु वही डोर महिलाओं के गले का फंदा बन रही है इसे आप क्यों नहीं देख सकते? कोई धर्म परायण साधु महात्मा उठ खड़ा होता है ''और हिंदू महिलाओं ने मुस्लिम महिलाओं से अधिक बच्चों को जन्म देना चाहिए'' ऐसी संभावित सलाह देता है, तो कोई कैथोलिक धर्मगुरु बलात्कार से उत्पन्न अथवा शारीरिक व्यंग्य के गर्भ को भी गर्भपात करने के लिए मना करता है। फिर चाहे इसके लिए उस महिला की जान ही क्यों ना चली जाए। महिला अर्थात् जैसे कोई तैयार बच्चेदानी हो, जिस प्रकार किसी थैली में सब्जी-तरकारी भर कर ले जाते हैं वैसे ही वैसे ही, बच्चे भरकर लाने वाली कोई थैली हो, इस प्रकार से उसके मातृत्व का विचार होता है। किंतु उसी समय वह सती-सावित्री भी होनी चाहिए, लैंगिकताहीन होनी चाहिए, योनि-शुचिता का पालन करने वाली हो और इसी के साथ पति की मर्जी का खयाल रखें, रंभावृत्ति के साथ-साथ सेवा करनेवाली हो, इस प्रकार की सलाह भी होती है। पति के देहांत के बाद दूसरी शादी नहीं करनी चाहिए, क्योंकि बच्चों की ओर ध्यान नहीं दे सकती इस प्रकार से उसे नियमों, आचरण, आदर्शवाद की बंदिशों में बांध दिया जाता है; फिर विवाहपूर्व और विवाहबाह्य संबंध तो बहुत दूर की बात है। 'बच्चे भगवान की देन है' ऐसा कहते हुए पुरुषों को अपनी पुनर्विवाहित पत्नी के पहले अथवा विभक्त पति के बच्चों को ईश्वर की देन के रूप में मानकर उनका पालन-पोषण करने के पाठ नहीं पढ़ाए जाते। बल्कि पुरुषों को अच्छा पिता अथवा अच्छा सहचर बनने के लिए इस व्यवस्था में किसी भी प्रकार के कोई निर्बंध, सूचनाएं अथवा कोई भी मार्गदर्शक तत्व नहीं हैं।

वास्तव में छोटे बच्चों का पालन-पोषण करना यह कार्य बड़े ही मेहनत का, जोखिम भरा हो अथवा थकाने वाला हो, उतना ही वह आनंदायी भी है, यह अपने पुरुषों को कब समझ में आएगा? मल-मूत्र करके गंदे हुए बालक को साफ-सुथरा धोकर पोंछने के बाद अथवा भूख के कारण तड़पते बालक को पेट भर दूध पिलाने के बाद, वह इतनी मधुर मुस्कान देता है कि, जीवन खुशी से फूला नहीं समाता! यह अनुभव महिलाओं को कोई नया नहीं है! किंतु इस आनंद की अनुभूति से बेचारे पुरुष को क्यों वंचित रखा जाए? केवल उनके पास गर्भाशय और स्तन नहीं है इसलिए? किंतु यह अंग है यहाँ तक ही यह आनंद सीमित नहीं है। यह आनंद की अनुभूति केवल दूध पिलाने तक ही सीमित नहीं है। बच्चों को गोद में लेकर उसके गाल पर प्यार से, हल्के से अगर आप उंगलियों का कोमल स्पर्श करेंगे तब भी वह बालक मधुर मुस्कान देकर हंसता है। पालन-पोषण करते समय ऐसे हजारों खुशी के बाग खिलते हैं। किंतु यह छोटी-छोटी खुशियाँ बेचारे पुरुषों के नसीब में होती ही नहीं। वह खुशी हमें भी मिलनी चाहिए, हमें भी सच्चे रूप से पिता बनना चाहिए, इस प्रकार से उन्हें क्यों नहीं सोचने दिया जाता? इस सवाल ने मुझे हमेशा ही बेचैन किया है। और सच्ची मानव संस्कृति के संवर्धन के लिए जितनी मातृत्व की आवश्यकता है, उतनी ही पितृत्व की भी है। दुर्भाग्यवश धर्म व्यवस्था हो अथवा पितृसत्ता, पूंजीवाद हो अथवा उससे उत्पन्न उदारवादी विचारधारा हो, मातृत्व के विषय में जिस प्रकार से सोचा जाता है, इससे केवल महिलाओं के हिस्से ही आते हैं अत्यधिक कष्ट, मेहनत और मानसिक तनाव! इसी के साथ पिता अर्थात् शासन, पिता अर्थात् अनुशासन, पिता अर्थात् दूरियाँ, केवल अधिकार और सत्ता ऐसी अमानवीय पुरुषी मिथकों एवं मूल्यों को निर्माण करना हम कब बंद करेंगे?

एक ओर महिला और दूसरी ओर माँ के रूप में जीवन व्यतीत करना और मूल्य व्यवहार परिवार में, कार्यालय अथवा काम की जगह और समाज में महिलाओं के हिस्से ही आते हैं। इसी से उत्पन्न काल्पनातीत तनाव को उन्हें झेलना पड़ता है, सहन करना पड़ता है यह स्पष्ट है। सदियों के मार्गक्रमण से महिलाओं के जीवन में मातृत्व का विचार और पुरुषों के सच्चे मानवीय पितृत्व की संभावनाएँ इस विषय के विचार अगर हम अधिक संवेदनशीलता से करेंगे तभी संस्कृति के मानवीय उन्नति के कितने ही नए विकल्प हमारे सामने खुले हो सकते हैं। इस मानवीय मनोवृति को हम कब और कैसे स्वीकृत करेंगे? वास्तविक रूप से यही सच्चा सवाल है।

■■■

हेमलता से जयनंदा

– श्रीराम पवार

आप 'सकाळ माध्यम समूह' के मुख्य संपादक के रूप में सात साल तक कार्यरत रहे। वर्तमान में आप सकाळ माध्यम समूह के संचालक संपादक के रूप में कार्यरत हैं। पत्रकारिता के क्षेत्र में अनेक अनुभूतियों को विनम्रता से ग्रहण कर पच्चीस वर्षों की आपकी निरंतर साधना है। अंतरराष्ट्रीय, राजनैतिक, समकालीन घटनाक्रम यह आप के अध्ययन के विषय है। आपने बीएससी, एमजेसी, एम.ए. (राज्यशास्त्र) की शिक्षा प्राप्त की है। आपने अपने पत्रकारिता का प्रारंभ 'पुढारी' से प्रशिक्षणार्थी के रूप में किया है। राजनीति, सहकार, क्रीडा, शिक्षण, पर्यावरण, सामाजिक आदि विषयों को आपने सदैव लेखनीबद्ध किया है। 'धुमाळी' (2014 के लोकसभा चुनाव के बाद परिवर्तित राजकीय प्रवाह का अनुमान लगाने वाली किताब), 'संवादक्रांति' (समाज माध्यमों के कारण हुए परिवर्तन के संपादित लेख), 'राजपाठ' (राष्ट्रीय राजनीति का इतिवृत) और 'जगाच्या अंगणात' (अंतरराष्ट्रीय घटनाक्रम का लेखा-जोखा) आदि आपके द्वारा लिखित महत्वपूर्ण किताबें हैं। कोल्हापुर महानगरपालिका की ओर से 'कोल्हापुर भूषण' पुरस्कार से सम्मानित। सत्यशोधक पत्रकार 'दिनमित्र' कार मुकुंदराव पाटील पत्रकारिता पुरस्कार, जैन सभा द्वारा जेष्ठ संपादकों को दिए जाने वाले पुरस्कार आदि पुरस्कारों से आप को सम्मानीत किया गया है। आप कोल्हापुर प्रेस क्लब के संस्थापक सदस्य एवं पूर्व अध्यक्ष के रुप में कार्यरत रहे हैं। आप भूतपूर्व प्रधानमंत्री डॉ. मनमोहन सिंग के साथ अमेरिका, जर्मनी, फ्रांस आदि देशों के दौरे में सहभागी रहे हैं। संयुक्त राष्ट्र के न्यूयॉर्क आमसभा का वार्तांकन और कान्स में संपन्न जी-20 देशों की परिषद का वार्तांकन आपने किया है।

माँ के संदर्भ में क्या लिखें? कितना लिखें? माँ के रिश्ते को आप कितना ही क्यों न खोजे फिर भी आप इस रिश्ते की तह तक नहीं पहुँच सकते। सब को देकर भी असीम रूप से संचित रहनेवाला। माँ के विषय में अनेक लेखकों

ने अनेक प्रसंगों में वर्णन किया है। कितने ही काव्य का, कथाओं का, उपन्यासों का केंद्र स्थान माँ ही बनी है। इतना कहकर भी माँ पूर्णतः समझ में नहीं आती। मुझे यह सदैव प्रतीत होता है कि, कुछ रिश्तो के संदर्भ में सब कुछ व्यक्त नहीं किया जा सकता, लिखा नहीं जा सकता। उसे शब्दों में समाहित नहीं किया जा सकता; शब्दों में इतना सामर्थ्य नहीं, वे अधूरे से लगते हैं माँ के सामने। जन्म से जिससे रिश्ता जुड़ा है उसे समझना आसान नहीं होता। यह एक ऐसा रिश्ता है जो सदैव देता ही है। बच्चों की भलाई के विषय में सोचते रहना यह माँ नामक व्यवस्था का अद्वितीय लक्षण है। माँ किसी की हो; वह इसी प्रकार की होती है। हमारे परिवार को एक संघ रखने वाला अगर कोई धागा है, तो वह केवल माँ ही है।

हम तीन भाई। मैं मंझला। बहन नहीं। तीनों भी एक साथ रहते हैं, एक ही परिवार में, एक ही छत के नीचे। भिन्न-भिन्न पद्धतियों से जीवन जीने के मार्ग की खोज करते हुए, स्वतंत्रता से हम अपनी राह पर अबाधित रूप से चल रहे हैं। बहुत से लोग सवाल पूछते हैं, आज के वर्तमान युग में विशेष रुप से शादी के बाद भी घर में एक ही चूल्हा कैसे? मेरे घर एक दिन एक मंत्री आए थे। एक साथ रहते हैं इसकी प्रशंसा करते हुए उन्होंने कहा - ''भाई एक साथ रहते हैं यह अनेक जगह देखा; वे एक छत के नीचे रहते हैं। किंतु चूल्हा अलग-अलग होता है। एक ही चूल्हा यह अपवादात्मक ही दिखता है।'' तीनों भाइयों में एक चूल्हा रखना अर्थात् समायोजन रखना। एक दूसरे को समझते हुए चलते रहना। हमारे घर में यही होता है, इसका एक प्रमुख कारण है माँ। उसने कितनी ही बार कहा होगा, ''सभी खुश रहो, साथ में रहो।'' शायद यह उसका ख्वाब। मेरी माँ जयनंदा जयसिंगराव पवार। शादी से पूर्व की, हेमलता कोंडीराम साळुंखे पाटिल। उस समय की पद्धतियों के अनुसार उसका विवाह भी जल्द ही हुआ।

वह पवार खानदान में घुल मिल गई। वैसे तो माँ को सातवीं के बाद अध्यापक होना था। उस समय सातवीं के बाद डि एड को प्रवेश मिलता था और उसके बाद अध्यापक होना आसान था। किंतु जीवन के कोलाहल में उसकी अध्यापक बनने की आकांक्षा पीछे रह गई। माँ को चार बहनें और दो भाई, माँ सबसे बड़ी। हमारे घर चाचा, बुआ इनका भरा पूरा परिवार। इन सबके साथ रिति-पद्धतियों को निभाते हुए वह गृहस्थी में तल्लीन हो गई। आज घर के रीति, रिवाज, पद्धतियों की सारी जिम्मेदारी वही संभालती है। उसका शब्द अंतिम। इन सबके बीच अध्यापक होने की आकांक्षा अधूरी ही रह गई, इसका एहसास उसे सदैव होता है। अध्ययन और अध्यापन के तत्वों का स्वीकार उसने किया वह सदैव के लिए।

पढ़ाई करना चाहिए, उसे कोई विकल्प नहीं है, इस तत्व को हमारे बचपन से ही वह हम पर अंकित किया करती थी। अब नीतियों पर भी वहीं प्रयोग होते रहे हैं। मेरी माँ और पिताजी को पढ़ने की चाह थी। दोनों के पठन के विषय भिन्न होते थे; किंतु जिस समय हम बड़े हो रहे थे, वह समय, वह क्षेत्र और वातावरण में पुस्तक, मासिक, नियतकालिक, अनेक समाचारपत्र खरीद कर पढ़ने वाला शायद हमारा एक ही परिवार। घर में पीढ़ियों से चलने वाले धार्मिक ग्रंथ, ऐतिहासिक विषयों की पुस्तकें, कुछ वैचारिक पुस्तकों का एक बहुत बड़ा भंडार ही था। हमारे बचपन में पिता जी मुंबई में अकाउंटेंट का काम करते थे। पंद्रह दिन में कभी एक महीने में कोल्हापुर को घर आते थे। तब उनके साथ अनेक नियतकालिक, समाचारपत्र, दीपावली अंक, आदि की घर में भरमार होती थी। उसे पढ़ने वाले माँ-पिताजी के कारण घर में 'पठन' यह अपने आप होने वाला संस्कार था। उसमें माँ का योगदान निर्विवाद। स्कूल जाने की उम्र से अच्छे अर्थपूर्ण पुस्तक पढ़ने में रुचि उत्पन्न हो गई थी। वह केवल घर की पठन संस्कृति के कारण ही। वैसे पिताजी बचपन में हमारे साथ कम ही होते थे।

तब माँ ही सब कुछ, सर्वोपरि थी। सर्वसामान्य की भाँति एक समान ही जीवन यापन करना जिस पीढ़ी को शायद ही मिला हो, माँ उस पीढ़ी की प्रतिनिधि। उसके अनेक साल, कुछ करने का समय अभावों में ही बीत गया। हर चीज के लिए राशन और उसके लिए कतार का वह समय था। उदारीकरण के पर्व का प्रारंभ होने के पूर्व का समय, हर चीज में सरकारी पन का था। उस व्यवस्था में कार्यक्षमता के नाम पर तो वारे न्यारे होते थे। चूल्हा शहर से अब लुप्त हो गया था, किंतु स्टोव अथवा शेगड़ी होती ही थी। खाना बनाने के लिए गॅस मैदान में उतरा था किंतु उसका कोई भरोसा नहीं था। तब रॉकेल यही रसोईघर का आधार था। सार्वजनिक वितरण व्यवस्था से रॉकेट की प्राप्ति करना किसी जंग जीतने से कम नहीं था। ऐसी लड़ाई लड़ना जिस पीढ़ी का अभिन्न अंग बन चुका था, माँ ऐसी पीढ़ी की प्रतिनिधि थी। गुस्सा दिलाने वाली ऐसी कतार का हिस्सा हम भाई-बहन भी बने हैं, किंतु इस गुस्से की परछाई माँ ने परिवार पर कभी गिरने नहीं दी। घर में सारी सुख सुविधाएं नहीं थी किंतु माँ-पिताजी ने किसी बात की कोई कमी महसूस नहीं होने दी, ऐसा ही हमारा बचपन था। खा-पीकर समाधान के साथ जीवन व्यतीत करने वाले परिवार के रूप में ही हमारा घर मुझे याद आता है। उसमें अनिवार्य आर्थिक तनाव के ज्वालाओं की आँच हमें कभी महसूस नहीं हुई। अब समझ में आता है कि, वह समय आसान नहीं था, हर पल इम्तिहान लेने वाला था। इसे माँ ने कभी अतिशयोक्ति पूर्ण कथन किया नहीं और ना ही उसे कभी शरण गई। कोई भी चीज किसी एक की नहीं होती, जो भी चीज घर आती है उसे मिल बांट कर लेना है, यह उस समय का और

अवस्था का मंत्र था। दोनों ने भी कृतियों के माध्यम से इस मंत्र को हम सभी में सिद्ध किया। आज भी शेयरिंग करते समय कोई हिचकिचाहट नहीं होती। बुरा भी नहीं लगता, इसका संपूर्ण श्रेय उन संस्कारों को ही है। शालेय शिक्षा की महत्ता उसे पता थी और यहाँ बच्चों ने अच्छी पढ़ाई करनी चाहिए, इसके लिए वह सदैव सजग ही रहती थी। इसी के साथ पता नहीं सोच समझकर या अनायास ही, उसने हमारे जीवन में हर क्षण सहायक हो इस प्रकार के व्यवहार ज्ञान के संस्कार भी सहजता से किए। सब्जी मंडी में किसी चीज की कीमत तय करना हो अथवा मेहमानों की भीड़ में विचरण करना, प्रसंगों के अनुरूप सहन करना हो; सामाजिकता के पाठ पढ़ाने में माँ ही सदैव अग्रसर रहती।

हमारे पिताजी सब से अलग थे। मुंबई की माया नगरी में अपने जीवन के 69 साल व्यतीत करते हुए भी वे सारे प्रलोभन उसे निग्रह से दूर ही रहे। घर के सारे निर्णय वही लेते थे। वे बहुमुखी प्रतिभा के धनी थे। वैसे भी उन्होंने कभी मारने के लिए हाथ उठाया हो अथवा गुस्सा किया हो हमें यह याद नहीं है। किंतु उनका आदर युक्त डर घर में सदैव बना रहता। तथा उनके सभी फैसलों में मां ने उन्हें साथ दिया। दोनों ने अनेक उतार-चढ़ाव अनुभूत किए। उसमें से कुछ निर्णायक थे इसका कारण हमारे पिताजी का खुद का उद्योग व्यवसाय प्रारंभ करने की आकांक्षा। पिताजी ने बचपन में सर्व सुख संपन्न ऐश्वर्य को देखा था। वे राजसी ठाट बाट में पले बढ़े थे।

परिस्थिति वश जीवन जीने के लिए कोई भी कार्य करने के दूसरे छोर तक उन्हें जाना पड़ा। बड़ा उद्योग करने की उनकी आकांक्षा अंत तक रही। इसके लिए उन्होंने कितने प्रकार के उद्योग व्यवसाय किये है इसकी कोई गिनती नहीं। छापखाना, कापियां बनाना, कपड़े धोने का साबुन बनाना, लकड़ी की पट्टी बनाना, उसके लिए स्वा मील, स्याही, चाक, फिनेल, ऐनक की केस, प्लास्टिक की वस्तुएं बनाना, बाइंडिंग, ऑफिस फाइल, स्टेशनरी, कटलरी, होलसेल बिक्री, माल रिक्शा, पेन, बॉल पेन, सौंदर्य प्रसाधन, किराना दुकान यह और इस प्रकार के व्यवसाय वह करते रहे। इतना प्रयोगशील और हर समय लागत में नुकसान सहन कर व्यवसाय को बंद करने की नौबत आने पर भी फिर से उतने ही उत्साह के साथ नए सिरे से शुरूआत करने वाला इतना जिगर बाज व्यक्ति मेरे जीवन में दूसरा नहीं देखा। इस प्रयोगशीलता अथवा अथवा ख्वाबों के कारण आर्थिक स्थिति बद से बदतर हो गई ऐसे हर प्रसंग में माँ पूर्ण आत्मविश्वास के साथ निडर होकर पिताजी के साथ खड़ी रही। इन सारे व्यवसायों में वह कोई ना कोई कार्य करती ही थी। यह प्रवास किसी तूफान को अपने आंचल में पालने के समान था। यह करते हुए जब भी आवश्यकता पड़ी तब उसने अर्थार्जन भी किया। उसमें उस समय मध्यमवर्गीय

गृहिणी करती थी उसी प्रकार सिलाई कामों से लेकर पोस्ट की बचत योजना तक सभी कार्य वह करती रही।

इसी समय परिवार, आप्त-स्वकीय एवं रिश्तेदारों को संभालते हुए वह कहीं पीछे नहीं रही। उसके पूर्व की पीढ़ी, उसकी पीढ़ी और हमारी पीढ़ी के सभी आप्त-स्वकीय, रिश्तेदारों से स्नेह संबंध कायम रखने में, उनसे संपर्क स्थापित करने में वह आज भी अग्रणि रहती है। माँ मायके में अधिक समय कभी रही नहीं। छुट्टियों में मायके जाने के प्रसंग अपवादात्मक ही आते होंगे। धूप की छुट्टियों में कोई ना कोई बुआ, उनके बच्चे घर आते। उनकी मेहमान नवाजी करने से लेकर खरीदारी तक सारी जिम्मेदारी माँ ही उठाती। ननंद-भोजाई में उस समय आधुनिकता की जानकार केवल माँ ही थी।

हमारी शिक्षा-दीक्षा पर माँ का विशेष ध्यान था। किंतु यही पढ़ो; इस प्रकार का आग्रह नहीं किया था। हम तीनों भाई विज्ञान शाखा के उपाधिधारक। तत्पश्चात् हर-एक ने दिशा बदली। बच्चे बड़े हुए। अपने पैरों पर खड़े हुए, इसका उसे विशेष आनंद! मैं पत्रकारिता में काम करने लगा। इस व्यवसाय ने अनेक सम्मान, पुरस्कार, पद दिये, नाम दिया, इससे उसे सदैव आनंद ही मिला। मेरा लेखन, कार्यक्रम की कोई खबर पढ़कर अगर कोई उस विषय में प्रतिक्रिया देता है तो उसकी आँखों में दिखने वाली चमक अलग ही होती है। परंपरागत जीवनशैली में पली- बढ़ी माँ के लिए सभी बच्चे पढ़े, जीवन में स्थिर हो जाए हो गए, आज भी एक साथ रहते हैं, इतनी ही माँ को कृतार्थ महसूस होने के लिए काफी है। पिताजी का देहांत माँ के लिए बड़ा आघात था। उसमें कुछ परिवर्तन आए। उसका आग्रह करना अब कुछ कम हो गया है। समयानुसार स्वयं को संभालना भी सीख लिया है।

शायद पति के बाद पीछे रहने वाली महिलाएँ ईश्वर-धर्म के आधीन हो जाती हैं। बाबा, बुआ, आध्यात्मिक गुरु और आश्रमों की ओर महिलाओं का तांता लगा रहता है। इस मार्ग पर वह नहीं गई। माँ धार्मिक है। घर में चली आई परंपराओं को कायम रखना चाहिए, त्योहार, कुलाचार यथासंभव वैसे ही होने चाहिए, इस विषय में वह विशेष ध्यान देती। इसमें जो हो सके वह स्वयं ही करना चाहिए, औरों को मजबूर नहीं करना चाहिए, यह उसकी पद्धति। आज भी उसकी वाचन संस्कृति कायम है और जो पढ़ती है वह बच्चों को, नाती को सुनाने का शौक भी। नई रेसिपी से लेकर बोधकथा तक और कब पानी नहीं आएगा यहाँ से राजनीति में किसने क्या कहा, यहाँ तक वह अपडेट रहती है।

थकी हुई, मुरझाई हुई, माँ कभी देखी ही नहीं। आज इस उम्र में भी नहीं। वह थकी नहीं। उम्र अपना असर दिखाती है; किंतु वृद्धत्व नाम की वृत्ति ने अब तक

उसे छुआ नहीं। नया कुछ करना हो, समझ लेना हो, बनाने में उसका उत्साह आज भी कायम है। समय कैसे काटे? यह इस उम्र की स्थायी चिंता उसे कभी नहीं होती। वह अपने आप चला जाएगा, अपने तक सीमित ऐसे एक विश्व की निर्मिति उसने अपने आस-पास बनाई। पिछले 25 वर्षों में वैसे ही घर में मेरा वास्तव कम ही रहा है। रात में घर आना; सुबह के नित्यकर्म पूर्ण कर घर से बाहर निकलना यह हर रोज की बात है। अब यह लिखते समय अचानक एहसास हो रहा है कि, इस भाग दौड़ भरी जिंदगी में माँ से विस्तारपूर्वक बातें करना अपवादात्मक ही हुआ होगा। किंतु उसका घर में होना हमारे जीवन में स्थिर-स्थायी है। कभी भी घर जाने के बाद माँ के दर्शन ना हो तो कुछ तो भूल गए हैं ऐसा प्रतीत होता है। दो दिन भी अगर माँ बाहर गाँव चली गई तो, कब वापस आने वाली है यह बार-बार मन पूछते रहता है। उसका होना हमारे जीवन का अभिन्न अंग बन चुका है।

■■■

तूफान में एक ज्योति

– भारतकुमार राऊत

आप राज्यसभा के सांसद रह चुके हैं। आपने अनेक अंग्रेजी और स्थानीय वृत्तपत्रों में और शासकीय एवं निजी दूरचित्रवाणी चैनल के लिए देश-विदेशों में पत्रकारिता की है। आपने 'महाराष्ट्र टाइम्स' के संपादक, 'टाइम्स ऑफ इंडिया' ग्रुप के सलाहकार और 'लोकमत मीडिया ग्रुप' के संपादकीय दिग्दर्शक के रुप में कार्य किया है। आपका जन्म महाराष्ट्र के मध्यवर्गीय परिवार में हुआ। शालेय जीवन मुंबई में गुजारा। राज्यशास्त्र विषय में स्नातकोत्तर पढ़ाई करते हुए आपने वृत्तपत्र में पत्रकारिता करना प्रारम्भ किया। मुंबई में दूरदर्शन इस शासकीय चेनल की घोषणा होते ही आपने तुरंत दूरचित्रवाणी में काम करना तय किया। टाइम्स वृत्तसमूह में काम करते हुए आपने 'महाराष्ट्र टाइम्स' के संपादक के रूप में कार्य किया। आपके संपादक कार्यकाल में ही महाराष्ट्र टाइम्स यह वृत्तपत्र मुंबई महानगर इलाके में सबसे जादा बिकने वाला मराठी दैनिक के रुप में ख्याति प्राप्त हुआ। आपने 'द पायोनियर' इस वृत्तपत्र के निवासी संपादक के रूप में भी कार्य किया है।

1996 में झी टीव्ही नेटवर्क के निर्माण में आपने अहम भूमिका अदा की है। झी नेटवर्क में क्रिएटीव्ह डायरेक्टर के रूप में काम करते हुए विदेशों में झी नेटवर्क की नींव को स्थापित करने के लिए आपने योरोप तथा अमरीका की अनेकों बार यात्रा की है। सन् 1987-88 में 'मुंबई पत्रकार संघ' इस मराठी भाषिक पत्रकार संघ के अध्यक्ष के रुप में भी आपने अपने दायित्व का निर्वाह किया है।

उम्र के 46 वर्ष गुजर जाने के पश्चात् अचानक स्वयं के प्रति कुछ अनोखी स्वानुभूति को महसूस किया। वैसे उम्र के इस पड़ाव में अलग ऐसा कुछ भी नहीं। बीस, पच्चीस, पैंतीस, चालीस, पचास साल यह जीवन के महत्वपूर्ण पड़ाव माने जाते हैं। 46 वर्ष की उम्र यह कोई बड़ी बात नहीं है। किंतु बढ़ती उम्र की अनुभूति ने मन को विचलित जरूर किया था।

उस दिन मैं अपनी माँ से बड़ा हो गया।

मेरी माँ एक दिन सुबह अचानक पूरे परिवार एवं इस चेतन सृष्टि से विदा हो गई। उसका जीवन कार्य समाप्त हो गया, तब वह 46 वर्ष की थी। उसकी आयु तो वहीं रुक गई। किंतु हमारी उम्र कहाँ रुकने वाली थी, हम तो उम्र का हर एक पड़ाव पार करते रहे... और आज उससे भी बड़े हो गए। उन्हें इस सृष्टि से विदा होकर आज दो तप गुजर गए। वह कहीं से देखती होगी, तब वह क्या अनुभूति करती होगी, उससे भी बड़े हुए अपने पुत्रों को देखकर? अपने छोटे अभिभावकों को ही आशीर्वाद दिए जाते हैं, ऐसी मान्यता है। अब मुझे आशीर्वाद देते हुए उसके हाथ अवरुद्ध तो नहीं होते होंगे ना? यह अनुभूति हृदय को आहत करने वाली थी।

वि.द. घाटे द्वारा लिखित एक लेख याद आया- 'माझ्या बालमातेस' घाटे जी की माता की मृत्यु उनकी युवा अवस्था में ही हो गई थी। उनकी अस्पष्ट स्मृतियों को जागृत करने वाले शब्द शिल्प को जब मैंने प्रथमतः पढा, तब मैं विद्यालयीन छात्र था। प्रिय व्यक्ति का वियोग क्या होता है? यह समझने की शक्ति तब नहीं थी। इसलिए एक 'उत्तम ललित कृति' बस इतना ही उस बालमाता के विषय में मन में स्थान प्राप्त किया था। किंतु आज एहसास होता है कि, वह मेरी ही माँ थी। कब पलकें भीग गई पता ही नहीं चला। जब इन सभी स्मृतियों से बाहर आया, तब तक आँसू पलकों की सीमाओं को लांघ चुके थे...

बाई...

बाई अर्थात् हम पाँच भाई-बहनों की माँ। अलग-अलग प्रांत, समाज में माँ को भिन्न-भिन्न नाम से संबोधित किया जाता है, किंतु माँ को 'बाई' इस अनोखे नाम से संबोधित करने वाले हम ही थे। उसे 'बाई' नाम से सर्वप्रथम किसने संबोधित किया यह जानकारी नहीं। किंतु मेरी बड़ी बहन, उसके बाद मैं और फिर सभी भाई-बहन उसे 'बाई' ही कहते थे।

हमारा बचपन मुंबई दादर क्षेत्र में स्थित एक वाड़ी में बिता। जहाँ एक दूसरे से सटे हुए दर्जनों परिवार परंपरागत रूप से वहाँ रहते थे। हर परिवार में एक-दो वृद्ध व्यक्ति और 3-4 विद्यालयीन बच्चे रहते थे। जब तक बच्चे बड़े होते थे तब तक एक-दो बच्चों की वृद्धि हो जाती। इसी कारण स्कूल जाने वाले बच्चों की संख्या बनी रहती। इन अशिक्षित और अर्धशिक्षित महिलाओं के विश्व में हमारी माँ का स्थान अलग ही था। उसकी शिक्षा-दीक्षा अधिक नहीं थी किंतु वह मूलतः ज्ञानी और बहुश्रुत थी। इसी कारण उसकी औपचारिक शिक्षा की तुलना में उसके ज्ञान की व्याप्ति अधिक थी। वाड़ी में अगर किसी लड़की को देखने के लिए लड़केवाले आ रहे हो तो, लड़की दिखाने के कार्यक्रम से लेकर लडकेवालों के घर की जानकारी हासिल करने तक सारे काम अनायास ही उस तक पहुंच जाते थे। कोई बीमार हो

जाए तो डॉक्टर को बुलाने से लेकर के. ई. एम. में ऍडमिट करने के लिए टैक्सी में बैठ कर जाने तक सारी जिम्मेदारियाँ उसी की होती थी। मेरी बड़ी बहन का जन्म होने तक माँ वाड़ी के लिए नई थी। वहाँ के बड़े-बुजुर्ग उन्हें अपना माने इसलिए दोपहर में वह वाड़ी के बच्चों को सिखाया करती थी। घर के बाहर सामाईक चबूतरे पर दोपहर में उसकी एकशिक्षक की स्कूल शुरू हो जाती थी। किसी को भूगोल, किसी को मराठी, किसी को गणित, तो किसी को इतिहास पढ़ा कर सभी बच्चों को पास कराने की जिम्मेदारी उसी की थी। बच्चा अगली कक्षा में पहुँचा तो वाड़ी में मानो स्वर्ण पदक प्राप्त किया हो, इस प्रकार हर्ष उल्लास का माहौल बन जाता था। उसके इसी स्वयं घोषित और बिना वेतन शिक्षक व्यवसाय के कारण ही वह संपूर्ण वाडी की 'बाई' बन गई थी।

जैसे दिन बीतते गए वैसे प्राइवेट ट्यूशन्स और कोचिंग क्लासेस के दिन आए और उसका वाडी.के बच्चों को मुफ्त में सिखाना बंद हो गया, किंतु वह हमारी 'बाई' हो गई सदा के लिए।

सबकी माँ होती है और वह प्यारी भी होती है। हमारी बाई भी वैसे ही सर्व सामान्य माताओं जैसी ही थी। किंतु हमारे लिए वह 'असामान्य' थी यह निश्चित।

बाई यह एक अनोखा रसायन था। हम कितना भी जल्दी उठे फिर भी वह हमसे पहले उठती थी और संपूर्ण घर सो जाने के बाद भी उसके काम समाप्त नहीं होते थे। इतना सब करने के बाद भी अंतिम समय में जब तक वह बीमार नहीं हुई तब तक उसके चेहरे पर हमें कभी भी थकान दिखी नहीं। हो सकता है उसने खुद इसका एहसास हमें होने नहीं दिया। भारतीय महिलाएँ त्याग एवं बलिदान का मूर्तिमंत उदाहरण होती हैं। बाई भी इन्हीं आदर्शों को लेकर जूझती रही। पहले ससुर, फिर खुद की गृहस्थी और बाद में सामाजिक दायित्व इन सब में वह अपना अस्तित्व कब खो बैठी इसका पता उसे भी नहीं लगा। जब वह इस बात को समझने लगी तब तक यही कार्य उसका जीवन और पहचान बन चुका था। किसी घने जंगल में जब पथिक अपनी राह भूल जाता है, तब वह अपने अनुमान से राह खोजता है और बार-बार उसी जगह आकर पहुंचता है, जहाँ से उसने भूली हुई राख खोजना शुरू किया था। फिर उसे दिशाओं की सुध नहीं होती। सारी दिशाएँ उसे एक समान दिखाई देती हैं। किस दिशा में मार्गक्रमण करना है, यहि उसे समझ में नहीं आता। बाई भी इसी प्रकार जीवन के घने जंगल में स्वत्व का त्याग करते हुए चलती रही। उसका वह भ्रमण आज भी जब याद करता हूँ, तो संसार एवं खुद से घृणा होती है, क्योंकि न जाने ऐसी कितनी बाई होंगी जो इसी प्रकार अपना अस्तित्व खो कर भटकती होगी। यह विचार मन को बेचैन कर देते हैं।

'बाई' का बचपन पहले बड़े ही सुख वैभव में बीता और बाद में बड़ा ही संघर्षमय। पिताजी को बेस्ट में नौकरी थीं। इस कारण घर में नौकर-चाकर, वस्त्र-आभूषण सभी सुविधाएं थी। किंतु ग्रहों की दिशा बदल गई। बाई के, बाद की संतानों का गुजर जाना, पिताजी की नौकरी जाना, सर पर कर्ज का बढ़ता बोझ, उससे उत्पन्न व्यसनाधीनता, बीमारी और फिर सब सर्वनाश। बाई ने नियति के यह दशावतार बचपन में ही अत्याधिक करीब से देखें और उसकी आँच को महसूस भी किया। जब 16 साल की उम्र में उसकी शादी हुई तभी वह इस चक्रव्यूह से बाहर निकली। वह नए घर में वाड़ी में आयी और सुखद अनुभूति का अनुभव भी किया। बीमार ससुर की सेवा की किंतु कभी भी शिकायत नहीं की।

परंपरा के अनुसार शादी के बाद घर में बच्चों की किलकारियाँ गूंजने लगी। इस स्थिति में भी बाई ने अपनी अधूरी पढ़ाई पूर्ण करने का प्रयास किया किंतु सफलता उसके हाथ न लगी। हमारे पिताजी स्वभाव से मेहनती किंतु अपनी मर्जी के मालिक थे। स्वतंत्रता संग्राम में उन्होंने अपनी किशोर अवस्था को स्वाहा कर दिया था। स्वतंत्रता के बाद राजनीति में जाने का अवसर उनके पास था किंतु यह पेशा उनके स्वभाव से विपरित था। इसलिए चुपचाप रेल्वे में नौकरी की। रेल की नौकरी भी सुख चैन से करते तो सब कुशल मंगल होता। किंतु पु .ल .देशपांडे के 'हरि तात्या' के समान उन्होंने भी जीवनभर अनेक प्रयोग किए और बाई ने साथ देकर अपना पत्नी धर्म निभाया। कभी फोटोग्राफी स्टूडियो, कभी पोल्ट्री फॉर्म, कभी मक्खन बेचने का व्यवसाय, तो कभी विज्ञापन इस प्रकार पिताजी हर साल एक नया व्यवसाय खोजते थे और 'बाई' इतने ही उत्साह से उनको साथ देती थी। उसमें भी उनकी नौकरी रेल की। इसी कारण उन्होंने जो व्यवसाय शुरू किए उसे चलाने की जिम्मेदारी 'बाई' की होती थी। व्यवसाय अच्छा खासा चल रहा है, यह सोचने से पहले उनके दिमाग में नए व्यवसाय की धुन संवार हो जाती थी। फिर नया उद्योग उतने ही उत्साह के साथ शुरू हो जाता।

किंतु 'बाई' ने कभी शिकायत नहीं की। घर में पाँच बच्चों की गृहस्थी वह उतने ही कुशलता से चलाती थी। उस समय वाड़ी के सभी बच्चे पालिका के स्कूल में जाते थे। वहाँ मुफ्त की शिक्षा मिलती थी। किंतु अपने बच्चों को अच्छी शिक्षा प्राप्त हो, वह जीवन में कुछ बने, इसलिए उसने हम सभी को स्वायत्त संस्था में दाखिला दिया। फीस महावारी पाँच-छह रुपए होती थी। किंतु उस समय एक रुपया भी इतना महंगा था कि, वह हमें बैलगाड़ी के पहिए जितना बड़ा लगता था। बच्चों की शिक्षा और पति का स्वभाव इसको समझते हुए गृहस्थी चलाने के लिए वह सिलाई का काम करती थी। उसकी सिलाई इतनी अच्छी होती थी कि, हर किसी की नजर में भर जाती थी। दुकानों में देखे गए हर फैशन के कपड़ों की वह आसानी से सिलाई करती थी। इसी कारण मेरी बहन के कपड़े सबसे अलग और अच्छे होते थे। जब

मैं आठवीं-नौवीं कक्षा में था, तब की बात है। स्कूल में क्रिकेट का प्रशिक्षण आरंभ हुआ। मेरा सिलेक्शन हुआ। सब कुछ ठीक था, किंतु मुझे सफेद रंग की पँट चाहिए थी, और वह भी दूसरे दिन सुबह। डेढ़ सौ रुपए की रेडीमेड पँट खरीदने के लिए पर्याप्त पैसे घर में नहीं थे और पिताजी बाहर गाँव थे। मैं रोता रहा किंतु समस्याएँ जूझने के लिए होती हैं ऐसा मानने वाली बाई हार मानने वाली नहीं थी। उसने खिड़की पर लगे सफेद पर्दें को निकाला, पिताजी की पुरानी पँट की सिलाई को निकालकर उस पँट की कटिंग को समझा और मेरे लिए पँट तैयार की। मैं रोते-रोते सो गया था। सुबह 6 बजे सूर्य की किरणें खिड़की के माध्यम से घर में प्रवेश करने का इंतजार ही कर रही थी के बाई ने मुझे नींद से जगाया ...ईस्त्री की हुई सफेद पँट तैयार थी।

हमारे साथ ही वाड़ी में स्थित अन्य बच्चे भी बड़े होते गए। जिन्हें अच्छी नौकरी मिली वह वाड़ी को छोड़कर अन्यत्र रहने के लिए चले गए। अनेक ऐसे थे जिन्होंने बीच में ही अपनी शिक्षा छोड़ दी। कोई रास्ते पर धंधा (व्यवसाय) करने लगे, तो कोई बेकार कंपनी में भर्ती हो गए। वे नशे के शिकार हो गए। बदलते समयानुसार प्रलोभन भी बढ़ते गए। इन्हीं सारी खबरों को पढ़कर वह बेचैन हो जाती थी। अपने बच्चों को इन सारी बातों से दूर रखने के लिए वह हर संभव प्रयास करती थी। एक मुर्गी जिस प्रकार अपने बच्चों को हर संकटों से बचाने के लिए उन्हें सदैव अपने पंखों के नीचे छुपाकर बैठती है, बाई भी वैसी ही थी। स्वयं परिस्थितियों से जूझती रही और हमारे लिए नई-नई किताबें लाती रही। हमें अच्छी संगत मिले इसलिए आस-पड़ोस के संस्कारी बच्चों को भिन्न-भिन्न प्रकार के पदार्थ बना कर खिलाती। उसका अंग्रेजी भाषा का ज्ञान अल्पतम था किंतु वह अंग्रेजी भाषा की ताकत को जानती थी। बच्चों को अंग्रेजी का ज्ञान मिले इसके लिए वह सदा तत्पर रहती थी। उसे किसी ने कहा कि, 'टाइम्स ऑफ इंडिया' पढ़ने से अंग्रेजी भाषा का अच्छा ज्ञान प्राप्त होता है। उसकी कीमत चुकाने के लिए उसने पेपर एजेंट के घर प्रतिदिन सुबह दूध पहुंचाना स्वीकार किया। इसके लिए उसे सुबह साढे.चार बजे उठकर दूध की कतार में खड़े रहना पड़ता था। क्योंकि एजेंट का घर दूध केंद्र से मिलों दूर था।

बाई विविध कला गुणों में निपुण थी। उसे गीत गायन में रुचि थी, किंतु शास्त्रीय पद्धति से संगीत सीखने का मौका उसे कभी मिला नहीं। हमारी स्कूल सुचारू रूप से संचालित हुई, तब उसने भजन मंडली में जाना शुरू किया। ज्ञानेश्वर, तुकाराम, कबीर, मीराबाई इनकी सैकड़ों रचनाएं उसे मुखोद्गत थीं। वह हाथ में कर ताल लेकर आँखें बंद करके भजन गाती थी। तब मानो हमारा घर मंदिर के समान प्रतीत होता था। और सामने साक्षात भगवान कृष्ण का साक्षात्कार होता था। उसके गाने की रुचि के कारण घर का रेडियो सुबह के 'मंगल प्रभात' से शुरू होता तो शाम 11 बजे 'विविध भारती' के 'बेला के फूल' और 'भूले बिसरे गीत' सुनकर ही बंद होता था।

'आपली आवड', 'कामगार सभा', 'वनिता मंडल', 'गीत गंगा', 'बिनाका गीतमाला' और शाम में 'नभोनाट्य' यह हमारे घर के दिनक्रम का अविभाज्य अंग थे।

उसके हाथों में चित्रकारिता के भी गुण थे। दीपावली में वाड़ी का हर आँगन रंगोली से सुशोभित हो जाता था। दोपहर से लेकर संध्या समय तक रंगोली निकालने का कार्य चलता था। छोटी लड़कियाँ और महिलाएँ इस कार्य में व्यस्त हो जाती थी। 10 बिंदु, 10 रेखाओं से 40, 50 बिंदुओं तक की रंगोलियाँ होती थी। बाई को ऐसी किताबों से या फिर बिंदुओं से रंगोली बनाने में रुचि नहीं थी। हमारे घर के आँगन में प्राकृतिक चित्र, व्यक्ति रेखाओं को साकार किया जाता था। हिमालय, ताजमहल, कावेरी नदी से लेकर नेताजी सुभाष चंद्र बोस, भगत सिंग, तिलक, समर्थ रामदास यह सारे महानुभव दीपावली के मंगल अवसर में हमारे घर के आँगन पर अवतरीत होते थे। वीर सावरकर हमारी वाड़ी के पास ही रहते थे। बाई ने सावरकर जी की रंगोली बनाई। तात्या राव को किसी ने यह बात बताई। वह संध्या समय सीधे घर आ पहुंचे दीपों और लालटेन के प्रकाश में उन्होंने रंगोली को देखा और दिल खोलकर प्रशंसा की। दीवाली से चार दिन पहले ही वाड़ी में दीपावली मनाई गई।

उन दिनों महिलाओं में फूलों की रचना और गालीचे बनाने की स्पर्धा होती थी। फूलों के गालीचे बनाने में बाई को महारत हासिल था। आँगन का पारिजात, पीला, लाल, गुलाब, जसवंत, टगर, गेंदा, बिट्टी, गोकर्ण, सफेद लिली वाड़ी में स्थित इन फूलों की सहायता से उसका गालीचा सजता सँवरता था। अन्य गालिचे सीधे, आड़े, तिरछे होते। बाई के गालिचे को झुर्रियाँ होती थी और एक कोने में वह मुड़ा हुआ दिखता था। इसी कारण उसको इनाम निश्चित मिलता था।

एक बार उसे पेपर में जमशेदजी टाटा की तस्वीर मिली। उनका झुर्रियों वाला चेहरा, सफेद-धूसर दाढ़ी, और संवाद स्थापित करते नैन को देखकर उसने हाथ में पेंसिल कब ली यह उसे भी पता नहीं चला। चित्रकारिता की कोई भी औपचारिक शिक्षा उसने नहीं ली थी। किंतु फिर भी दो-तीन रात जाकर उसने बड़े कैनवास पर जमशेदजी को साकार किया। उत्साह की धुन में उसने वह चित्र टाटा कंपनी में भेज दिया। बहुत दिन हुए कोई उत्तर नहीं आया, वैसे वह निराश हो गई, किंतु कुछ बोली नहीं। मेरे पिताजी का कार्यतत्पर एवं सनकी स्वभाव काम में आया। वे अपने ऑफिस से सीधे कोर्ट स्थित मुंबई हाउस में गए। वहाँ पूछताछ की, तब समझ में आया की, बाई ने घर का पता लिखा ही नहीं था। वहाँ के पी. आर. ऑफिस में जे.आर.डी. टाटा के हस्ताक्षर सहित प्रशस्ति पत्र तैयार था। किंतु अब यह चित्र बाई ने ही चित्रित किया है, इसका प्रमाण उन्हें चाहिए था। क्या प्रमाण देंगे? किंतु फिर भी उसने हार नहीं मानी। कहने लगी, वे चाहते हैं तो मैं उन्हें वही चित्र फिर से बना कर देती हूँ और वह फिर से चित्र बनाने लगी। उन्हें विश्वास हो गया और मुंबई हाउस में बुलाकर टाटा जी के

हाथों उसका अनौपचारिक सत्कार किया गया। इसकी तस्वीर 'फ्री प्रेस जर्नल' और 'नवशक्ति' में छप कर आयी। महीनों वह पेपर सब को दिखा कर गौरवान्वित होती रही।

वह अनायास ही बोलती थी किंतु उसकी वाणी में नीति होती थी। शायद मैं सातवीं-आठवीं कक्षा में था, उस समय की बात है। मेरी कक्षा में एक लड़की थी। जिसके घर घड़ी की दुकान थी। हमारे मध्यमवर्गीय स्कूल की पूरी कक्षा में कलाई पर घड़ी पहन कर आने वाली वह एकमात्र छात्रा थी। एक दिन कुछ प्रसंगवश उसने मुझे एक घड़ी भेंट स्वरूप दी। बड़े शान से कलाई पर उसे पहनकर दिन भर भटकता रहा। संध्या समय बाई ने पूछा, तब मैंने उसे सारी बातें बता दी। वह केवल हंसी और कहा जिस उपहार की कीमत के समान उपहार हम दूसरों को नहीं दे सकते, ऐसे उपहार को स्वीकार नहीं करना चाहिए। जिसके कारण हम खुद को लाचार महसूस करते हैं। दूसरे दिन सुबह मैंने वह घड़ी वापस कर दी। तबसे कलाई पर कभी घड़ी पहनी ही नहीं।

उसने हमें अनुचित लाड प्यार नहीं दिया। कभी अच्छे कपड़े, बहनों के लिए आभूषण नहीं लाए, किंतु हमारे मन में उसने स्वाभिमान को जागृत किया। कर्ण के 'कवच-कुंडल' समान वह हम में स्थायि रूप में प्रस्थापित हो गया। मुश्किलें कितनी भी हो खुद उसका सामना करना चाहिए, किसी के आगे हाथ नहीं फैलाने चाहिए। इस मूलमंत्र को लेकर वह अकेली जूझती रही और बच्चों में भी यही गुण निर्माण हो इसका प्रयास वह निरंतर करती रही।

प्रारंभ के दिनों में मैं सरकारी कार्यालय में नौकरी कर रहा था। फाइलों के पन्ने पलटना, यस सर की माला जपना और कागजी घोड़ों को नचाना, यह सब मेरे स्वभाव के विपरित था। किंतु परिस्थिति वश नौकरी छोड़ना भी मेरे लिए संभव नहीं था। मैं पत्रकारिता करना चाहता था किंतु मनचाहा अवसर ना मिलने के कारण, बस दिन गिन रहा था। यह स्थिति बहुत दिन तक चलती रही। मैं अस्वस्थ हूँ, बाई को इसका अहसास था। केवल घर की आर्थिक स्थिति बनी रहे इसीलिए मैं प्रतिदिन काम पर जाता हूँ, इसको भी वह समझने लगी थी। एक दिन उसने कह दिया, 'तू यह नौकरी छोड़ दे' मैं चौक गया। अगर मैं नौकरी छोड़ता हूँ, तो घर की आर्थिक स्थिति और भी भयावह हो जाएगी। यह स्पष्ट था। किंतु उसने निश्चय कर लिया था। ''काम में मन नहीं लगता, तब तक ही वह नौकरी छोड़ देनी चाहिए। नहीं तो इसी स्थिति की आदत हो जाती है। ऐसा हुआ तो कुछ समय बाद तुम खुद को ही कोसते रहोगे।'' मैंने नौकरी से इस्तीफा दे दिया। चार महीने घर पर ही रहा किंतु बाद में पत्रकारिता में मनचाही नौकरी मिल गई। करियर ऊंचाइयाँ छूने लगा। मेरे साथ जो भी सरकारी नौकरी में थे, उसमें अधिकतम आज भी वही हैं। उन्हें जब मैं मिलता हूँ, तब बाई जो कहती थी वह कितना सच था, इसकी अनुभूति होती है।

वाड़ी का घर छोड़ कर हम बिल्डिंग के फ्लैट में स्थलांतरित हो गए। वाड़ी का खुला जीवन समाप्त हो गया और फ्लैट का बंद दरवाजे के अंदर का जीवन प्रारंभ हो गया। अब वाड़ी की महिलाओं के साथ दोपहर में होने वाले सामूहिक कार्य जैसे पापड़ बेलना, अचार बनाना आदि सब बंद हो गया। वाड़ी में होली का वार्षिक उत्सव बहुत बड़ा होता था। उस समय बाई का उत्साह सातवें आसमान में होता था। 26 जनवरी को वाड़ी में सांस्कृतिक कार्यक्रम होते थे। कार्यक्रम में सम्मिलित बच्चों की सारी तैयारी में उसका एक महीना कैसे गुजरता था, यह उसे भी नहीं समझता। वह सारी संस्कृति ही बंद दरवाजे के पीछे दब गई। अब हम भी बड़े हो गए थे, जिसके कारण बाई का सहवास कम हो गया।

घर के एक कोने में वह बैठी रहती, उसी समय वह अत्यधिक आनंद की अनुभूति भी करती। बच्चे पढ़ लिखकर कमाने लगे हैं, इसका आनंद तो उसे था ही। आर्थिक विवंचना, चिंता, कष्ट इन सब से अब वह बहुत दूर थी। दिन भर रेडियो सुनना, पेपर पढ़ना, दोपहर में लाइब्रेरी के किताबों को पढ़ना और संध्या समय तक हर किसी के रूचि अनुसार पदार्थ बनाना, शाम को ऑफिस में, कॉलेज में दिन भर क्या-क्या हुआ इसे बिना थके सुनना इसी में उसके दिन गुजरने लगे। पत्रकारिता की नौकरी के कारण शाम घर आने में मुझे देर हो जाती थी। किंतु समय कोई भी हो गरमा गरम चपाती खिलाने में उसे आत्मिक आनंद प्राप्त होता था। 'दुख भरे दिन बीते रे भैया अब सुख आयो रे...' इस प्रकार वह अपने जीवन में खुशी को महसूस कर रही थी...

पर यह दिन ज्यादा देर तक नहीं टिक सके। उसे बीमारियोंने घेर लिया था। मधुमेह की तकलीफ इतनी कि उसकी सहनशीलता भी दम तोड़ दे। फिर भी जितना हो सके उतना काम वह करती थी। एक दिन ऐसे ही शाम को घर आने में देरी हो गई और उसने गरमा गरम चपातियों को थाली में परोसा। खाना खाते समय हमेशा की तरह मैं दिन भर की बातों को बताने लगा। जब मैंने ऊपर देखा तो दिन भर के कामों से थकी हुई बाई घुटनों में सर डालकर सो रही थी। उस दिन से मैंने शाम को भोजन न करने का निर्णय किया, जो शादी होने तक कायम था।

मराठवाड़ा में नामांतर का आंदोलन प्रारंभ हो गया था। उसकी रिपोर्टिंग करने के लिए औरंगाबाद, नांदेड, परभणी गया। घर में फोन नहीं था। इसी कारण चार-पाँच दिन घर से संपर्क नहीं हुआ था। दौरा समाप्त करके घर लौटा, तब रास्ते में ही पड़ोसियों ने खबर दी कि, बाई को के ई एम हॉस्पिटल में भर्ती किया है। मेरी धड़कनें ही रुक गईं। मन में आशंकाओं का साम्राज्य स्थापित हो गया।

उसी हालत में हॉस्पिटल पहुँचा। उसकी हालत ठीक नहीं थी। उसका ब्लड प्रेशर कम ज्यादा हो रहा था। इसी कारण उसके हृदय पर दबाव बढ़ रहा था। डॉक्टर

कोशिश कर रहे थे। शाम तक तबीयत में कुछ सुधार आया। डॉक्टर ने कहा कल दवाई बदलेंगे तबीयत में सुधार होगा।

इसी आशाओं के सहारे रात को हॉस्पिटल के कॉरिडोर में चादर लेकर सो गया। सुबह डॉक्टर की भागदौड़ से ही मेरी नींद टूटी। बाई की हालत गंभीर थी। ऑक्सीजन लगाने का प्रयास किया गया। कृत्रिम श्वास भी दिया गया, किंतु क्या हो रहा है, यह समझने से पहले ही सब कुछ खत्म हो गया।

उसने जीवन के हर पड़ाव को देखा था। हर स्थिति से लोहा लिया था। सुख और दुख, शांति और चिंता, उतार और चढ़ाव यह सब उसने देखा था। खुशियों की लहरों को आते हुए देखकर, दुखों के तूफान को उड़ते हुए उसने अनुभव किया था। अब सारी खुशियाँ मुट्ठी में आ गई ऐसा लग रहा था। यह सारी खुशियाँ हाथ से छूट ना जाए, इस भय से शायद अपनी मुट्ठी को कस कर बंद करके, वह अखंड शांति के प्रवास को निकल गई। घनघोर अंधेरी रात में तूफान से टकराकर निरंतर जलती ज्योति अंत में शांत हो गई।

उसके बुझने से जो अंधकार उत्पन्न हुआ, इसी कारण उसके अक्षय दीप प्रज्वलन से उत्पन्न प्रकाश का महत्व ज्ञात हुआ।

आज हम सभी आयु की दृष्टि से बाई से बड़े हो गए, सुखों की परिभाषा बदल गई और नई परिभाषित सभी सुख एवं दुःख हमारे चरणों में आ गए। किंतु फिर भी नई फुल पँट पहनते समय ज्योति के मंद प्रकाश में आँखों को कष्ट देते हुए सिलाई मशीन पर बैठी हुई बाई के दर्शन होते हैं तो पुनः मन व्याकुल हो जाता है।

एल्टन जॉन द्वारा लिखित 'कैंडल इन द विंड' गीत को होंठ अनायास ही गुनगुनाने लगते हैं।

... And it seems to me you lived your life.

Like a candle in the wind

Never koving who to cling to

When the rain set in

And I would have liked to have known you

But I was just a kid

Your candle burned out long before

Your legend never did

नलिनी जनार्दन

- सुरेश द्वादशीवार

आप मराठी के जानेमाने पत्रकार एवं उपन्यासकार हैं। आप अखिल भारतीय मराठी साहित्य मंडल, महाराष्ट्र राज्य साहित्य संस्कृति मंडल और विदर्भ साहित्य संघ के अध्यक्ष भी रह चुके हैं। आपके द्वारा लिखित 'तांदळा', 'राजधर्म' और 'हाकुमी' उपन्यासों को वाचकों द्वारा अपार प्रेम मिला। आपके द्वारा लिखित अन्य साहित्यिक कृतियाँ, 'अलकनंदा', 'आसाम ईशानेचा परिसर', 'एकशे अकरावी दुरुस्ती', 'करुणेचा कलाम', 'कोऽऽ हम', 'तारांगण', 'मन्वंतर : समूहा कडून स्वत:कडे', 'राजमुद्रा', 'वर्तमान', 'वहीतल्या नोंदी', 'सगळी माझीच मानसं', 'सडेतोड', 'सेंटर पेज' आदि। आपको विदर्भ साहित्य संघ के द्वारा उपन्यास साहित्य प्रकार में दिए गए अनमोल योगदान के लिए विशेष पुरस्कार से पुरस्कृत किया गया है। राष्ट्रीय बंधुता साहित्य परिषद और बंधुता प्रतिष्ठान की ओर से आपको 'राष्ट्रीय बंधुता पुरस्कार' से सम्मानित किया गया है। साहित्य के क्षेत्र में महत्वपूर्ण ऐसे अनेक पुरस्कारों से आप को सम्मानित किया गया है।

आज भी उसका चेहरा आँखों के सामने आता है। वह हुबहू वैसे ही ताम्र, गेहुंआ वर्ण। थोड़ासा लंबगोलाकार चेहरा। थोड़े काले, थोड़े ताम्र वर्ण के मुलायम बाल। जिसे कंघी करने के बाद बालों को एकसंघ करके बांधा गया जुड़ा। विलोभनीय आँखों की भौहों की कमान के नीचे तेज नजरो वाली आँखें। जिसमें सदैव तैरती हल्की सी हँसी। चेहरे को और भी सुशोभित करने वाली सीधी नाक। नाजुक और चौड़ी ठोढ़ी। ठोढ़ी का रखाव सदैव स्मरण रहने वाला। चेहरे के भाव को आदर युक्त गरिमा का आधार प्रदान करने वाली।

वह थोड़ी ऊँची (लंबी) और छरहरी थी। शायद वह सफेद रंग की पैरों तक आने वाली 'नौवारी' पहनती थी। जो मुलायम होती थी। वह बहुत सुंदर दिखती थी। हंसमुख रहती थी। नैनों के भाव बदलती थी। शायद ही कभी आँखों में आँसू

भर आते। पर इन सब का अस्तित्व पल दो पल का ही होता था। अपने ही लोगों को अपना दिल खोलकर मन की अनुभूतियाँ दिखाने एवं सुनाने में असमर्थ होने से होने वाले दुःख की अनुभूति के दाह को उसने अनुभव किया, पर उस अवस्था पर उसकी सहयता के कारण वह सहजता से विजय हासिल करती थी। मैंने उसे संपन्नता में देखा, विपन्नता में देखा, जीवित देखा, और मृत्यु के पश्चात् भी देखा। मुझे वह कभी भिन्न नहीं दिखी। हमेशा के समान नीली-नीली आँखों में प्रसन्नता को ही अनुभव किया।

नलिनी जनार्दन पूर्वाश्रम की नलिनी जोशी (बुजोणे) उसके बचपन में शायद उसने सुखों की अनुभूति ना की होगी। उसकी माँ पागल थी। उसके विषय में वह कम ही बोलती थी। इस विषय में उसने कुछ कहा हो यह मेरे स्मरण में नहीं है। यह सारी बातें मुझे बहुत सालों बाद उसके मायके के लोगों से पता चली। नलिनी के जन्म से पूर्व उसकी माँ पागलों सा बर्ताव करती थी। उसके जन्म के बाद यह पागलपन और बढ़ा। शायद उस खानदान को जो चाहिए था वह लड़का (वारिस) ना दे पाने के अपराध बोध ने उसे घेर लिया था। वह नलिनी को देखती थी, पर कभी गोद में नहीं लिया। ऐसा व्यवहार कोई अपरिचित से भी नहीं करता। जैसे दिन बीतते गए उसका पागलपन और बढा। तब उसने छोटी नलिनी को सताना शुरू किया। उस छोटे से जीव को वह मारने लगी, पटकने लगी। बाद में उसके पिता ने उसे अपनी छत्रछाया में लिया। नलिनी को अपनाते ही उनका भाग्य भी उज्वल हो गया, ऐसा उसके पिताजी हमेशा कहते हैं। पहले वे केवल भिक्षा माँगते थे। उनके पुरखों की जमीन जायदाद गाँव के पास थी। नलिनी घर में आई और उन्हें अपनी वाणी एवं थोड़ी बहुत गायकी का साक्षात्कार हुआ। भिक्षुकी करनेवाले आबा बुजोणे अब गाँव में कीर्तन करने लगे। बाद में आस-पड़ोस के गाँव से निमंत्रण आने लगे। नाम बढ़ा और आमदनी भी बढ़ी। पुराने घर को छोड़कर उन्होंने नए घर का निर्माण कार्य शुरू किया। वह कार्य पूर्ण होते ही उसी घर के पास और निर्माण कार्य शुरू किया। उस समय के घरों की रचना सामान्य थी। गाँव के मध्य में गहरी सतह पर उस घर का निर्माण किया गया। पड़ोसवाले घर किरायेदारों से भर गए। एक दिन आबा बुजोणे ने घर के सामने अखंड दीवार का निर्माण किया। उसका दरवाजा अच्छा खासा दिंडी दरवाजे समान बड़ा था। अंदर आठ-दस परिवार। मध्य में स्थित बड़े घर में आबा बुजोणे, उनकी माँ, पागल बीवी और नलिनी।

घर के परिसर में बड़ा सा आँगन और उसके एक कोने में पानी से भरा हुआ गहरा कुआँ। पड़ोसी, किरायेदार उस कुएं का पानी पीने एवं अन्य कामों के लिए उपयोग करते थे। उसका नमकीन स्वाद मुझे आज भी याद है। गाँव में जब तक नल योजना का शुभारंभ नहीं हुआ, तब तक लोग इस कुएं का पानी पीते थे। और यह

पानी हाजमे के लिए कितना फायदेमंद है, यह एक दूसरे को इत्मीनान से बताते थे। गाँव में नल को पानी आया और फिर कुएं का पानी केवल घर के कामों में इस्तेमाल होने लगा। हाजमे का किफायतीपन भी खत्म हो गया।

आबा बुजोणे बहुत ही सुंदर व्यक्ति थे। लालिमा और गोरापन। मध्यम ऊंचाई और शरीर स्वास्थ्य से भरपूर। तेज और चमकदार आँखें। उस पर व्यंग्यार्थ शैली का साज। शायद अन्य कीर्तनकार जिस प्रकार विनोदपूर्ण शैली में बोलते हैं, वैसे ही वह बोलते थे। उसमें हमेशा अश्लीलता की परिसीमा को छूने वाली भाषा का मिश्रण होता था। सिर पर विरले और समय से सफेद हुए बाल। वह सफेद रंग की धोती पहनते थे। सफेद रंग की बंगाली शर्ट और सफेद टोपी। कभी सफेद गमछा इस्तेमाल करते।

पैरों में कर्र कर्र की आवाज करने वाली चप्पलें पहन कर आबा बुजोणे तेज चलते थे। उनके एक हाथ में थोड़ी सी वक्र बेंत की पीली छड़ी होती थी। और दूसरे हाथ में हमेशा का थैला। उसमें पंचांग, पोथी, अगरबत्ती, कपूर और फूल होते थे। लोग बड़े आदर के साथ उनसे बातें करते थे। वह अपनी आन-बान और रूबाब के साथ लोगों से बात करते। दशहरे की गाँव पूजा उन्हीं के हाथों से होती थी और जब तक वह पूजा पूर्ण नहीं होती तब तक गाँव के लोगों का सीमोल्लंघन पूर्ण नहीं होता था। उनकी यह मान्यता थी कि, अपने जीवन में प्राप्त यह ऐश्वर्य केवल नलिनी के शुभ कर कमलों की ही देन है। उसे वह लाड प्यार करते थे। शादी के बाद ससुराल गई नलिनी को दुलार करते हुए मैंने देखा है। नलिनी को वह 'ताई' कहकर पुकारते थे। उनकी आवाज में वीरों का पुरुषार्थ था। वे मुझे प्यार से 'श्रीमंत' कहते थे।

बाबा सब कुछ बड़े प्यार से करता है और माँ है कि हमेशा गुस्सा करती है, यह अनुभव नलिनी के बाल मानस को झकझोरने वाला रहा होगा। वह फिर अपने माँ से दूर होती गई। कालांतर में उसकी माँ पूरी तरह से पागल हो गई और नलिनी आबा के सहारे बड़ी होती गई। उसे एक और आधार था, आबा की माँ का। सारे उसे 'मायबाई' कहते थे। उसके बाल सफेद थे। उसने मुझ पर भी बहुत सारा प्यार लुटाया। जब नलिनी ने स्कूल में जाना प्रारंभ किया होगा शायद तभी नलिनी की माँ का देहांत हो गया। आबा बुजोणे ने दूसरी शादी की इस दूसरी माँ ने नलिनी को बहुत प्रेम दिया। उसे कभी संतान प्राप्ति का सौभाग्य नहीं मिला और फिर नलिनी के सिवा उसके जीवन में कोई नहीं था। उसकी बातों में नलिनी का नाम हमेशा 'माझी ताई' ऐसा ही होता था। बहुत करारी, धीर-गंभीर मनोवृति की और सहनशील वृत्ति की वह औरत आगे बहुत समय तक जीवित रही। आबा की मृत्यु हो गई, नलिनी की मृत्यु हो गई, पर वह बड़े धैर्य से और अकेले ही सब कुछ संभालती रही।

उसका जिद्दी स्वभाव और जिद्दी हो गया और उसकी तत्परता ने सारी सीमाओं को तोड़ दिया इसकी अनुभूति चिर-परिचित लोगों को होती रही... पर जीवन के अंतिम समय तक वह नलिनी के विषय में बड़े स्नेह और प्यार से ही बोलती रही। उसने मुझे भी बहुत प्यार दिया।

नलिनी की शादी जनार्दन पांडुरंग के साथ हुई। इस संयोग का किस्सा भी बड़ा मजेदार है। वे स्वतंत्रता संग्राम में सहभागी रहे और उसके लिए सात रुपये महावारी पर अध्यापक का कार्य करने वाले पांडुरंग जनार्दन ब्रह्मचारी जीवन में आस्था रखते थे। अपने छोटे भाई के लिए लड़की देखने वे आबा जोशी के घर गए थे। और नलिनी को खुद के लिए ही पसंद कर लिया। यह मजेदार किस्सा नलिनी हमेशा बताती थी। उसके कीर्तनकार पिता को विनोद से परिपूर्ण यह किस्सा सुनाना अच्छा लगता था। जनार्दन पांडुरंग ने इस विषय में कभी कुछ कहा हो, यह मेरी स्मृति में नहीं है।

नलिनी से शादी करना जनार्दन पांडुरंग के जीवन में अनेकों परिवर्तन की शुरुआत थी। सात रुपये महावारी पर काम करने वाले शिक्षक जनार्दन पांडुरंग अब बैंक में नौकरी करने लगे। सामान के आवाजाही का व्यवसाय किया। इस व्यवसाय से उसने खूब धन अर्जित किया। वह और नलिनी खुद की मोटर गाड़ी से घूमने लगे। नलिनी का यह सुख देखकर आबा जोशी भी खुश थे। तब उन्हें भी ऑल इंडिया रेडियो पर कीर्तन करने के लिए आमंत्रित किया जाने लगा था। वह खुद को भी 'ऑल इंडिया रेडियो कीर्तनकार' के नाम से ही संबोधित करते थे और अपने नाम के नीचे भी इस बात को लिखते थे।

बचपन की स्मृतियों में विलीन माँ का पागलपन और मरणोन्मुख दुःख की अनुभूति और केवल मैट्रिक तक शिक्षा प्राप्त नलिनी, बाद में सुख और दुलार में ही बड़ी हुई। ससुराल में उसे बहुत स्नेह मिला। उसी के घर में प्रवेश के साथ ही घर की आर्थिक स्थिति में सुधार आया था। और वह दिखने में भी सुंदर थी, यह भी कारण रहा होगा। जनार्दन पांडुरंग का कार्य भी उसी समय फलने फूलने लगा था। इसी कारण अनेक विषय में सभी को अभिमान था। सभी उसका आदर करते थे। बहुत प्रतीक्षा के बाद नलिनी को पहली संतान का सुख प्राप्त हुआ था। वह संतान दो वर्ष तक जीवित रही और फिर काल के अंधकार में खो गई। उसकी दूसरी संतान मैं सुरेश जनार्दन। मेरी उम्र के 11 साल तक माँ हमारे साथ ही साथ थी और एक प्रसव पीड़ा में वह चल बसी। उन 11 सालों में उसके, जनार्दन पांडुरंग जी के और घर के हिस्से जो भोग आए भगवान करें वह किसी दुश्मन के हिस्से भी ना आए, ऐसे ही थे... मृत्यु, जालसाजी, पुलिस स्टेशन में आना-जाना, अचल संपत्ति की नीलामी, जनार्दन पांडुरंग के साथ कोर्ट में पेशी सब कुछ अमानुष ...ऐसी अवस्था में उसकी जीवन लीला समाप्त हो गई।

अगर किसी व्यक्ति का होना शुभ हो सकता है तो कोई व्यक्ति अशुभ भी हो सकता है और शायद वह दुर्भाग्यशाली व्यक्ति मैं ही था। मेरे पूर्व जिस बालक ने जन्म लिया था वह काल के गर्भ में सो गया। मेरे पश्चात् जिन बालकोंने जन्म लिया वह भी जीवित नहीं रहे। पपा की आयु केवल 7 वर्ष ही रही। दूसरा एक बालक जन्म लेते ही कुछ साँसें लेकर इस दुनिया से चला गया। बाद में उसके अंतिम प्रसव में जिस बालक ने जन्म लिया लिया प्रथम उसने इस दुनिया से विदा ली और बाद में माँ ने। इसी काल में उस घर से निरंतर निकलती शवयात्रा को उसने देखा था। दादी, दादा, घर पर रहने वाला एक दूर का भाई, उसकी माँ को वह बचपन में ही प्रथम अधूरी बाद में पूरी तरह खो चुकी थी। वह अपना कहती ऐसा खुद का भाई या बहन कोई नहीं था।

दुर्भाग्य एवं बदनसीबी की कहानी मरण यात्रा तक ही नहीं रुकी। मेरी उम्र के उदय के साथ-साथ घर के वैभव का अस्त भी उसे अपनी आँखों से देखना पड़ा। पहले जनार्दन पांडुरंग का व्यवसाय रुक गया। घर के सामने झूलते हुए हाथी के समान दिखने वाली लारियों की संख्या कम होती गई। 15 से 10 फिर 10 से दो बाद में पूरा मैदान खाली। पीछे गेराज में रहने वाली कार भंगार हो गई और फिर घर के आंगन में धूप और बारिश में भीगती हुई जंग खाकर अपने अस्तित्व के लिए जूझती रही। घर का सामान लुप्त होने लगा। हर नीलामी में वह घर खाली होता गया। नलिनी को आभूषणों की चाह कभी नहीं थी। वैसे भी वह कभी आभूषणों से मंडित नहीं होती थी। किंतु जो कुछ थोड़े से आभूषण उसके पास थे वह भी बाद में लुप्त हो गए। एक ही आभूषण अंत तक उसके पास रहा उसके चेहरे की मंद और मुस्कुराती हुई मुस्कान।

क्या कोई पुत्र घर के लिए भाग्यशाली है या फिर दुर्भाग्यशाली है इसका अंदेशा माँ को होता होगा? या फिर उसका जन्म लेना, होना यह उसे भाग्योदय लगता होगा। सुरेश जनार्दन बचपन में नलिनी का प्रिय होगा। वह उस पर गुस्सा करती थी। गुस्सा खत्म होने के बाद प्यार का समंदर बहता था। वैसे भी उसका गुस्सा और रूठना उसके किसी भी रिश्तेदार की स्मृति में नहीं है। शायद पुरुषों में सहनशीलता और स्त्रियों में दुःख, यातना, पीड़ा पर मात करने की आदत होती है। जनार्दन पांडुरंग सहन करते थे किंतु इसमें वे अपना आत्मविश्वास खो देते। उनका धैर्य साथ छोड़ देता था फिर वह अपना नास्तिक्य छोड़कर भगवान की चौखट पर अपना सर रख देते। 'श्री राम जय राम जय जय राम' इन अक्षरों से कापियों को भरा जाता। कभी किसी सिद्ध योगी से मिलकर सलाह मांगते। उनकी खोज समाप्त होने के पश्चात् फिर से वह अपने पास आकर रुक जाते। एक बात हमेशा उनके मन को तसल्ली देती- ज्ञानेश्वरी का पठन। श्रद्धा से नहीं आस्था से, वे ज्ञानेश्वरी का पठन करते थे। उसमें वे खुद को भूल जाते।

नलिनी जनार्दन इससे अलग थी। मूलतः वह अपना धैर्य कभी नहीं खोती। कुछ क्षण के लिए वह जरूर विचलित होती, किंतु कुछ ही क्षणों में अपने आप को संभाल लेती। इसके लिए उसे ना राम की आवश्यकता थी, ना ज्ञानेश्वरी की। उसका यह व्यक्तित्व वास्तविकता की समझ के कारण था, या फिर वह मूलतः सशक्त होगी।

मन की दुर्बलता केवल दयनीयता को ही जन्म नहीं देती अपितु उस व्यक्ति को दुष्ट भी बनाती है। इन सभी परिस्थितियों में वह अपनी दुर्बलता को छुपाने के लिए क्रूरता का भी आश्रय लेता है। जनार्दन पांडुरंग गुस्सा होते किंतु इस गुस्से की शिकार नलिनी कभी नहीं हुई। उस अवस्था में उसने जनार्दन पांडुरंग को कैसे संभाला होगा? यह आज भी एक पहेली ही है। उन्होंने उसके मायके वालों से झगड़ा किया। विपदा की स्थिति में अपने कहलाने वाले दूर होते गए। दोस्तों की आँखों में भी दोस्ती के अलावा सहानुभूति के संताप जनक भाव ही नजर आते थे। व्यक्ति खुद पर ही गुस्सा करें, ऐसी अवस्था। ऐसी अवस्था को जी रहे जनार्दन पांडुरंग को साथ देना अद्भुत था। नलिनी जनार्दन के इस अद्भुत कार्य को उसके हंसमुख व्यक्तित्व का साथ था, सहारा था। हम जहाँ रहते थे वह जगह बड़ी थी। सामने बड़ा घर, बीच में बगीचा और अंत में अच्छा घर कह सके इतना आउटहाउस। नलिनी का विचरण इन सभी में किसी प्रकाश लहर के समान होता था। यहाँ पर सभी को उसका सहारा था। जनार्दन पांडुरंग का दुर्भाग्य के चक्र में फँसना, उसको अपनों से दूर ले जाने वाला था। वे चिढ़ते-गुस्सा करते। उनसे प्रेम करने वाले व्यक्ति भी उनके प्रति आदर के कारण उनसे दूर रहते। फिर नलिनी ही उन्हें अपनी लगती। अब याद आता है तो केवल इतना ही कि, उसने इन सभी व्यक्तियों को सहारा दिया। किंतु उसकी सांत्वना करने वाला कोई नहीं था। जनार्दन पांडुरंग जी को संभाल कर वह खुद अपने आप को संभालती थी।

घर के आस-पास देवताओं की भीड़ थी। आँगन की उत्तर दिशा में बहुत बड़े पीपल का चबूतरा था। वह पीपल भी बहुत पुराना था। पत्तों की प्रचंड ध्वनि से युक्त सांप और अन्य पंछियों को आश्रय देने वाला। उस चबूतरे पर हनुमान जी का एक छोटा किंतु विलोभनीय मंदिर था। सारी बस्ती उस चबूतरे के पास इकट्ठा होती थीं। नलिनी को कभी उस दिशा में जाने की इच्छा नहीं हुई। घर के पास पूर्व दिशा में विट्ठल जी का बहुत बड़ा मंदिर था। वहाँ प्रतिदिन नियमित रूप से आरती और पूजा होती थी। कीर्तन और भजन होते थे। महिला और पुरुषों की वहाँ भीड़ होती थी। किंतु नलिनी को कभी विट्ठल दर्शन की इच्छा नहीं हुई। घर के पीछे माता का मंदिर था। उसके पास का रास्ता पार करते ही बड़ा और पुरातन गणपति मंदिर था। वहाँ पर स्थापित गणपति की आसनस्थ मूर्ति शायद छह फिट थी किंतु नलिनी उस दिशा में भी कभी नहीं गई। उसने कभी घर के भगवान को भी नमस्कार नहीं किया।

मायके में देवी का बड़ा नवरात्र उत्सव होता था। सिंदूर के बड़े गोले के समान प्रतीत होने वाली देवी की मूर्ति का वहाँ पूजन होता था। नाना जी वहाँ दो घंटे पूजा-पाठ करते थे। किंतु नलिनी उसके सामने भी कभी झुकी नहीं। ईश्वर के बगैर रहने वाले व्यक्ति मुझे सदैव निश्चयी ही प्रतीत होते हैं। अन्य व्यक्ति उस अदृश्य शक्ति में अपना आश्रय खोजते हैं। किंतु उस आश्रय को पीठ दिखाने वाले व्यक्ति और अपने दुखों को स्वयं अनुभव करने वाले व्यक्ति खुद में इतनी शक्ति कहाँ से लाते होंगे?, और उसमें भी उनके कार्यकलापों में समाधान एवं होठों पर मुस्कान कैसे आती होगी? जब वह इस दुनिया को छोड़ कर चली गई उस समय जनार्दन पांडुरंग की व्यवस्था को मैंने देखा है। वह रह-रहकर अचेतन हो जाते। शायद ईश्वर द्वारा फँसाएं गए उस लाचार व्यक्ति का आश्रय उस दिन छूट गया।

जिस दिन वह गई उस दिन से हमारे घर में ईश्वर की रही सही जरूरत भी खत्म हो गई। उसके बाद वहाँ आस्था के साथ कभी पूजन हुआ हो यह मुझे याद नहीं है। जब भी मैं उसे याद करता हूँ तो वह साक्षात् एक भगवान के रूप में। शायद मैं बहुत छोटा था। यूँ ही कुछ चार पाँच साल का। जनार्दन पांडुरंग जी के वे वैभव के दिन थे। उँगलियों में चमकने वाली अँगूठियाँ और बड़े प्यार से सिली हुई काली शेरवानी पर झूलती सोने की चेन, आज भी स्मृतियों में शेष है। किसी ने सिर पर फेंटा बांधा। गुलाबी, नक्शी दार फेंटे का एक छोर पीठ पर छोड़ा हुआ।

वह पोले (पोळा - महाराष्ट्र में बैलों के लिए मनाया जानेवाला किसानों का एक त्योहार) का दिन था। विशेषरुप से मेरे लिए बनाया गया बहुत बड़ा लकड़ी का बैल रंगों से सुशोभित करके लाया गया था। उसके सफेद पीठ पर चमकती चाँदी की झूल थी। किसी बड़े बुजुर्ग ने मुझे उठा कर बैल की पीठ पर बिठाया। उसके सिंग हाथ में पकड़ कर मैं भी मानो उस पर सवार हुआ हूँ इस शाही विचारों में मैं था और उसी क्षण ....चाँदी की बड़ी सी आरती की थाली लेकर वह मेरे सामने खड़ी थी। अति सुंदर और उजला चमकता हुआ चेहरा लेकर, उस पर खुशी और आशीर्वाद की मुस्कान लेकर। मुझे रंग याद नहीं किंतु बहुत भारी और नक्शेदार वस्त्र परिधान किए थे। गले में सोने के आभूषणों के साथ एक नई मोतियों की माला भी थी। माँ अगर भगवान का रूप है तो, उस दिन मैं साक्षात् भगवान के दर्शन कर रहा था। उसने बड़े प्यार से मेरी आरती उतारी। चेहरे पर ममता भरा हाथ फेरा। यह उत्सव देखने वालों की भीड़ भी उस सराहना में शामिल थी। अब यह सारी यादें ख्वाब में आती हैं। चाँदनियों के शीतल प्रकाश में वह चेहरा दिखता है और लुप्त हो जाता है।

आने वाला समय उसके एक-एक आभूषण लेकर जाने वाला था। उसके तेजस्वी रेशमी वस्त्रों को निस्तेज करने वाला और चाँदी की थाली और दिये को बरामद कर सरकारी खजाने में जमा करने वाला था। कार की टूट-फूट होकर उसका

शव वैसे ही घर के पीछे खुली जगह में पड़ा रहा। घर के रंग उतरते रहे और उसी समय घर के व्यक्ति बहुत दूर चले गए। कुछ ऐसे ही दूर चले गए और बहुत से व्यक्तियों को मृत्यु ने हमसे दूर किया। दादा-दादी चल बसे। मेरे पश्चात् एक बहन थी 'चित्ररेखा' वह माँ जैसी गोरी नहीं थी, सांवली और कुछ वयस्क दिखती किंतु बचपन से उसकी आवाज बड़े जंगली तोते के समान स्पष्ट और वजनदार थी। वह बात भी करती बड़े रौब के साथ। वह सभी की लाडली थी। मुझे भी उससे ईर्ष्या होती थी किंतु वह मुझे अच्छी लगती थी। सभी उसे प्यार से पपा कहते वह 7 साल की हुई थी।

एक दिन नलिनी के साथ वह मायके गई। हमारे नाना जी के घर नवरात्र उत्सव था। एक बड़े सिंदूर से सजाए गए देवी की मूर्ति पूजा नानाजी करते थे। वह पूजा बहुत लंबी और साज संगीत के साथ होती थी। इस नवरात्र उत्सव के लिए उन्होंने अपनी लाडली ताई को बुलाया था। पपा भी उसके साथ गई। कुछ दिनों बाद पत्र आया कि, पपा बीमार हो गई है। जनार्दन पांडुरंग जाकर वापस आए। हमेशा की तरह बेपरवाह। फिर मुझे भेज दिया। गाँव में देवी की बीमारी फैल गई थी। पपा बुखार से परेशान थी और उसके पूरे शरीर पर बड़े-बड़े फफोले हुए थे। इतने बड़े कि उसकी आँखें भी उन्होंने ढक ली थी। मुझसे वहाँ रहा नहीं गया। मैं वापस अपने घर आ गया। कुछ दिनों बाद नलिनी अकेले ही खाली हाथ और मन की शून्य अवस्था में बैठी थी। मुझे बहुत करीब लेकर बहुत देर तक मेरी पीठ को अपनी लंबी-लंबी उँगलियों से सहलाती रही। भविष्य में कभी ना तो मुझ पर गुस्सा किया और ना कभी आँखें दिखाई। जनार्दन पांडुरंग जी के गुस्से का पारा जब भी चढ़ता वह हम दोनों के बीच खड़ी हो जाती। उसमें स्थित 'मैं' का लोप हो चुका था। आभूषण नहीं थे, वस्त्रों की अमीरी समाप्त हो गई थी। किंतु चेहरे का तेज वैसे ही कायम था।

अस्पष्ट रूप से याद आता है कि, उसने एक बार ही मुझे मारा था। शायद उस समय मैं तीसरी कक्षा में था। स्कूल जाने के लिए किताबें नहीं थीं और वह खरीदने के लिए पैसे नहीं थे। प्रारंभ में कुछ दिन वैसे ही बिना किताबों के स्कूल जाता रहा। किंतु शिक्षक किताबों के लिए आग्रही थे। किताबों के बगैर स्कूल न आने की आज्ञा उन्होंने की। अब क्या किया जाए? घर से निकलकर महादेव जी के मंदिर में बैठकर दिन निकालना। स्कूल छूटने के समय घर पहंच जाना। एक दिन, दूसरा दिन, तीसरा, चौथे दिन शिक्षक ही घर पर पहुंच गए।

'मेरे पास किताबें नहीं थीं।' बस इतना ही मैंने कहा। जनार्दन पांडुरंग चुपचाप थे। किंतु नलिनी को गुस्सा आया। जो है, वह सब बेच देते उसने कहा। वह उसका पहला और आखरी हाथ उठाना था। वैसे तो वह चंद्रमा की भांति शीतल थी। वैसे ही वह मन में उदित और अस्त होती है। इसके बाद वह डिब्बे खोजती हुई याद आती है। सारे डिब्बे खोजती। उसमें बचे खुचे चावल को पकाती। फिर सोचती रहती।

कभी कढ़ी तो कभी केवल छांछ। जनार्दन पांडुरंग जी ने पैसे लाए तो फिर वह दिल लगाकर खाना पकाती। उसके हाथ में स्वाद था। स्वाद भरा खाना पकाया जाये इतना सामान ही नहीं होता था। वह बहुत स्वाभिमानी थी। किसी के घर या सगे संबंधी के घर भी वह कभी बैठने के लिए या फिर खाना खाने के लिए गई हो, यह मेरी स्मृति में नहीं है। आने जाने वाले मेहमानों के लिए वह कार्य तत्पर रहती थी। यह सब करते समय उसके भाव सहज और मिलनसार होते थे। एकाद बार उसके चेहरे पर नाराजगी होती थी किंतु उस पर कोई इलाज ना हो, ऐसा कभी नहीं हुआ।

मेरे चाचा-चाची गाँव से दूर, कुछ 6 मील दूर एक छोटे से कस्बे में रहते थे। दिनभर खेत में काम करते, सुबह और संध्या समय घर में शुरू किए गए किराने की दुकान चलाते। उन दोनों का उस समय घर को सहारा था। नलिनी कहती थी ''हम अपने काम करते हैं, वह उनके काम पूर्ण करके हमारे भी काम करते हैं।'' इस के लिए मेहनत भी करते हैं। चाची जब घर आती तब नलिनी बड़े प्यार से उनका आदरतिथ्य करती। चाची को कोई संतान नहीं थी। उन दोनों का मिलकर मैं ही एक अकेला पुत्र था। नलिनी कहती, ''वह तो तुम्हारा ही पुत्र है।'' फिर चाची भी मुझ पर अपना स्नेह बरसाती। मैं भी कभी जिद करके, तो कभी लोभवश चाचा के पास चला जाता। दिन-दिन भर रहता। उन्होंने बड़े ही विश्वास के साथ रिश्तो को निभाया था। घर के आस-पड़ोस में हर जाति धर्म के लोग रहते थे। सामने एक मुँहफट दादी रहती थी। वह अत्यधिक स्नेहपूर्ण थी। किंतु उनका स्नेह पूरे मोहल्ले में केवल नलिनी के हिस्से ही आता था। दूसरे घर की बहुएँ भी 'भाभी' कहते हुए उसके पीछे मंडराती थी। और एक घर की भोली भाली महिला उसे अपना दुखड़ा सुनाने आती थी। घर के पीछे एक आक्का रहती थी। वह पुत्री के समान उसके पल्लू को पकड़कर रहती थी। मैंने सिर्फ नलिनी को ही किसी के पास अपना दुखड़ा रोते नहीं देखा। उसकी खुशियाँ उसी तक सीमित थीं और उसके दुःखों का दायरा भी उसी तक सीमित था। उसकी जिव्हा पर छाले पड़ते थे। इतने कि उसकी जिव्हा छील जाती। केवल छाछ से कोई फायदा नहीं होता। उपायों की कोई परिसीमा नहीं रहती थी। किंतु जिव्हा का छीलना थमने का नाम नहीं लेता। फिर वह खाना ही छोड़ देती। किसी ने कहा आप केवल जलेबी खाईये। किंतु जब जलेबी मँगवाई जाती। तो वह वैसे ही पड़ी रह जाती। कहती, ''अब जिव्हा का छीलना रुक गया है।'' जनार्दन पांडुरंग भी उसकी बातों का विश्वास करके हाथ पर हाथ धरे बैठ जाते।

ऐसी अवस्था में भी उसके चेहरे की प्रसन्नता कभी कम नहीं हुई। वह उसी प्रकार हँसती और सहजता से बातें करती। इतने वर्ष बीत गए उसे इस संसार से विदा होकर। किंतु आज भी हम सभी के स्मरण में एक ही बात आती है, वह है उसकी हँसी। बातों

की शुरुआत ही मुस्कुराते हुए होती थी। जो वैसे ही कायम रहते हुए बातें समाप्त भी हो जातीं वह भी मुस्कुराते हुए ही। लगता है हँसमुख व्यक्ति विधाता से कोई वरदान लेकर आता है। नलिनी भी ऐसा ही कोई आशीर्वाद लेकर आई थी।

उसके जाने से घर ने ना केवल हँसी को खोया अपितु घर अपना अस्तित्व भी खो बैठा। बाद में वह घर किसी को अपना नहीं लगा। कुछ समय बाद हमने उस घर का त्याग कर दिया। गाँव से कुछ दूर जमीन का एक टुकड़ा था। उस पर एक छोटी बाग थी। उस बाग में हम रहने के लिए चले गए। एक दुःख हमारे साथ था। इस बाग में आकर रहने का सपना संजोनेवाली नलिनी, इन सपनों को अपने साथ लेकर ही इस संसार से चली गई। हम वहाँ रहने के लिए गए। तब केवल उसकी इच्छा ही हमारे साथ थी। आज घर में उसका कुछ भी नहीं है। है तो केवल एक तस्वीर। उसमें उसका सादगी भरा सौंदर्य है। चेहरे पर मासूमियत है और हाँ, उसकी वह मासूम सात्विक और प्रसन्नतापूर्ण हँसी भी वैसी ही है।

■■■

जीवन की पूँजी

- ह. मो. मराठे

आप 'हमो' इस नाम से प्रसिद्ध मराठी पत्रकार, उपन्यासकार, एवं कथालेखक हैं। आप के द्वारा लिखित कथा-उपन्यासों में वैचारिकता का त्याग कर उपरोधात्मक और विडंबनात्मक लेखन शैली की अनुभूति होती है।

आपने एम. ए. की उपाधि पूर्ण करने के पश्चात् कोल्हापुर स्थित महाविद्यालय में प्राध्यापक के रूप में अपना योगदान दिया है। किंतु बाद में लेखन, वाचन, संपादन और साहित्य निर्मिति के क्षेत्र में आपने अपना स्थान बना लिया। आपके द्वारा लिखित पहली साहित्य कृति 1956 में साप्ताहिक 'जनयुग' के दिवाली अंक में प्रसिद्ध एक नाटिका थी। जिस रचना के कारण उन्हें साहित्य के क्षेत्र में पहचान मिली वह उपन्यास था 'निष्पर्ण वृक्षावर भरदुपारी' जिसे 1969 में 'साधना' साप्ताहिक में प्रकाशित किया गया था। यह उपन्यास 1972 में पुस्तक रूप में प्रकाशित किया गया। आज यही उपन्यास अनेकों विद्यापीठ के पाठ्यक्रमों में सम्मिलित है। आप किर्लोस्कर मासिक के संपादकीय मंडल का हिस्सा भी रह चुके हैं। इसके उपरांत आपने अपना मोर्चा 'लोकप्रभा', 'घरदार', 'पुढारी', 'मार्मिक' और 'नवशक्ति' नियतकालिकाओं की ओर मोड़ दिया। गत वैभव को खो रहे साप्ताहिक 'लोकप्रभा' को नव संजीवनी देखकर उर्जित अवस्था प्राप्त करने का कार्य आपने किया। आप दैनिक 'गोमंतक' और साप्ताहिक 'लोकप्रभा' के संपादक के रूप में कार्यरत थे। 1990 से अधिक ग्रंथ सामग्री का निर्माण कर आपने साहित्य की अखंड सेवा की है।

दवाइयाँ शुरू थी। किंतु कोई असर नहीं हो रहा था। माँ का स्वास्थ्य दिन-ब-दिन बिगड़ता ही जा रहा था। एक दिन देखा, माँ भौंक रही थी। नींद से जागकर बिस्तर पर बैठी थी। और कुत्ते की तरह भौंक रही थी। हम सभी घबरा गए। उससे बातें करते रहे। किंतु वह भौंकती ही रही। कुछ देर बाद माँ का भौंकना भी रुक गया।

वह थोड़ी शांत हो गई। अधिक थकान के कारण बिस्तर पर ही लुढ़क गई। बाद में जैसे हम सभी कोई अपरिचित हो इस प्रकार वह देखने लगी। कराहते हुए उसे निंद आ रही थी। कमजोर, अत्यधिक कमजोर हो गयी थी वह।

मेरी माँ कद काठी में ऊँची थी। दुबली थी। रंग रूप में सांवली थी, गोरी नहीं थी। माथे पर सुहाग की निशानी, बड़े आकार में कुमकुम रहता। गले में मंगलसूत्र। कभी-कभार पुतलियों की माला। चेहरे पर देवी के दाग। वह पावस के घाटवे की कन्या थी। काका (पिताजी) के साथ उनका विवाह हुआ था। किंतु वह काका की दूसरी बीवी थी।

माँ हमेशा काम में व्यस्त रहती। वैसे घर में काम भी बहुत थे। घर-खेत में काम करने वाले व्यक्ति अगर भोजन के लिए रुकते हैं तो, उनके भोजन की व्यवस्था भी उसे ही करनी पड़ती थी। बड़े से बर्तन में सेर- देढ़ सेर के चावल, सबके लिए पर्याप्त हो इतना सांभर …कच्चे केले की, कच्चे पपीते की, नहीं तो कटहल की सब्जी और वह भी सबके लिए पर्याप्त मात्रा में, नागली (नाचनी) का आंबील, सोलकढी… इन सभी का प्रबंध उसे ही करना पड़ता था। सहायता के लिए कोई काम वाली हो तो ठीक है; नहीं तो वह अकेले ही यह सब कुछ करती थी। घड़े भर पानी के लिए उसे नदी पर जाना पड़ता था और कपड़े भी वही धोने पड़ते।

काम करने वालों के साथ मवेशी भी थे। मवेशीपालक था, फिर भी उन्हें बाँधने का कार्य माँ को ही करना पड़ता। साथ में घर का कार्य भी था। सुपारियाँ, बड़े, भिरडों का सोल, लकड़ियाँ, मिर्च, पापड़, अचार सब कुछ देखना पड़ता था। घर में दुधारू जानवर थे। दूध निकालना, उसे गर्म करना, छाछ, मक्खन, घी निकालना ऐसे न जाने कितने काम होते थे। इसके साथ हम बच्चे भी थे। मुझसे बड़ा बाबला। मुझसे छोटा दत्ता, उसके साथ और एक। हम गोवा के मूल निवासी थे। सुर्ल को झोलंबा में काका ने घर लिया था। वह हमेशा गुस्सा करते थे। बहुत गुस्सा करते थे। जब वे गुस्से में होते, तब अगर माँ भी उनके सामने हो तो गालियों से ही बात करते। स्नान प्रारंभ करने से लेकर पूजा खत्म होने तक भगवान का नामस्मरण करते थे। बस केवल इतने समय ही उनके वाणी को विराम मिलता। पूजा की थाली में भगवान को भोग चढ़ाने के लिए अगर माँ ने दूध रखा हो; किंतु उस दिन काका के मन में भगवान को गुड़ का भोग चढ़ाना हो, तब वे केवल इशारों से माँ को सूचित करते। माँ अपना सब काम छोड़ कर चुपचाप पूजा की थाली में गुड़ रख देती और दूध की कटोरी को उठा लेती।

अचानक उनके मन में आता की तीर्थ यात्रा करनी चाहिए। मन के मानस को पूरा करने के लिए उन्हें अधिक समय नहीं लगता, बस दो दिन में वे यात्रा को निकल जाते। माँ को पूछना बहुत दूर की बात थी। उसे कहते 'येसां गो' (जाता हूँ)। कब

वापस आएंगे? कहाँ जाने वाले हैं? कुछ भी बता कर नहीं जाते। पैरों में जूते पहने और निकल लिए। तीर्थ यात्रा पर जाने वाले काका कभी 8 दिन में वापस आते, कभी 15 दिन में, कभी-कभी एक माह तक उनकी यात्रा चलती। इन दिनों हम सब बच्चों के साथ माँ अकेली ही झोलंबा के घर में रहती थी। साथ में एक काम करने वाली महिला। वह आये तो ठीक, नहीं तो नहीं। आस पड़ोस में कोई घर नहीं था।

वृक्ष संपदा से घर घिरा हुआ था। माड (नारियल) के पेड़ पर नारियल, पपीतों के पेड़ पर पपीतें। उसे चुराने वालों का डर। केवल रात में ही नहीं दिन में भी। कोई चोर आए और कुछ चुरा ले जाए तब क्या होगा? माँ हाथ में दरौंती लेकर दिन में एक दो बार चक्कर लगाती, पेड़ों को पानी देती। उससे जितना संभव होता करती; बाकी तो भगवान ही मालिक था। किंतु रात में उसे और भी चिंता होती। डर लगता था। घर धन-धान्य से भरा हुआ होता था। नारियल, सुपारी, चावल, घर का सामान। द्वार तोड़कर चोर चोरी करने घर में घुस गया तो? अकेले उसका सामना कैसे करें? अगर कोई गौशाला से जानवरों की चोरी करे तो क्या करेंगे? बच्चे इतने छोटे। हमें सीने से लगाकर माँ घर में सो जाती थी। हमें सुलाने के लिए माँ कहानियाँ सुनाती। वह जो कहानियाँ सुनाती उसमें एक ऋषि की कहानी होती थी। और एक अनाथ बालक की।

घर के समीप ही खेती के लिए उपयुक्त सामान रखने की एक छोटी जगह (मांगर) थी। जिसमें फावड़ा, कुदाली, पहारी, टोकरियाँ आदि रखी जातीं। चूल्हे के लिए लगने वाली लकड़ियाँ रखी जातीं। एक दिन काका ने माँ के हाथ को पकड़ कर खींचते हुए आंगन में ले आए और वैसे ही खींचते-खींचते मांगर तक ले गए। मांगर की ओर ढकेलते हुए जोर से चिल्लाए - 'भायरी हो रांडऽऽ' (घर से निकल जा रंडीऽऽ) बाबला बड़ा था। वह बोलने लगा, तब काका ने उसे कहा 'तूय जा तिचेबर' (तू भी जा उसके साथ) माँ, बाबला मांगर में चले गए। हमारे यहाँ काम करने के लिए जो महिलाएँ आतीं उसमें एक थी 'बाया'। उसका घर में संचार बढ़ने लगा। माँ मांगर में ही खाना पकाती। माँ और बाबाल वहीं खाना खाते। लकड़ियाँ, गोबर, फावड़े, कुदाली, बांबू इन्हीं में थोड़ी जगह बनाकर वहीं सो जाते। मजदूर आपस में दबी आवाज में कहते बयाक भटान रांड म्हणतान ठेयली हा मरे (बंमन ने दूसरी औरत को रंडी के रुप में घर में रखा है।) कुछ दिनों बाद बाया तो थी ही, माँ भी बाबल के साथ मांगर से घर में आई। हमेशा की तरह अपने कार्य में जुट गई।

काका ने मेरा उपनयन संस्कार करना तय किया, और वह भी नरसोबा की वाडी में जाकर। माँ ने कहा - ''सातवो म्हयनो लागलोसे माका आता. तशातच प्रकृतीही नसता माजी. खोकलो येता. माझेन काय होयवेचा नाय.'' (सातवाँ माह प्रारंभ हुआ है मुझे। और उसपर तबियत भी ठिक नहीं है मेरी, खाँसी आ रही है,

मुझसे नहीं होगा यह सब कुछ) किंतु काका ने इसपर ध्यान नहीं दिया। फिर माँ भी धीरे-धीरे मेरे उपनयन संस्कार की तैयारियों में जुट गई।

उपनयन संस्कार होने के बाद काका ने कहा, ''चला, सर्वांनी पंढरपुरास जायवेचां'' (चलो हम सभी पंढरपुर जाएंगे)

''काय नको, सरळ झोळमेलाच जावया'' (कुछ नहीं सीधे झोळंबा ही जाएंगे) माँ ने कोमल स्वर में कहा।

''माला शिकव नाकां रांडेऽऽ'' (मुझे मत सिखा रंडी) काका जोर से चिल्लाए। दांत-ओठ चबाते हुए, भूरी आँखें माँ को दिखाते हुए सामान बांधना शुरू किया।

पंढरपुर से आने के बाद माँ ने कन्या को जन्म दिया। उसका नाम रखा कृष्णी। एक दिन जूए में काका का सुकले के साथ जबरदस्त झगड़ा हो गया। पुलिस थाने में शिकायत दर्ज हुई। सुकले को पुलिस पकड़ कर ले गई। किंतु दो-तीन दिन में वह छूट कर आ गया। किसी ने माँ से कहा ''सुकळो सुटान इलो. गावात कायमाय बोलता. भटाक जिता ठेवचंय नाय म्हनता हा. जपान गो बाये.तीन पोरं हत ल्हान ल्हान तुकां.'' (सुकले छूटकर आया है। गाँव के लोग चर्चाएँ कर रहे हैं। तुम्हारे पति को वह जिंदा नहीं छोड़ेंगे। थोड़ा संभल कर रहना। तीन नन्हें नन्हें बच्चे हैं तुम्हारे।) कुछ दिनों बाद काका ने ही माँ से कहा ''आता झोळमां सोडवेचांच'' (अब झोळमा छोड़कर जाना ही पड़ेगा।)

उसके बाद काका ने सब जल्दी निपटा लिया। घर का कुछ सामान दो बोरियों में भरा गया। माँ ने कहा ''एवढे दोन गोणते भर नि भांडीकुंडी पुरत?'' (यह दो बोरि सामान पर्याप्त होगा?)

बाद में काका ने रास्ते से जानेवाले व्यक्ति को पुकारकर कहा- ''जा रे, गावात जावन सगळ्यांका सांग.म्हणाचा, मोरोबांन आपल्या संसारेचे लिलाव मांडल्यान हा. येवा, सामान बगा आणि लिलाव घेवन चला.'' (जा रे, गाँव में जाकर सभी को बता दो। कहना, मोरोबाने गृहस्थी की निलामी लगाई है। आइए, सामान देखिये और निलामी लेकर जाइये।)

तीन-चार दिन में घर का सारा सामान नीलाम हो गया। घर-द्वार सब खाली हो गया।

घर छोड़ने का दिन आया। माँ ने रास्ते में खाने के लिए कुछ बनाया। चाय बनाई। भगवान को कटोरा भर दूध का भोग लगाया। बैलगाड़ी आ गई। मैं और माँ गाड़ी में बैठ गए। माँ ने कृष्णी को गोद में लिया। वह रो रही थी। माँ की तबीयत भी कुछ ठीक नहीं थी। काका, बाबल गाड़ी के साथ चलते हुए आने वाले थे।

बैलगाड़ी चलने लगी... और उसके साथ हमारी विपन्न अवस्था भी।

एक कमरा खाली था। काका ने हमें वहाँ छोड़ा और उन्होंने सुर्ल के नीलकंठ महाराज से कहा- ''क्या बच्चों के स्कूल की कोई व्यवस्था हो सकती है?''

तीन दिन के बाद महाराज ने कहा- ''दोनों के स्कूल की व्यवस्था हो गई।''

हमारी स्कूल शुरू हुई।

एक दिन काका लौट कर आए। कहने लगे- ''काय्येक जायवेंचां नाय साळात. ठेवा ती दप्तरां खाली.'' (कोई जरूरत नहीं है स्कूल जाने की। वह बस्ता नीचे रख दो।)

''ऐसा क्या करते हो? बच्चों की स्कूल...'' माँ ने कहा।

''मुझे मत सिखा कुल्टा।'' काका माँ पर बरस पड़े।

काका ने हमारी स्कूल बंद कर दी।

कुछ दिन बीत गए। काका ने माँ से कहा- ''सामान इकट्ठा कर लो। बोरियों में भरना है।''

''सुर्ल को जाना तय किया क्या?''

माँ ने उत्साह से पूछा।

''पहले सुर्ल नहीं-तीर्थ यात्रा'' काका ने कहा। ''काशी यात्रा करनी है।''

कुरुंदवाड से नरसोबा की वाडी, वहाँ से कोल्हापुर, अंबाबाई, फिर पुणे, वहाँ से आळंदी, देहू करना था। किंतु कृष्णी की हालत ठीक नहीं थी। उसका स्वास्थ्य ठीक होने तक हम पुणे की धर्मशाला में समय गुजारने लगे।

हमारे पड़ोस में एक व्यक्ति था। कुछ नहीं खाता था। बाहर घूमता और ज्यादा समय सोता ही रहता। ''केवल सोते रहते हो। खाते-पीते कुछ नहीं, ऐसा क्यो?'' एक बार माँ ने उनसे पूछा। ''वैसे ही।'' उसने जवाब दिया।

''ऐसे ही कैसे? मैं चार दिन से देख रही हूँ। भूखे पेट सो जाते हो। क्या हुआ?''

''मेरे पैसे आने वाले हैं। जब पैसे आएंगे तब चला जाऊंगा।'' उसने कहा।

''तब तक क्या भूखे सोओगे? यह लो कुछ खा लो।'' माँ ने उसे कटोरे में चावल दिए।

''नहीं। आप खा लीजिए।'' उसने कहा।

''अरे खा ले। जब तुम्हारे पैसे आएंगे तब आएंगे। तब तक क्या ऐसे ही भूखे पेट को पत्थर बांधकर रहोगे? अरे खा; संकोच मत कर।''

उसने थाली ली। चावल खाए। बाद में तीन-चार दिन उसने हमारे साथ ही खाना खाया।

तीन-चार दिन बाद उसके पैसे आ गए। उसने मुझे और बाबला को लेकर संपूर्ण पूना शहर दिखाया। मुट्ठीभर पेपरमिंट की गोलियाँ लाकर दीं। कहने लगा- ''इसे चॉकलेट कहते हैं। खाओ।''

जाते समय माँ को, काका को छूकर प्रणाम किया। ''जाता हूँ।'' कहा। माँ ने कहा- ''खुश रहो।''

कृष्णी का स्वास्थ्य ठीक होने का नाम नहीं ले रहा था। माँ की हालत भी खराब थी। फिर भी काका ने हमें अगले गंतव्य को जाने वाली गाड़ी में बिठा दिया। चढ़ते-उतरते समय बर्तन भी गिरते-पड़ते थे। माँ आहत होकर कहती- ''मेरे सारे बर्तन खराब हो रहे हैं।''

नासिक में किसी के आँगन में हमने बोरियों को खोला। हम स्नान करने नदी पर जाते। माँ को भी उसी ठंडे पानी में नहाना पड़ता। माँ को बुखार था। खाँसी भी थी और दूसरी ओर कृष्णी ने प्राण छोड़ दिए।

दो दिन बाद माँ ने कराहते स्वर में काका से कहा- ''बस हो गई तीर्थ यात्रा। सुर्ला को चलते हैं। मुझसे और नहीं होगा।''

''रास्ते में तुम सभी मर गए तब भी मैं तीर्थ यात्रा को अधूरा छोड़ कर वापस नहीं जाऊँगा, समझी?'' काका ने गुस्सा होकर कहा।

हमने आगे की गाड़ी पकड़ ली।

हमेशा ही धर्मशाला या किसी उपाध्याय के आँगन में आश्रय नहीं मिलता था। ऐसे में किसी पेड़ के नीचे ठहरना पड़े तो माँ को अनंत संकटों का सामना करना पड़ता। तीन पत्थर रखकर किए गए चूल्हे में हवा घुस जाती। धुआँ उसके मुँह और नाक में चला जाता। हमेशा खाँसती रहती। दो घंटे बाद पूजा खत्म होने पर काका वहीं से माँ को पूछते- ''तुम्हारे चावल पके नहीं क्या कुल्टा?''

कभी रेल्वे स्टेशन पर ही रुकते, दो-दो, तीन-तीन दिन। स्टेशन के बाहर जहाँ पेड़ है वहीं माँ अपना चूल्हा जलती। वहीं बैठ कर खाना और रहना पड़ता। स्टेशन में उठना-बैठना, और वही सो जाना।

माँ परेशान हो जाती थी। पहले ही उसकी हालत नाजूक हो रही थी। उसमें यह यात्रा। हर चार-दो दिन में नया गाँव, ठंडे पानी से नहाना, खाना पकाते समय होने वाली परेशानियाँ।

नर्मदा नदी के तीर पर स्थित ओंकारेश्वर, हम वहाँ पहुंच गए। ओंकारेश्वर से उज्जैन... वहाँ से प्रयाग। हम प्रयाग के संगम पर गए।

अब जल प्रवाह में जा कर पूजा करने के लिए काका ने एक छोटी सी नाव किराए पर ली। एक उपाध्याय को साथ में लिया। हम सभी उस नाव में बैठ गए। काका के आग्रह पर नाव को गहरे पानी में ले जाया गया। बीच मझधार भंवर में नाव फस गई। मांझी नाव को संवारने का प्रयास कर रहा था। अंत में बहुत प्रयासों के बाद मांझी नाव को भंवर से बाहर निकालने में सफल रहा। नाव शांत स्थिर पानी पर अब स्थिर थी। हम सभी ने राहत की सांस ली।

जब काशी पहुँचे तब पैसे खत्म हो गए थे। हम अब दिन में एक ही बार खाना

खाते। दो-चार बार तो काका न जाने कैसी कैसी मुली लेकर आ गए। माँ ने उसे धो-धोकर नमक के साथ पकाया। वही खा कर रहे।

अयोध्या में बंदरों ने हैरान कर दिया। खाना ही भगा कर ले जाते। मथुरा हो गई और काका ने कहा- ''अब घर जाना है।''

माँ का स्वास्थ्य ठीक नहीं था। फिर भी घर जाना है। इस बात से उसे अच्छा लगने लगा था।

गोवा में सुर्ला को तेलबांधा में हमारा पुश्तैनी घर है। ऐसा काका कभी-कभी कहते थे। हम सुर्ला को आ गए। किंतु घर नहीं गए। काका ने कहा- ''गोठो माइया मालकीचो से. आपन त्यहांच जावनी राहो लागु या...'' (गोठ - गाय का तबेला - मेरा है। हम सभी को वहीं जाकर रहना पढ़ेगा।)

गोठ अर्थात् झोपड़ी झाड़पत्तों की। चारो ओर से कोई दीवार नहीं सब खुला। झोंपड़ी में एक नारियल का पेड़ था। झोंपड़ी का निमार्ण करते समय उसे वैसे ही रखकर झोंपड़ी बनाई गई थी। झोंपड़ी के छत से नारियल का पेड़ ऊपर गया था। झोंपड़ी की आधी जगह में हमारे झोलंबा के मवेशी थे। झोंपड़ी के निकट ही जावड़ेकर के घर से आने वाला पानी। उसी पानी के कारण झोंपड़ी की ज़मीन गीली होती थी। मवेशियों के गोबर एवं मूत्र विसर्जन के कारण भी जमीन में गीलापन आ जाता था।

उस गीली मिट्टी पर ही माँ, घर के सारे काम करने लगी। जब वह चलती तब उसके पैरो के निशान उस मिट्टी पर दिखते थे। इतनी नमी होती थी जमीन में। उसी गीली मिट्टी पर सोना। अगर रात में कोई मवेशी खड़े होकर मूत्र विसर्जन करता, तो उसके मूत्र की छींटे हमारे शरीर पर पड़ते। कभी-कभी मवेशियों के शरीर पर रहने वाली घुड़मक्खी मूत्र विसर्जन के कारण हमारे शरीर पर आ जाती।

झोंपड़ी के निचली ओर स्थित तालाब में हम स्नान करने जाते। माँ भी वहाँ ठंडे पानी में नहाती थी। वहीं पर कपड़े धोती थी। कलसे-मटकी भर कर पानी लाती थी। झोंपड़ी तक आने के लिए उसे चढ़ाव चढ़ते हुए आना पड़ता था। उसकी सांस फूलती थी। झोंपड़ी में आते ही बैठ जाती। लंबी-लंबी सांसे लेकर कहती- ''हे राम, अब यह सब नहीं संभाला जाता। सब कुछ मेरी शक्ति से परे है।'' ऐसा कहते हुए वह थोड़ी देर बैठ जाती और फिर उठकर काम पर लग जाती।

झोंपड़ी चारों ओर से खुली थी। कभी कौवे अंदर आते, कभी कुत्ते। जब हवा अंदर घुस जाती, तब मवेशियों को डाली गई घास यहाँ-वहाँ उड़ती। माँ का चूल्हा बुझ जाता।

मिट्टी का गीलापन, ठंडी हवा, मूसलाधार बारिश, हवा की नमी इन सब से माँ को परेशानी होने लगी। अनेकों बार वह उसी गीली मिट्टी पर पड़े रहती। खाँसी बढ़

गई थी। अब खाँसते हुए उसकी सांसें फूलने लगी थीं। उसकी सांसें घुटने लगी थीं। उसे अस्थमा हो रहा था। ऐसी स्थिति में भी उसे घर के सभी काम करने पड़ते थे।

माँ को दवाइयाँ शुरू की गई थी। किंतु उसका कुछ असर नहीं होता। वह और भी अशक्त हो रही थी। माँ की बीमारी बढ़ रही थी। माँ ने अब बिस्तर पकड़ लिया था। अब उससे कोई काम नहीं होता था। हमेशा खाँसती, कराहती। बाबला आमटी-चावल करता। मैं बर्तन माँजता, घर के काम करता।

अधिक दुर्बल होती माँ को अब हमेशा शौच होने लगी। उससे उठकर पेड़ तक जाना भी कठिन हो गया था। अब वह बिस्तर में ही शौच करती। निरंतर कंबल, चादर, कपड़े सब कुछ गंदे हो जाते थे। फिर मैं उसे धोकर साफ करता। यह काम मेरे हिस्से आ गया। भीगने के कारण कपड़ों का वजन बढ़ जाता। जिसे उठाना, निचोड़ना मेरे लिए संभव नहीं था।

इस समस्या के संदर्भ में काका और प्रभुभट दोने ने मिलकर इसका हल खोजा। वह था पोफली (नारियल के समान पेड) के पोवले बनाकर उसका उपयोग करना। उन्होंने पोपली के पोवले इकट्ठा किए। उसके पत्तों से लंबे आकार के पोवलों को काटा। उससे दोने बनाए। मुझे कहा- ''जब माँ तुझे बुलाएगी तब इनमें से एक पोवली लेकर जाना। उसे देना। बाद में पेड़ के नीचे फेंक देना। जब बहुत सारी पोवलियाँ इकट्ठा हो जाए तब उसे आग लगाना।''

मुझे अब यही काम था। माँ को पोवली देना, उसे ले जाकर फेंक देना, मैं सदैव वही रहने लगा। वही अकेला खेलने लगा। कभी बाहर भी खेलता किंतु माँ की आवाज मुझ तक पहुँच सके उतनी ही दूरी पर रहता। किंतु बाद में माँ की आवाज अत्यधिक क्षीण होती गई। बोलती नहीं थी। वह केवल 'हूं' इतना ही कहने लगी। मैं 'आया' ऐसा कहता और पोवली लेकर जाता। रात में मैं नींद में भी माँ की आवाज को स्पष्ट रूप से सुन लेता।

दवाइयाँ शुरू थी। किंतु कोई असर नहीं हो रहा था। माँ की तबीयत और बिगड़ रही थी।

एक दिन देखा, तो माँ भौक रही थी। बिस्तर में बैठी थी और वह कुत्ते की भाँति भौंक रही थी। हम सभी घबरा गए। उससे बातें करते रहे। किंतु वह भौंकती ही। कुछ देर बाद उसका भौकना रुक गया। वह थोड़ी शांत हो गई। अत्यधिक थकान के कारण बिस्तर पर ही गिर पड़ी।

बाद में हमें अपरिचित की भाँति देखती रही, मानो हम में से कोई भी उसका परिचित ना हो। खुद को समेट कर बिस्तर पर पड़ी रही। खाना नहीं, पानी नहीं। निरंतर शौच। बुखार, खाँसी। पेड़ की टहनी टूट गई, सारे पत्ते झड़ जाने के बाद जैसे वह सूखी लकड़ी दिखती है, माँ बिस्तर पर वैसे ही दिख रही थी। मांत्रिक को

बुलाया। दवाइयाँ दीं; किंतु माँ की सेहत में कोई बदलाव नहीं आया। दिन में, रात में कभी भी जोर से चिल्लाती, भौंकती।

पिताजी की बहन नानोडा में रहती थी। वहाँ अच्छा वैद था। उसने बुलाया, इसलिए हम नानोडा गए। किंतु उनके औषधि से भी सेहत में कोई सुधार नहीं हुआ। माँ की बीमारी बढ़ रही थी। चीखना, चिल्लाना, इशारे करना और शौच करना भी ...बिल्कुल सूख गई थी। बिस्तर में सोई तो दिखती भी नहीं थी।

हम तीनों भी अब माँ के पास ही रुकते थे। मैं और बाबला खाना खाने, सोने के लिए चले जाते, तब पिताजी माँ के पास होते। वही खाते वही सो जाते।

एक रात बाबल माँ को देखने गया। मैं सो गया। बाबुल सुबह-सुबह वापस आया और सो गया।

दूसरे दिन की सुबह हो गई। मुझे और बाबल को नींद से जगाया गया। आँखें मूंदते-मूंदते हम नींद से जाग गए। देखा तो अलग ही चहल-पहल थी। सभी की बातें हर रोज की तरह नहीं थी। हल्के से दबी आवाज में सब कुछ हो रहा था। काका माँ के सिरहाने बैठे थे। हमें देखते ही कहा- ''तुम्हारी माँ आधी रात को ही चल बसी।'' इतना कहकर वह रोने लगे। बाबला भी रोने लगा। मैं भी!

■■■

आदर्श संस्कारों की नींव

- राजदीप सरदेसाई

आप का जन्म अहमदाबाद गुजरात में हुआ। आपने मुंबई के कैंपियन स्कूल से आयसीएसई तक अपना अध्ययन कार्य पूर्ण किया। कैथेड्रल और जॉन कॉनन स्कूल, मुंबई दो वर्ष आयएससी की पढ़ाई की और सेंट झेवियर्स कॉलेज से अर्थशास्त्र में स्नातक पदविका पाठ्यक्रम पूर्ण किया। अपनी शिक्षा पूर्ण करने के पश्चात् प्रारंभ में एनडीटीवी में राजकीय संपादक के रूप में आप अपनी सेवा देते रहे। इसके पश्चात् आपने विविध टीवी चैनलों में पत्रकारिता की। जब आपकी लेखनी ने गुजरात दंगों का सटीक विश्लेषण किया तब आपको एक अगल पहचान मिली। पत्रकारिता से मिला ज्ञान और सूझबूझ का ही परिणाम था कि, आपने 'ग्लोबल ब्रॉडकास्ट न्यूज़' (GBN) की शुरुआत की CNN-IBN चैनल जैसे अनेक चैनलों को पहचान देने और कीर्तिमान स्थापित करने में आपने अहम भूमिका निभाई। आज राजदीप सरदेसाई जी की पहचान देश के सबसे लोकप्रिय संपादक के रूप में होती है।

मेरी माँ... जिसने मुझे केवल उपदेशों की घुट्टी पिलाकर, डर दिखाकर जीवन का पाठ नहीं पढ़ाया; अपितु उसके संस्कारों से, उसके व्यवहार से, बातों से, उसकी कृतियों से, उसके संयम से और उसके संपूर्ण व्यक्तित्व से मैं एक-एक बात सीखता आया हूँ। उसके द्वारा मिला जीवन का हर एक अनुभव इतिहास के पन्नों में दर्ज अभिलेख ही है। आज हर विपरित परिस्थितियों में मुझे उसके द्वारा प्राप्त शिक्षा ही याद आती है। वह मुझसे दूर रहती है; किंतु उसकी यादें हमेशा दिल में रहती है। उससे प्राप्त शिक्षा एवं संस्कारों की उँगली थामकर बिना किसी हिचकिचाहट के चलता ही जा रहा हूँ आज तक।

'स्वामी तिन्ही जगाचा, आई विना भिकारी (तीनों जगत् के स्वामी अर्थात् ईश्वर भी माँ के बिना भिखारी हैं)' यह वाक्य विश्व के जितने भी अंतिम सत्य

83

है उसमें से एक है, इसमें कोई संदेह नहीं है। आपके पास कितना भी धन हो किंतु अगर स्नेह से आपके सिर पर हाथ फेरने वाली माँ नहीं है, तो फिर अपकी दौलत एवं जीवन व्यर्थ है। जब माँ आपके साथ ना हो तब यह बातें जरूर याद आती हैं। जब कोई बालक बोलना सीखता है, तब वह पहला अक्षर बोलता है, वह अक्सर होता है माँ।

मेरी माँ के विषय में मैं क्या कहूँ? मेरे जीवन की सबसे महत्वपूर्ण व्यक्ति है वह। हर क्षण, जीवन की हर मुश्किल राह पर मेरे साथ खड़ी रहने वाली व्यक्ति है मेरी माँ। बचपन से लेकर आज तक मैं उसे देखता आया हूँ। मेरे बचपन के दिनों में वह सुबह सबसे पहले उठती थी। माँ की यही आदत आज भी कायम है। दिन भर किसी ना किसी कार्य में सदैव कार्यरत रहना यह उसकी प्रतिदिन की दिनचर्या है। बहुत सारा काम करने के पश्चात् भी उसके चेहरे पर थकान की कोई आभा नजर नहीं आती और ना ही वह कभी थकती है।

सच में मेरी माँ की सुंदरता अलौकिक है। किंतु उससे भी अधिक सुंदर है उसके संस्कार। बहुत सुंदर, शांत, सात्विक, अद्वितीय चेहरा और उतना ही स्वच्छ, निर्मल जीवन का स्तर। सौंदर्य और गुण यह दोनों भी विशेष रूप से माँ के व्यक्तित्व के अभिन्न अंग है। और इसी कारण उसका सौंदर्य और भी निखर जाता है। हमने कभी भी उसके चेहरे पर गुस्सा, नाराजगी को देखना तो दूर की बात है किंतु कभी उसके माथे पर पड़े बल को भी नहीं देखा। यह उसकी विशेषता है। आने वाले हर व्यक्ति का स्वागत वह हँसते हुए करती, आज भी करती है। पूर्ण सम्मान के साथ! स्वावलंबन और चेहरे की मुस्कान मैंने उसी से सीखी है। आज भी उसकी शिक्षा हर समय मुझे याद आती है। जब भी उसे देखता हूँ, तब मुझ में अलौकिक उत्साह का संचार होता है।

अगर देखा जाए तो, मेरा पहला और अंतिम गुरु मेरी माँ ही है। उसे पढ़ने में अत्यधिक रुचि थी, जो मुझे भी विरासत में मिली। उसने मुझे बोलना सिखाया, चलना सिखाया, लिखना सिखाया और उचित व्यवहार करना भी सिखाया। सच में अगर देखा जाए तो, उसने मुझे अच्छे संस्कार देकर जीवन को देखने की दृष्टि ही प्रदान की। उसके संस्कार आज भी मुझे जीवन यापन करते समय निरंतर प्रोत्साहित करते हैं। छात्र दशा में प्राप्त किताबी ज्ञान से अधिक महत्वपूर्ण ज्ञान मुझे उसने ही दिया है। एक व्यक्ति बनकर जीना और आज भी मैं उसी ज्ञान के सहारे जीवन यापन कर रहा हूँ।

मेरी माँ का जन्म 1944 का है। उस समय उसकी शादी कम उम्र में ही हुई थी। जब मेरा जन्म हुआ तब उसकी उम्र 20 वर्ष थी। मेरा जन्म 1965 में हुआ। वह समय मेरी माँ के जीवन का संघर्ष काल था। वरली में छोटा सा घर ...घर में

सुविधाओं का अभाव, यह संपूर्ण चित्र आज भी जब आँखों के सामने आता है तब विश्वास नहीं होता, किंतु वह सत्य है। मेरे पिताजी स्वभाव से बहुत संतुष्ट वृत्ति के इंसान थे। जो है उसमें संपूर्ण समाधान मानकर, भविष्य में निश्चित ही कुछ और अच्छा होगा, यह उनकी जीवन को देखने की एक जीवन शैली थी; जो मुझे विविध स्थितियों का सामना करते समय निश्चित ही उपयुक्त सिद्ध हुई। परिस्थितियाँ; फिर चाहे कैसी भी हो, उसका उन्होंने हमेशा ही डटकर सामना किया है। हतोत्साहित होना यह शब्द उनके शब्दकोश में कभी आया ही नहीं। वैसे तो माँ का प्रारंभिक समय जीवन संघर्ष का ही था। वह घर का सारा काम करती और काम करने के लिए उसे बाहर भी जाना पड़ता था। उस समय बहुत कुछ करने की उसकी इच्छा थी किंतु गृहस्थी की सारी उलझने, मेरा और मेरी बहनों का बचपन सवाँरते-सवाँरते, मेरे जन्म के बाद 8 साल कैसे गुजर गए पता ही नहीं चला। मेरी बहने मुझ से चार साल छोटी है। हमारी ओर ध्यान देते-देते प्रारंभिक 1965 से 1973 तक का समय यूँ ही निकल गया। जब मुझे थोड़ी समझ आ गई थी, तब मेरी समझ में आया कि, माँ हम भाई-बहनों के लिए बहुत कुछ करती है। हमारा पालन-पोषण करते-करते उसे खुद की ओर ध्यान देने के लिए समय ही नहीं मिला था। किंतु उसकी इच्छाशक्ति बेजोड़ थी। वह सब कुछ बड़े उत्साह के साथ करती। प्रारंभिक 8 वर्ष मातृत्व को न्याय देते-देते उसने डीएड् कोर्स पूर्ण किया। तत्पश्चात् 1974 से 1978 में वह अध्यापिका थी। 1978 के बाद उसने झेव्हियर कॉलेज में 26 साल प्रोफेसर के रूप में कार्य किया। उसमें उत्साह की प्रचुरता अत्यधिक है। नौजवान भी शर्मा जाए, इतने कार्य वह आज भी करती है। प्रोफेसर के रूप में अवकाश प्राप्ति स्वीकारने के बाद भी वह पार्ट टाइम के जी जय हिंद कॉलेज में अध्यापन का कार्य करती है।

मुझ पर जो भी संस्कार हुए उसमें से अधिकतर माँ के द्वारा ही। इसकी प्रामाणिकता, हर कार्य को न्याय देने की प्रवृत्ति, हर किसी से विनम्रता से संवाद और कितना कहूँ? मेरा व्यक्तित्व इन्हीं संस्कारों की देन है। अगर मुझ पर पिताजी के संस्कार होते, तो आज मैं क्रिकेटर होता; नहीं तो और कुछ। उसने पढ़ने के लिए सदैव प्रेरित किया और रुचि भी निर्माण की। हर छोटी-छोटी बातों को सकारात्मक दृष्टि से कैसे देखना चाहिए, यह शिक्षा भी उसी ने दी। अर्थशास्त्र, विज्ञान की पढ़ाई पर वह विशेष ध्यान देती। तुम अध्यापक की ओर अधिक ध्यान दो, इसके लिए वह सदैव आग्रही रहती। दूसरी बात वह उतने ही अधिकार से कहती कि, तुम ईमानदार रहो। तत्व एवं मूल्यों को जीवन में अत्यधिक महत्व देना, इस बात को वह हमेशा कहती। मेरी माँ के पिताजी बड़े पुलिस अफसर थे। वे अत्यधिक अनुशासनप्रिय थे। यही विरासत माँ को मिली थी, शायद कुछ अधिक ही। हमें किस प्रकार अनुशासनप्रिय रहना चाहिए, इसके कई उदाहरण वह हम भाई-बहनों

को देती। आप कुछ बनो या ना बनो; इस विषय में उसका कोई आग्रह नहीं होता, किंतु उसका यह आग्रह सदैव होता था, वह कहती- ''बेटा, तुम्हें आदर्श नागरिक बनना है।''

आज मैं दिल्ली में रहता हूँ और माँ मुंबई में। मैं उसे हमेशा कहता हूँ कि माँ तुम मेरे पास दिल्ली में आ जाओ; यहाँ कुछ दिन रहो किंतु वह नहीं रुकती। उसे मुंबई छोड़कर यहाँ आना पसंद नहीं। उसकी अपनी मित्र मंडली के साथ विभिन्न विषयों पर चर्चाएँ होती रहती हैं। वह आपस में बहुत चर्चाएँ करती हैं। मैं जो काम करता हूँ, उस विषय में माँ मुझसे हमेशा चर्चा करती है। तुझे इस साक्षात्कार में यह प्रश्न पूछना चाहिए, वह प्रश्न पूछना चाहिए, ऐसी बातें वह करती है। उसे नरेंद्र मोदी के केवल आश्वासन देने वाले भाषण पसंद नहीं है। नेता; फिर वह कोई भी हो; उसे जनता के हितों की ओर पहले ध्यान देना चाहिए, ऐसा वह कहती है ...जहाँ तक मुझे याद है मैंने माँ के विषय में कभी ज्यादा लिखा नहीं। आज यह अवसर मिला किंतु; शब्दों में यह भाव उतने व्यक्त नहीं होते। क्योंकि माँ का गुणगान करने के लिए संसार के सभी शब्द पर्याप्त नहीं है। माँ की महत्ता शब्दों से कहीं अधिक है। माँ साथ हो तो, सारे कठिन गणित बड़े ही सहजता से सुलझ जाते हैं...

■■■

धर्मनिरपेक्षता का स्रोत होती है माताएँ

- उत्तम कांबळे

आप ने में 2009 से 'सकाळ समूह' के मुख्य संपादक के रूप में कार्य किया है। आप 'सकाळ' के सप्तरंग पुरवणी में 'फिरस्ती' नामक सदर का लेखन करते हैं, जो स्तंभ सबसे लोकप्रिय स्तंभ के रूप में प्रसिद्ध है। कांबळे द्वारा लिखित 'आई समजून घेताना' इस आत्मकथात्मक किताबों को गुलबर्गा विद्यापीठ में एम.ए. के पाठ्यक्रम में सम्मिलित किया गया है। इस पुस्तक को ब्रेल लिपि में भी रूपांतरित किया गया है, उसी प्रकार कानडी और अंग्रेजी भाषा में भी इस पुस्तक को अनुवादित किया है। उनके द्वारा लिखित ग्रंथ संपदा कुछ इस प्रकार से है -

उपन्यास - 'अस्वस्थ नायक', 'बुद्धाचा रहाट', 'श्राद्ध', 'पन्नास टक्क्यांची ठसठस', 'मिरवणूक' **कथा संग्रह** - 'कथा माणसांच्या', 'कावळे आणि माणसं', 'न दिसणारी लढाई', 'परत्या', 'रंग माणसांचे' **ललित** - 'अखंड घालमेल', 'उजेड-अंधारांचं आभाळ', 'कुंभमेव्ळ्यात भैरु', 'थोडंसं वेगळं', 'निवडणुकीत भैरु' **कविता संग्रह** - 'जागतिकीकरणात माझी कविता', 'नाशिक : तू एक सुंदर कविता' **आत्मकथन** - 'आई समजून घेताना', 'एका स्वागताध्यक्षाची डायरी', 'वाट तुडवताना' **संशोधनपर ग्रंथ** - 'अनिष्ट प्रथा', 'कुंभमेळा: साधूंचा की संधीसाधूंचा?', 'देवदासी आणि नग्नपूजा', 'भटक्यांचे लग्न', 'वामनदादांच्या गीतांतील भीमदर्शन' आदि।

जिंदगी के सफर में दो रोटी के लिए संघर्ष करते हुए अनेक गाँव में रहना पड़ा। रोटी के साथ-साथ शिक्षा का पीछा करते समय अनेक गाँवों का चयन करना पड़ा। बदलने पड़े। इस युद्धजन्य प्रवास में देर से ही सही, पसीने में भीगकर ही सही; किंतु रोटी मिली। कभी-कभी वह हाथ से छूट जाती थी, यह जैसे सत्य है वैसे वह कभी हाथ को चिपक भी जाती थी... जब वह हाथ को चिपकती तब अच्छा लगता था। इन सभी प्रवासों में रोटी की अनेक परिभाषाएँ नए सिरे

87

से करने का सौभाग्य मुझे प्राप्त हुआ। रोटी के अनेक स्रोत की खोज संभव हुई। विशेष महत्वपूर्ण बात यह है कि, इस प्रवास में अनेक माताओं से मुझे भेंट करने का सौभाग्य प्राप्त हुआ। मुझे जन्म देने वाली माँ गाँव में ही रहती थी। अपने अन्य बच्चों की देख-भाल करते-करते संघर्षमय जीवन से जूझते हुए वह जिंदगी के युद्ध क्षेत्र से गुजरती रही। मैं हमेशा ही मुझे जन्म देने वाली माँ और मुझे पुत्र मानने वाली माताओं की तुलना करता था। तुलना करते-करते हार जाता था। अर्थात् तुलना करना संभव ही नहीं होता। माँ-माँ में तुलना संभव ही नहीं है। माँ, माँ ही होती है। वह जाति, धर्म, प्रदेश, भाषा के अनुरुप बदलती नहीं। मौसम कोई भी हो, अथवा आँखों में सैलाब तैरता मौसम हो; किंतु मातृत्व पर इसका कोई परिणाम नहीं होता। इन सभी का मिलन होकर भी मातृत्व स्वतंत्र होता है। इस पर जो लहरें आकर गईं अथवा कालचक्र की आने वाली लहरें कितना ही आघात क्यो न करें फिर भी मातृत्व स्वतंत्र ही होता है। उन सभी का, अर्थात् सभी माताओं का चेहरा कभी बदलता नहीं। उनसे प्रेम, वात्सल्य, अपनत्व, करुणा और कर्तव्य इनके कभी ना खत्म होने वाले झरने बहते ही रहते हैं। झरना किसी भी पर्वत से या पहाड़ी से बहे; किंतु पानी और उनके बीच का गहरा और अटूट रिश्ता होने के कारण इन सभी मूल्यों का स्वाद समान ही होता है। दूसरे शब्दों में कहा जाए तो वैश्विक होता है। अर्थात् माँ एक वैश्विक मूल्य है।

'आई समजून घेताना' इस पुस्तक का लेखन करते समय बहुत बार मेरा मन विचलित होता था। मैं लिखता था मेरी माँ के विषय में किंतु वास्तव में यह घटित होता कि, मुझे पुत्र मानने वाली सभी माताओं का दर्शन उसमें हो जाता... इसका एक परिणाम यह हुआ कि, इस पुस्तक के पैंतीस संस्करण प्रकाशित हुए। सभी माताओं ने कहा कि, यह पुस्तक हम पर ही लिखी गई है। तब माँ यह एक वैश्विक मूल्य है, यह बात फिर से एक बार समझ में आने लगी।

मेरा शालेय अध्ययन प्रारंभ हुआ और मैं अपनी जन्मदायी माँ से दूर होने लगा। पिताजी के साथ माँ मिलिट्री में जाती थी। आठ-दस माह वही रहती थी। मैं माँ को 'अक्का' कहता था। उसका नामोल्लेख इसके बाद 'अक्का' ऐसा ही होगा। जब वह मिलिट्री से वापस आती थी तब वह ससुराल में अर्थात् अथनी तहसील में स्थित शिरगुप्पा को जाती थी। मैं वही नाना के घर। जब अक्का की याद आ जाती तब मैं छोटी मौसी के पास जाता था। उसे मैं 'कमक्का' कहता था। वह मुझे पुत्रवत प्रेम करती। पीठ पर अपने हाथ फेरती। मुझे नहलाती। मेरे साथ खेलती। मुझे सुलाती। देखते-देखते वह मेरी माँ ही बन गई थी। खाना खाते समय किसे कितनी रोटियाँ मिलेगी इसका हिसाब हमारे घर की दरिद्रता ने कब का तय किया था। कई वर्षों तक इस हिसाब का पालन नाना जी के घर ने बड़े इमान के साथ किया था।

इसे बनाए रखा था। इस हिसाब के अनुसार मुझे केवल एक ही रोटी मिलती थी। इससे मेरा पेट नहीं भरता था। मैं अस्वस्थ हो जाता। गुस्सा करता, झगड़ता। पेट नहीं भरता है ऐसा कह कर रोता। मेरे रोने का इस हिसाब पर कोई परिणाम नहीं हुआ। सहयोग किया तो केवल कमक्का ने। मेरी माँ बनकर, उसे भी एक ही रोटी मिलती थी। उसमें से एक कोर वह मुझे देती थी। निश्चित ही वह मुझे रोटी देगी, इसी कारण मैं उसके पास ही खाना खाने बैठ जाता। उसकी एक कोर रोटी मुझे कब मिलेगी, इसकी राह देखता। राह देखते-देखते कभी लार टपक जाती। किंतु कमक्का निश्चित ही रोटी देती थी। फिर वह एक कोर (एक चौथाई हिस्सा) रोटी का टुकड़ा उसके गोद में सर रखकर, सोते-सोते बड़े चाव से खाता था। बाद में उसे अपने हिस्से का एक कोर निवाला, निकाल कर रखने की आदत हो गई। अनेक वर्षों तक यह आदत स्थायी रूप में रही। उसमें मेरी अक्का कब की समाहित हो चुकी थी। उसकी गोद में सर रखकर सोना और आग्रह करके उसके हाथों की लंबी उंगलियाँ सर से, गालों से फिराने में आनंद की एक अद्भुत अनुभूति का आनंद प्राप्त होता था। शादी करके वह चली गई। उसका पुत्र मैं ही हो गया था। मैं मेरी उम्र के पच्चीस साल तक उसके ससुराल में जाता था। कारण एक ही होता था और वह था उसके गोद में सर रखकर सोना। अनेक युगो से वंचित नींद उसके गोद में सर रखते ही शांत हो जाती थी। जो मेरी अक्का में था वह सब कुछ कमक्का में था। अर्थात् वह मुझे मिली हुई और एक माता ही थी। 'माय मरो अन् मावशी उरो (यदि माँ मृत्यू को प्राप्त होती है, तो उसकी जगह मौसी लेती है)' यह कहावत मुझे इसी समय मुखोद्गत हो गई थी। जो अंतिम सांस तक याद रही। कमक्का का देहांत हो गया, तब एक पल के लिए आभास हुआ मानो अक्का का ही देहांत हो गया। वह सबसे छोटी थी किंतु सभी भाई-बहनों में सबसे पहले उसका देहांत हो गया।

पढ़ाई के लिए गाँव छोड़ दिया और फिर से मैं अक्का से दूर हो गया हमेशा के लिए। मेहमान के समान कभी-कभार घर जाता। फिर से छात्रावास (हॉस्टेल) जाता। छात्रावास में भोजन का अकाल। महीनों तक मक्के की रोटी, मक्के का चावल, मक्के का उपिट और अमरीकी पाउडर का दही। घर में यह भी नहीं मिलेगा, इसी कारण छुट्टियों में भी मैं घर नहीं जाता था, छात्रावास अर्थात् बोर्डिंग में ही रहता था। यहाँ मेरा सहपाठी सिकंदर मुझे अपने घर ले जाता था। इसी घर में मुझे और एक माँ मिली उसका नाम शरीफा। उसे उसके ग्यारह लड़के और दो लड़कियाँ थी। जब मैं घर जाता, वह कुछ ना कुछ खाने के लिए देती। भोजन करने के लिए बुलाती। ईद पर तो निश्चित ही बुलाती। मैं सिकंदर के मोह में रोजे भी करना सीख गया था। किंतु अधिक नहीं हो सका। भूख को रोके रखना मेरे बस की बात नहीं थी। बीच में ही रोजा छूट जाता। सिकंदर के घर सभी भाई-बहन एक ही थाली

में अर्थात् 'मुखखाब' में खाना खाते थे। मैं भी उन्हीं के साथ बैठ जाता। नया था इसलिए शर्माता था। संकोच करता था। तब यह मेरी माँ शरीफा जोर से बोलती "अरे, तुम भी जल्दी जल्दी खाओ। मैं यही हूँ तुम्हारे पीछे। शरमाओ मत। मेरे लड़के बहुत जल्दी-जल्दी खाते हैं। वह तेरे लिए कुछ नहीं रखेंगे। नहीं तो तू ऐसा कर ना, दोनों हाथों से खा बेटा..." उसकी बातें सुनकर मैं भी उसके बच्चों के समान खाना खाता। मेरे हाथ में बड़ा निवाला देखकर वह भी खुश हो जाती। अपने हाथों की उंगलियों को अपने ही गाल पर मोड़कर बलाईयाँ लेती। कड़कड़ की ध्वनि आती। यह ध्वनि अर्थात् मेरी जीत की रणभेदी ही होती। कभी कभी खाना खाने के बाद मेरे ही गाल पर उंगलियों को मोड़ते हुए कहती- "तू तो मेरा चौदबी का चाँद है!" (उसके तेरह बच्चे थे और मैं चौदहवां) मुझे बहुत खुशी होती। मैं उसका चाँद होने की। यह वाक्य और मेरे गालों पर उंगलियों को मोड़कर उत्पन्न ध्वनि हमेशा ही मुझे याद आती है। जब कभी याद करता हूँ, तब वह आँखों से छलक जाता है। बहुत रोने को दिल करता है और रोना भी खुशियों से भर देता है। मानो आँखों का सूखा खत्म हो गया हो। तीन साल मैं माँ शरीफा के ममतामय वातावरण में था। उसका चौदहवां चाँद शूद्र है, यह उसे पता ही होगा इसमें कोई शक नहीं। मेरे उपनाम से अथवा सिकंदर द्वार उसे मालूम ही होगा। किंतु माता बनकर प्रेम करते समय उसके व्यवहार से अथवा मातृत्व व्यवहार से यह बात कभी भी व्यक्त नहीं हुई; उसके मातृत्व नामक महाविशाल भावविश्व में जाती ही नहीं होगी। माँ बच्चों को जन्म देती है। जाति को नहीं। किंतु समाज इन बच्चों के मस्तक पर जाति लिख देता है। किंतु माँ कभी भी जाति नहीं लिखती।

रायबाग के बोर्डिंग से कोल्हापुर इस यात्रा में मैं दो साल तक सांगली में था। वहाँ भी मैं खाली हाथ नहीं गया था। मेरी दोनों मुट्ठियों में, भूख, विवंचना और जाति ही थी। जहाँ मुझे 'बापू' नाम का दोस्त मिला और उसके कारण उसकी माँ ने मुझे भी बेटा माना। वह ब्राम्हण समाज की शिक्षिका। विधवा स्त्री। अपने चार बच्चों को लेकर वहाँ सांगली के शिवाजी नगर में रहती। मेरा चचेरा भाई मुरलीधर के कारण मैं भी एक बार बापू के घर गया। प्रारंभ में उनके घर में प्रवेश करते ही अथवा कुर्सी में बैठते समय बहुत डर लगता था। उनका व्देष भी करता था। इसका एक कारण था मेरे गाँव शिरगुप्पी में एक ब्राह्मण कन्या द्वारा कक्षा में उप्पिट बनाने के लिए लाए हुए पानी के घड़े को गलती से मेरा स्पर्श हो गया। स्कूल के सभी अध्यापकों ने (विशेष रूप से उसमें मेरी जाति का भी एक शिक्षक था।) शैतान का रूप धारण किया। मेरी बहुत पिटाई हुई। पीठ पर और गर्दन पर स्थित घाव पिटाई के कारण फूट गए। मैं लहूलुहान हो गया। घर आकर अक्का के पास शिकायत की, तब वह भी अध्यापक और ब्राह्मण कन्या के पक्ष में खड़ी रही। जिंदगी भर के लिए यह

प्रसंग मेरे मानसपटल पर अंकित हो गया। बाद में इसी ब्राह्मण कन्या ने अपने से कनिष्ठ जाति के लड़के के साथ विवाह किया, ऐसा कहते हैं। इसी घटना के कारण ब्राह्मण जाति के लिए मन में डर और गुस्सा दोनों था।

बापू के घर जाने के बाद कुछ ही देर में परिस्थितियाँ सामान्य हो गईं। मुरलीधर का यहाँ आना-जाना था और बाद में वह यहीं रहता था। इस नई माँ ने भी मुझे कभी अपनी जाति पूछी नहीं। जब भी जाता तब कुछ ना कुछ खिलाती। अगर कभी घर पर ठहर गया, तो रात में दो-चार बार उठकर चादर को ठीक करती। उसके बच्चे और मैं एक ही बिस्तर पर सोते थे। एक ही थाली में खाते थे। कौन सा पदार्थ पहले खाना चाहिए, कौन सा पदार्थ उंगलि लगाकर चाटना है, इसका संपूर्ण प्रशिक्षण मुझे यहीं इसी माँ के द्वारा प्राप्त हुआ। इस घर में मेरे हाथों एक ऐसी घटना घटित हुई कि, जो उसकी संस्कृति एवं श्रद्धा के अनुरूप नहीं थी। वह सोलापुर अपने मायके जाने के बाद एक दिन मैंने और बापू ने घर के भीतर स्थित स्नानगृह में आया हुआ एक मुर्गा काटा। उसे किसी ने भगवान के नाम पर छोड़ दिया था। प्रतिदिन वह घर में और स्नानगृह में आकर गंदगी फैलाता था। उसे अच्छा पाठ पढ़ाने के लिए स्नानगृह में बंद करके काट दिया। अच्छे से पकाया। खा लिया।

दूसरे दिन यह माँ आ गई। घर में आते ही नाक पकड़ कर पूछा ''घर में क्या हुआ?'' उसका प्रश्न सुनते ही बापू भाग गया। मैं अकेला पड़ गया। हिम्मत से काम लिया। माफी माँगी। जो कुछ हुआ सब बता दिया। वह शांति से भोजन कक्ष की अलमारी के पास गई। गोमूत्र की बोतल निकाली। गोमूत्र छिड़का। फिर सब तरफ दो-चार बकेट पानी डाला। यह सब देखकर मुझे बुरा लगा। मैं उसकी मदद के लिए गया। उसने मौन रहते हुए मदद लेने से इंकार कर दिया। मुझे और बुरा लगा। मैंने दुखी मन से कहा ''माँ मैं जा रहा हूँ। माफ कर दे।'' मेरी बात सुन कर वह रुक गई। मेरे पास आई। मेरे सिर पर हाथ रख कर कहा- ''तू क्यों जाता है? माफी क्यों मांगता है? शायद गलती मुझसे ही हुई है। तुझ पर संस्कार करने में मुझसे ही कोई भूल हुई होगी। इसीलिए तो यह सब कुछ हो गया। मुझे ही माफी माँगनी चाहिए। और खुद को सजा भी देनी चाहिए।'' माँ के इस कथन को सुनकर मेरी आँखों में पानी आ गया, किंतु इस अवस्था में क्या करना चाहिए समझ नहीं आ रहा था। हमने बहुत बड़ा अपराध किया और यह खुद ही अपने आप को शिक्षा देने की बात कर रही है। कमर टूटने तक उसने पूरे घर को धोकर पोछकर साफ किया। फिर पूजाघर में पूजा करने बैठ गयी। शायद दो-चार बार खुद के कान पकड़े होंगे। अनायास ही मेरे मन में प्रश्न उपस्थित हुआ। क्या कहती होगी वह भगवान से? माने हुए नास्तिक पुत्र की शिकायत तो नहीं कर रही? वह शिकायत नहीं कर सकती। अगर ऐसा होता तो वह खुद सजा दे सकती थी। फिर क्या चल रहा होगा

उसका भगवान के साथ? मुझे इसका जवाब कभी भी नहीं मिला। मैंने कभी पूछा भी नहीं। क्योंकि मुझ में स्थित नास्तिक इसकी अनुमति देने के लिए तैयार नहीं था। जैसे उसने अपने भगवान को पकड़ कर रखा था वैसे मैं भी अपने नास्तिक्य को पकड़े हुए था।

सांगली छोड़कर कोल्हापुर और बाद में नासिक में स्थायी हो गया। इस यात्रा में हमारी कभी मुलाकात नहीं हुई। नासिक में एक दिन अचानक उसका फोन आया। 'सकाळ' के कार्यालय से या और कहीं से उसने वह प्राप्त किया था। बहुत वार्तालाप हुई फोन पर। पूना में मेरे कुछ कार्यक्रमों में भी वह आयी थी। अंतिम पंक्ति में बैठी थी। मुझसे मिलने की इच्छा थी। हम दोनों के बीच भीड़ की दीवार को वह तोड़ ना सकी। मेरा समय लेना चाहिए, ऐसी भी उसकी इच्छा नहीं थी। यह सब उसने मुझे फोन करके बताया। पूना में घर आने का निमंत्रण दिया। मैं भी कुछ दिनों बाद पूना में उसके घर गया। उसने मेरे लिए पहले से ही मीठे पकवान बनाकर रखे थे। मुझे डायबिटीज है यह समझने के बाद उसे बहुत बुरा लगा। बड़े प्रयासों के बाद उसने बिना शक्कर की चाय पिलाई। कुछ वर्ष पूर्व उसने मुझे पुत्र मानकर कितना और कैसा स्नेह दिया, किस प्रकार से उपकार किए, यह सब कुछ मैं उसे कह रहा था। उसने शांति से कहा कि, "तू जो कुछ बोल रहा है उसमें से मुझे कुछ भी याद नहीं। और कोई भी माँ इसे याद करती नहीं।'' मुझे आश्चर्य हुआ निकलते समय नासिक से अपने साथ लाई हुई साड़ी बड़े आग्रह से भेंट दी। फिर से आने का आश्वासन देकर मैं नासिक आ गया। मैंने दी हुई साड़ी उसे पसंद आई होगी क्या? इस विषय में मैं साशंक था। मुझसे रहा नहीं गया, मैंने नासिक से उसे फोन किया। मेरा फोन लेकर उसने कहा अच्छा हुआ तुमने फोन किया। मैं कॉलोनी में घर घर जाकर सबको साड़ी दिखा रही हूँ। देखो मेरे नासिक के लड़के ने मुझे साड़ी दी है। सभी कहते हैं कि, कीमती साड़ी है।

माँ से कुछ बोलने की इच्छा नहीं हुई। वह सभी को साड़ी दिखाती रही। इसका मुझे आनंद था; किंतु वह जो भारी वगैरह कह रही थी, यह सत्य नहीं था। साड़ी केवल चारसौ रुपये की थी। भारी वगैरह कुछ नहीं थी। एक बात ध्यान में आयी और वह यह कि, पुत्र द्वारा दी गई छोटी सी वस्तु भी माताओं को मूल्यवान ही लगती है। हमें ऐसा नहीं लगता, इसका कारण हम माँ नहीं होते।

कोल्हापुर में मिली माँ के विषय में कहना तो बाकी ही है। वहाँ मैं गोखले कॉलेज के हॉस्टल में रहता था। हॉस्टल के मेस में खाना बनाने एवं बर्तन मांजने के लिए अनुसया नाम की गोरी-सी और मध्यम ऊँचाई वाली महिला आती थी। उसे दो लड़कियाँ और एक लड़का था। पति महानगरपालिका के अस्पताल में सिपाही के पद पर था। घर चलाने के लिए अनुसया ने खाना बनाने का काम स्वीकार किया

था। मेस में काम करने वाली महिलाओं को प्रतिदिन खाना देने की पद्धति हॉस्टल में थी। बहुत बार खाना खाने के लिए मैं सबसे अंतिम रहता था। खाना है क्या? ऐसा मौसी से पूछता। मेरे सवाल पर उसका चेहरा गंभीर हो जाता। खाना खत्म हो गया, यही बात वह चेहरा बताता। फिर वह कोई भी विचार ना करते हुए, खुद के लिए तैयार की गई खाने की थाली मुझे दे देती। खुद खाली हाथ घर जाती। भूख मिटाने के बाद मुझे आनंद होता। किंतु उसने घर में क्या किया होगा? ऐसा प्रश्न उपस्थित हो जाता। बहुत बार यह हुआ था।

मैं पढ़ाई करते-करते कंपाउंडर की नौकरी करता था। अंतिम पेशेंट जाने के बाद ही मुझे छुट्टी मिलती थी। अस्पताल बंद करने के बाद डॉक्टर के लिए ब्रांडी की एक बोतल खरीद कर ले जाना पड़ता था। शर्ट के पीछे पेट के पास बोतल छुपाकर डॉक्टर को देनी होती और फिर हॉस्टल के लिए निकलना। मेस बंद हुई होगी अथवा कोई लड़का गेस्ट लेकर गया होगा इस कारण खाना नहीं होगा... फिर मौसी ही अपना खाना मुझे देगी... एक दिन मैंने उसे कुछ पैसे देने का प्रयास किया। पैसे देखकर उसका चेहरा लाल हो गया। किंतु अपना गुस्सा व्यक्त न करते हुए उसने कहा- ''हमारे यहाँ माता बच्चों को खाना बेचती नहीं।'' जवाब सुनकर मेरे शब्द मौन हो गये। वह पुत्र समान देखभाल करती है। वह मेरी माँ हो गई, यह बात मेरी समझ में क्यों नहीं आयी? सच तो यह है यह मौसी ढोल पीटकर, नगाड़ा बजाकर मेरी माँ नहीं बनी थी। सहज एवं प्राकृतिक लगे इस रूप में वह मेरी माता बन गई थी। केवल मेरी माता नहीं बनी थी, उसने अपने दोनों बच्चों को मेरा भाई बना दिया था। कुछ दिनों बाद मेस बंद हो गई और मेरी पढ़ाई का प्रश्न निर्माण हो गया।

क्या करना चाहिए? कुछ समझ में नहीं आ रहा था। रोटी नहीं मिलेगी, इस कारण पढ़ाई बीच में ही अधूरी छोड़ने की नौबत आ गई थी। हॉस्टल के कुछ दूर के छात्र अपना सामान समेटकर पढ़ाई को अलविदा कहकर अपने गाँव चले गए। मैं वैसा नहीं कर सकता था, क्योंकि ''बड़ा साहब होकर ही लौटना।'' ऐसा मेरे पिताजी ने मुझे गाँव छोड़ते समय ही कहा था। ''कुछ भी हो मेरा लड़का मुझे अच्छे दिन दिखाएगा।'' ऐसा आत्मविश्वास अक्का ने व्यक्त किया था। मौसी ने अर्थात् शिंदे मौसी ने सारी परिस्थितियों को समझा। प्रतिदिन वह मेरे लिए खाना लेकर आने लगी। कई बार पैसे देने का प्रयास किया किंतु हर बार वही पुराना उत्तर ''हमारे यहाँ माता बच्चों को खाना बेचती नहीं'' वास्तव में देखा जाए तो, बंद पड़ते मेस ने उसके हाथों से काम छिनकर अर्थार्जन बंद हो गया था। अकाल उसके घर में भी रेंगने लगा था, किंतु उसने मेरी थाली में इस अकाल को कभी दिखने नहीं दिया। कोल्हापुर छोड़ने के पश्चात् बीच-बीच में (समांतर रुप से) उससे मुलाकात हो

जाती। समयानुसार इसमें व्यत्यय पड़ने लगा। वह पुरानी जगह छोड़कर नई जगह रहने के लिए चली गई थी। मैं अखिल भारतीय मराठी साहित्य सम्मेलन का अध्यक्ष बना। कॉ. गोविंद पानसरे कोल्हापुर में मेरा भव्य नागरिक सत्कार करने वाले थे। ''किसके हाथों तुम्हारा सत्कार होना चाहिए, ऐसा तुम्हें लगता है?'' यह प्रश्न उन्होंने मुझसे पूछा। मैंने एक ही क्षण में कहा, ''गोखले कॉलेज के मेस में काम करने वाली और मुझे जीवित रखने वाली शिंदे मौसी के हाथों।'' वह मेरी माँ कैसे बनी इसकी विस्तृत जानकारी मैंने उन्हें दी। पानसरे जी को अत्यधिक आनंद हुआ। उन्होंने मौसी को खोजने की जवाबदेही डॉ. सुनील कुमार लवटे जी को सौंपी। एक दिन लौटे जी का फोन आया, ''तेरी मौसी का घर मिल गया है। कहते हुए दुख होता है कि, तेरी यह माता अब इस दुनिया में नहीं है।'' मेरे दुखों की तो कोई परिसीमा ही न रही, मुझे अत्यधिक दुःख हुआ। मेरे खून में उसके नमक का, स्नेह का एक कण निरंतर प्रवाहित होता है... हाँ; किंतु यह सुनने के लिए माँ कहाँ है...

ऐसे ही एक समय मैं सटाना से नासिक की ओर जा रहा था। दिंडोरी के आस-पास गन्ना तोड़ने वाले मजदूरों की बस्ती थी। उस बस्ती के पास से गुजरते समय तवे पर रोटी बनने की सुगंध, हवा के लहरों में तैरती हुई मेरे मस्तिष्क तक पहुँच गयी। बहुत अच्छा लगने लगा। रोटी खाने का मोह हुआ। डायबिटीज के कारण मुझे कभी खाने का मोह नहीं होता। लार से ओठ कभी भीगते नहीं। आज भी डॉक्टर के दिशा निर्देशानुसार एक ही रोटी, डायबिटीज को हजार गालियाँ देते हुए गटक जाता हूँ। कभी-कभी बहुत समय तक एक रोटी से खेलता रहता हूँ। वह जल्दी ख़त्म ना हो, इसलिए यह खेल चलता रहता है। कभी उसकी पपड़ी से, कभी उसके किनारों से, कभी उसके परिधि के साथ अच्छा खेल चलते रहता है। किंतु आज कुछ अलग ही घटित हो रहा था। रोटी की सुगंध के कारण ओठ भिगा गए थे। बिना सोचे समझे गाड़ी को रोक दिया। एक झोंपड़ी के सामने 60 वर्षीय एक महिला तीन पत्थरों का चूल्हा, चुल्हे पर तवा और तवे पर रोटी घुमा रही थी। रोटी अच्छे से भूनने के लिए, चूल्हे के अंगारों को और निखार रही थी। विशेष बात यह थी कि, वह हाथो पर रोटी बना रही थी। मैंने मौन होते हुए चुल्हे से पाँच फीट की दूरी पर अपना आसन जमा लिया। नवागत को इस प्रकार बैठा देख प्रथमतः वह अचंभित हो गई। कुछ ही क्षणों में उसने अपने आप को संभाला। फैक्ट्री का कोई व्यक्ति अथवा मुकादम होगा, ऐसा उसने सोचा होगा। तवे की रोटी को फेरा, वैसी ही सुहानी खुशबू आयी। मेरी ओर देखकर उसने कहा - ''आप कौन हैं? क्या चाहिए?''

मैंने निसंकोच होकर कहा- ''मैं कोई भी नहीं हूँ। मुझे भूख लगी है। आपके हाथों की एक रोटी और खरडा (हरी मिर्च को कूटकर बनाई गई चटनी का एक प्रकार) चाहिए। मेरी विनंती है आपसे।''

वह मौन रही। टोकरी में रखी हुई रोटियों से, ऊपर की एक रोटी उठाई। फूलीहुई पपड़ी की यह रोटी किसी प्रतियोगिता के विजेता की भाँति सुदृढ़ बालक के समान प्रतीत हो रही थी। उसने रोटी पर खरडा रखा। एलुमिनियम की थाली में रोटी रखकर, थाली को मेरी और किया। मैंने उठकर थाली अपने हाथ में ली। रोटी की लालच में उसकी ओर न देखते हुए मैंने खाना प्रारंभ किया। कितने समय से अपने आस-पास तैरती हुई भूख का क्षमन हो रहा है, ऐसा प्रतीत हो रहा था। स्टील के गिलास में पानी भरकर उसने मेरे सामने रख दिया। आटे को मलते हुए, रोटी को घूमते हुए, वह अपना कार्य कर रही थी। पाँच मिनट में जैसे ही मैंने खाना खत्म किया, वैसे ही उसने कहा- ''और एक रोटी खा। आत्मा को शांति मिलेगी। मैंने ना कहा। जेब से रूमाल निकालकर हाथ पोंछ लिए। इस औरत को कुछ पैसे देने की इच्छा हुई। उसे ज्ञात ही नहीं हुआ कि, कब मैंने जेब में हाथ डाला। सौ की नोट हाथ में लेकर उसके सामने खड़ा रहा। सोचा कि उसे बता दूँ कि, मैं संपादक हूँ किंतु उसके विश्व में अब तक संपादक, पत्रकार, समाचारपत्र नहीं पहुंचे, इसकी कल्पना मुझे थी। वैसे तो सभी समाचार पत्रों के पन्ने बढ़ गए हैं किंतु उस औरत के लिए और उसके तीन पत्थर के चूल्हे के लिए जगह कहाँ है? चलो जाने दो... उसकी रोटी द्वारा निर्मित सुहानी सुगंध ने मुझे अनायास ही आकर्षित किया था। मैंने कहा- ''मौसी, मैं आपका बहुत आभारी हूँ। बहुत अच्छी रोटी और खरड़ा मिला। यह लो उसके सौ रुपये।''

मेरी बातें सुनते हुए उसने चूल्हे के अंगारे को और युवा किया। थाली में आटे का गोला मलते हुए और आँखों में जाने वाले धुएं, को भेदते हुए, तवे पर नजर डालकर उसने कहा- ''माँ अपने बच्चों से रोटी के पैसे नहीं माँगती। तुम्हारी आत्मा शांति हो गई। मुझे भी अच्छा लगा।''

और एक बार अचानक माँ बनी इस महिला ने निरुत्तर किया था। ऐसा ही जवाब इससे पहले अनुसया माँ ने भी दिया था। उसका जवाब गन्ना काटने वाली इस माँ तक कैसे पहुँचा? प्रश्न मेरा ही था। उत्तर मुझे ही मिल गया। विश्व की सभी माताओं के पास ऐसा ही उत्तर होता है। अनुसया माँ मराठा समाज से थी। एक शूद्र बच्चे की माँ मैं क्यों हो रही हूँ? यह उसने कभी सोचा नहीं और यह दिंडोरी की माँ वंजारी समाज से। सभी माताएँ जातिभेद के माथे पर लात मारकर धर्मनिरपेक्षता के, समता के, मानवता के और कहा जाए तो मातृत्व जागृत रखने वाले, परमोच्च बिंदु तक पहुँची थी।

एक दिन एक महिला मेरे कार्यालय में आकर मेरे लेखन कौशल्य की सराहना करने लगी। बहुत दिनों के बाद सोच-विचार करने के पश्चात् मिलने की योजना बनाकर ही वह आयी थी। बहुत बातें हुई। जाते समय उसने कहा- ''तू मेरे बेटे

संजय के समान ही है। समान नहीं तू तो मेरा बेटा ही है।'' मुझे आश्चर्य हुआ साठ-पैंसठ साल की इस महिला ने बातों ही बातों में खुद की जानकारी स्वयं ही दी थी। परिवार की जानकारी दी थी। विशेष बात यह थी कि, कैंसर जैसी बीमारी को परास्त करके वह जीवन व्यतीत कर रही थी। बीमारी से मुक्त होने के पश्चात् उसने त्र्यंबकेश्वर के पास खेती करना प्रारंभ किया। बैलगाड़ी लेकर वह चलाना सीख गयी। नए-नए प्रयोग करने लगी। कभी मुझे घर बुलाकर इन सभी प्रयोगों की जानकारी देने लगी। एक दिन उसने अपनी पूँजी अपने बच्चों में बाँटने का फैसला किया। सभी के लिए समान हिस्सा। एक दिन उसका फोन आया। तेरे नाम का भी हिस्सा निकाला है। आकर ले जा। मुझे अत्यधिक आनंद हुआ। पत्नी एवं बच्चों को साथ लेकर मैं उसे लेने के लिए गया। मेरा हिस्सा मुझे एक सुंदर लिफाफे के साथ मिला। पत्नी को साड़ी, बच्चों को कपड़े, उनके हाथ में पैसे भी पैसे दिए... आनंद मिला। माँ और पुत्र ऐसा हमारा रिश्ता अधिक दृढ़ होने लगा। बीच में ही वह मेरे परिवार के विषय में जानकारी पूछती। मुझसे कुछ गलती हो रही है ऐसा लगने पर गुस्सा करती। मैं उनसे 'आप, आपको' इस प्रकार आदर के साथ बात करता। उसे यह अच्छा नहीं लगता। मेरा संजय जिस प्रकार से बात करता है, उसी प्रकार तू भी उस प्रकार से बातें कर, ऐसा वह कहती। मैं वैसा कभी नहीं कर सका। उसके विषय में मेरे मन में जो आदर था, वही मुझे आदरणीय बोलने पर विवश करता। साथ ही इस आदर युक्त बातों से एक अनामिक डर की निर्मिति होती। मुझ पर किसी ने इतना गुस्सा नहीं किया होगा जितना वह मुझ पर गुस्सा करती। मुझे यह अच्छा लगता था। उसने हमेशा गुस्सा करके ही बात करनी चाहिए, ऐसा लगता।

मैं साहित्य सम्मेलन के अध्यक्ष पद का चुनाव लड़ने वाला हूँ, इसकी जानकारी उसे समाचार पत्र के द्वारा मिल गई। सच पूछा जाए तो उसके परिवार में सभी का वाचन अच्छा है। खबर पढ़कर उसने मुझे शुभकामनाएं दी। पूना में जाकर मैंने प्रत्याशी की अर्जी दाखिल की, यह खबर पढ़कर उसने मुझे फोन किया। मुझे कुछ कहने का मौका न देते हुए, उसने कहा- ''तू चुनकर आए इसलिए मैं गजानन महाराज की पोथी पढ़ने वाली हूँ।'' मैंने उसका निर्धार देखकर कहा- ''माँ तुम्हारा पुत्र नास्तिक है। और पोथी पढ़कर कोई चुनाव जीता है क्या? क्यों अपनी जान आफत में डाल रही हो।''

इस पर उसने कहा- ''मुझे कुछ मत बता, मेरा निर्णय तय है।'' फोन बंद। दूसरे दिन मैंने ऐसे ही जानकारी ली, तब पता चला उसने पोथी पढ़ना प्रारंभ किया था। मुझे चिंता होने लगी। एक तो अभी बड़ी बीमारी से बाहर आयी थी। पोथी पढ़ना वैसे मेहनत का काम। घंटों तक बैठकर रहना। इसे कुछ हुआ तो लोग मुझे नहीं छोड़ेंगे। दौरे में मैं जहाँ भी होता था, वहाँ मुझे उस की पोथी पढ़ने वाली छवि, मेरी आँखों

के सामने आ जाती। चिंता बढ़ती जाती। परिणाम घोषित हुए। मैं चुनकर आया। सबसे पहले उसे फोन किया। ''मैं विजयी हो गया, अब पोथी पढ़ना बंद कर।'' ऐसा कहा। इस पर वह बोली- ''जिनके पीछे माँ दिल से खड़ी रहती है वह हारता नहीं और पोथी का पठन प्रारंभ करने के बाद उसे बीच में बंद नहीं किया जाता।''

इस अवस्था में क्या करना चाहिए? मेरी सोच से परे था। एक तो वह किसी की सुनने वाली नहीं। उसने पढ़ना जारी रखा। बाद में नासिक के कालिदास कला मंदिर में मेरा भव्य नागरिक सत्कार हुआ। समारंभ प्रारंभ होने ही वाला था कि, उसी समय वह भीड़ को चीरते हुए मंच तक आ गई। मुझे आश्चर्य हुआ। वह यहाँ तक क्यों आ रही है? समझ में नहीं आ रहा था। मैं नीचे उतरा, वैसे ही उसने मेरे हाथ में एक कागज का टुकड़ा थमा दिया। ''जाती हूँ, पीछे बैठी हूँ। पुत्र का सत्कार देखते हुए, वैसे भी इस अनपढ़ माँ का यहाँ क्या काम?'' ऐसा धीरे से कहते हुए वह निकल गई। भीड़ में किसी जगह बैठ गई। मैं मंच पर आकर बैठ गया। समारंभ प्रारंभ हो गया। मैंने उस चिट्ठी को खोला। उस पर केवल चार ही पंक्तियाँ स्वच्छ अक्षरों में लिखी हुई थी :

ऐसी होती है माँ
ऐसी होती है माँ
नास्तिक पुत्र के लिए
पोथी पढ़ती है माँ

इन चार पंक्तियों को पढ़कर वास्तव में मेरा दिल भर आया। मंच पर बैठकर भीड़ में मैं उसका चेहरा खोजने लगा; किंतु वह मुझे नजर नहीं आयी। साधना गणोरकर यह उसका नाम।

मुझे ऐसी अनेक माताएँ मिलीं। आज के यांत्रिक युग में भी, ऐसी अनेक माताओं से मेरी मुलाकात हुई। जब मैं विदेश जा रहा था तब पाठक नामक माता ने अर्थात् किशोर पाठक की माँ ने मुझे खर्चे के लिए अपने पेंशन से पचास-सौ रुपये दिए। मैंने तुरंत कहा ''माँ भारत के यह पैसे विदेशों में नहीं चलते।'' किंतु एक क्षण का विलंब न करते हुए उसने कहा, ''माँ के पैसे पूरे विश्व में चलते हैं।'' संयोग पर मैं विश्वास नहीं करता। किंतु सिंगापुर में वह पैसे चले। वापस आने के बाद मैंने उसे यह बताया। इस पर उसका वही पुराना विश्वास, माँ के पैसे पूरे विश्व में चलते हैं। ऐसी ही एक माँ कृष्णाबाई सुर्वे। खाना परोसते समय उसका अपना ही एक सिद्धांत होता। सिद्धांत यह कि, वह जितना खाना थाली में परोसेगी उतना खाना सामने वाले व्यक्ति को खाना ही पड़ता था। मैंने एक बार कहा, ''ज्यादा मत दो। मेरी शुगर बढ़ेगी।'' मेरी बातों को अनसुना करते हुए उसने कहा, ''माँ के हाथों से खाने पर

शुगर नहीं बढ़ती। जा अपने डॉक्टर से कह दे। बाद में उसने अपना आत्मचरित्र मुझे अर्पण किया। वह भी मुझे पुत्र समझकर ही... माँ को किस प्रकार से समझा जाए? इसलिए इन सभी माताओं द्वारा मुझ पर किए गए अनंत स्नेह के कारण मुझे बहुत सहयोग हुआ। इन्हीं सारे अनुभव की पूँजी साथ लेकर मैं अपने अक्का पर किताब लिख रहा था। किताब पढ़ने के बाद कई लोगों ने मुझसे बात की अथवा पूछा कि, तूने हमारी माँ पर इतना कैसे लिखा? तुम्हें यह जानकारी कहाँ से मिली?'' यह प्रश्न सुनकर मुझे बहुत आनंद हुआ। क्योंकि मेरी अक्का सभी माताओं में सम्मिलित हो गई थी और सभी माताएँ मेरी आक्का में। इसका यही अर्थ है कि, माता यहाँ से वहाँ तक एक समान ही होती है। यह एक रिश्ता वैश्विक होगा। जो रिश्ता वैश्विक होता है उसका आनंद भी वैश्विक ही होता है। यह भी सच है कि, माँ नामक एक महा निर्मिति के भाव विश्व को समझना भी बहुत कठिन होता है। मुझे तो यह कभी समझ नहीं आया। माँ पर जिस किसी ने भी लिखा, वह अच्छा होगा फिर भी वह केवल मात्र वर्णन ही है। वर्णन को भेदते हुए गर्भ के पास जाने तक माँ समझ में नहीं आती और किसी को यह भेदन अनायास ही प्राप्त नहीं होता। माँ वर्णन में नहीं समा सकती। अंत में वर्णन रेंगने वाला ही होता है।

कविवर्य नारायण सुर्वे मेरे घर हमेशा आते थे। मैं ही उन्हें बुलाता था। उन्होंने मुझे पुत्र माना था। यह एक कारण था, वैसे भी जब वे आते तब मेरा घर भरा हुआ और एक महा रसायन का भावविश्व प्रतीत होता। मेरे पिताजी इस दुनिया में नहीं, इस बात का मुझे विस्मरण होता। अखिल भारतीय मराठी साहित्य सम्मेलन के वे अध्यक्ष हुए थे। उसके बाद एक दिन हमेशा की तरह वह मेरे घर में आए। उनके हाथों में हमेशा की तरह चमड़े की बैग थी। हॉल में खड़े होकर ही उन्होंने वह खोली। एक शॉल बाहर निकाली। मुझे कहा- ''माँ साहब को बुलाओ।'' जब मैंने अध्यक्ष पद के सूत्र अपने हाथों में लिए थे ना, तब मुझे यह शॉल मिली थी। उसे मैंने संजोकर रखा था। आज उसके कंधे पर रखना है।

दादा अर्थात् सुर्वे जी की बातें सुनकर मुझे आश्चर्य हुआ। इतने महत्वपूर्ण और सुखद क्षणों में और मान-सम्मान के प्रतीक के रूप में मिली शॉल उन्होंने अक्का के लिए क्यों लाई होगी? सच देखा जाए तो ऐसे मान-सम्मान से मिली हुई शॉल को सभी अपनी पत्नी को देते हैं। सच देखा जाए तो एक महाकवि से ऐसी शॉल को प्राप्त करने के लिए पात्रता का होना भी जरूरी है। आक्का के पास उस पात्रता के होने का कोई कारण ही नहीं था। कवि, कविता, साहित्य, अध्यक्ष इनमें से किसी भी गाँव का पता उसे नहीं था। बीच-बीच में विट्ठल-विट्ठल इन शब्दों का उच्चारण वह करती। विठोबा यह एक ही शब्द उसकी कविता होगी। वर्तमान में बुद्ध की करुणामय आँखों की ओर देखने के प्रयास में, वह यह शब्द भी भूल जाती। ऐसा

उसका क्या पराक्रम होगा? कि दादा उसके लिए जतन कर के रखी हुई शॉल लेकर आए। उन्होंने आदेश दिया इसलिए मैंने अक्का को आवाज दी। वह सीढ़ियों से उतरी। पास ही सीढ़ी की दीवार से चिपके खड़ी रही। वह जब भी दीवार को अथवा लकड़ियाँ लाने के लिए जाते समय बबूल को पीठ लगाकर खड़ी रहती थी, तब मुझे अपने आप रोना आता था। मैंने उसे कई बार बताया कि, ऐसे दीवार को चिपके खड़े मत रहना। किंतु वह सुनती नहीं। कभी भी किसी का भी। वह दीवार से चिपककर खड़ी रही कि, अक्का और दीवार, अक्का और बबूल का पेड़ इनमें जो अंतर है: लगता है वह खत्म हो गया है। उसे पहचानने में कठिनाई होती है। दीवार में स्थित अक्का को कैसे ढूंढा जाए? पत्ते झड़ने के बाद रिक्त बबूल में अक्का को कैसे खोजें? व्यवस्था ने, दरिद्रता ने और कभी पति के द्वारा मार खाकर क्या वह दीवार में रूपांतरित हो गई है? ऐसा लगता।

दादा ने अक्का को हॉल के मध्य में बुलाया। वह यंत्रवत् आ गई। दादा ने उसके कंधे पर शॉल रख दी। छोटा बच्चा जैसे अपनी माँ को लिपट जाता है वैसे ही वह माँ से लिपटे। अक्का निर्विकार; किंतु दादा की आँखें भर गई थीं। नीचे झुककर उन्होंने अक्का के चरणों पर माथा रखा। अक्का ने अपने लंबे हाथ दादा की पीठ पर रखकर आशीर्वाद दिया। अब मुझसे रहा नहीं गया। मैंने सहज भाव से दादा को कहा, ''दादा, अरे आपने ऐसे सामान्य, निरक्षर और रेंगने वाली औरत के पैरों पर अपना माथा कैसे रखा?''

दादा खड़े हुए। ना चिढ़ते हुए, शांत भाव से कहने लगे, ''यह सब समझने के लिए तुझे समझदार होना पड़ेगा। जिसे माँ नहीं होती ना उससे पूछो, कि माँ क्या होती है? जब मैं केवल मांस का एक गोला था, तब मेरी माँ मुझे रास्ते पर फेंक कर चली गई। अर्थात् शायद उसे भी यह व्यवस्था ही जिम्मेदार होगी। कितने वर्षों तक मैंने उसे ढूंढा किंतु मुझे माँ नहीं मिली। तुम्हारी अक्का में मुझे मेरी माँ दिखती है। मैंने उसका आशीर्वाद लिया। विश्व की कोई भी माँ अनपढ़ नहीं होती। वह कुछ ना पढ़कर भी समझदार होती है। उसका मातृत्व ही उसकी सबसे बड़ी उपाधि होती है। विश्व के किसी भी विश्वविद्यालय में ना मिलने वाली।''

मेरा और दादा का संवाद सुनकर अक्का ने कहा, यह दादा तुम्हारा दोस्त है या नहीं? मैंने 'हाँ' कहा। इस पर बोली, फिर वह भी मेरा पुत्र हुआ कि नहीं... उसके मातृत्व से उत्पन्न इस विधान के पश्चात् मैंने संवाद को बढ़ाया नहीं। एक बात स्पष्ट हो गई कि, मुझे माँ और उसका असीम मातृत्व कभी समझ ही नहीं आया।

सुनील कुमार लवटे जी मेरी अक्का का साक्षात्कार लेने हेतु टाकलवाड़ी गए थे। साक्षात्कार के पश्चात् अत्यधिक भाव विभोर अवस्था में उन्होंने मुझे फोन किया। एक ही रट लगाते हुए कह रहे थे, मुझे तुम्हारी अक्का बहुत ही अच्छी लगी, बहुत ही अच्छी लगी।

मुझे पता था कि, लवटे जी की भी माँ नहीं है। उन्होंने भी माँ की बहुत खोज की; किंतु वह कभी मिली नहीं। उनका वही वाक्य बार-बार सुनकर मैंने कहा, ''अच्छी लगती है तो लेकर जाओ। मैंने पचास वर्ष तक माँ की अनुभूति की है ... अब तुम लो।

लवटे कुछ नाराज होकर बोले- ''सच है बाबा.... सीधे माँ को देने निकला... माँ क्या कोई वस्तु है जो उसे झट से उठाया और दी। वह वस्तु नहीं। व्यक्ति नहीं। एक विश्व है।''

मेरा एक गंभीर प्रश्न था। मुझे माँ होकर भी उसका नित्य सहवास मुझे कभी मिला नहीं। दरिद्रता और रोटी ने हमें हमेशा अलग रखा। मैंने दादी को माँ कहा, मौसी को माँ कहा और स्नेह का अत्याधिक भव्य आकाश लेकर खड़ी रहने वाली माँ समान महिलाओं को भी माँ कहा।

'आई समजून घेताना' यह पुस्तक अनेक विद्यापीठ पाठ्यक्रम का हिस्सा बनने के बाद गाँव-गाँव से छात्र, अध्यापक साक्षात्कार हेतु अक्का के पास टाकलवाड़ी जाते रहे। ''आप ने अपने पुत्र को इतना बड़ा कैसे बनाया?'' कई लोगों ने उसे यह प्रश्न किया। इस पर वह केवल एक ही उत्तर देती- ''मैंने उसे केवल जन्म दिया है। वह खुद ही बड़ा बना। मैंने कुछ भी नहीं किया।''

कई बार मुझे यह उत्तर फोन करके अथवा पत्र द्वारा बताया जाता, यह सुनकर मुझे आश्चर्य होता। अतीत नाचते और दाँत दिखाते सामने खड़ा हो जाता। वही कहता मुझे सब कुछ...

1) पुत्र यल्लामा के कहर से बचे इसलिए नंगा निम पहनकर बच्चे को लेकर कितने मील देवी के द्वार पर पैदल जाने वाली माँ, अतीत ने देखी थी।

2) पुत्र की पढ़ाई खत्म होने तक नई साड़ी नहीं पहनूंगी, नई चुड़ियाँ नहीं पहनूंगी, नई चप्पल नहीं लूंगी ऐसा निश्चय करके उसे पूरा करने वाली माँ के विषय में अतीत बता रहा था।

3) अकाल में खुद की भूख मारने के लिए और बच्चों को अधिक खाना मिले इसके लिए खुद सप्ताह में चार-चार दिन उपवास करने वाली माँ के विषय में अतीत बता रहा था।

4) भूख को कैसे मारना है इस विषय में उसके द्वारा किए गए राक्षसी प्रयोग अतीत बता रहा था।

5) रात दिन पति की मार खाकर भी केवल बच्चों के लिए आत्महत्या की राह छोड़कर वापस आने वाली माँ के विषय में अतीत बता रहा था।

अतीत के गर्भ में ऐसी अनेक बातें थी, जो मेरी आँखो के सामने से कभी हटती नहीं। किंतु अक्का है कि, मेरे सच्चे-झूठे बड़प्पन का श्रेय मुझे ही दे रही थी।

पतंगराव कदम इनकी संस्था द्वारा दिए जाने वाला 'आदर्श माता' पुरस्कार उसे मिला साथ ही इक्यावन हजार रुपये भी मिले। उसने फोन करके बताया, तेरे पैसे तू लेकर जा। तुम्हारे कारण ही मेरी इज्जत बढ़ी है।''

माँ शब्दों में नहीं समाती; क्योंकि उसे पकड़ने वाले शब्द अभी तक पैदा ही नहीं हुए। माँ किसी भूगोल में, इतिहास में, वर्तमान में, भविष्य में नहीं समा सकती। उसे समझने वाला काल कहाँ जन्मा है? एक बात सच है; माँ को ही माँ समझ में आती है। माँ होने की मानसिक क्षमता को धारण करना वैसे मुश्किल ही होता है। यह जो कुछ मैं लिख रहा हूँ, इसका अक्का से कोई लेना-देना नहीं है। वह तो निरंतर अपना जीवन अपनी अंजलि में लेकर उसमें बच्चों को नहलाती रहती है। उनकी जीवन रेखा को बढ़ाती है। खुद का जीवन कम करके....

■■■

प्रेम स्वरूप माता

- मधुकर भावे

आप एक वरिष्ठ पत्रकार के रूप में सभी को परिचित हैं। 'लोकमत', 'रामप्रहार', 'प्रहार' ऐसे अनेक बड़े समाचार पत्र के आप संपादक रह चुके हैं। आप वरिष्ठ राजकीय विश्लेषक के रूप में सर्वदूर परिचित है। बेबाकी से लिखने वाले मधुकर भावे जी पत्रकारिता में हमेशा चर्चा का विषय रहे हैं। अनेक पुस्तकों का लेखन भावे जी ने किया है।

विश्व में किसी भी विषय पर लिखना बहुत आसान है, किंतु 'माँ' पर लिखना कठिन है। क्या लिखना है? और कैसे लिखना है? कितना कहना है? और क्या पीछे रखना है?

मैं बहुत छोटा था, तब रोहया में उस समय के राजकवि यशवंत दिनकर पेंढारकर आए थे। 'कवी यशवंत' इस नाम से भी प्रसिद्ध थे। काव्य को समझने की उम्र नहीं थी। किंतु रोहया जैसे छोटे से गाँव में एक बड़ा कवि आया है, ऐसे गाँववाले कह रहे थे। कवी यशवंत जी का काव्य गायन सुनने के लिए उस समय टिकट लगता था। टिकट चार आने का था। मेरी बड़ी बहन मराठी में निष्णात थी। उसने पिताजी से बड़ी मुश्किल से आठ आने प्राप्त कर दो टिकट निकाले और यशवंत जी का काव्य गायन सुनने के लिए मैं उम्र के छठवें वर्ष में गया। सार्वजनिक कार्यक्रम में सम्मिलित होने का वह मेरा पहला दिन। यशवंत क्या काव्य गायन कर रहे हैं, यह कुछ भी समझ में नहीं आया। काव्य गायन का समारोप करते समय उन्होंने अंतिम काव्य गायन किया....

"आई म्हणोनी कोणी
आईस हाक मारी
ती हाक येई कानी
मज होय शोककारी"

जब यशवंत इस काव्य का गायन कर रहे थे... न जाने क्यों... आँखें भीगने लगीं। आस-पास देखा तो, उस छोटे से पंडाल में, कईयों की आँखों से आंसुओं की धारा बहने लगी थी। कार्यक्रम खत्म हो गया, तब रात के ग्यारह बजे थे। ग्यारह बजे फिर भी अपने दोनों बच्चे अभी तक घर नहीं लौटे, इसलिए माँ राह देखते हुए चौखट पर ही बैठी रही। मेरा घर रास्ते पर ही था। हमें देखते ही उस की चिंताएँ शांत हो गईं। उसने हमें खाना परोसा। मैंने पूछा माँ, "तुमने खाना खाया ना..."

उसने कहा, "नहीं बच्चों, तुम्हें परोसने के बाद खाऊंगी..."

माँ के विषय में मेरे बचपन की यह पहली स्मृति। जब तक घर के सभी खाना खा न लें, तब तक माँ खाना नहीं खाती थी। मेरी माँ पढ़ी-लिखी नहीं थी। पिताजी काशी के वेदशास्त्रसंपन्न। चारों ही वेद उन्हें कंठस्थ थे। उस समय के कुलाबा जिले के वे प्रकांड विद्वान शास्त्री माने जाते। रोहया के महेंदले हाईस्कूल में संस्कृत विषय पढ़ाते थे। हमारे घर पिताजी की वेदशाला होती। मुझे याद है कि, विख्यात पांडुरंग शास्त्री आठवले जी बचपन में मेरे पिताजी के वेदशाला में वेद पठन करने के लिए आते थे। घर आने के पश्चात् माँ को 'काकू' नाम से संबोधित करके उनके चरण स्पर्श करने के बाद उनका वेद पठन प्रारंभ हो जाता। माँ पढ़ी-लिखी नहीं थी; किंतु केवल निरंतर श्रवण के अभ्यास से संस्कृत के अनेक वचन और गायत्री मंत्र, व्यंकटेश स्तोत्र उसे कंठस्थ हो गए थे। रामरक्षा, भीमरूपी याद थी। हम चार भाई बहन। तीन बहनें और मैं अकेला। संध्या समय झूले पर बैठकर हम चारों भाई बहन परवचा, रामरक्षा, भीमरुपी, व्यंकटेश स्तोत्र आदि सब कुछ पठन पूर्ण होने के पश्चात् ही माँ खाना देती। अगर यह कहते समय हमसे कोई भूल हो जाती, अथवा किसी पंक्ति में गलती हो जाती, तब रसोईघर से जोर से चिल्लाकर हमारी गलतियों को ठीक करती। लौकिक अर्थ में माँ स्कूल नहीं गई थी। किंतु स्कूल ना जाने वाली माँ ने हम चारों को बहुत कुछ सिखाया। सुबह चार बजे उठने की मेरी 78 साल पुरानी आदत माँ ने ही लगाई है।

वह स्वयं चार बजे उठती। जीवन भर मै ठंडे पानी से स्नान करता हूँ, यह संस्कार भी माँ का ही है। 70 वर्ष के जीवन में उसने मेरे पिताजी के साथ लगभग 58 वर्ष घर-गृहस्थी चलायी। उस समय उसने कभी भी गर्म पानी से स्नान नहीं किया। कितनी भी ठंड हो, फिर भी वह ठंडे पानी से ही नहाती और हमारे सर पर भी ठंडे पानी का घड़ा उंडेल देती। ठंडे पानी के स्नान से सेहत अच्छी रहती है, ऐसा वह कहती। 70 साल तक अर्थात् मृत्यु के दिन तक मेरी माँ कभी बीमार नहीं हुई; उसका सर दुखता है, उसे बुखार हुआ है ऐसा कभी भी, कुछ भी नहीं हुआ। घर का सब काम करके, आटा पीसने तक सभी काम वही करती।

सोमवार से शनिवार इन सात दिनों में उसके चार उपवास होते। सोमवार, मंगलवार, गुरुवार, शनिवार। इसके साथ संकष्टी की विशेष बात यह थी कि, उपवास के दिन वह केवल पानी ही ग्रहण करती। जिसे 'रोजा' कहते हैं। यह कठिन उपवास माँ वर्षों से करती थी। श्रावण माह में वह 'कोकिला व्रत' करती अर्थात् जब तक कोयल की आवाज नहीं सुनाई देती तब तक वह दोपहर का खाना नहीं खाती। एक बार क्या हुआ, दोपहर के तीन बज गए फिर भी माँ ने खाना नहीं खाया। मैंने पूछा, माँ, खाना क्यों नहीं खाती? उसने कहा कि, मेरा व्रत है। हमारे आँगन में बहुत पेड़ थे। चारा बज गए फिर भी माँ खाना नहीं खा रही। इसलिए मैं आम के पेड़ पर चढ़ गया और कोयल जिस प्रकार से आवाज निकलती है, हूबहु उसी प्रकार से 'कु...हू' की आवाज निकाली। मेरी बड़ी बहन 'ताई' उसने माँ से कहा, वह देखो कोयल की आवाज। और फिर माँ ने खाना खाया। हम भाई बहनों को बहुत अच्छा लगा। किंतु जब माँ ने श्रावण के एक कहानी में कही हुई कथा सुनाकर कहा कि, किसी को झूठ बोलकर फसाना नहीं चाहिए। यह सीख दी। तब दिल में एक कसक सी चूभी की, माँ का व्रत उसे फसाकर हमने तोड़ दिया और वह कसक आज भी दिल में चुभती है।

महात्मा गांधी की भीषण हत्या के बाद मेरे पिताजी को कैद किया गया। मेरे पिताजी गोपीनाथशास्त्री भावे रोहया के संघचालक थे। पिताजी को कैद करके पहले रोहया के जेल में और बाद में ठाणे की जेल में रखा गया। उस समय मैं केवल आठ वर्ष का और बड़ी बहन दस वर्ष की थी। एक छोटी बहन थी। घर में कमाकर लाने वाला कोई नहीं था। ऐसी विपरित परिस्थिति में साढे दस महीने हमें संभाला और किसी चीज की कोई कमी महसूस नहीं होने दी। उसने द्रोपदी की थाली कहाँ से लायी, इसका रहस्य हम आज तक नहीं ढूँढ पाए। उस समय हमारे रोहया के घर जंगली सब्जियाँ लेकर आने वाली महिलाएँ सूरन, कणगर और बड़ी ककड़ी (जिसे हम तवसा कहते) यह सब लेकर आतीं। पिताजी की भिक्षुकी होने के कारण पिताजी को बहुत सुपारियाँ मिलतीं। द्वार पर आने वाली इन सब्जी विक्रेता महिलाओं को सुपरियाँ देकर उसके बदले में ली गई कणगर और दोपहर के खाने में सुरण की सब्जी इतना ही खाते थे। एक दिन द्वार पर आए एक व्यक्ति ने माँ को दस सेर देव चावल दिए। देव चावल अर्थात् जाड़े चावल का टुकड़ा। आज भी याद है कि, एक ही समय माँ चावल पकाती और हमें परोसती। ऐसी अवस्था में भी उसने किसी बात की शिकायत नहीं की और घर के हालात के विषय में बाहर कभी किसी के साथ चर्चा नहीं की।

हमारे रोहया के घर के पास ही राम मंदिर है। इस राम मंदिर में चातुर्मास के चार महीने 'पुराण' का पठन होता था। कोई बाहर के शास्त्री आकर चार महीने पुराण कहते थे। उस पुराण को माँ बिना भूले हमेशा जाती थी। घर से बाहर जाने के लिए उसका एकमात्र कारण यह पुराण ही होता। एक बार ऐसा हुआ कि, रोहया में उस समय की

अच्छी फिरोजा टॉकीज में 'अयोध्येचा राजा' सिनेमा लगा था। उस थिएटर का मालिक केकूशेट नामक पारसी गृहस्थ था। यह सिनेमा लगने के बाद माँ ने मुझे धीरे से कहा कि, ''तुम्हारे पिताजी के पास से चार आने माँग लो और मुझे वह सिनेमा दिखा।'' मैंने हिम्मत करके आप्पा के पास सिनेमा जाने का विषय किया। आप्पा ने पहले ही कनपटी में एक झापड़ जड़ दी। जब मैं रोने लगा तब पहली बार माँ ने आप्पा से कहा, ''अगर पैसे नहीं देना चाहते, तो मत दो, मारते क्यों हो? अच्छे भगवान का सिनेमा देखने जाना है मुझे इसलिए माँगे...'' शायद मेरे पिताजी के सामने इतनी हिम्मत से माँ पहली ही बार बोली थी। आप्पा को क्या लगा मालूम नहीं किंतु उन्होंने चार आने दे दिए और मैं माँ को लेकर सिनेमा दिखाने चला गया। फिल्म शुरू हुई और प्रभु रामचंद्र का दर्शन होते ही माँ अपनी जगह से उठी। वह कहाँ जा रही है, कुछ समझ में नहीं आ रहा था। जहाँ पर्दा था वहाँ तक वह चलते हुए गई। अपने साथ बांधकर लाए हुए मुट्ठी भर चावल प्रभू रामचन्द्र को अर्पण किये, प्रणाम किया और वापस आने लगी। अंधेरे में मैं कहाँ हूँ, वह देख नहीं पा रही थी। फिर फिल्म के चलते बीच में ''मधु-मधु'' इस प्रकार जोर-जोर से आवाज देने लगी। जब मैं उसे दिखा, तब उसने कहा- ''चल, घर जाएंगे।'' मैंने कहा, ''फिल्म अभी खत्म नहीं हुई।'' उसने कहा, ''अब आगे क्या होगा? राम के दर्शन हो गए।'' और वह जल्दी से बाहर चली गई।

मैं जब 19 वर्ष का था, तब मुंबई आया। मराठा में स्थिर हो गया। चार साल मुझे रहने के लिए जगह नहीं थी। यहाँ-वहाँ घूमना और 'दै. मराठा' की कचहरी में सो जाना। जब रोहया को जाता तब माँ को अपने हाथों से भोजन बनाने के लिए कहता। उसके हाथों में जो स्वाद है, वह और कहीं नहीं। मेरी पत्नी मंगला, मेरी माँ की चहेती थी और मंगला को भी माँ अपने माँ जैसी ही लगती। जब माँ और पिताजी मुंबई आते तो, माँ घर का दरवाजा बंद नहीं करने देती। वह कहती, दरवाजा बंद करके कैसे बैठे हो? हमारे रोहया में घर के द्वार हमेशा खुले होते हैं। मुंबई में उसका दम घुटता था। वह ज्यादा दिन नहीं रहती। कब रोहया जायेंगे? ऐसा वह सोचती।

5 फरवरी 1969 इस दिन वह सुबह उठी। बाल बनाते समय ही उसे 'ब्रेन हैम रेज' का दौरा आया। राजाभाऊ देसाई का फोन आने के बाद दोस्त की गाड़ी लेकर मैं रोहया को गया। वहाँ से उसे सीधे केईएम में दाखिल किया; किंतु उसे बचाने में सफलता नहीं मिली। उसकी अस्थियाँ लेकर नासिक की गोदावरी में विसर्जित करते समय बहते हुए पानी से एक ही आवाज आ रही थी... प्रेम स्वरूप माता...

■■■

मेरी माँ : एक तेज शलाका

- कुमार केतकर

आप कांग्रेस पार्टी के राज्यसभा सांसद हैं। आप पत्रकार, लेखक और व्याख्याता के रुप में प्रसिद्ध हैं। अनेक मराठी समाचार पत्रों के संपादक के रुप में आपने कार्य किया है। 'दै. लोकसत्ता' के प्रमुख संपादक के रूप में और 'महाराष्ट्र टाइम्स', 'लोकमत' आदि प्रमुख समाचार पत्र के पूर्व मुख्य संपादक के रूप में आपने कार्य किया हैं। 'डेली आब्झर्वर' के निवासी संपादक; उसी प्रकार 'इकनोमिक टाइम्स' के विशेष प्रतिनिधि के रूप में भी आपने कार्य किया है। 'दिव्य मराठी' इस समाचार पत्र के प्रमुख संपादक के रूप में कार्य करने के पश्चात् आपने संपादकता के कार्य को अलविदा कह दिया। 'बदलते विश्व', 'शिलंगणाच सोनं', 'विश्वामित्रचे जग' यह आपकी प्रसिद्ध साहित्य कृतियाँ हैं। तिलक जीवन गौरव पुरस्कार, पद्मश्री पुरस्कार, राजीव गांधी पुरस्कार, नव रत्न पुरस्कार, रत्नदर्पण पुरस्कार, चिंतामणराव देशमुख पुरस्कार ऐसे अनगिनत पुरस्कारों के आप धनी हैं।

बहुत से लोगों के मन में अपनी माता के लिए कृतज्ञता के भाव होते हैं, किंतु क्या हम उसकी अपेक्षाओं को, उसके विलक्षण स्नेह को, उसके त्याग को और अपरिमित मानसिक, शारीरिक, पारिवारिक कलह को एवं वेदनाओं को ठीक उस वक्त हम नहीं समझ सके और उसे उचित न्याय भी न दे सके। इसकी पीड़ा मुझे होती है और सभी संवेदनक्षम बच्चों को अंतिम सांस तक यह पीड़ा होती ही रहती है।

जहाँ तक मेरा सवाल है, तो मेरी माँ ने जितने कष्टों को सहन किया और जिन भिन्न पारिवारिक समस्याओं का सामना करना पड़ा, उसका हिसाब किसी भी प्रकार से व्यक्त नहीं हो सकता। उन कष्टों का और समस्याओं का उसने कभी आडंबर खड़ा नहीं किया अथवा उसने अपनी बीमारी को बहुत ज्यादा अपने पर हावि नहीं होने दिया। बीमारी को सहन करना, अपमान के घूंट पीकर भी सदैव अपने बच्चों

की फिक्र करना और उन्हें किसी भी संकट की आँच ना लगे यही उसके जीवन की एवं कृतित्व की मौन विशेषता थी।

मेरा जन्म 1946 का। बड़ी बहन का 1943 का और सबसे छोटी बहन का जन्म 1948 का। अर्थात् संपूर्ण अंतर पाँच साल का। 1941 में माँ की शादी हो गई। किंतु हमारे जन्म के वे साल और उसके पश्चात् कुछ वर्ष अजीब पारिवारिक एवं आर्थिक विवंचना के कारण माँ का नौकरी करना अपरिहार्य हो गया। मेरा जन्म पुना का। उस समय अर्थात् 1950 के आस-पास महिलाओं के नौकरी का प्रचलन नहीं था, उचित भी नहीं समझा जाता। नौकरी करने वाली महिलाओं की ओर कुछ ना कुछ अनुचित कार्य के समान देखा जाता। किंतु नौकरी की आवश्यकता को समझकर उसके लिए टाइपिंग (मराठी और अंग्रेजी) का ज्ञान प्राप्त कर, एक निजी बीमा कंपनी में माँ ने नौकरी की। वेतन 80 रुपये। तीन बच्चे, रहने के लिए एक ही कमरा एक बस्ती में। फीस देने की क्षमता नहीं थी, इसलिए भावे स्कूल में 'नादारी' के अंतर्गत प्रवेश लिया था। नादारी का अर्थ आज बहुत से लोगों को मालूम नहीं होगा। वर्तमान परिभाषा में उसे 'आर्थिक दृष्टि से दुर्बल घटक' बिना फीस के शिक्षा देना अर्थात् नादारी की पद्धति! अगर आपके आप नादारी में पढ़ते हैं, किंतु इसका दाखिला नहीं होगा तो आपको स्कूल में प्रवेश नहीं मिलता था। (ऐसे प्रसंग मुझ पर भी एक-दो बार आए थे। ठीक है।)

हमारी माँ का दृढ़ संकल्प (सबकी माताओं के समान) था कि, हम खूब शिक्षित हो, बहुत अध्ययन करें और अच्छे गुणों से पास हो जाए। इसके लिए वह अति कठोर भी होती थी। किंतु परिश्रम, अनुशासन और पढ़ाई की गंभीरता होनी ही चाहिए। उस समय बच्चे इंजीनियर, डॉक्टर, पायलट आदि कुछ बने, ऐसा सोचने की पद्धति नहीं थी। पढ़ना चाहिए, अध्ययन करना चाहिए और अध्ययन करके अधिक पढ़ना चाहिए केवल इतनी ही अपेक्षा अभिभावकों की थी। नई पुस्तकें लाना आर्थिक दृष्टि से कठिन थीं। इसलिए बड़ी बहन की पुस्तकों का उपयोग मैं करता। कापियाँ कंजूसी से इस्तेमाल करता। बॉल पेन का आविष्कार नहीं हुआ था। फाउंटेन पेन अमीरों के चोंचलें था। एक ओर से रिक्त पन्नों को धागे से जोड़कर कॉपी बनाई जाती। किसी भी हालत में स्कूल से छुट्टी नहीं। परीक्षा ना देना अर्थात् महापाप!

भविष्य में मुंबई आने तक (सातवीं तक) यह स्थिति और अनुशासन कायम था। मुंबई के (चेंबूर) स्कूल में नादारी की व्यवस्था नहीं थी। अपितु अब हम बड़े हो गए थे। बड़ी बहन नवी कक्षा में, मैं सातवीं में, छोटी पाँचवी में। सामान्यतः दोनों बहनों का नंबर पहले पाँच में (सबसे पहला अथवा दूसरा) होता। मेरा दसवाँ अथवा उससे नीचे। दोस्तों के साथ घूमना, स्मार्टगिरी करके बातें करना, स्कूल के ग्रंथालय से पुस्तकें पढ़ना, स्कूल छोड़कर यहाँ-वहाँ घूमना यह मेरी शैली थी।

मेरी इसी शैली के 'विकास' के कारण शायद भविष्य मैं पत्रकारिता में आ गया। किंतु पत्रकारिता ऐसा कुछ 'करियर ट्रैक' होता है इसकी जानकारी तब किसी को नहीं थी। कोई पत्रकार पहचान का नहीं था। रिश्तेदारों में भी नहीं। इंजीनियर, डॉक्टर आदि होना यह हमारी आर्थिक स्थिति के लिए हानिकारक था। इसलिए रेडियो सर्विसिंग का कोर्स किया। कोर्स की किताबें महंगी थीं। (अर्थात् उस समय एक किताब का मूल्य 30 रुपये था।) वह भी हमारी आर्थिक स्थिति से कोसों दूर। इसलिए इंस्टीट्यूट से किताब घर लेकर आया। माँ ने वह पूरी किताब (180 पन्ने) अपने स्वच्छ अक्षरों से कॉपी में लिखा। पैसे बचाने के लिए और मेरे अध्ययन में कोई बाधा ना हो इस लिए। सच देखा जाए तो अगर लिखना ही था, तो वह मुझे लिखना चाहिए था! किंतु माँ ने उसे लिखा।

मुंबई आने के बाद माँ ने पुणे की नौकरी छोड़ दी थी; इसी कारण अब उसका पूरा ध्यान हमारी पढ़ाई पर था। किंतु हमारी माँ को साहित्य, संगीत, कला में विशेष रूचि थी और गति भी। साने गुरुजी से लेकर पु. ल. तक, श्री. ना. पेंडसे से लेकर गंगाधर गाडगील तक, गो. नी .दांडेकर से आचार्य अत्रे तक सभी पुस्तकें वह ग्रंथालय से लाकर पढ़ती थी। (उसमें से उसके पसंदीदा भाग को डायरी में लिखती। उसका अक्षर एवं शुद्ध लेखन देखने लायक था।) वह खुद भी कथा, कविता, निबंध लिखती थी। सामान्यतः उसका महाविद्यालयीन शिक्षण नहीं हुआ था, किंतु किसी भी मराठी भाषा साहित्य के प्राध्यापकों से उत्तम चर्चा करने लायक उसके साहित्य की परख संपन्न थी। संग्रहक्षमता उसके पास कहाँ से आयी यह हमें कभी ज्ञात नहीं हुआ।

आकाशवाणी पर प्रसारित वनिता मंडल एवं तत्सम कार्यक्रमों में वह कथा, कविता भेजकर सम्मिलित होती थी। समाचार पत्र को बारीकी से पढ़कर महत्वपूर्ण जानकारी को वह काट कर सुरक्षित रखती। यह उसकी सांस्कृतिक प्रधानता थी। (शायद यही पहला संस्कार था, मेरे लिए पत्रकारिता का) उस समय टीवी नहीं था। किंतु रेडियो, सुबह छह बजे से शुरू कर देती थी। श्रुतिका हो अथवा शास्त्रीय संगीत सभा, चर्चा हो या खबरें, उसे अच्छे से सुनकर उसपर वह अपनी टिप्पणियाँ लिखती थी। (शायद मैंने अग्रलेख लिखना अनायास ही यही से सीखा।) उसके संगीत की समझ मेरे दो मामा के कारण ही। एक अच्छे तबला वादक और दूसरे मामा कीर्तनकार भूषण। वे तो शास्त्रीय संगीत के बड़े दर्दी। बाल गंधर्व को सुनकर उनके कान तैयार हुए थे।

हमारी संगीत में रुचि का कारण हमारे मामा और माँ ही थी। विशेष बात यह कि, माँ हरमोनियम अच्छा बजाती थी, और वह तबला भी सीख गई थी। जब मैं भूतकाल में झाँकता हूँ तो मुझे आश्चर्य होता है कि, अनेक बीमारियों से लड़ते हुए,

गरीबी और दरिद्रता की सीमा रेखा पर होते हुए, कभी भी नाराज न होकर, कोई भी व्यक्तिगत महत्वाकांक्षा अथवा लोभ मन में ना रखते हुए इतनी रसिकता उसने कैसे संपादित की और उसे संजोकर भी रखा।

अविश्वसनीय जिद, कठोरता, मितव्ययिता, दिनचर्या में शानदार अनुशासन और व्यवस्था पढ़ने में एकाग्रता, चिंतन एवं मनन इन सारे गुणों का हमने अध्ययन ही नहीं किया जितना उसने किया। इसलिए आज भी लगता है वह हमसे अधिक गुना रसिक और सक्षम थी। मैं उसके व्यक्तित्व की ऊँचाई को छू न सका, मैं छोटा पड़ गया। उसे जो योग्य है वह न्याय भी न दे सका। यह पछतावा मन में हमेशा ही रहेगा।

■■■

सुशीला : कार्य, समय और गति का संगम

- ज्ञानेश महाराव

आप जून 1989 से आज तक मराठी साप्ताहिक 'चित्रलेखा' के संपादक के रूप में अपना कार्य कर रहे हैं। आपने अभी तक 20 से अधिक मराठी पुस्तकों का लेखन कर मराठी साहित्य में भी अपना महत्वपूर्ण योगदान दिया है। बेबाक और मार्मिक लेखन, स्पष्ट वक्ता-व्याख्याता के रूप में भी आपकी पहचान है। आपने विविध विषयों पर लेखन किया है। लातूर में 26 से 28 नवंबर इस कार्यकाल में संपन्न चौथे 'समतावादी साहित्य सम्मेलन' के आप अध्यक्ष थे। डॉ. बाबासाहेब आंबेडकर अगर आज होते, तो क्या कहते? इसकी अनुभूति देने वाले 'जिंकूया दाही दिशा' इस शाहिरी नाट्य को लिखकर 2006 में इसे रंगमंच पर प्रस्तुत किया। परमपूज्य और राजनेताओं की साझेदारी को 'संगीत घालीन लोटांगण' इस नाट्य के माध्यम से उजागर किया। जिसका रंगमंच पर प्रस्तुतिकरण 2010 में किया गया। बाल गंधर्व के 125 वीं जयंती वर्ष में 'संगीत सौभद्र' इस नाटक का कालानुरूप संपादन कर 2012 में उसे मंच पर प्रस्तुत किया। वर्तमान में बाबाजीराव राणे द्वारा लिखित 'संगीत संत तुकाराम' (1912) इस नाट्य कृति की नूतन आवृत्ति तैयार करके उसे रंग मंच पर प्रस्तुत कर रहे हैं।

जल्दी ही आपके द्वारा लिखित 'लग्नाची मोहिनी' और 'माकडे म्हणते माझे मानसे' यह नाट्य कृति रंगभूमि पर आने के लिये तैयार है। इस नाट्य कृति की यह विशेषता है कि, इसका लेखन महारावजी ने किया है और वे इसके निर्माता भी हैं। इतना ही नहीं तो इस नाट्य में आपने गायन-नायक की भूमिका भी की है। आप चतुरस्र प्रतिभा के धनी हैं।

परमपूज्य मंडली और मेरी पत्रकारिता का गहरा संबंध है। बुआ-बापू, बाबा-माँ इनकी श्रद्धात्मकता का माया बाजार; देश में बढ़ रहा उन्मादयुक्त धर्म कारण; और उसका सत्ता के फायदे के लिए हो रहा राजनैतिक उपयोग; इस विषय पर मैं पिछले 25 वर्ष से लगातार लिख रहा हूँ। इसी प्रकार आश्रम की साध्वी पर किए

गए बलात्कार के आरोप में 17 साल जेल की सजा मिलने वाले बाबा राम रहीम के विषय में भी लिखा। इस संपादकीय का शीर्षक था- 'चार राम अनेक हराम!' अवैध रूप से सत्ता-संपत्ति, महिला एवं लड़कियों का लैंगिक शोषण, खून के अपराध के लिए जेल में बंद होने वाले आसाराम बापू, रामपाल, रामवृक्ष यादव, राम रहीम इन चार 'राम' धारी बाबा के समान देश और महाराष्ट्र की जेल में जाने लायक परमपूज्य मंडली का एवं उनकी ढोंगी लंपट लीलाओं का उसमें विस्तृत विवरण था। इस लेख को पढ़कर वरिष्ठ पत्रकार दोस्तों के संदेश मिले- "बापू की पहचान परेड पढी। किंतु हमेशा की तरह वह तिखापन महसूस नहीं हुआ। लेखन में और तीव्रता चाहिए थी। हम केवल आपसे ही इस प्रकार की अपेक्षा कर सकते हैं।"

इस प्रतिक्रिया ने मुझे हैरान कर दिया। क्योंकि इस लेख को पढ़ने के बाद मुझे कई फोन, मैसेज प्राप्त हुए थे। उसमें मेरी स्पष्टता एवं लेखन को सराहा गया था; उसी प्रकार चिंता भी व्यक्त की गई थी। उसका सारा इस प्रकार है- "आपका और बुवा मंडली का बहुत याराना है। आप पाठकों की आँखें खोलते हो! किंतु एक ही वक्त कितने बुवा लोगों की पोल-खोल करेंगे? आप अपनी चिंता कीजिए। वर्तमान स्थिति में देश का माहौल आप जैसे लेखकों के लिये प्रतिकूल है।" उन्हें होने वाली चिंता मेरी सुरक्षा के कारण ही थी। तथापि, अपने विचारों में, लेखन में, केवल प्रामाणिकता होगी, तो कड़वे शब्दों में सुनाया गया सत्य; प्रतिपक्ष की ओर से स्वीकृत किया जाता है; ऐसा मेरा आज तक का अनुभव है। मेरे लेखन के कारण आहत, सवाल पूछने आने वाले भक्त एक-दो मुलाकात में 'चित्रलेखा' के नियमित वाचक एवं मेरे मित्र बन गए, ऐसा अनेक बार हुआ है।

ठीक है। मुझे हैरान करने वाली प्रतिक्रिया वाला 'चार राम...' यह लेख मैंने पढ़ा। कहा-जबरदस्त लिखा है। इस लेख के लिए तुम्हें बहुत सारी प्रतिक्रियाएँ मिलेंगी। मैंने माँ को वरिष्ठ पत्रकार दोस्तों की प्रतिक्रियाओं के विषय में बताया। वैसे ही उसने गुस्से में आकर कहा-उन्हें कह दो, बाकी सब छोड़ दो, किंतु ज्ञानेश को 90 वर्ष की माँ है, इतना ध्यान रहे!

हाँ! मेरी माँ-सुशीला रामकृष्ण महाराव आज 90 वर्ष की है। उम्र के लिहाज से उसकी शारीरिक गति मंद हो गई है। थक गई है। किंतु मानसिक रूप से बहुत सशक्त, विचारों से क्रांतिकारी और कुशाग्र बुद्धि की है। विश्व का भूगोल और इतिहास उसके प्रिय विषय है। वर्तमान की पहचान और विकास का सम्मान यह उसकी विशेषता! व्यक्तित्व सामान्य; किंतु कार्य, समय, गति को एक धागे में बांधने वाली हमारी माँ है। बोलने एवं व्यवहार में स्पष्टता और ध्येयपूर्ति के लिए कष्टता, इन विशेषताओं से उसका व्यक्तित्व निर्माण हुआ है। वह उसने अपने 90 वर्ष की उम्र तक कायम रखा है। वह वाचन के कारण अद्यतन है। प्रतिदिन वह घर

में आने वाले दस-बारह समाचार पत्रों को पढ़ती है। घर में साप्ताहिक-मासिक आते हैं। उसमें अभ्यासपूर्ण लेखों का वाचन करती है। टी.व्ही. की खबरों पर उसका विशेष ध्यान होता है। 'प्राइमटाइम' धारावाहिक देखती है। किस लिए? तो विश्व में क्या चल रहा है? उसे समझने के लिए...

पढ़ते समय-देखते समय कुछ अलग अथवा मन को चुभने वाली बात पर वह सोचती है। अगर वह बात अधिक पेचीदा हो, तो रात में सोते समय मुझे पूछती है। मन की शंका-गलतफहमी दूर कर लेती है। सुनती है-समझदार है; वाद-विवाद करती है। किंतु अपनी खुद की सोच बनाती है। किसी दूसरे की सोच को अपने पर हावि नहीं होने देती।

वह अपने काम खुद करती है! घर के किसी सदस्य से थोड़ी मदद लेनी चाहिए, ऐसा कहने पर वह कहती है- ''क्या बुढ़ापे का मतलब, कोई खाना देगा क्या? मदद करेगा क्या? ऐसी याचना करने की अवस्था होती है, ऐसा किसने कहा? जितना होता है, काम करती रहूँगी, तो आवश्यकता में मदद करने के लिए कोई भी स्वयं आगे आएगा। इस बात को जब बड़े-बुजुर्ग समझ जाएंगे तब बुढ़ापे के कारण घर में होने वाले वाद-विवाद खत्म हो जाएंगे। ऐसा वह कहती है।''

अनेक अच्छे-बुरे अनुभवों के कारण माँ इतनी समझदार हो गई थी। स्वयं को जितना संभव है, उतनी निष्ठा से एवं दिल लगाकर करना चाहिए। किंतु अगर असफलता मिले तो उस बात को दिल से नहीं लगाना चाहिए। उसे भूलकर; नए ध्येयपूर्ति के लिए प्रयत्नशील होना चाहिए, इस प्रकार की मनोवृत्ति उसने कायम रखी। 42 वर्ष पूर्व की घटना है। जब मैं नौवीं कक्षा में था। स्कूल से पाँच दिन के लिए जाने वाली 'माथेरान दर्शन' यात्रा के लिए पिताजी ने पैसे दिए थे। किंतु यात्रा को जाने से पूर्व की चार रातों में पिताजी ने माँ के साथ झगड़ा करके सोने नहीं दिया था। यात्रा की कोई भी तैयारी नहीं हुई थी। फिर भी माँ ने सुबह उठकर तैयारी की। मुझे उठाया। मैं यात्रा को नहीं जाना चाहता था। पिताजी ने गुस्सा करके जाने के लिए कहा। किंतु मैंने मेरा निश्चय पूर्ण किया। माँ ने दोपहर में मुझसे कहा- ''अगर गया होता, तो अब तक माथेरान को पहुँचा होता!''

''किंतु घर की याद मुझे सोने नहीं देती।'' मैंने कहा।

उसने कहा- ''रात अपनी नहीं। दिन अपना है, यह समझकर जीना चाहिए। रात के विचारों से दिन को रात नहीं करना चाहिए।''

माँ ने संक्षेप में प्रतिकूल परिस्थितियों में निहित कार्यों को किस प्रकार करना चाहिए, इसका ज्ञान दिया था। जो मेरी पत्रकारिता के लिए उपयुक्त सिद्ध हुआ।

माँ मुंबई महानगरपालिका के स्कूल में 40 साल तक अध्यापिका थी। उसमें 10 वर्ष मुख्याध्यापिका भी थी। उम्र के 14 वर्ष से ही उसने नौकरी करते हुए अपनी

शिक्षा पूर्ण की। पुणे स्थित 'सेवा सदन' में काम करके उसने शिक्षक प्रशिक्षण पूर्ण किया। इसके लिए मुंबई से पुणे जाने के फैसले को लेकर रिश्तेदारों की नाराजगी को भी सहन किया। क्योंकि शिक्षा और नौकरी के अलावा अपनी उन्नति नहीं हो सकती, अपने इस विचारों पर वह दृढ़ थी। शिक्षा के कारण ही उसे पढ़ने की, पढ़ने के कारण ही विचार करने की और विचार करने के कारण ही निर्णय लेने की आदत लगी।

शिक्षा एवं वचन के कारण ही आचार्य अत्रे, शाहिर अमर शेख, साने गुरुजी, भाऊराव पाटील इन्हें करीब से जान सकी, समझ सकी। प्रभाकर, वसंत दावतर, प्रकाश माहोडीकर इनके मराठी भाषा वर्ग के कारण उसकी भाषा के विचारों के साथ-साथ सामाजिकता की समझ भी विकसित हो गई। माँ ने नौकरी के 30 वर्ष मुंबई में वरली की कामगार एवं गरीब बस्ती के स्कूल में व्यतीत किये। यहाँ पढ़ने के लिए आने वाले बच्चों के साथ उसने अभिभावकों के भी प्रश्न होते थे। माँ अध्यापिका के नाते पढ़ाने में और मुख्य अध्यापिका के नाते प्रशासन में कठोर थी। किंतु निर्णय लेते समय वह निर्णय छात्र एवं अभिभावकों के हितों का होना चाहती चाहिए, इसका ध्यान वह रखती। इस कारण छात्र और अभिभावकों की वह 'आवडती बाई' (छात्र प्रिय अध्यापिका) थी।

पिताजी ने तत्कालीन मुंबई की कुल 63 में से 40 मिलों में टेक्निकल ऑफिसर के रूप में काम किया। उन्हें भी साहित्य, कला और सामाजिक कार्यों में रूचि थी। पिताजी के समान माँ का भी लोक संग्रह विपुल था। वह जाति धर्म की दीवारों को दिलों से नष्ट करने वाला था।

1977 में पिताजी का देहांत हो गया। दोनों का 21 साल का यह जीवन समाप्त हो गया। हम आठ भाई-बहन थे। दो बहने और छह भाई। मेरी बड़ी बहन 20 साल की, छोटा भाई 10 साल का। इस अकस्मात विपरित आपत्ति का आघात जबरदस्त था। हम सभी भाई-बहन लगातार रो रहे थे। किंतु माँ शांत थी। सांत्वना के लिए आने वाले लोगों की बातें वह सुन रही थी। ऐसे समय में परामर्श देने वाले बहुत होते हैं, किंतु आपदा में निर्मित समस्याओं के साथ खुद को ही जूझना पड़ता है, यह उसे मालूम था। क्योंकि 40 साल पहले ऐसी ही घटना का सामना उसकी माँ ने किया था।

इस आपदा ने दादा और उसकी चार लड़कियों का भविष्य अधर में छोड़ दिया था। तब सामूहिक पारिवारिक प्रथा के अनुसार दादाजी ने अपने अंधेरी स्थित बंगले के साथ सारी जायदाद बड़े भाई के नाम पर की थी। दादाजी के एकाएक निधन के बाद बडे भाई साहब ने सारी जायदाद कब्जे में ले ली। (आज वहाँ 20-20 मंजिला दो इमारत है।) दादा-दादी और चार लड़कियों को बंगले का एक कमरा किरायेदार के रूप में दिया। दादी निरक्षर थी। 15 से 2 वर्ष की चार लड़कियों की उसे चिंता

थी। चाँदी की थाली में खाना खाने का वैभव भोगने वाली इन पाँचों को पीतल की थाली भी महँगी हो गई थी।

ऐसी हालत में भी वह कोर्ट गई। किंतु एक साल के अंदर ही वहाँ असफलता हाथ लगी। वहाँ अपमानित होकर जीने से अच्छा इस घर को छोड़ दिया जाए। इस निश्चय के साथ उसने घर छोड़ दिया। आगे का रास्ता समस्याओं के काँटों से भरा हुआ था। किंतु स्वाभिमान एवं शील की रक्षा करते हुए दादी ने यह रास्ता पार किया। उसके लिए उसने अपार मेहनत की। लड़कियों को पढ़ने दिया। 'लड़की पढ़ने के बाद उन्हें पति कैसे मिलेगा?' इस प्रकार के विचारों को उसने अपने पास भी नहीं आने दिया।

माँ अध्यापिका बनी और उसने अपनी माँ को मराठी में हस्ताक्षर करना सिखाया। दादी अंधेरी में डॉ. लेले की 'बोरोसिल कंपनी' में नौकरी करती थी। इस कंपनी में विज्ञान प्रयोगशाला के लिए उपयुक्त काँच की सामग्री बनती थी। उन वस्तुओं पर अंग्रेजी अक्षरों में अथवा अंकों में कोड नंबर होते थे। वह पेंट करने का काम दादी करती थी। यह काम डॉ. लेले जी ने दादी को सिखाया था। दादी को पढ़ना लिखना नहीं आता; किंतु अंग्रेजी अक्षर-अंक को वह बिना किसी गलती के पेंट करती। उसने अक्षर एवं अंकों की शिक्षा हासिल नहीं की; किंतु उनके आंकड़ों को अपने दिमाग में स्थापित कर लिया था। इस प्रकार की स्थिरता उसके जीवन में भी थी। उसे दादी ने अपने उम्र के 95 वर्ष तक कायम रखा।

जब पिताजी का देहांत हो गया, तब माँ को साथ देने के लिए दादी थी। किंतु वह 70 साल की थी। उसे खुद का घर था। इसलिए माँ ने उसे अपने संघर्ष में शामिल नहीं किया; किंतु उसकी 'जुझारु वृत्ति' उसने अवश्य ली। उसकी शुरुआत उसने दादी के समान घर छोड़कर नहीं, अपितु घर बेचकर की।

निरंतर नौकरी छोड़ने के कारण पिताजी जहाँ काम करते थे, वहाँ से कोई भी आर्थिक सहायता नहीं मिली। कर्मचारियों और मालिक ने मिलकर जमा किए गए तीन हजार रुपये की मदद निधि प्राप्त हुई। पिताजी और बचत का दूर तक कोई सरोकार नहीं था। ''आठों बच्चे एक-एक लाख से भी अधिक कीमती है।'' ऐसा वह कहते। किंतु बच्चों को लाखों रुपए की कीमत प्राप्त कराने के लिए अपनी भी कुछ जिम्मेदारियाँ हैं, इस बात पर उन्होंने कभी ध्यान नहीं दिया। वरली के बीडीडी मोहल्ले का एक कमरा, बस यही उनकी संपत्ति थी। पैसों के लेन-देन से मुक्त होने के लिए माँ ने वह कमरा बेच दिया और हमें वह वरली महापालिका कर्मचारी रिहायशी इलाके में लेकर आयी। यह जगह दोगुनी थी किंतु किराया चौगुना।

वहाँ का पहला दिन पिताजी के वर्ष श्राद्ध का था। वह माँ ने गृह प्रवेश का किया। माँ को सेवानिवृत्त होने में अभी सात साल बाकी थे। उसके बाद क्या?

इसका विचार उसने नहीं किया था। किंतु उचित मार्ग अवश्य मिलेगा, इसका विश्वास उसे था। बच्चों की शिक्षा और उन्नति के लिए अच्छा माहौल होना चाहिए, इसी विचार से उसने जगह बदलने का निर्णय लिया था। वह हम भाई-बहनों की उन्नति के लिए सही साबित हुआ।

इस परिवर्तन के कारण ही मुझे नौकरी मिली। अधूरी शिक्षा पूर्ण की। पत्रकारिता में आ गया। तब तक दोनों बहने डबल ग्रेजुएट हो गई थी। एक सेल्स टैक्स इंस्पेक्टर हो गई। दूसरी राष्ट्रीय खिलाड़ी और पुलिस अधिकारी हो गई। नई जगह ने घर को स्थिरता दी। मुझसे छोटा भाई ग्रेजुएट हो गया। तब माँ ने मुझे कहा- ''तू भी ग्रेजुएट हो जा। चाहे तो नौकरी छोड़ दे। बाद में कहेगा, घर की जिम्मेदारियों के कारण नौकरी करनी पड़ी। इसलिए मेरी शिक्षा अधूरी रही रह गई।''

माँ का कहना दिल पर लिया और नौकरी करते हुए ग्रेजुएट भी हो गया। किंतु उससे पहले पत्रकारिता करने का मौका साप्ताहिक 'विवेक' के कारण प्राप्त हुआ। वहाँ का वेतन मेरी पहली नौकरी से आधा ही मिलने वाला था। माँ से पूछा, तब उसने कहा- ''आर्थिक नुकसान की चिंता मत कर। पत्रकारिता कर। केवल एक बात हमेशा के लिए गांठ बाँधकर रख ले-मुफ्त में मिलता है इसलिए दारू की आदत मत लगा लेना।''

तब मैं पच्चीस साल का था। पिछले बत्तीस साल से मैं पत्रकारिता करता हूँ। इस क्षेत्र में अपेक्षित जवाबदेही के साथ, घात-आघात, अवहेलना इसका भी अनुभव मुझे मिला। बहुत कष्ट किए, आज भी करता हूँ। किंतु किसी भी नशा ने आज तक मुझको छुआ तक नहीं।

माँ ने सेवानिवृत्ति के बाद वरली से दादर को और भी बड़े घर में हमें ले गई। खुद का घर लिया। अपनी माँ को, पिता की जिस गलती के कारण दुःख झेलने पड़े, उस गलती को उसने अपने साथ नहीं होने दिया, उसे ठीक किया।

माँ ने नौकरी लगने के बाद शादी से पहले दस साल और सेवानिवृत्ति के बाद पंद्रह साल महाराष्ट्र के साथ-साथ विभिन्न राज्यों में भी अनेक यात्राएँ कीं; ऐतिहासिक धरोहर और प्राकृतिक विविधता देखने के लिए। विज्ञान एवं तंत्रज्ञान संस्था एवं परिषद की यात्राएँ उसने कभी नहीं छोड़ी। 1999 का खग्रास ग्रहण देखने के लिए वह विज्ञान संस्था सदस्यों के साथ कच्छ गई थी। यात्रा से लौटने के बाद, वहाँ की विशेष जानकारी उसने हमें देती थी। वहाँ जाओ और देखो ऐसी सूचनाएँ वह हमें देती। आज भी वह यही कहती है। खाना, ज्ञान और दुनिया घूमना इस विषय में वह आज भी आग्रह करती है। यह बातें अपने अंदर जाती हैं। अनुभव संपन्न बनाती हैं। इसी से अपना संपूर्ण विकास होता है, इसलिए वह उचित ही होनी चाहिए। ऐसा उसका कहना था।

पिताजी के देहांत के बाद घर की हालत बिगड़ गई थी। किंतु उस स्थिति में भी माँ ने हमारी तीन बातें-शिक्षा, दूध और घर में आने वाले समाचारपत्र-मासिक इन में कोई बाधा नहीं आने दी। क्लासेस की फीस रुक जाती। दूध और पेपर का बिल पांच-छह महीने तक प्रलंबित रह जाते। सोसाइटी से कर्जा उठाकर वह सबके बिल चुकता कर देती। बाकी कापियाँ, पुस्तकें, कपड़े, चप्पल हम एक दूसरे के ही इस्तेमाल करते। माँ जब स्कूल से आती, तब बड़ी बहन माँ की चप्पल पहनकर नाइट कॉलेज में जाती। जब मुझे और बाद में बड़ी बहन को नौकरी मिली, तब हमारे घर की आर्थिक स्थिति में कुछ सुधार आया।

माँ ने जानबूझकर ऐसे कोई संस्कार नहीं किए। किंतु अपने व्यवहार एवं कार्य से बहुत कुछ सिखाया। सामान्यतः सेवानिवृत्ति के बाद बहुत से लोगों पर भगवान और धर्म का पागलपन सवार हो जाता है। ऐसे लोगों को 'सौ चूहे खाकर बिल्ली हज को निकली' ऐसा कहते हैं। लेकिन माँ ने अपनी सेवानिवृत्ति के साथ-साथ ईश्वर और धर्म को भी अपने जीवन से निवृत्ति दे दी। उसकी निरर्थकता बताने लगी। इसी वास्तविकता के कारण ही वह उम्र के 80 साल में भी 'यूटरस' निकालने के ऑपरेशन का निर्णय खुद ले सकी। उम्र के 86 साल में 'नी रिप्लेसमेंट' का ऑपरेशन कर लिया।

माँ के दो-तीन डॉक्टर हैं। घर के काम करने के लिए सहायक के रूप में चार महिलाएँ हैं। इसमें किससे कौन सा काम कब लेना है, इसका व्यवस्थापन वह खुद देखती है। टाइम टेबल तय है। इसका पालन ठीक से नहीं हुआ, तो गुस्सा ना करते हुए उसका परिमार्जन कर उसे ठीक करती है। जरूरत पड़ने पर 90 साल में भी खाना पकाने के लिए तैयार रहती है। उसके द्वारा बनाया गया हर पदार्थ स्वादिष्ट होता है। चपाती भी। साथ ही पेट भर खाने का आग्रह भी होता है।

जब पिताजी थे तब दादाजी को मिलाकर ग्यारह लोगों का परिवार था। तब और उसके बाद भी माँ सभी के लिए खाना बनाकर, खुद तैयार होकर, स्कूल में नौकरी के लिए जाती और वापस आने के बाद फिर रात का खाना बनाती। पिताजी उसे कुछ मदद करते थे। किंतु खाने वाले लोगों की तुलना में वह मदद बहुत कम थी। उसमें हम भाई-बहन जब साथ में खाना खाने बैठते, तब रोटी खाने की स्पर्धा लगाते थे। गणपति उत्सव में मोदक खाने की स्पर्धा होती थी। लेकिन माँ पेट भरने तक गरमा गरम रोटियाँ, मोदक बना कर देती। अब वह सब कुछ याद करता हूँ तो एहसास होता है कि, खाने के लिए हमने माँ को बहुत परेशान किया।

वर्तमान स्थिति में, अगर मैं घर पर हूँ और माँ काम कर रही हो तो, उसे उसके काम में मदद करता हूँ। यह मदद उसकी थकान को देखकर करता हूँ। परसों की

ही बात है, काम करने वाली महिला ना आने के कारण माँ रसोई में काम कर रही थी। मैं चाय लेने के लिए वहाँ गया था। वह लेने तक उसे मदद हो इसलिए मैंने यहाँ का बर्तन वहाँ रख दिया। उसे जो चाहिए वह देते हुए कहा- ''अगर इतनी मदद बीस पच्चीस साल पहले करता, तो आज जो तुम्हारी हालत है, उससे अच्छी हालत आज तुम्हारी होती।''

मेरी बातें सुनकर माँ मुस्कराई। किंतु कुछ नहीं बोली। जब माँ बोलती है, तब वह दिल से बोलती है। इसीलिए उसकी कठोर बातें भी हजम हो जाती है। किंतु जब वह बोलती नहीं तब उसका मौन बहुत अस्वस्थ कर देता है। कुछ गलतियों को किसी भी प्रकार से नहीं सुधारा जा सकता। ऐसी गलती दोबारा मत करना, यही बात उस का मौन कह देता है।

20-22 साल पहले सिने अभिनेत्री ललिता पवार जी से मिलने के लिए मैं उनके पुणे स्थित पाषाण के घर गया था। तब वह 80 साल की थी। मुंबई से खास उन्हें मिलने के लिए ही आया था। इसलिए उन्होंने जी भर कर बातें की। अल्प शिक्षित होकर भी मराठी और हिंदी फिल्मों में अपने अभिनय के दम पर किस प्रकार एक अलग स्थान निर्माण किया, इस विषय में वह बातें कर रही थी। इसके लिए उन्होंने बहुत मेहनत की थी। फिल्म की आधुनिकता के साथ-साथ खुद की क्षमताओं का भी अध्ययन किया था। बातें करते-करते उन्होंने वी शांताराम द्वारा निर्मित 'अमर भूपाली' फिल्म की ओर अपना मोर्चा मोड़ दिया। शाहिर होनाजी इनके जीवन पर यह फिल्म थी। होनाजी यह गाय-भैंस के दूध का व्यवसाय करने वाले ग्वाले अर्थात् ओबीसी समाज के थे। पेशवा काल के समय इस समाज को शिक्षा का अधिकार नहीं था। फिर भी होनाजी ने अपनी प्रतिभा के बलबूते 'घनश्याम सुंदरा श्रीधरा अरुणोदय झाला' इस अमर भूपाली की रचना की थी। इस फिल्म में उनकी भूमिका पंडित नगरकर ने की थी और गीत भी गाए। इस फिल्म में ललिता पवार होनाजी की माँ की भूमिका में है। इस भूमिका के लिए पटकथाकार द्वारा लिखे गए संवाद ग्रामीण, गरीब घर की महिला के लिए सटीक थे। किंतु ललिता पवार जी को वे संवाद ठीक नहीं लगे। उनका कहना था कि, होनाजी की माँ गरीब, ग्रामीण परिवार से थी। किंतु वह 'अमर भूपाली', 'सांगा मुकुंद कुणी हा पाहिला', 'लटपट लटपट तुझ चालणं' जैसे एक से बढ़कर एक गीत लिखने वाले, लावनियाँ-पोवाडे लिखने वाले शायर की माँ थी। उनके गीत उनके पश्चात् 150 साल के बाद भी लोग गाते हैं। ऐसे महान शाहिर को 'कवन' अचानक सूझने लगे क्या? इसके लिए उसे अपनी माँ से कुछ भी नहीं मिला क्या? 'जैसे बीज वैसे पेड़' यह कहावत केवल किसी की बुराई करने के लिए ही इस्तेमाल करनी है क्या? अच्छाई दिखाने के लिए क्यों नहीं इस्तेमाल करनी?

ललिता पवार ने यह सारे सवाल व्ही. शांताराम जी को सुनाये। व्ही. शांताराम जी को भी वे उचित लगे और उन्होंने ललिता पवार को उन्हें जो ठीक लगे वह संवाद कहने की छूट दे दी। ललिता पवर जी की इस सुझ-बुझ के कारण ही, होनाजी की माँ को न्याय मिला। जिसके कारण ललिता पवार ने होनाजी की 'अमर माँ' को फिल्म में प्रस्तुत किया।

माँ-बाप के पास जैसे गुण होते हैं, वैसे दोष भी होते हैं। उसे लेकर ही हर व्यक्ति अपने व्यक्तित्व का निर्माण करता है। किंतु उनके दोषो का त्याग करके केवल उनके गुणों को धारण करने से माँ-बाप के गुणों को और समृद्धता प्राप्त होती है। दोषो को अपनाने से माँ-बाप के पश्चात् भी उनकी बदनामी का कारण आप हो सकते हैं। होनाजी ने अपने माता-पिता के गुण ग्रहण किए, इसलिए वे अमर हो गए। इस प्रकार मैं भी माता-पिता के गुणों को ग्रहण कर संपादक के रूप में विकसित हो सका। उसमें माँ के स्वतंत्र विचार एवं कृति का बड़ा योगदान है। क्योंकि उसने स्वकर्तृत्व के बल पर 40 साल हम भाई-बहनों को कभी भी पिताजी की कमी का अहसास नहीं होने दिया। मेरी तरह अन्य भाई-बहनों को भी वह अपने लिए योग्य माता ही लगती है। इतनी समानता उसने अपने आप में रखी है। सभी के अभिव्यक्ति स्वतंत्रता को संरक्षित करती है। विशेष बात यह है कि, माँ अपनी बात छोड़ कर हम सबका सुनती है, ऐसा हम आठों भाई-बहनों का कहना है। यही सोच संपादक के विषय में सभी सहकारियों की होती है। इसलिए 'संपादक की माँ' के रूप में वह मेरी शोभा बढ़ाती है।

कभी-कभी हम सभी माता से झूठ बोलते हैं। अपनी यह बातें नुकसानदेह नहीं होती। क्योंकि हम झूठ बोल रहे हैं यह माता-पिता को मालूम होता है। अधिकतर वे गुस्सा करते हैं और बच्चों की मजबूरी को जानकर मन ही मन क्षमा भी कर देते हैं। इसलिए हमें किसी बात को टालने के लिए जरूर झूठ बोलना चाहिए, किंतु कभी भी फसाना नहीं चाहिए। क्योंकि जब आप का छल समझ में आता है तब वह माता-पिता के हृदय को आहत करने वाला विश्वासघात होता है। कभी ना भरने वाली वह ज़ख्म होती है। ऐसी ज़ख्म मुझसे मेरी माँ को ना मिले इसकी चिंता मैं हमेशा करता हूँ।

यही चिंता मैं अपने माता-पिता पाठकों की भी करता हूँ। इसीलिए पिछले 28 सालों से 'साप्ताहिक चित्रलेखा' के संपादक के रूप में आप सभी की सेवा करता हूँ। सत्य को प्रस्थापित करने के लिए लहरों के विरुद्ध तैर के प्रवाह के विरोध में हमेशा कठोरता से लिख कर भी जीवित हूँ!

■ ■ ■

अनुशासनप्रिय एवं लोकप्रिय

- अभिनंदन थोरात

आप पिछले कुछ वर्षों से पत्रकारिता, जनसंपर्क और इमेज बिल्डिंग अर्थात् प्रतिभा संवर्धन और राजनीति के क्षेत्र में काम करते हैं। आप सुप्रसिद्ध 'चिंतन ग्रुप' के संपादक चेयरमैन हैं। इसी ग्रुप के माध्यम से राजनैतिक एवं अन्य, सलाह, सेवा, सुझाव एवं मार्गदर्शन देने का कार्य किया जाता है। आज यह चिंतन ग्रुप एक विशाल समूह में रूपांतरित हुआ है। मोबाइल फोन का प्रचलन जब शिशु अवस्था में था तब आपने विश्व की पहली s.m.s. अलर्ट न्यूज सर्विस 'चिंतन s.m.s.' नाम से प्रारंभ की और आप पायोनियर बन गए। आज इस एसएमएस सेवा का लाभ राजनीति, कॉर्पोरेट, कृषि, मीडिया, नौकरशाह इन सभी क्षेत्रों के दिग्गज लेते हैं। इनका पाक्षिक 'चिंतन आदेश' में 'सिंहासन' इस संपादकीय में महाराष्ट्र के राजनीति एवं पत्रकारिता इन दो महत्वपूर्ण क्षेत्र की ताजा एवं अंतर्गत घटनाक्रम की मार्मिक टिप्पणी और भविष्य वेध इस कारण महाराष्ट्र में बड़े उत्सुकता से पढ़ा जाता है। चुनाव पूर्ण वातावरण का मूल्यांकन और चुनाव के रुझान इस विषय में चिंतन ग्रुप का नाम भारत में प्रसिद्ध है। अनेक विद्यापीठ में भारतीय एवं विदेश में भी इन्होंने 'पॉलिटिकल इमेज मेकिंग' इस विषय पर व्याख्यान दिए हैं।

मेरी माँ शकुंतला महादेव थोरात; जिसे मैं 'आई' कहता था, किंतु अन्य सभी जिसे 'नानी' कहते। श्रीगोंदा तहसील में काष्टी नामक गाँव है जो उसका मायका था। उसकी शादी मेरे पिताजी महादेव राव के साथ हुई। यह भी एक नाट्यमय घटना ही थी। 1950 में हमारे पिताजी दूसरे विश्व युद्ध के बाद फौज से निवृत्त होकर आरोग्य विभाग में नौकरी करने लगे। उस समय उनकी शादी नहीं हुई थी। उसी समय उन्हें काष्टी गाँव से माँ का रिश्ता आया। उस समय काष्टी गाँव में बस सेवा नहीं थी। काष्टी को जाने के लिए गाँव की नदी से पहले तांदली गाँव में उतरना पड़ता और वहाँ से नदी पार करके काष्टी गाँव में जाना पड़ता था। इसी

119

प्रकार पिताजी पहले तांदली और नदी पार करके काष्टी के लिए निकले। वहाँ नदी के किनारे पर एक लड़की कपड़े धो रही थी। उसी लड़की को पिताजी ने जिसके घर जाना था उनका पता पूछा और उस लड़की ने भी उचित दिशा में किस प्रकार जाना है, यह बता दिया। घर पहुँचने के बाद जब लड़की दिखाने का समय आया तो, सामने उसी लड़की को देखकर उन्हें आश्चर्य हुआ। क्योंकि यह वही लड़की थी जिसने उन्हें पता बताया था। लड़की पसंद होने के कारण पिताजी ने हाँ कर दी और उसके साथ शादी हो गई। बाद में अहमदनगर में उनकी गृहस्थी प्रारंभ हो गया।

1951 में हमारे बड़े भाई अशोक का जन्म हुआ। 1954 में मेरा जन्म हुआ। उस समय माँ और पिताजी ने मिलकर आज के युग का मॉर्डन और दुर्लभ ऐसा में मेरा नाम रखा था, अभिनंदन। उसके बाद 1957 में मुझसे छोटे भाई का जन्म चंद्रपुर में हुआ था। उस समय पिताजी का तबादला चंद्रपुर हुआ था। इसलिए उसका नाम निर्मल नदी और चंद्रपुर की याद में निर्मलचंद्र रखा। 1950 के दशक में इतने आधुनिक नाम देकर माँ-पिताजी ने हमें जिंदगी की पूंजी ही दी।

1959 से 1963 तक हम चंद्रपुर में ही थे। यही हमारा प्राथमिक शिक्षा माँ के अनुशासन में प्रारंभ हुई। उस समय चंद्रपुर में हमारी माँ बहुत लोकप्रिय हुई थी। घर में आने जाने वालों की भीड़ रहती। उन सभी का आवभगत माँ आदर के साथ करती। यही संस्कार हम बच्चों पर भी हुए। घर आने-जाने वाले सभी मेहमानों का स्वागत आज भी सभी के घरों में उतने ही आदर एवं प्रेम के साथ होता है। चंद्रपुर में हमारे घर का गणपति उत्सव बहुत लोकप्रिय था। 1962 में चीन ने भारत पर आक्रमण कर दिया। तब हम चंद्रपुर में थे। तब माँ ने उस समय के सभी मौल्यवान आभूषण संरक्षण दल को दान दिये; अर्थात् पिताजी पूर्व सैनिक होने के कारण उनकी भी रजामंदी थी। उसके बाद माँ ने कभी सोने के आभूषण नहीं बनवाये।

बचपन में माँ ने हमें विभिन्न प्रकार का साहित्य पढ़ने को दिया। उसमें पु. ल. देशपांडे से लेकर अर्नालकर की पुस्तकें थीं। 'इंद्रजाल कॉमिक्स' यह वेताल की पुस्तक भी पढ़ने के लिए दी। इसी प्रकार बाबूराव अर्नालकर इनकी रहस्यमयी कथाएँ भी पढ़ने के लिए दी। उस समय अर्नालकर की कथाएँ पढ़ना अनुचित माना जाता था। किंतु माँ ने हमें कभी ना नहीं कहा। उस समय माँ ने हमें 'चांदोबा' यह मासिक पढ़ने के लिए उपलब्ध कराया था। जो हमारे घर नियमित रूप से आता जब तक वह बंद नही हो गया। हमारी पढ़ाई पर भी उसका सामान ध्यान रहता। स्कूल के शिक्षकों से वह हमेशा संपर्क में संपर्क रहती। 1961 में महाराष्ट्र के मुख्यमंत्री यशवंतराव चव्हान चंद्रपुर में आए थे। उन्हें माला पहनाने के लिए माँ ने मुझे भेजा था और मैंने उन्हें माला पहनाई। इसका मुझे बहुत आनंद हुआ। मेरे जीवन के वह पहले मुख्यमंत्री थे। उनके बाद जो भी मुख्यमंत्री हुए उनके साथ मेरे संबंध रहे।

1963 में पिताजी का तबादला नगर जिले के राशीन (राशीन देवी का गाँव) यहाँ हुआ था। इसलिए हमने पहले 4 माह काष्टी में रहने के बाद राशीन को ही मैं चौथी पास हो गया। शहर में रहने वाली माँ ने हमें राशीन में कैसे संभाला होगा, इसका मुझे आश्चर्य होता है। राशीन में उसने हमें वक्तृत्व स्पर्धा में भाग लेने के लिए प्रेरित किया और वहीं से मेरी भाषण में रूचि बढ़ने लगी। 1964 में पिताजी का तबादला नगर में हुआ और हमारा परिवार माँ के पसंदीदा शहर नगर में आ गया।

1964 से 1993 तक माँ का संपूर्ण जीवन यही व्यतीत हुआ। हमारी शिक्षा भी इसी समय पूर्ण हुई। नगर शहर में माँ लोकप्रिय थी। सभी उसे 'नानी' कहते। हमारे घर के गौरी गणपति को देखने अनेक लोग, महिलाएँ, लड़कियाँ आती थीं। वहाँ माँ द्वारा की गई झाँकियाँ विशेष आकर्षण का विषय होती थी। माँ आस-पड़ोस के सभी परिवार के मुश्किल समय में उनके साथ खड़ी रहती थी। उसी प्रकार अनेक कामवाली औरतों को बचत की आदत लगाई थी। यह उसकी आदत मुझे विरासत में मिली। हमारे यहाँ एक दलित समाज का सिपाही हुआ करता था, उस समय स्पृश्य-अस्पृश्य का पालन अधिक होता था। यह सिपाही हमारे पास ही रहता, हमारे घर का भोजन बनाता, हमारे साथ खाना खाता, माँ घर के सभी मेहमानों को उसी के हाथों चाय पिलाती किंतु उसने कभी इस विषय में अस्पृश्यता देखी नहीं। हमें भी कभी सिखाया नहीं। इतने पुरोगामी विचारों की थी हमारी माँ।

1982 में मैं तरुण अवस्था में था। उस समय की बात है, मेरे जीवन में एक घटना घटित हो गई थी, और वह अधिक पेचीदा भी हो गई थी। उस समय माँ मेरे साथ अपनी पूरी ताकत के साथ खड़ी रही। उस समय मुझ पर अनेक प्रकार से दबाव आता था। उस समय के माँ के वाक्य आज भी मुझे याद है, उसने कहा था- ''अगर तूने सच्चे माँ का दूध पिया होगा, तो किसी भी प्रकार के दबाव के सामने तू नहीं झुकेगा।'' माँ के इस वाक्य के समान ही मैं रहा और किसी भी दबाव के आगे झुका नहीं। हम चारों भाइयों का पालन-पोषण उसने बहुत अच्छे से किया। अच्छे संस्कार भी दिए।

बड़ा भाई अशोक क्रिकेट के क्षेत्र में उन्नति की। उसकी पत्नी, मेरी भाभी नलिनी और माँ की अच्छी बनती थी। अंतिम क्षणों तक माँ ने उसे अपनी बेटी के समान स्नेह दिया। मेरी पत्नी कांचन और माँ के संबंध भी गहरे प्यार और स्नेह के थे। कांचन अच्छे सरकारी ओहदे की नौकरी करती है, फिर भी अपना घर और परिवार कितने अच्छे से संभालती है। इसका उसे अभिमान था। छोटा भाई स्वागत इसके पारिवारिक जीवन में कुछ प्रतिकूल घटना घटित होने के बाद भी माँ ने उस लड़की को उतना ही स्नेह दिया। सबसे छोटा भाई निर्मलचंद्र अंत तक नगर में उसके साथ रहा। उसकी पत्नी ज्योति और माँ के संबंध स्नेह की डोर से बंधे थे।

अपने बच्चे, अपनी बहुएँ इन पर अपार स्नेह बरसाने वाली नानी 1993 में दशहरे के दूसरे दिन हृदय विकार के कारण भगवान के घर चली गई। संयोगवश उसी दिन शिर्डी से आते समय मैं, कांचन, मंदार, चिंतन नगर में नानी से मिलने घर गए थे। माँ से मिलकर पुणे को पहुँचे ही थे कि, उसके मृत्यु की खबर हम तक पहुँच गई। हमारे होश ही उड़ गए।

नानी को याद करने वाले लोग आज भी है। माँ ने हमें कुछ बातें सिखाई, कुछ संस्कार किए।

1) किसी भी प्रतिकूल परिस्थिति में डरना नहीं है। डर का सामना करो।
2) शो मस्ट गो ऑन
3) आस-पड़ोस के लोग एवं मित्र से स्नेह रखो।
4) घर आए मेहमान का स्वागत करो और कम से कम चाय पानी तो देना ही चाहिए।

यह सब कुछ हम आज भी करते हैं। यही उसका पुण्यस्मरण है।

■■■

माँ अकेले ही लड़ी

- राही भिडे

आप की पहचान है 'लोकमत', 'प्रहार' की वरिष्ठ प्रतिनिधि और अब 'पुण्यनगरी' दैनिक समूह की संपादक। आप मराठी पत्रकारिता में इतने बड़े ओहदे तक जाने वाली पहली महिला पत्रकार हैं। बेबाक लेखन और जबरदस्त संभाषण यह आपकी विशेषता है। अनेक पुरस्कार और अनेक पुस्तकें आपके नाम पर है।

मानवी जीविका की श्रृंखला का आरंभ जिस स्त्री गर्भ से हुआ, उस मातृसत्ता की वारिस होने में वास्तविक धन्यता की अनुभूति होती है और जिसने मुझे एक स्त्री के रूप में जन्म दिया, इस सुंदर सृष्टि के दर्शन कराए, जिसके ऋतुचक्र की यातना का अमृत पीकर मैं अपने पैर जमाकर खड़ी हूँ, उस मेरी माँ को शब्दों में पकड़ना वैसे कठिन ही है। मेरे भूत, भविष्य, वर्तमान का आरंभ बिंदु जिसने करीब से देखा, उसके 82 धूप-बारिशों का हिसाब करना कोई आसान काम नहीं था।

माँ को की गई इस परिक्रमा में माँ को समझते-समझते जैसे मेरा संपूर्ण बचपन रेंगते हुए सामने आया। माँ में स्थित औरत की व्यथा भी सामने आयी। मेरे मायके की संपूर्ण ओटनी मुंबापूरी ने भर दी। सीएसटी के पास सेन्ट जार्ज अस्पताल में मेरा जन्म हुआ, रेंगने लगी, बडी हो गई। मेरे पिताजी शंकरराव निकालजे इसी अस्पताल में कर्मचारी थे। उसी कंपाउंड में हमारा क्वार्टर था। यहाँ की नाल कभी टूटी ही नहीं। भाई का परिवार आज भी इसी कर्मचारी बस्ती में रहता है।

सेंट जॉर्ज के कंपाउंड का संपूर्ण परिसर मेरी पाँचवीं कक्षा तक की सभी अच्छी- बुरी यादों से भरा हुआ है। सच देखा जाए तो अस्पताल का गंभीर वातावरण, भिन्न-भिन्न रोगों से ग्रसित परेशान लोग, अनेक दुर्घटनाओं में आहत लोगों की हमेशा भीड़, लोगों का जीना-मरना और उसी के बीच उनका करुण रुदन इसे बचपन से देखकर ही मैं बड़ी होती रही। हमारे पिताजी अर्थात् दादा की

नौकरी के साथ चलनेवाली जनसेवा और उसके लिए संपूर्ण परिवार का अविराम श्रम करते रहना, इन बातों के कारण भी हमारे घर को यातायात की एक अलग ही आदत हो गई थी।

हमारे दादा तो साक्षात् समाज सेवक। गाँव से कोई बीमार व्यक्ति आया हो, मुंबई का हो अथवा किसी तीसरे व्यक्ति के पहचान का हो; उस पेशंट ने दादा के पास आकर केवल पहचान बताने की देरी, बस कुछ ही क्षणों में उस पेशंट की संपूर्ण जवाबदेही दादा अपने कंधों पर ले लेते। अस्पताल की सारी जिम्मेदारियाँ बखूबी संभालते। किंतु जरूरत पड़ने पर घर से भी टिफिन बना कर देते, सुबह का दूध, नाश्ता पहुंचाना इस पर भी पैनी नजर रखते। घर से वार्ड तक लाने-ले जाने की जवाबदेही घर के हम बच्चों की थी। बहुत बार उन पेशंट के रिश्तेदारों के ठहरने की व्यवस्था हमारे ही घर होती थी। पहले ही कर्मचारियों का क्वार्टर छोटा और उसमें भी पिताजी की सेवा निरंतर चलती थी। आज जब यह सब कुछ पीछे मुड़कर देखती हूँ तो मुझे माँ के निरंतर काम करने वाले हाथ ही दिखते हैं। 1960 के दशक का समय अर्थात् स्त्री को होने वाली तकलीफ, मन की घुटन को अप्रत्यक्ष रूप से अथवा घर में भी निषेध करने वाला निश्चित ही नहीं था। पुरुषसत्ताक व्यवस्था की अमल में मेरी माँ के समान अनगिनत महिलाएँ अपने पति की इच्छा को सर्वोपरि मानकर घर चलाती थीं। इस व्यवस्था में माँ भी अपवाद नहीं थी। मेरी माँ मायके की अनुसया रामचंद्र शिंदे। पाँच बहने, तीन भाइयों में बडी हुई। उसके घर में एक अलग ही धार्मिक वातावरण था। उसका बड़ा भाई नारायण, कबीर के दोहे,भजन, कीर्तन करता था। पिताजी वारकरी। एक अलग ही सात्विक परिवेश में माँ बड़ी हो गई थी। शायद इसीलिए ससुराल में अनेक बातों को उसने मौन रहते हुए ही सहन किया। अधिक विरोध करना, जानबूझकर वाद-विवाद करना, यह उसका स्वभाव नहीं था। इसी कारण घर के बाहर दादा की जन सेवा निरंतर चलती थी और माँ के हाथ घर कामों में व्यस्त थे। माँ मेहनती परिवार से थी, शायद इसीलिए मेहनत करना उसे कठिन नहीं लगा।

माँ का मायका निवडुंगे गाँव पाथर्डी तहसील जिला अहमदनगर। शायद 1935-40 का समय होगा; जिस समय मराठवाड़ा में प्रचंड अकाल पड़ा था और व्यक्तियों के समूह के समूह गाँव छोड़कर रोटी के लिए भटक रहे थे। विदर्भ में बुलढाणा जिला स्थित खामगांव के जिनिंग फैक्ट्री में काम मिलता था। विदर्भ में कपास का उत्पादन अधिक होने के कारण यह फैक्ट्री बड़े जोरों से चलती थी। हरी नामक एक मुकदम मराठवाड़ा से आने वाले हर व्यक्ति को काम देता था। छोटी सी झोपड़ी बनाकर देता। यह हरि मुकदम इतना प्रसिद्ध था कि, हरि के पास जो भी जाएगा उसे काम मिलेगा, ऐसा उसका बोल बाला था।

माँ कहती है कि, उसकी माँ अर्थात् दादी-दादा की शादी भी हरि की उपस्थिति में ही हुई थी। उसकी दादी मंजुलाबाई को कुल 17 बच्चे थे। उसमें से केवल तीन जीवित बचे। फिर उपासना प्रारंभ हुई। तुलजा भवानी को बहुत मन्नतें माँगी गई। कानिफनाथ उसके कुलदैवत थे; दूसरी ओर दादा जी ने भी उनके कुल देवता मोहोटा देवी से मन्नतें माँगी थीं। अपने बच्चों की सलामती के लिए दोनों भी भगवान के शरण में गए थे।

लेकिन माँ के पिताजी रामचंद्र इनके परिवार का विस्तार अधिक हुआ। आठ बच्चे हुए। बड़ी सीताबाई, उसके बाद नारायण, शंकर, कृष्णाबाई, जयवंता, अनुसया (मेरी माँ) और जनार्दन ऐसे आठ बच्चे थे। माँ बचपन से अपनी बड़ी बहन के साथ खेत में काम करने के लिए जाती, मजदूरी करती, घर के कामों में हाथ बँटाती। संपूर्ण परिवार कुछ ना कुछ काम करके दो पैसे जुटाने के लिए मेहनत करता। माँ के माता-पिता भी हरि के पास ही काम करने के लिए गए। जिनिंग प्रेस में काम करने से पिताजी की आँखें कमजोर हो गई; और माताजी के कान व्याधि से ग्रस्त हो गए। अर्थात् कपास के सूक्ष्म कण आँखों, कानों एवं फेफड़ों में जाकर अस्थमा होने अथवा अन्य बीमारियों के कारण वहाँ के मजदूर कुछ अल्पायु ही होते। माँ के माता-पिता का देहांत होने के बाद उसके बड़े भाई मुंबई में आकर बस गए और यही छोटा-मोटा काम करके अपना जीवन यापन करने लगे। उसके बाद दोनों भाइयों को सरकारी नौकरी मिल गई।

माँ की शादी यही मुंबई में मेरे पिताजी के साथ हो गई और यहाँ भी उस के नसीब में काम के अलावा और कुछ भी नहीं था। बचपन में माँ अपने भाइयों के साथ भजन के कार्यक्रमों में जाती थी। वह भी उन्हें भजन में साथ देती थी। उसे कबीर के दोहे याद थे। किंतु संसार की सांसारिकता में उसका भजन पीछे छूट गया और केवल मेहनत करना इतना ही उसका जीवित कार्य हो गया। इसे देखते-देखते ही मैं बड़ी हो गई। आज जब मैं पीछे मुड़कर देखती हूँ, तब उसने जो जीवन यापन किया उसके विषय में सोच कर मुझे आश्चर्य होता है। उसकी बातों में जीवन के विषय में कहीं भी कड़वाहट नहीं है और ना ही देहरी के अंदर कष्टों में बिताए जीवन का लेखा-जोखा करते बैठती है। इससे विपरित अच्छी यादों को ताजा करती है। उसने अपरिमित दुःखों को सहन किया इस लिए वह सब कुछ भूल गई, अथवा कष्टों के पहाड़ को लांघते हुए चलने के कारण उसके जीवन में विरक्ति के भावों ने आधिपत्य जमा लिया, जिस कारण वह इतनी क्षमाशील हो गई, पता नहीं। किंतु स्पष्ट, एवं सकारात्मक ढंग से वह अपने अतीत को देखती है, इसका मुझे आश्चर्य होता है। किंतु मैं उसकी वेदना एवं त्रासदी को भूल ही नहीं सकती; क्योंकि इतनी सहनशील वह केवल अपने बच्चों के लिए हुई थी; किंतु हमारे

बचपन पर कोई आँच नहीं आने दी। वह खुद की सारी खुशियाँ हम में देख कर ही खुश रहती।

स्पष्ट रूप से माँ की छवि आँखों के सामने आती है तब माँ हमें स्कूल में छोड़ते हुए दिखाई देती है, जो खुद अपने जीवन में स्कूल की सीढ़ी नहीं चढ़ी किंतु उसे पढ़ने की तीव्र लालसा थी। घर में ही भाइयों की सहायता से अक्षर ज्ञान प्राप्त किया। वह लिखना, पढ़ना सीख गई और आश्चर्य की बात यह है कि, आज इस उम्र में भी केवल समाचार पत्र की खबरें ही नहीं तो लेख और अग्रलेख भी बहुत बड़े उत्साह से पढ़ती है। मेरा लेखन हो या भाषण; माँ अपना स्पष्ट मत उतने ही स्पष्टता से रखती है। हम दोनों बहनों को अच्छे से तैयार करके, खुशी से स्कूल छोड़ने के लिए आने वाली माँ, उस समय पढ़ाई लेने वाली और आज भी जीवन के पाठ पढ़ाने वाली माँ यह मेरा विद्यापीठ ही है। माँ ने कभी भी घर के कामों के लिए आग्रह नहीं किया। लेकिन खुद हमेशा कामों में ही व्यस्त रही। माँ की शादी जल्दी हो गई थी। जब मेरा जन्म हुआ तब वह सोलह-सत्रह साल की थी। उसके उम्र के हिसाब से बच्चों को संभाल कर घर के बाहर घर के कार्य करना उसकी क्षमता से बाहर था। हमारी जिद को वह यथासंभव पूर्ण करती। स्कूल में दिल लगने लगा था। कक्षा में होशियार छात्र के नाते प्रशंसा होती थी; किंतु घर में सब कुछ ठीक नहीं था।

माँ मूलतः स्वभाव से शांत होने के कारण वह वेदनाओं को अंदर ही अंदर दबाना सीख गई थी। एक दिन हमारे बाल मानस को आहत करने वाली घटना घटित हो गई। वह घटना थी हम दोनों बहनों को आगे की शिक्षा के लिए हमारे पुश्तैनी गाँव भेजने की। माता-पिता के सामने जाकर सवाल पूछने का वह समय नहीं था। हम चुपचाप मुंबई छोड़कर आष्टी आ गए। अब हमारी पाँचवी के बाद का स्कूल शुरू हो गया। आष्टी में आने के बाद स्कूल में दिल लग रहा था। किंतु चिंता के कारण माँ की अवस्था गंभीर हो रही थी। मेरे पिताजी दूर मुंबई में थे। शायद वह दिल से भी माँ से दूर होते जा रहे थे।

मुझे बचपन से याद है, मेरे पिताजी की माँ 'सई दादी' ने तत्कालीन समय और सास को अभिप्रेत ऐसे सारे अस्त्र-शस्त्रों का उपयोग माँ को कष्ट देने के लिए किया था। सई बाई कमाने वाली, खडूस थी। उसे किसी ने कुछ कहने की देरी, बस वह भड़क जाती। फिर त्रासदी की तीव्रता और बढ़ जाती। उसे गाँव के ज्योतिष ने बताया था कि, तुम्हारी बहु को सातों लड़कियाँ ही होगी। बस मेरी दादी को उसके पुत्र की संपूर्ण वंश की रेखा समाप्त होने के सपने दिन के उजाले में भी दिखने लगे। वह डरी सहमी अवस्था में यह बात अपने रिश्तेदारों में बताने लगी। रिश्तो में कुछ समझदार लोग उसे समझाते- ''सईबाई पागल की तरह दिमाग में गुस्से को पालते हुए कुछ भी मत बोलो, तुम्हें भी पोता होगा।'' इन बातों से सईबाई के हृदय को

शांति प्रदान न होती। वह परेशान हो गई थी। एक दिन निश्चल स्वर में हम बच्चों को ना समझे इस प्रकार से बातें हो रही थी। मुझे ठीक से याद नहीं है; किंतु मुझे और मेरी बहन को नए फ्रॉक पहना कर घर के कुछ महत्वपूर्ण सदस्यों के साथ मेरी दादी हमें बैलगाड़ी से एक गाँव लेकर गई थी, यह याद है। वहाँ चबूतरे पर मैं खेल रही थी। मैं आश्वस्त थी या नहीं कुछ याद नहीं। किंतु रंगीन रेबीन लगाकर मेरी दो चोटियाँ बनाई गई थी। माहौल कुछ शादी सदृश्य दिख रहा था। किंतु अचानक वहाँ गाँव के सरपंच आकर खड़े हो गए और उन्होंने मेरी माँ से कुछ सवाल- जवाब पूछे। बैलगाड़ी से आए हुए लोग चिंतित हो गए थे। समय के साथ जब मैं थोड़ी बड़ी हो गई तब मेरी समझ में आया कि, मेरे पिताजी की दूसरी शादी करने की योजना दादी ने बनाई थी। उस गाँव का सरपंच संवेदनशील होगा। कहते हैं उन्होंने मेरी माँ को अनगिनत सवाल पूछे, ''क्या तुम शादी के लिए रजामंद हो?, क्या तुम्हें इतने कम उम्र में सौतन चाहिए?'' फिर शादी ना करते हुए ही बारात वापस आ गयी, या फिर कुछ अलग बातें घटित हुईं, पता नहीं। वैसे भी हर सुसंस्कृत, समृद्ध घरों में अनेक राज़ दफन हो जाते हैं। इस घटना के विषय में ना घर में और ना ही रिश्तेदारों में किसी ने कोई बात की हो, यह मुझे याद नहीं; किंतु माँ ने यह सब कुछ कैसे सहन किया होगा, इसका आज भी मुझे आश्चर्य होता है।

कालांतर में हम दो बहनों के बाद रमेश का जन्म हुआ। दादी के वंश को दिया मिल गया और गाँव-गाँव जाकर अटपटी भविष्यवाणी करने वाले ज्योतिष का मुँह काला हो गया। किंतु अब माँ का स्थान उसकी गृहस्थी में और भी महत्वपूर्ण हो गया, ऐसा रिश्तेदार महिलाओं की बातों से समझ में आता था। कभी-कभी मजाक से यूँ ही सोचती हूँ कि, हमारी बूढ़ी सईबाई की आत्मा अगर जीवित होगी, तो वह खुश होगी, चिंता रहित होगी। क्योंकि बाद में रमेश को दो लड़के ही हुए। अब उसे पूरा भरोसा हुआ होगा कि, उसका वंश फल-फूल रहा है। ठीक है... किंतु यह प्रवृत्ति आज भी बदली नहीं है। यह सारा घटनाक्रम माँ मौन रहकर सहन करती रही। कम उम्र में तीन बच्चों की देखभाल, घर के-बाहर के लोगों को संभालना, उसकी अंतरात्मा की आवाज को उसने कभी भी बाहर नहीं आने दिया।

हमारी शिक्षा एवं भविष्य के लिए वह आष्टी में ही अपने जीवन और भाग्य से जूझती रही। सास द्वारा दी गई तकलीफों को अपना भाग्य समझकर वहीं रहने का निर्णय किया। प्रारंभ में उसे अनगिनत मानसिक तकलीफों को सहना पड़ा। उसकी घुटन को खुद ही सहन किया। दिल की बातें सुनाने के लिए कोई नहीं था। सुखी गृहस्थी के स्वप्न और उससे निर्मित भावनिक आंदोलनों को उसने अंदर ही अंदर दबा लिया था। खुद को इन स्थितियों के हवाले करने वाले, पति से दूर रहने के उस पर थोपे गए निर्णय को उसने अपना लिया था। उसका यह आत्मस्वर प्रखर था,

किंतु प्रकट नहीं था। इसकी कीमत उसे अदा करनी पड़ी। पिताजी दूर मुंबई में थे; किंतु अपने परिवार के लिए वे बरगद के पेड़ के समान खड़ी थी। देहरी और घर की बागडोर उसने कभी किसी के हाथ नहीं जाने दी। घर और पति के बीच उसने घर को प्राथमिकता दी। उसकी यह जंग स्वयं के साथ ही थी जो माँ ने अकेले ही लड़ी और विजयश्री भी प्राप्त की!

अब वह घटित किसी भी घटना को कोई दोष नहीं देती। आष्टी में तपती धूप में की गई मजदूरी हो अथवा दादी के द्वारा लगाया गया झूठा आरोप हो; सब कुछ सहन करके अब वह उस विषय को लेकर मौन है। परिवार की अन्य महिलाओं के साथ दादी, माँ को खेत में काम करने के लिए भेजती। घास काटकर उसे मंडी में बेचने के लिए कहती। अगर घास के पैसे अन्य लोगों से कम मिल जाते तो, जो जी में आए वह कहती, केवल कहकर चुप नहीं रहती, भोजन करते समय उसे चैन से खाने भी नहीं देती। अधिक रोटी माँगने पर, दूर से थाली में रोटी फेंकती, वह सब कुछ देखकर और सुनकर हृदय द्रवित हो जाता। बूढ़िया पर गुस्सा आता; किंतु उसके सामने बोलने की हिम्मत नहीं होती। दादा हर महीने मनीआर्डर करते। माँ की मजदूरी से घर का खर्च चलता था। बचे हुए पैसे दादी ब्याज से देती थी। लोहा एवं कृषि औजार बेचने का व्यवसाय करती; किंतु स्कूल की फीस देने के लिए रुलाती।

माँ सुबह उठकर चक्की पिसती। पिसते समय पंक्तियाँ गाती। मेरे मन में प्रश्न उपस्थित होता, इसने इन पंक्तियों को कहाँ पढ़ा.और कब याद किया? किंतु चक्की पिसने के लिए बैठते ही उसे वह पंक्तियाँ याद आती थी। उन पंक्तियों में भी हमारी ही चिंता, हम दो बहनों के स्नेह से ओतप्रोत, उसी प्रकार मायके की यादों से ओतप्रोत; वह जिन यातनाओं को भोग रही थी, उसे भी वह पंक्तियों में व्यक्त करती-

"ये गं, ये गं गाईबाई, तू आपल्या गोठ्यात
राही माझ्या रुक्मिणीला दूध दे गं वाटीत"

(आओ, आओ गौ माता,
राही, मेरी रुक्मिणी को कटोरे में दूध देना जी।)

गाँव की विपरित परिस्थिति को भोगते हुए, मन की संचित व्यथा को माँ इन शब्दों में कहती -

"सीता सांग कथा, राम सांगूच देईना
सीता तुझा वनवास, माझ्या हृदयी माहीना।"

(सीता अपनी कथा को बताने लगी, पर रामजी कथा सुनाने नहीं दे रहे
सीता तुम्हारी बनवास व्यथा, मेरे हृदय में नहीं समा सकती।)

"आरण्य वनात कोण रडतं ऐका
सीतेला समजावया बोरी-बाभळी बायका।''
(अरण्य-बन में कौन रो रहा है, सुनो
सीता मैय्या की सांत्वना कर रही बेर और बबूल और स्त्रिया)

''आई आई म्हणू, आई कोणीच होईना
माझ्या माऊलीची सर, शेजा नारीला येईना।''
(माँ, माँ करने से कोई माँ नहीं होती
मेरी माँ की बराबरी पडोसन न कर सकेना।)

एक घटना जो हृदय पर अंकित हो चुकी है, दादी ने माँ पर झूठा आरोप लगाया था कि, माँ ने पीतल का घड़ा चोरी किया है। गाँव का रसूल्या थाली पर सिक्का खड़ा करता और किसने वस्तु की चोरी की है, अथवा घटित घटना एवं दूर गए हुए व्यक्ति, घटनाओं के विषय में भविष्यवाणी करता था। रसूल्या का कथन अर्थात् परम सत्य। दादी द्वारा दी गई दक्षिणा के कारण माँ ने ही पीतल का घड़ा चोरी किया है; रसूल्या ने यह भविष्यवाणी कर दी। अपने ही घर में चोरी का आरोप लगने से माँ आहत हो गई थी। वह भावविभोर होकर रो रही थी। गुस्से में ही घर से बाहर निकली। ''अब यहाँ नहीं रहना है।'' कहने लगी। बाद में परिवार के गजराबाई ने उसे समझाया- ''तुम्हारी सास ने हीं वह घड़ा छुपाया है। शांत हो जा।'' अंत में दादी ने ही वह घड़ा ज्वार की कोठी से बाहर निकाला। किंतु दादी के चेहरे पर कोई भाव नहीं थे। पश्चाताप तो तनिक भी नहीं था। लेकिन कक्षा में मेरा प्रथम नंबर आएगा, रसूल्या की यह भविष्यवाणी सच होती। माँ की इस घटना में रसूल्या पर बहुत गुस्सा आया था; किंतु मन से अभी भी वह पूरी तरह उतरा नहीं था। क्योंकि उस बाल्यावस्था में मन में आशंका उत्पन्न होती कि, अपने परीक्षा के परिणाम का संपूर्ण भविष्य इस भूतल पर अगर किसी के हाथों में है, तो वह केवल रसूल्या ही है।

आष्टी छोड़कर मुंबई में ग्यारहवीं में प्रवेश लिया। अब तक पिताजी भी थोड़ा परमार्थ छोड़कर परिवार की ओर ध्यान देने लगे थे। हमारी माँ पहले ही भाई को लेकर मुंबई पहुँची थी। रसूल्या की स्मृतियाँ विस्मृत हो गई। महाविद्यालय के स्वर्णिम दिन प्रारंभ हो गए। दोस्त-सहेलियाँ और बाद में आंशिक समय के लिए नौकरी करने लगी। अब हम बड़ी हो गई थीं। माँ का व्यवहार उसकी सोच के कारण बदलने लगा था। कुछ समय बाद उसने मेरे अंतरजातीय विवाह को सहज रूप से समझ लिया। हम बच्चों में उसे जीवन का संपूर्ण आनंद प्राप्त हुआ था। तत्पश्चात् हमारे बच्चों को संभालना, उनका पालन पोषण करते समय उसे कितनी भी तकलीफ क्यों ना हो, किंतु मौन रहकर सब कुछ सहन करने की आदत हो गई

थी। एक समय पिताजी सेंट जॉर्ज में बीमार थे। भाई जो नौकरी मिले वह करता था; किंतु बहन के दो छोटे बच्चों को संभालने वाला कोई नहीं था। इसलिए पिताजी ने उसे बहन के घर जाने को कहा था। मेरी बहन सेंट्रल एक्साइज एवं कस्टम विभाग में असिस्टेंट कमिश्नर थी। ''रुकमणी की नौकरी बड़ी है। वह घर नहीं रह सकती।'' ऐसा कहते। माँ सुबह उठकर दादा और रमेश के खाने का इंतजाम करती और सीएसटी से लोकल पकड़कर भांडुप जाती। एक दिन देर होने के कारण माँ जल्दबाजी में लोकल रुकने से पहले ही उतरी और प्लेटफार्म पर जोर से गिर पड़ी। भाग्य अच्छा था इसलिए बच गई; अन्यथा दोनों पैर चले जाते। प्लेटफॉर्म पर स्थित एक व्यक्ति ने उसे उठाया। घुटनों को क्षति पहुँची थी। उस व्यक्ति ने कहा- ''इतनी जल्दबाजी क्या है? अभी लोकल के नीचे आ जाती।'' किंतु माँ उसी अवस्था में जल्दी से उठकर बहन के घर, उसे मदद करने के लिए उसके घर पहुंच गई। अपने बच्चों को कोई तकलीफ ना हो, उसे किसी परेशानी का सामना ना करना पड़े, इसलिए उसने अपनी स्वयं की यह हालत कर ली थी।

जहाँ संपूर्ण जीवन दुखों के जहरीले विष को पचाने में व्यतीत हो, वहाँ माँ को यह स्थिति कोई विशेष नहीं लगी; किंतु आने वाले समय में उसे फिर एक बार इस जहर की परीक्षा का सामना करना पड़ा। उसका इकलौता लड़का रमेश की असमय मृत्यु हो गई। इस दुःख को माँ ने कैसे सहन किया होगा? अब मेरे भी कितने दिन बचे हैं? कितने दिन आँसू बहाना है? उससे अच्छा है अपने पोतों के साथ खेले, शायद यही बात उसके आँसू पोछने वाले आँचल ने उसके कानों में कहीं होगी।

इसी प्रकार जीवन का वह हर एक पन्ना बिना कोई शिकायत किए सहज पलटता गया। आज जीवन के इस पड़ाव पर माँ क्या सोचती होगी? वह क्या महसूस करती होगी? संपूर्ण जवानी हम बच्चों की ओर देखते हुए बिता दी। सच्चे अर्थ में उसका जीवन हमारे लिए ही व्यतीत किया। अपनी देह का हर वह कण और उसके जीवन का हर वह क्षण केवल हमारे लिए ही जूझती रही। अपने घर एवं अपने बच्चों से अत्यधिक प्रेम करने वाली माँ ने केवल हमारे ही नहीं; अपितु हमारी दादी और पिता जी के संपूर्ण अपराधों को क्षमा करके निरंतर स्नेह बरसाने वाली माँ... सई दादी और पिता जी से प्रताड़ित होते हुए भी, उनकी सुखद यादों के सिवा उसका एक दिन भी व्यतीत नहीं होता, मेरी माँ इतनी समरस, निर्विकल्प कैसे हो गई?

मेरे जीवन एवं व्यवसाय के अनेक उतार-चढ़ाव को उसने करीब से देखा है। 'लोकमत' की उम्मीदवारी, फिर धीरे-धीरे मुझे मिलने वाली पहचान। उसके बाद मिले अनेक पुरस्कार, मान-सम्मान; उसी प्रकार 'लोकमत', 'प्रहार', 'पुण्य नगरी' इन समाचार पत्रों में संवाददाता से मुख्य संपादक तक का सफर अथवा अभी कुछ दिनों पहले मुंबई मराठी पत्रकार संघ की ओर से दिया गया 'आचार्य अत्रे' यह

प्रतिष्ठा का पुरस्कार : उसी प्रकार लंदन के 'हाउस ऑफ कॉमन्स' में मेरी पत्रकारिता के कार्यों का गौरव करते हुए 'जीवन गौरव' पुरस्कार, यह सब देखते हुए माँ मेरी सफलता एवं जीवन को देखकर संतुष्ट है। फिर भी मेरी कन्या की असमय मृत्यु को वह एक क्षण के लिए भी नहीं भूली। ''अगर चिंटू होती तो घर का माहौल कुछ अलग ही होता।'' इस बात को वह दोहराती है। किंतु यह सुनकर मुझे दुःख होगा इसलिए उसी क्षण ही कहती- ''ऐसा कुछ नहीं, व्यक्ति अकेले आता है और अकेले ही जाता है। इसका शोक नहीं करना चाहिए।''

जब लड़की को खोया वह क्षण और यह एक क्षण; एक प्रकार की स्थिरता मेरे जीवन में आ चुकी है। जीवन के इस पड़ाव में आज भी माँ का स्नेह मिलता है। यह बड़े भाग्य की बात है, और इसीलिए आज मैं हूँ। मेरे हर अच्छे-बुरे वक्त में माँ मेरे साथ खड़ी रही। मुझे हौसला दिया। आज भी घर के द्वार पर मेरा इंतजार करने वाली, अगर देर हो जाए तो उसी क्षण फोन करके पूछने वाली, खाने पर राह देखने वाली, जीवन की सभी अच्छी बुरी घटनाओं का हिसाब अंदर ही अंदर मन के किसी कोने में दबाकर मुझे किसी प्रकार की कोई आँच ना आए, इसकी चिंता करते हुए वह मेरे साथ है। इतनी यातनाओं को सहन करने की क्षमता उसमें कहाँ से आयी? इसका जवाब मैं आज भी खोजती हूँ। माँ ने तो सबको माफ कर दिया। किंतु मेरे लिए आज भी कठिन है, क्योंकि माँ के मातृत्व की दयनीय स्थिति, उसके मातृत्व की अग्निपरिक्षा लेने वाली भाग्यरेखाएँ मेरे मानस पटल से मिटती ही नहीं। मुझसे वह मिटाई ही नहीं जाती! मातृत्व की इस अग्नि परिक्षा एवं भाग्य रेखाओं का परिक्षेत्र पीढ़ी दर पीढ़ी कितना भी और किसी भी प्रकार से परिवर्तित हुआ हो, फिर भी...!

■■■

स्वयं प्रेरणा का दूसरा नामः अम्मा

- चंद्रमोहन पुप्पाला

आप पिछले 25 वर्षों से पत्रकारिता के क्षेत्र में कार्यरत हैं। आपने चार न्यूज़ चैनल्स 'ग्रीन फील्ड प्रोजेक्ट' के रूप में यशस्वीता के साथ लाँच किए हैं; जिनमें प्रमुखता से 'स्टार माझा' (एबीपी नेटवर्क के लिए) 'टीवी 9' आदि का समावेश होता है। 'झी न्यूज़' मुंबई की पहली टीम में आप वरिष्ठ सदस्य थे।

इसके साथ ही आप दीर्घ कार्यकाल में 'लोकमत', 'इंडियन एक्सप्रेस', 'मिड-डे', 'डीएनए', 'सकाळ' ऐसे माध्यम समूह में वरिष्ठ संपादकीय पद पर कार्यरत रहे। 'ब्लैक फ्राईडे' इस फिल्म की निर्मिति में आप क्रिएटिव कंसल्टंट के रूप में सहभागी हुए थे।

शोध पत्रिका और उसके लिए सूक्ष्म संशोधन के लिए आप प्रसिद्ध हैं। आपने अपनी 'कोहेरेंट मीडिया वर्क्स प्रा. लि.' इस कंपनी के माध्यम से 'लेखक समुदाय' एवं 'स्वतंत्र आशय मंच' (कंटेंट प्लेटफार्म) की स्थापना करके अधिक स्मरणमूल्य वाले, सत्याधारित और आशय से परिपूर्ण विषयों को आप विविध माध्यमों के लिए विकसित कर रहे हैं।

<div align="center">~~~</div>

स्वयं प्रेरणा इस शब्द का सच्चा अर्थ अगर समझना हो तो, आपको मेरी माँ से जरूर मिलना चाहिए। आज मेरी माँ 69 साल की युवा महिला है। उम्र के किसी भी पड़ाव पर मैं ही क्या, कोई भी उसे उम्र के बंधन में नहीं बांध सका है। उम्र के जिस पड़ाव में व्यक्ति हताश, निरुत्साही, थके हुए और उब जाते हैं, उस अवस्था में भी ऊर्जा से ओतप्रोत, उत्साह से व्यवहार करने वाली माँ-अम्मा को जब मैं देखता हूँ, तब मैंने उससे क्या सीखा और क्या सीखना बाकी है इसका ज्ञान होता है।

17 साल की आयु में शादी करके गृहस्थी आरंभ करने से पहले उसे खाना पकाने अथवा गृहस्थी का अधिक ज्ञान नहीं था। आंध्र प्रदेश के 'किनारी' इस गाँव में बचपन के कुछ साल बिताने के बाद अचानक सब कुछ छोड़कर मध्य प्रदेश के पर्वतीय क्षेत्र में उसे आना पड़ा। उसकी मौसी की कोई संतान नहीं थी, इसलिए उसने

'विजया' इस अपनी भाँजी को गोद लिया था। मौसी के पति रेल्वे में नौकरी करते। इसी मौसी और चाचा ने अपने गोद लिए पुत्री को बड़े लाड प्यार से पाला। स्कूल भेजा। घर में कुछ काम नहीं थे; किंतु सहेलियों के साथ बातें करना, घूमना, फिल्म आदि बातों पर अधिक निर्बंध थे। विजया का स्वभाव मूलत: इसके विपरित था। आज की परिभाषा में कहा जाए तो-सोशल होने के कारण उसे यह निर्बंध अन्यायकारक प्रतीत होते।

स्कूल में होशियार विजया को डॉक्टर बनना था। किंतु समय के गर्भ में क्या छुपा है? इसे कौन जानता है। विजय जब 16 साल की हो गई तब उसके दोनों माता-पिता ने सोचा कि, किस लिए लड़की को इतना पढ़ाना है? और शालांत परीक्षा होने से पहले ही 'अच्छा लड़का' देखकर उसकी शादी भी कर दी। वास्तविक रूप से उसे क्या चाहिए था? यह भी नहीं पूछा गया। ऐसी कोई पद्धति नहीं थी।

मेरे पिताजी भी रेल्वे में नौकरी करते थे। उनकी स्टेशन मास्टर की ड्यूटी आसपास के बाम्हणी, नागभीड, उमरेड ऐसी जगह होती थी। मेरी माँ अपने पति से ही खाना पकाने के पाठ सीख गई। चूल्हे पर पकाना, गाय-बकरी पालना और अपर्याप्त धन में घर चलाना यह सब कुछ महत्वपूर्ण पाठ थे।

कुछ सालों में दो पुत्रों के (बड़ा भाई और मैं) अभिभावक बनने के पश्चात् पिताजी ने एक महत्वपूर्ण निर्णय लिया वह निर्णय था, दोनों पुत्रों को नागपुर में अच्छी शिक्षा देना। हम दादा-दादी के पास रहकर स्कूल जाने लगे और माता-पिता नौकरी के गाँव में ही रहने लगे। वे नागपुर बहुत कम आते थे।

इसी प्रकार 3 साल बीतने के बाद हमारे छोटे भाई का जन्म हुआ, और पिताजी ने हमारे लिए नागपुर आने का फैसला किया। यहीं से हमारी माँ के कष्टप्रद जीवन की शुरुआत हो गई। तीन छोटे बच्चे, किराए का छोटा घर, पिताजी हफ्ते में एक बार घर आते। वह भी शनिवार-रविवार को नहीं; अपितु बीच में ही बुधवार जैसे दिन। हमारी यादों में पिताजी का अर्थ था शायद ही कभी दिखने वाला व्यक्ति। उसमें भी उनका स्वयं का बचपन बिना माँ-बाप के व्यतित हुआ था और विपरित परिस्थितियों से गुजरने के कारण, वैसे तो वे मृदु और आनंदी रहने वाले, किंतु उनके स्वभाव को कुछ अलग ही बल पड़े हुए थे। कभी-कभी किसी साधारण सी बात पर उनका प्रचंड गुस्सा उबल आता। मेरी माँ को कई बार इस प्रवृत्ति की आँच में झुलसना पड़ा। किंतु इसकी शिकायत किसी के पास नहीं की। स्वयं खुद के माता-पिता के पास भी नहीं। और ना ही कभी बच्चों पर कोई आँच आने दी। उनकी पढ़ाई अच्छे से हो जाए केवल यह निश्चय हमेशा रहता था। वैसे वह मेरे पिताजी का भी आग्रह था।

हम अंग्रेजी माध्यम के स्कूल में जाते हैं, यह बात उसे विशेष लगती। उसे खुद भी अंग्रेजी समझने, बोलने की तीव्र इच्छा थी। बच्चों को आती है वैसी थोड़ी-अंग्रेजी स्वयं को भी ज्ञात होनी चाहिए, इसलिए उसने रामदासपेठ के 'गीताञ्

इंग्लिश स्पीकिंग' क्लास को प्रवेश लिया। घर के सब काम पूर्ण करके, दो-दो बस बदलकर दोपहर को वह क्लास जाती थी। डॉक्टर होने की इच्छा के कारण 'आयुर्वेद विशरद' का कोर्स भी किया था। अन्य कई बातों में रुचि थी। आस-पड़ोस की महिलाओं के साथ एर्बॉसिंग करना, कहीं कपड़ों पर पेंटिंग करना, यह चलता था। कोई भी नई बात... अगर उसे नहीं आती, तो उसे सीखने की चाहत रहती। इसी इच्छा के कारण उसने पाककला के अनेक क्लासेस स्वयं प्रेरणा से ही पूर्ण किए। मूलतः आर्थिक स्थिति नाजुक, उसमें भी नागपुर का परिवार और पिताजी का खर्चा, दोनों चलाना, ऐसी स्थिति में उसने बहुत से कोर्स किए, वह भी एक-एक पैसे जमा करके। आज के समान कुकरी शोज और गूमें कुकिंग क्लास का प्रचार-प्रसार होने से पहले की बात है। उसने केक, आइसक्रीम, पंजाबी, चाइनीस, पिज़्ज़ा आदि पदार्थ बनाना वहा सीख गई थी। नागपुर में ऐसी चीजें मिलने की जगह हाथ की उँगलियों पर गिनी जाती थी। घर में ओव्हन नहीं था, फिर भी बाहर की बेकारी पर हमें भेजकर वह नानखटाई, बिस्कुट, केक आदि बेक करके लाती थी। यह सब कुछ उसे पसंद था, साथ ही बाहर से खरीदने पर जो ज्यादा पैसे खर्च होते, वे भी बच जाते। यह भी एक हेतु निहित था।

जब मैं बारहवीं में था तब हमारे परिवार को एक बहुत बड़े आर्थिक संकट का सामना करना पड़ा। किसी ने पिताजी को बहुत बड़े स्तर पर आर्थिक रूप से फसाया था। कई महीनों तक उनका संपूर्ण वेतन पैसे चुकाने में चला जाता। हम छोटे थे। पढ़ाई जारी थी। इस स्थिति में माँ ने कमर कस ली। उसकी संपूर्ण पाककला यहाँ काम आयी। उसने टिफिन सेवा प्रारंभ की। बाहर गाँव से आने वाले इंजीनियरिंग के छात्रों को मेरे घर से टिफिन दिए जाने लगे। उसके हाथों में स्वाद था। इसीलिए ग्राहक मिलते गए। टिफिन बना कर देना यह उस समय कोई प्रतिष्ठा का विषय नहीं था। हमें थोड़ी हिचकिचाहट होती। मेरे मानस पटल पर माँ की एक प्रतिमा अमिट रूप से अंकित हो गई है। सुबह जल्दी उठने वाली, अकेले ही इतने लोगों के लिए भोजन बनाने वाली, खुद के कष्टों के विषय में एक शब्द भी ना कहने वाली, जो है उस में खुश रहने वाली मेरी अम्मा। कभी आँखों से आँसू छलके होंगे किंतु उसकी कोमल वाणी में कोई अंतर नहीं आया। परिवार को आर्थिक स्थिति से उबारने के लिए, उसी के साथ बच्चों की पढ़ाई में कोई अंतर न पड़े, इसलिए उसने बहुत मेहनत की।

बाद में भी अपने परिवार को एक सूत्र में बांधने के लिए उसने महत्वपूर्ण भूमिका निभाई। जिन्होंने उसे गोद लिया था वे माता-पिता निवृत्ति के बाद अंतिम साँस तक हमारे पास ही रहे। उन दोनों की उसने अखंड सेवा की। पिताजी के गलत निर्णय के कारण घर की आर्थिक स्थिति गंभीर हो गई थी। इस कारण उसके मन में कोई कटुता नहीं थी। उल्टा पति के विषय में उसे सहानुभूति थी। उन्होंने जानबूझकर परिवार को इस हालत में नहीं झोंका है, अपितु परिवार के लिए वे कितने कष्टों को

सहन करते हैं, वह सब कुछ जानती थी। वह हमेशा हमसे इस बात को कहती। पिताजी के सेवानिवृत्ति के बाद आए दो हार्टअटैक के समय, ऑपरेशन के समय, बाद में उनके मस्तिष्क तक खून नहीं जाता था, उस समय भी उसने दिन रात उनकी सेवा की। खुद के स्वास्थ्य की कोई परवाह न करते हुए। बाद में पिताजी का स्वभाव भी शांत हो गया। उनका गुस्सा कम हो गया। अब तो ना के बराबर है।

मुझे लगता है, इन सारी घटनाओं से शायद मैंने दो बातें सीखी हैं। एक प्राप्त परिस्थिति से मार्ग खोजना, अर्थात् 'क्राइसिस मैनेजमेंट' और यह करते हुए अपना आपा न खोना अथवा अपने व्यक्तित्व में परिस्थिति के विषय में अथवा व्यक्ति के विषय में कड़वाहट को प्रवेश न देना।

पढ़ाई पूर्ण करके हम दोनों भाई नौकरी करने लगे। उसमें भी अम्मा का ध्यान था। मेरी पत्रकारिता के प्रारंभिक दिनों में मेरे द्वारा लिखी गई स्टोरीज को काटकर संभाल कर रखती, खबरों को पढ़कर अपना मत व्यक्त करती। 'अब जो है उससे आगे जाने की' अर्थात् 'अपवर्ड मोबिलिटी' की उसकी आकांक्षा हम तीनों भाइयों में शायद उसी के कारण उत्पन्न हुई है।

दूसरे भी एक गुण का विकास हम में हुआ, वह था 'घर का काम करने में कोई शर्म नहीं है।' हम तीनो भाई अच्छे से खाना बनाते हैं। अगर अकेले रहने का समय आया भी तो हमे कोई कष्ट नहीं होता। हम तीनों लड़के थे इसलिए, यह काम लड़कों का, वह काम लड़कियों का ऐसा कोई भेद नहीं था। बचपन में हम सहज भाव से आटा पीसने जाते, सब्जी काट कर देते, 'जेंडर बायस' हमारे मन में कभी आता नहीं। इसका श्रेय भी अम्मा को ही जाता है।

आर्थिक स्थिति कुछ सुधरने के बाद उसने अपनी पाककला की इच्छाओं को एक नया आयाम दिया। उसने खुद के क्लासेस शुरू किए। हमारे ऑफिस के पिकनिक को वही खाना पहुँचाती। आर्थिक लाभ अधिक नहीं था, किंतु मेरे दोस्तों को उसके हाथों का स्वाद बहुत ही पसंद आता और उसकी इच्छा भी पूर्ण होती। एक घटना जो मुझे अच्छे से याद है, एक बार मेरे ऑफिस के दोस्त घर आए थे। एक दो नहीं पूरे बाईस। अम्मा ने गैस के दो चूल्हे, एक स्टोव जलाया और सब को जी भर कर दोसे बनाकर खिलाए। एक-दो नहीं, हमने मजाक में उन्हें गिन कर देखा तो करीब 80-85 दोसे उसने अकेले ही बनाए थे। ऐसे अनेक प्रसंग है। भाई के दोस्त भी कई बार बिना किसी सूचना के घर आ जाते। उन्हें भी वह पेटभर खिलाती। गरीबी थी किंतु घर की रूखी-सूखी रोटी कभी कम ना पड़ती।

आज भी यह सब कुछ कायम है। घर आए किसी भी व्यक्ति को बिना खाना खाए वह जाने नहीं देती। चाय तो हमेशा गैस पर ही चढ़ी होती है। भिन्न-भिन्न पदार्थ बना कर खिलाना उसे अच्छा लगता है। आज भी उसका उत्साह कम नहीं हुआ।

दीपावली, गणपति उत्सव में तो वह सुबह से काम पर लग जाती है। काम की गति इतनी कि, प्रतिदिन का भोजन, उसमें भी चार लोगों की पसंद-नापसंद को देखना, बचे हुए समय में समाचार पत्र पढ़ना, टीवी पर खबरें और अन्य कार्यक्रम देखना, बगीचे का काम, सहेलियों से मिलना, रिश्तेदारों का कुशल-क्षेम पूछना, विविध कलाओं में रूचि रखना, शौक, किसी स्पर्धा में परीक्षक के रूप में जाना यह सब कुछ निरंतर चलते रहता है। घर के बगीचे में डेढ़ सौ से अधिक भिन्न-भिन्न प्रकार के फूल उसने खुद लगाए हैं। उसे नागपुर गार्डन क्लब के पुरस्कार भी मिलते रहते हैं। मायके के सभी रिश्तेदारों से उसके स्नेह पूर्ण संबंध है। ससुराल में ज्यादा नहीं है, फिर भी जो है उनसे वह संपर्क में रहती है। यह सब कुछ वह बिना थके, बिना किसी निरुत्साह के वह निरंतर करती है। आज की परिभाषा में इसे ही 'मल्टीटास्किंग' कहते हैं। मुझमें भी यह गुण विशेष उसके समान नहीं किंतु अल्प प्रमाण में मुझ में भी आया है, यह कहने में कोई संकोच नहीं है। 'आई ला कधी सुट्टी नसते' यह मेरे पाठ्यक्रम का पाठ उसे उन दिनों भी अच्छा लगता था, वैसे आज भी लगता है। उस समय कोई विकल्प नहीं था इसलिए उसे छुट्टी नहीं मिलती, अब पसंद है, शौक है, इसलिए वह छुट्टी नहीं लेती। बचपन में उसे छुट्टी मिले इसलिए हम भाइयों ने घर के काम, खाना पकाना यह प्रयोग किए थे। वह बातें आज भी मजेदार लगती हैं।

मैं पिछले कुछ सालों से मुंबई में स्थायी हो गया, फिर भी नागपुर का घर अपना लगता है, वह उसी के कारण। अब तो जनमाध्यम के साधन बढ़ गये हैं। फोन तो प्रतिदिन होता है। साथ में उसने व्हाट्सएप, फेसबुक आदि तंत्रों का ज्ञान भी हासिल किया है। मोबाइल पर हिंदी, तेलुगु, अंग्रेजी सब की बोर्ड वह सीख गई है और उसका उपयोग भी वह करती है। नई बातों को सीखना, नया कुछ करके दिखाना उसे आज भी अच्छा लगता है। 70 साल के इस पड़ाव में भी उसे पाककला का खुद का यूट्यूब चैनल शुरू करना है और इसी दिशा में वह प्रयत्नशील है। यह सब कुछ स्वयं प्रेरणा से 'सेल्फ मोटिवेशन' से। लगता है 'अम्मा स्वयं प्रेरणा का दूसरा नाम है।' उसके इस असीम उत्साह और ऊर्जा को साष्टांग प्रणाम।

मैं सहज भाव से यहाँ तक लिखता गया। शायद भारत की अधिकांश माताओं की कहानी इसी प्रकार होगी, किंतु अपनी माता का सब कुछ अपने लिए हमेशा ही खास होता है, है ना?

■■■

माई

- प्रवीण बर्दापूरकर

आप का नाम मराठी पत्रकारिता में प्रमुखता से लिया जाता है। 'दै. लोकसत्ता' नागपूर आवृत्ति के आप संपादक थे। मराठी के साथ हिंदी और अंग्रेजी भाषा में भी आपने साहित्य लेखन किया है। साल्झबर्ग सेमिनार की अंतरराष्ट्रीय अभ्यासवृत्ति प्राप्त करने वाले आप एकमात्र मराठी पत्रकार हैं। देश-विदेश में भ्रमण करने वाले बर्दापूरकर जी द्वारा मुद्रित एवं इबुक समेत 27 पुस्तकें प्रकाशित हो चुकी हैं। 39 साल की पत्रकारिता में राज्य की उपराजधानी नागपुर और राजधानी मुंबई के साथ देश की राजधानी दिल्ली में भी पत्रकारिता करने का अवसर आपको प्राप्त हुआ है। एक राजकीय विश्लेषक के रूप में आपकी ख्याति सर्वोपरि है।

इसी कालखंड में माई को अधिक समझ पाया। सच कहा जाए तो संपूर्ण रूप से समझ पाया, यह भी नहीं कह सकते; किंतु जो कुछ समझ पाया, वह यादें बहुत हैरान करने वाली है। माँ और अण्णा की मुलाकात कहाँ हुई, यह उसने कभी भी नहीं बताया; किंतु केवल 17-18 साल में ही उसकी शादी हो गई। और 35 साल की उम्र में अण्णा का देहांत हो गया। उसने चार बच्चों का परिवार अत्यधिक प्रतिकूल परिस्थितियों में एवं उतने ही धैर्य के साथ संभाला। उस समय की परिस्थितियों को देखा जाए तो, इतनी सुंदर स्त्री ने, इतनी प्रतिकूल परिस्थितियों में, ग्रामीण विभाग में दो छोटे बच्चों के साथ रहकर मातृत्व की जिम्मेदारियाँ निभाना अपने आप में अद्वितीय है।

माँ को हम माई कहते थे। यह संबोधन किसने प्रारंभ किया?, क्यों किया? आदि कुछ भी ज्ञात नहीं है। माई को भी यह ठीक से याद नहीं था। किसी क्षण एक बार जब मैं मैट्रिक में था, उस समय उसे तुम्हें माई क्यों कहना है? जबकि तुम हमारी माता हो। यह प्रश्न पूछ लिया, उस समय क्षण भर के लिए वह मौन रही फिर कहा, माई कहने से मातृत्व खत्म हो जाता है क्या? हमेशा ऐसे निरुत्तर करने वाले किंतु बहुत कुछ कहने वाले प्रश्न उपस्थित करती।

'मुझे माँ है।' आदि यह सब कुछ जब मेरी समझ में आया, तब शायद मैं सात आठ साल का था और पक्का याद है, मैं दूसरी कक्षा में था। खामगांव कि पूरवार गल्ली के पीछे खेत में स्थित एक हवेली में हम रहते थे। यह मेरी माँ का गाँव था। उनका उपनाम खोड़वे। माँ के पाँच भाई थे। शायद सभी बड़े। दादी को 'अक्का' और दादा जी को 'भाऊ' कहते। खामगांव में उस समय 'फरशी' के समीप किसी मारवाड़ी की पेढी.पर वे मुनीम थे। उसी मारवाड़ी की वह हवेली थी। बहुत सा हिस्सा मवेशियों के खाद्य से और एक हिस्सा इंधन की लकड़ियों से भरा रहता। इसी कारण उस घर में कीड़े और चींटियों की सत्ता सर्वत्र थी। लाइट तो नहीं थी। घर-घर में लाइट होने का वह समय भी नहीं था और उस घर में सबसे छोटा सदस्य मै 'माई का बच्चा' इसलिए सबकी बातें सुनता था, सीखता था।

एक दिन 'माय येनार' (माँ आनेवाली है।) यह शोर हुआ। दोपहर के समय एक मामा सर पर लोहे की संदूक लिए और उसके पीछे-पीछे करीब 5 फुट ऊंची, सूती वस्त्र परिधान किए, गोरी और अधिक आश्वासक चेहरे वाली महिला आयी।

अक्का और भाऊ की वह सबसे बड़ी लड़की थी। अर्थात् यह बात बाद में ज्ञात हुई। उसने पहले भाऊ के चरण स्पर्श किए, फिर अक्का के गले में पड़ी और फिर खड़े पाँच मामा ने जल्दी-जल्दी उसके चरण स्पर्श किए। लकड़ी के एक चौकोनी खंबे के पीछे से मैं यह सब कुछ देख रहा था। फिर उसका ध्यान मेरी ओर मुड़ा, आगे आकर उसने मुझे उसकी ओर खींचा, तब सबसे पहले समझ में आया उसका वह मुलायम स्पर्श और उसके बाद नेत्रों की आँसुओं से उसका मातृत्व। फिर उस लोहे की संदूक से एक पीतल का डिब्बा निकाल कर उसने एक बड़ा सा सुजी का लड्डू मेरी हाथ में रख दिया और वह डिब्बा अक्का को सौंप दिया। मैं लड्डू खाने में व्यस्त हो गया और फिर मैं घर में माई के आने से उत्पन्न कोलाहल को भूल गया। माँ के रूप में माई का वह पहला स्पर्श आज भी मेरे मन में एक अपूर्व याद के रुप में कायम है। कुछ वर्ष पूर्व बसोली ग्रुप के एक कार्यक्रम के लिए खामगाँव गया था। तब पुरवार गली में जाकर वहाँ की हवेली खोजने का प्रयास किया। सब कुछ बदल गया था। जिसकी मैं खोज कर रहा था, कुछ भी नहीं मिला। किंतु यहाँ आकर माई के स्पर्श का आभास हो गया और पीछे खेत में जाकर अनेक बार खाए हुए बेर का स्वाद जुबान पर आने लगा।

इसके बाद की यादें बीड़ जिले में स्थित नेकनूर इस गाँव ग्राम से है। वहाँ माई के साथ हम चारों भाई रहते थे। माई नर्स थी और उस समय अर्थात् 50 के दशक में जरूरतमंद लोगों को जो उपलब्ध है वह सुविधा देना, जख्मों को मरहम पट्टी करना, महिला प्रसव को सुलभ करना आदि कार्य वह करती थी।

नेकनूर की अधिक यादें स्मरण में हैं; किंतु पिताजी कभी-कभी आते थे। हम उन्हें अण्णा कहते थे। तब वे औरंगाबाद में कहीं नौकरी करते थे। जब वे घर पर

होते तब घर में निरव शांति होती, यह निश्चित था। वे निरंतर चारमीनार सिगरेट पीते थे। उस समय तीन पैसे में चारमीनार के दो पैकेट आते थे। और दिन में दो बार उसे लाने के लिए मुझे भेजते थे। इसकी अस्पष्ट स्मृतियाँ मेरे मन में है।

नेकनूर में एक बात समझ में आयी वह थी माई को होने वाले माइग्रेन की तकलीफ। एक या डेढ़ माह में एक बार उसे यह अटैक आता ही था और सहनशीलता से परे होता। सूखी अदरक को पीसकर उसका लेप माथे पर लगाने से भी अर्धशिष रुकता नहीं, फिर भी इसी अवस्था में घर के सारे काम वह करती थी और बहुत बार असह्य वेदना के कारण वह रोती थी, जमीन पर लेट जाती। उसके अटैक का वह समय हमेशा भयावह होता था। किंतु ऐसी अवस्था में भी प्रसव के लिए कोई महिला परेशान है, यह खबर उसे मिलते ही, माथे की पट्टी को और कस कर वह चली जाती। अपनी वेदनाओं की परवाह किए बगैर। इस प्रकार प्रसव सुलभ करने के लिए उसका जाना अंत तक कायम था।

और एक बात याद आती है। घर में किताबों की संख्या अच्छी थी और प्रतिदिन उसमें से चार वाक्य लिखना सबके लिए अनिवार्य था। आचार्य अत्रे द्वारा लिखित 'कन्हेचे पाणी' के दो खंड माई ने इसी कालखंड में मुझसे पढ़वाकर लिए, यह स्पष्ट रूप से याद है।

जब मैं सातवीं कक्षा में था, तब जिला बीड़, गेवराई तहसील में स्थित 'धोंडराई' गाँव से माई धीरे-धीरे समझ में आने लगी थी। हमारी परिस्थिति समझने लगी थी। माई को लोग 'डॉक्टर' कहते थे, किंतु वास्तव में वह 'ऑक्झिलरी-नर्स-मिडवाईफ' थी। अर्थात् ग्रामीण विभाग में अत्यावश्यक सेवा उपलब्ध करके देने वाली आरोग्य सेविका थी। उसका वेतन 40-42 रुपए होगा। उस समय आस-पड़ोस के पाँच मिल के अंतर में स्थित गाँव को 'पंचक्रोशी' कहा जाता। ऐसे 10-12 गाँव पंचक्रोशी में होते थे। उस पंचक्रोशी के गाँव में अत्यावश्यक सेवा उपलब्ध करके देने के लिए नियुक्त होने के कारण नर्स को गाँव के लोग डॉक्टर कहते थे। हमारे घर की हालत सामान्य थी। अर्थात् अतिसामान्य ही। एक या डेढ़ कमरे में माई की गृहस्थी चलती। उस कमरे का किराया 5-7 रुपये और बाकी बचे हुए पैसे गृहस्थी में एवं पति को संभालने का कार्य वह करती थी। इसी समय मुझे एक बात समझ में आयी वह यह थी कि, उस समय अण्णा को नौकरी नहीं थी।

उनकी नौकरी में कुछ गड़बड़ी हो गई थी और इसलिए वे महीने में एक बार औरंगाबाद जाकर आते थे। निश्चित रूप से क्या हुआ था? वह कभी समझ में ही नहीं आया। थोड़ा बड़ा होने पर दो-तीन बार मैंने माई से पूछा; ''किंतु वह मेरे भाग्य का भोग था।'' बस इतना ही उत्तर उसने दिया। उसकी सहनशीलता में मुझे कोई स्थान नहीं था।

खोडवे से बर्दापूरकर यह उसका प्रवास भी मुझे एक रहस्य ही लगता था। वह प्रवास अपरिहार्य था, मजबूरी था, अथवा अपरिहार्य मजबूरी, यह प्रश्न उस समय मेरे मन में उपस्थित होता था। अभी भी हमेशा माई की याद के साथ यह प्रश्न भी मुझे परेशान करता है। माई ने यह प्रवास बिना किसी शिकायत के पूर्ण किया। इससे भी महत्वपूर्ण बात यह है कि, इस मजबूरी को उसने किसी के साथ बाँटा नहीं, उसे अकेले ही सहन किया।

धोंडराई में रहते हुए दो महत्वपूर्ण बातें घटित हुई। उसमें से एक थी, कोयना में हुआ भूकंप। सुबह तड़के भूकंप के झटकों से हम भी जाग गए थे, और फिर हमारी बाहें पकड़कर हमें आँगन में ले जाया गया। जमीन हिल रही है, यह उस समय का अनुभव आज भी कायम है। सातवीं की परीक्षा धोंडराई में ही पास की। इस परीक्षा के लिए गेवराई तहसील जाकर चार दिन रुकना पड़ा। अण्णा के किसी बुआ की लड़की गेवराई में रहती थी। उन्हें 'सखूआत्या' कहते।

उनके पास मुझे भेजा गया और वह चार दिन मैं उन्हीं के घर रहा। बहुत पुरानी हवेली में स्थित पेटी के शौचालय की दुर्गंध अभी भी आती है। उनके घर से बहुत दूर तक चलकर, प्रमुख रास्ते को लांघकर जाने के बाद, जिला परिषद स्कूल थी। उस स्कूल में सुबह और दोपहर ऐसे दो पेपर होते थे। परीक्षा से एक दिन पहले ही घर से स्कूल, यह अंतर माई और बड़े भाई दादा ने मुझे दिखाया था। दो बार वहाँ जाकर उसे याद कर लिया, फिर वे चले गये। उन चार दिनों में सखूआत्या ने बड़े ही स्नेह के साथ मेरी देखभाल की। जिस दिन परीक्षा समाप्त हो गई, उस रात दादा किसी की साइकिल लेकर मुझे ले जाने के लिए आए थे और गेवराई से धोंडराई शायद 5 मील का अंतर साइकिल की कैरियर पर बैठकर मैंने पार किया था।

माई जब किसी के घर प्रसव कराने जाती तब अगर उस महिला को लड़का हुआ तो उसे खजूर, नारियल, गेहूं आदि मिलते थे। अगर लड़की पैदा होती तो, वह उतरा हुआ चेहरा लेकर वापस आती। किसी को लड़की पैदा होने के दुख से अधिक, उसे कुछ नहीं मिला, इसकी हताशा उसके चेहरे पर स्पष्ट दिखाई देती थी। इस प्रकार हमारे अभावग्रस्त जीवन का दिखना महसूस होने लगा, वह इसी धोंडराई से। मेरी शिक्षा केवल वार्षिक बारह सौ रुपए उत्पन्न (आय) का दाखिला होने से 'नादारी' पर (आर्थिक स्थिति से दुर्बल तबका) चलती है, इसका ज्ञान भी धोंडराई में ही हुआ। इस दाखिले के लिए सरपंच के पास बहुत फेरे लगाने पड़ते। मैट्रिक के बाद यह जिम्मेदारी बापू साहब लहरीकर ने सँभाली। वे हमारे दूर के रिश्तेदार और जिला परिषद में बड़े पद पर आसीन थे।

किंतु माई विपरित परिस्थिति में भी हंसमुख रहती थी। हमेशा किसी ना किसी उद्योग में व्यस्त रहती। जैसे-उन की बुनाई, सब्जियों को सुखाकर रखना अर्थात्

लाल कद्दू, दुधिया कद्दू आदि के छिलकों को नमक मिर्च लगाकर उसे धूप में सुखाना, आँगन में केवल बैठना नहीं तो हाथ में किताब लेकर कुछ तो पढ़ना आदि।

...तो, सातवीं कक्षा में मैं अच्छे गुणों से पास हुआ, इसलिए मैं बहुत खुश था और शाम के खाने में थाली में परोसे हुए बेसन के साथ मैंने चावल मिलाये! किंतु पूरे चावल मिलाने के लिए बेसन पर्याप्त नहीं था। मैंने और अधिक बेसन की माँग की, तब माई ने कहा- ''अरे बेसन में चावल मिलाकर नहीं खाते, चावल को थोड़ा बेसन लगाकर खाना चाहिए, अपनी हालत ऐसी ही है।'' 1984 में माँ का देहांत हो गया, आज भी उसके शब्द मुझे याद है।

इस प्रकार वह अलग-अलग माध्यमों से हमें सिखाती; किंतु उसमें कभी पांडित्य के भाव नहीं होते। पता नहीं क्यों, लेकिन वह मुझसे अधिक प्रेम करती थी और उस बचपन में भी मुझे इसका एहसास होता था। केवल मुझे ही क्यों; मेरे अन्य तीनों भाइयों के लिए भी, झगड़ा करते समय यह प्रमुख विषय होता था।

बीच के कुछ वर्षों की स्पष्ट और अस्पष्ट यादें याद आती हैं। याद आता है कि, बीड़ जिले में पाटोदा और डोगरकिन्हीं इस गाँव में कुछ समय किया हुआ वास्तव्य। पाटोदा इस गाँव में मैंने पहला ऑमलेट खाया था। जब मैं बुखार से ठीक हुआ था। तब ताकत आने के लिए माई ने ही वह बना कर दिया था।

फिर अचानक याद आती है वह वैजापुर तहसील के खंडाला इस गांव की। इससे पहले औरंगाबाद जिले के लोणी नामक गाँव में माई कुछ समय थी; किंतु उसमें अत्यधिक समय वह छुट्टी पर और औरंगाबाद में हमारे साथ ही रहती। क्योंकि इसी समय अण्णा को टीबी हुआ, ऐसा कहा गया था और उपचार शुरू थे। तब हम कोटला-कॉलोनी में एक किराए के बंगले में हम रहते थे। अण्णा दिन-रात निरंतर खाँसते रहते और 'पास' नामक लाल रंग की दवाई पीते थे। इन दिनों हमेशा उनकी पीठ दबाने का काम हम करते और इसके लिए हम भाइयों की ड्यूटी लगी थी।

बाद में अचानक समझ में आया कि, उन्हें टीबी नहीं कैंसर हुआ है और फिर उन्हें सरकारी अस्पताल में भर्ती कराया गया। एक दिन सुबह साढ़े.चार-पाँच के बीच मुझसे बड़ा भाई चंदू घर आया और उसने अण्णा के गुजरने की खबर सुनाई। यह सब कुछ समझने, ना-समझने की प्रक्रिया थी।

मूलतः अण्णा के विषय में मुझे अधिक प्रेम नहीं था। पता नहीं क्यों? उनके विषय में मेरे मन में पितृत्व का कोई अनुबंध नहीं था।

इसलिए उनकी बीमारी के विषय में अथवा इसके पहले उनके घर पर होने अथवा ना होने के विषय में अथवा उनके देहांत की खबर सुनने के बाद मैंने अपना खुद का बहुत कुछ खोया है, ऐसा कभी उस समय लगा नहीं। आज भी नहीं लगता। फिर भी जब वे बीमार थे मैं संकष्टी, चतुर्थी, निर्जली करता था। अण्णा गए और

ईश्वर से जो रिश्ता था, वह भी खत्म हो गया सदा के लिए। भागदौड़ की नौकरी अण्णा की बीमारी और चार बच्चों को पालना इसमें माई थक जाती; किंतु उसने कभी इसका अहसास हमें होने नहीं दिया। हमें ही नहीं किसी को भी, ईश्वर को भी वह शरण नहीं गई। इन सब से समय मिला तो, किसी कोने में बैठकर वह पढ़ती थी। वह कोई धार्मिक पुस्तक नहीं होती थी। वह पढ़ना शायद उसके कष्टों को कुछ समय के लिए भूलने का साधन था...

हमेशा वह एक कविता गुनगुनाती थी- ''शब्द शब्द जपून ठेव बकुळीच्या फुला परी...'' बहुत ही तन्मयता से वह कहती।

हाँ तो, लोणी नामक इस गाँव में हम सब कुछ दिन थे। लोणी यह तत्कालीन कांग्रेस के मराठवाड़ा के बहुत बड़े नेता विनायकराव पाटील इनका गाँव था, किंतु इस गाँव की भी जादा यादें मेरे मन में नहीं है। यहाँ से माई का तबादला औरंगाबाद से वैजापुर के बीच रास्ते पर स्थित खंडाला इस गाँव में हुआ। यह गाँव पत्र महर्षि अनंत भालेराव जी का। यही से मैंने 'हर गाँव में टाइप राइटिंग के प्रशिक्षण की आवश्यकता क्यों है?' इस प्रकार का पत्र दैनिक मराठवाड़ा को लिखकर भेजा था, जिसके संपादक अनंत भालेराव थे। जब वह पत्र मराठवाड़ा में प्रकाशित हुआ तब जो आनंद मुझे और माई को हुआ था, वह अवर्णनीय था, आज भी उसे याद करते ही वही अनुभूति होती है।

उस समय अनंतभालेराव जी और मेरी कोई पहचान नहीं थी; किंतु गाँव का एक आदमी माई को परेशान करता था। इसकी बहुत लंबी शिकायत मैंने भालेराव जी को पत्र द्वारा भेज दी थी। सात-आठ दिन के बाद ही वह व्यक्ति एक रात घर आया और ''मुझसे गलती हो गई'' कहकर माई के पैर पड़ने लगा। आप अण्णा के रिश्तेदार हो यह पहले क्यों नहीं बताया, ऐसा बहुत कुछ बोल रहा था अनंत भालेराव जी को 'अण्णा' कहते हैं, यह मुझे उस समय पता चला। माई को कुछ समझ नहीं आया। वह व्यक्ति जाने के बाद मैंने 'क्या चक्कर चलाया' यह उसे बताया। उस समय उसका दिल भर आया।

कुछ सालों बाद जब मैं पत्रकारिता में आया तब अण्णा से मेरी भेंट हुई। जब अण्णा को यह संपूर्ण प्रसंग मैंने सुनाया, तब वे हँसे। हर शिकायत खबर नहीं होती ऐसा कहा और भी बहुत कुछ बातें हुयी। अनंत भालेराव नामक पत्रकारिता के भीष्म ने मुझसे बातें कि, उस समय यही मेरे लिए खुशी की बात थी। बातें करते करते उन्होंने पूछा कि, तुम्हारी भाषा इतनी अच्छी कैसे? तुम तो गाँव में रहते हो। तब मैंने माई के द्वारा किए गए वाचन संस्कार की जानकारी दी। प्रतिदिन छुट्टी में 10 पंक्तियाँ अंग्रेजी और 10 पंक्तियाँ मराठी का शुद्ध लेखन जब तक नहीं लिखा जाता तब तक खाना नहीं मिलता था, यह और बहुत कुछ बताया। उसमें मेरे बचपन में मुझ पर कैसी जबरदस्ती हुई, यह सूर होगा।

आण्णा समझाते हुए स्वर में बोले- ''अरे, वही तो सच्चे संस्कार है। यही संस्कार तुम्हें जिंदगीभर काम आएंगे।''

आण्णा की यह बातें किसी भविष्यवाणी के समान सत्य साबित हो रही है।

अंधानेर, तहसील कन्नड़, जिला औरंगाबाद की यादें बहुत हैं। हम, हमारी परिस्थिति, माई, माई का स्त्री होना, उसने जो सहन किया वह कष्ट, यह सब कुछ अब मैं समझने लगा था। इसी समय से माई के कृतित्व का आदर निर्माण होने लगा था।

लोणी और खंडाला से ही धूप की छुट्टियों में कोई छोटा-मोटा काम करके दिन को सत्कार्य में लगाना माई ने सिखाया था। अंधानेर में इसी प्रकार के काम से आर्थिक स्थिरता आने लगी थी। 69 से 73-74 तक का यह समय होगा। 1971 का अकाल इसी समय का। मैं और छोटा भाई विनोद गाँव के ओव्हरसीयर अथवा तत्सम अधिकारी के पास अथवा प्राइवेट डॉक्टर के पास धूप की छुट्टियों में काम करके कुछ मदद हम खुद की ही करते थे।

शायद अब माई का वेतन 110 से 115 हुआ था। दोनों बड़े भाई औरंगाबाद में रहते थे। दादा 'नवकुल कंस्ट्रक्शन' नाम की कंपनी में काम करता था; फिर भी उन दोनों को माई ही मदद करती थी। और अंधानेर में हम तीनों। सब याद आता है। डेढ़ कमरे का किराया 15 रुपये और अभी-अभी आए लाइट के एक बल्ब के लिए दो रुपये देने पड़ते थे। यह लाइट आने से पहले लालटेन पोंछने के विवाद के कारण छोटे भाई के साथ प्रतिदिन झगड़ा होता। अंत में माई ने एक टाइम टेबल तय किया और हमारे बीच का विवाद सुलझ गया!

अंधानेर इस गाँव से कन्नड़ तहसील पैदल रास्ते से साढे तीन मिल था। नहीं तो प्रमुख रास्ते तक डेढ़ पौने दो मील पैदल जाकर बस पकड़कर साढे तीन मिल था। बस का किराया दस पैसे था। अंधानेरकर दस पैसे खर्च करने की अपेक्षा, पैदल रास्ते से आना जाना पसंद करते थे, और बचत के बीस पैसे में बस स्थानक पर समोसा, आलू बड़ा आदि चटपटे पदार्थ का स्वाद लेते। कन्नड़ का बाजार सोमवार को था। हर हफ्ते बाजार जाना हमारे लिए कोई अनिवार्य नहीं था। माई को वेतन मिलता इसलिए महीने में एक बार बाजार के लिए हम कन्नड़ जाते और महीने का किराना लेकर आते। पच्चीस रुपये के भीतर ही तीन लोगों का किराना हो जाता। उसमें दाल, साबुन और स्नो की बोतल होती थी। सब्जी में हमेशा आलू-प्याज और सूखी लाल मिर्च यही लेना पड़ता। बाकी सब्जियाँ सुबह खेत में जाने वाली कोई ना कोई महिला माई से पूछती, ''डॉक्टरीन बाई-कौन सी सब्जी लाऊँ?'' और शाम को घर आते समय माई को सब्जी देते समय कोई ना कोई तकलीफ बता कर दवाइयाँ लेकर जातीं। फडके, खांडेकर, पेंडसे, खानोल्कर, दळवी इसी समय इनका परिचय हुआ

और आगरकर, फुले, आंबेडकर इनकी पहचान भी माई के द्वारा ही हुई। अंधानेर के समय में रामदास, तुकाराम से लेकर नियमित पाठांतर लेने की माई की आदत से हम त्रस्त हो गए थे। जब वह वेतन लेने जाती तब 'टाइम्स' लेकर आती। वह एक महीना चलता। किराना के पुड़ियाँ अगर अंग्रेजी समाचार की हो तो, उन कागजों को वह जतन करके रखती। उसके पढ़ने के लिए और हमारे शुद्ध लेखन के लिए।

सजा देने के लिए माई ने हमें कभी मारा हो, ऐसा प्रसंग अपवादात्मक ही होगा। विरकर की डिक्शनरी से शब्द याद करना, शाम को परवचा कहना, छुट्टियों में प्रतिदिन 20-25 पंक्तियाँ पढ़ना, यह आदतें उसने हमें लगाई और हमेशा यही हमारी सजा होती। कोई बड़ी बात हो, तो पानी की टंकी में खड़े रहकर विरकर की डिक्शनरी से शब्द याद करना आदि कठोर सजा होती।

उस समय इनके पीछे निहित गंभीरता समझ में नहीं आती, किंतु पत्रकारिता में आने के बाद इन संस्कारों का मूल्य समझ में आया। आज भी आर्केक, प्रॉडिगल, पैराडाईम शिफ्ट, इंपीडीमेंट मॉलिग्टन, नार्सिसीझम इस प्रकार के शब्द कानों पर आते हैं, तब अंधानेर के दिन और माई याद आती है।

उस समय वेतन के लिए माई को अंधानेर से कन्नड़, कन्नड़ से बस पकड़कर औरंगाबाद और वहाँ से पाचोड इस गाँव जाना पड़ता। वेतन के लिए आने-जाने में उसे तीन-साढे तीन दिन लगते थे। एक दिन जाने का, एक दिन आने का और एक दिन वह दादा और चंदू इनके लिए। उसके आने के दिन मैं और छोटा भाई बस स्टैंड पर जाकर बड़े ही आशाभरी नजरों से बस की ओर उससे आने वाली माई की राह देखते थे। इसके लिए हम घंटों स्टैंड पर बैठते। माई को उतरते देख एकदम 'सुरक्षित' महसूस होता। जब वह मुझे अपने पास लेती तो तीन-चार दिन की अनाथ अवस्था दूर हो जाती। वैसे औरंगाबाद की टिकट दस पैसे ज्यादा होती, किंतु औरंगाबाद से कन्नड़ इसी किराए में अंधानेर तक का प्रवास होता था। इसलिए वापस आते समय माई बस से सीधे अंधानेर तक आती। किंतु पाचोड जाते समय अंधानेर से कन्नड़ पैदल जाती।

जब माई वेतन लेने जाती तब ठगणाबाई यह वृद्ध स्त्री हमारी देखभाल करती। वह माई की असिस्टेंट थी। अमरिका से आने वाले पाउडर का दूध बनाकर गरीब बच्चों में वितरित करना और हमारे घर के काम में माई का हाथ बटाना यह ठगणाबाई के काम थे। इसके लिए उसे शायद 25 रुपये और दो समय का भोजन मिलता। उसका सरकारी वेतन 15 रुपये था। सुबह दूध वितरण में मै और छोटा भाई विनोद उसे मदद करते। इसी पाउडर से बने दूध की चाय हम वह पाउडर मिलना बंद होने तक पीते थे। पहली बार हमें 'ठगणाबाई के स्वाधीन करना तय हुआ' यह सुनकर वह झट से बोली ''आ बया, मैं तो कोलीन हूँ।'' यह प्रतिक्रिया दी।

''तो क्या हुआ? खाने की और स्नेह की कोई जाति होती है क्या?'' यह माई का प्रति प्रश्न होता।

जाति, धर्म, ईश्वर इसका हमने कभी विचार ही नहीं किया। किराए का कमरा माली का। साथ में रामराव, मानकर, तुकाराम शिरसाट, विट्ठल दांडगे यह अब्राह्मणी। हमारा दैनंदिन जीवन ब्राह्मण के समान नहीं था। हम धार्मिक क्यों है? जाति का पालन क्यों नहीं करते? इसका सात्विक मातृसंस्कार कितना प्रबल है? इसकी समझ अनेक वर्षों बाद राजनीति, आरक्षण आदि समस्याओं को पढ़ने के बाद आयी।

एक दिन रामराव के घर मटन बना बन रहा था। उसकी महक हवा में घुल गई थी।

''क्या पकाया जा रहा है आज?'' मैंने पूछा।

उसने कहा- ''मटन, चल खायेंगे।''

अब तक मैंने मांसाहार नहीं किया था, किंतु खुशबू के कारण पेट में जगह बन गई, इसलिए माई से पूछा- ''खाऊं क्या मटन?''

''खाओ, इसमें पूछने की क्या बात है? वह भी अन्न है।'' यह उसने कितनी आसानी से कह दिया। जीवन के संस्कारों को वह इसी प्रकार अंकित करती। अंधानेर के उन दिनों जीन दो बातों का ज्ञान हुआ उसमें से एक था, माई बहुत सुंदर माँ है। साथ ही वह शिक्षित है, महत्वपूर्ण बात यह है कि, उसके खुद के विचार हैं और कोई अपरिचित व्यक्ति सामने आ जाए तो, वह उसके सामने आत्मविश्वास के साथ खड़ी रह सकती है।

इसी समय मुझसे बड़ा भाई चंदू घर छोड़कर चला गया। तब चंदू औरंगाबाद में रहता था, इस बात की खबर हमें देर से चली। उसका घर छोड़कर भागना माई की आँखों से झलकता था; किंतु पुत्र वियोग का दुख उसने हम तक पहुँचने नहीं दिया। एक दिन सारे रिश्ते-नाते तोड़कर मैं भी घर से बाहर चला गया। अर्थात् दो बच्चों के खोने का दुख झेलते हुए उसने जीवनयापन किया... गलत खून देने के कारण अचानक वह भी चल बसी। मरते समय भी उसने अपने पुत्र वियोग और सहनशीलता की छाया मुझ पर पड़ने नहीं दी। उल्टा मेरे उस व्यवहार का उसने समर्थन ही किया।

माई के साथ मेरा रिश्ता बहुत अच्छा था। आज किताबों में जब हम आदर्श माता और पुत्र के विषय में पढ़ते हैं, वह सब कुछ मैंने उस समय अनुभव किया होगा, इसका एहसास हुआ और रोंगटे खड़े हो गए।

अंधानेर के दिनों से अर्थात् 74 के बाद मैं हमेशा घर से बाहर ही था, किंतु माई की ममता के कारण साल-छह महीने में उसे मिलने जाता। ऐसी ही एक मुलाकात में मैंने उससे पूछा कि, ''तुम्हें कभी पुरुषों ने तकलीफ नहीं दी?''

तब काले रंग की मोटी फ्रेम के चश्मे से मेरी ओर देखकर बोली- ''तकलीफ नहीं हुई, ऐसा मैं नहीं कहूँगी। एक बार तो तुमने ही शिकायत की थी। किंतु, एक बार 'बच्चे' यही मेरे लिए सब कुछ हैं, यह मानने के बाद मैं और भी सशक्त हो गई।''

बहुत देर तक शांत बैठी और कहा, ''याद है तुम्हें? खंडाला में एक बार आए हुए सुपरवाइजर को मैंने रात को धक्के देकर घर से बाहर निकाल दिया था, तब तू और छोटा विनोद डर के मारे मुझ से लिपट गए थे। किंतु मैं क्यों नहीं डरी थी, अब समझमें आया ना तुम्हें।'' उसके इस प्रश्न से माँ में स्थित सशक्त स्त्री, जो मेरी समझ में आयी, उसके सामने मैं आज भी नतमस्तक हूँ। वैसे तो नतमस्तक वगैरह शब्द बहुत छोटा है, वह इन शब्दों से परे है।

माई के विषय में मैंने जो कहा उसका संबंध उसके सौंदर्य से है। माई बहुत गोरी थी, कितनी गोरी? तो मुझे उसकी मृत्यु याद आती है। बाबा आमटे जी ने तब गडचिरोली जिले में 'जंगल बचाओ मानव बचाओ' आंदोलन शुरू किया था। उस आंदोलन को कवर करने के लिए मैं गडचिरोली गया था। दो दिन वहाँ रहकर वापस आने के बाद, एक दिन शाम को ऑफिस में बैठकर लिख रहा था, उसी समय माई की प्रकृति गंभीर होने का ट्रंककॉल आया। उसका एक छोटा सा ऑपरेशन होने वाला था। वैसे भी दो-चार दिनों के बाद मैं उसे मिलने जाने वाला था। उसे नागपुर लाना तय हुआ। एक स्वतंत्र कमरा भी हमने उसके लिए तैयार रखा था। हमने किताबें, टेपरेकॉर्डर के साथ, अपूर्ण लेख पूर्ण करके जल्दी निकलने का तय करते समय ही विनोद का फोन आया, ''जल्दी निकलो।''

मैं और मंगल ऑफिस से घर पहुँचे। तैयारी करके बस स्टैंड को निकलने से पहले फिर फोन आया, माँ चल बसी। वह जो हो रहा था उस पर प्रतिक्रिया स्वरूप मेरे मन में कोई भाव नहीं था। पहले ही दो-तीन दिन पूर्व किया हुआ स्कूटर का प्रवास, उसके कारण थकान आदि, ऐसी अनेक बातों के कारण माँ की मृत्यु मुझ तक पहुँची ही नहीं थी। बस जालना की ओर चली और मैं सो गया। नींद खुली तो एकदम सिंदखेड राजा में ही। कहाँ हूँ यह समझ में आया, कहाँ जाना है इसका एहसास हुआ, क्यों जा रहा हूँ इसकी संवेदनाएँ तीव्र हो गईं, तब खुद को रोकना मुश्किल हो गया। जालना में दादा के घर पहुँच गया, तब तक सारे आँसू सूख गए थे।

मुझे देखकर शोर बढ़ा। दो-तीन लोग सँभालने के लिए आगे आए; दो-तीन लोगों के रोने की आवाज आयी, इससे उनके साथ जो रिश्ता है उसका एहसास हुआ; किंतु मैं रिक्त था। विनोद ने आगे आकर माई के चेहरे से कपड़े को हटाया। मैं सात-आठ मिनट तक वहीं अचेतन बैठा रहा। उसका हाथ हाथों में लिया। तब एहसास हुआ कि, उसके शरीर की हर शिराएँ और धमनियाँ काली-नीली पड़ चुकी हैं और उसके गोरेपन पर वह काले-नीले रंग भयावह प्रतीत हो रहे थे।

इतना गोरापन, और सौंदर्य संपन्न महिला स्त्री के रूप में इतने वर्षों तक अकेली जीवन यापन करती रही, यह सब कुछ सहन किया अकेले ही, मौन रूप से, पुत्र वियोग का अव्यक्त दुख, अमिट रखकर। सच में माँ इतनी सहनशील होती है? इस कल्पना से उस समय भी मेरे शरीर पर रोंगटे खड़े हो जाते और आज भी किसी अंत्ययात्रा को देखता हूँ तो यहीं अनुभूति होती है, जो मन को अस्वस्थ करती है।

वास्तव में हर किसी की माँ महान होती है। हर माँ के संस्कार अनमोल होते हैं; किंतु फिर भी अन्य महिलाओं से माँ के रूप में और एक स्त्री के रूप में मुझे मेरी माँ अन्य माताओं की अपेक्षा भिन्न ही प्रतीत होती है। यह भिन्नता मन को मोहित करती है। यही भिन्नता खंडित रूप से मुझे ज्ञात हो रही; किंतु माँ के रूप में उसके द्वारा निरंतर किए गए संस्कार आज भी कायम है। इस कथन की पृष्ठभूमि के विषय में एक विलक्षण स्मरण मेरे मन में है। अण्णा की मृत्यु के पश्चात् खंडाला की यह घटना है। बारिश के दिनों में शाम को अंधेरे में ही एक महिला हमारे घर आयी। हमारा घर अर्थात् कुंभरवाड़ी स्थित गधों के दर्प से भरा हुआ एक छोटा सा कमरा था। वह महिला आते ही माँ के गले पड़ गई। दोनों भी रात भर रो रही थी। आपस में क्या-क्या बोल रही थी, कुछ समझ नहीं आ रहा था। किंतु कुछ तो कारण होगा और वह कारण स्थायी रूप से मन में घर कर गया।

1983 में मैंने और मंगल ने शादी करने का फैसला कर लिया। नागपुर से जालना दादा के घर जाकर यह बात मैंने माई को बतायी। दिसंबर की ठंड थी आँगन में बैठकर हम सब बातें कर रहे थे, तब मुझे अचानक वह बात याद आयी।

"वह महिला कौन थी?" मैंने माई से पूछा।

एक पल मेरी ओर देखकर पूछा, "भुला नहीं अब तक?"

"नहीं, वह बात तो मन में घर कर चुकी है।" मैंने कहा।

"अण्णा और उस महिला का अफेयर था। शादी नहीं हुई थी उनकी। वह थी।" माई ने कहा और शांत बैठ गई।

मैं भाव विभोर हो गया, खुद को संभालते हुए कहा, "यू आर ग्रेट। पति की प्रेयसी की सांत्वना करने का धैर्य तुममें कहाँ से आया?"

"जन्म होते ही महिला भोग सहन करने की शक्ति भी साथ लेकर आती है। तुम पुरुषों को नहीं समझेगा यह..." जीवन को देखने और उसका सामना करने के लिए असीम धैर्य दिखाने वाली, ऐसी थी हमारी माई।

बार-बार पूछने पर भी कि, "वह कौन थी?" माई ने कभी बताया नहीं। अगर यही बात उसे निरंतर पुछता तो उठ कर चली जाती। और जाते-जाते कहती, "वह मेरी प्राइवेसी है और तुम्हारे लिए वह ऐतिहासिक रहस्य, है ना?"

सहनशीलता का वृत धारण करने वाली किसी तपस्वी के समान वह प्रतीत हो रही थी।

बर्दापुरकर परिवार में मैट्रिक की परीक्षा पहले ही प्रयास में पास होने वाला मैं पहला ही था। 55 प्रतिशत अंक लेकर मैं पास हुआ था। माई को इसका बहुत अभिमान था। मुझे अपनी पढ़ाई जारी रखनी चाहिए, ऐसी उसकी बहुत इच्छा थी। किंतु अंधानेर को महाविद्यालय की व्यवस्था होने का कोई कारण नहीं था। कन्नड़ को भी कॉलेज नहीं और औरंगाबाद को भेज कर मुझे महाविद्यालय शिक्षण देने की स्थिति माई की नहीं थी।

मुझे कोई छोटा सा कोर्स करना चाहिए और नौकरी करते-करते पढ़ाई पूर्ण करनी चाहिए, यही माई की तीव्र इच्छा थी। उस समय नागपुर को सैनिटरी इंस्पेक्टर कोर्स के लिए 50 प्रतिशत से ऊपर अंक प्राप्त करने वालों को आसानी से प्रवेश मिलता था। उसने मुझे यह फॉर्म भरने के लिए कहा। साक्षात्कार के लिए बुलावा आया। पुणे-नागपुर बस से औरंगाबाद से मैं नागपुर आया; किंतु साक्षात्कार के लिए गया ही नहीं। साक्षात्कार हो गया, ऐसा माई को झूठी कह दिया।

बहुत दिनों तक वह प्रवेश निश्चित होने के पत्र की राह बड़ी आशाओं के साथ देख रही थी। किंतु मैं, इस समय बड़े आराम से कन्नड़ की लाइब्रेरी से पुस्तक लाकर अपने दिन बिता रहा था।

एक दिन उसकी मातृत्व रूपी आशाएं और असह्य हो गई और मैंने उसे सब कुछ सच बता दिया। उसके चेहरे पर निराशा स्पष्ट थी। उसकी अपेक्षाभंग की वेदना उत्कट हो गई थी; किंतु उसने बड़े धैर्य से उसके विस्फोट को रोक दिया। बहुत समय तक शांत रहने के बाद मुझे शांत स्वरों में समझाते हुए कहा, "इस वर्ष कन्नड़ को कॉलेज शुरू हो रहा है। अगर दो महीने नागरे साहब के पास काम करेगा तो तुम्हारी पढ़ाई का भार तू खुद संभाल सकेगा।"

अंधानेर के पास निर्माण हो रहे एक मध्यम सिंचाई प्रकल्प के ओव्हरसीयर थे के. एस. नागरे। छोटा भाई विनोद उनके बच्चों को दिनभर संभलने का कार्य करता था। अगर मैं उनके साथ प्रकल्प पर काम करूं, तो मुझे भी पैसे मिलेंगे, यह उसके विचार थे। दूसरे दिन सुबह मैं नागरे साहब से बात करके भी आया; किंतु नागरे साहब के पास कोई जगह रिक्त नहीं थी। उन्होंने अंधानेर से 18-20 मील दूर हो रहे एक रास्ते का काम देखने वाले तत्कालीन बीएंडसी के ओव्हरसीयर कुलकर्णी साहब से बात की और मैं उस काम के लिए चला गया।

उसके बाद प्री डिग्री, फर्स्ट ईयर, सेकंड ईयर ऐसे तीन साल तक मेरी पढ़ाई की जिम्मेदारी रोजगार हमी योजना ने संभाली। प्रारंभ में, मैं इतना पढ़ा-लिखा, सेकंड क्लास मेट्रिक आदि और ऐसे काम करता हूँ इसकी बहुत शर्म आती थी।

एक बार मैंने, जिस शर्म को मैं महसूस करता था, उसके विषय में माई से स्पष्ट रूप से बात की, माई ने उतनी ही स्पष्टता से मुझे पूछा, क्या शर्म की कोई जाति और लज्जा का कोई धर्म होती है? जब तक भीख नहीं माँगता तब तक तू जो कुछ

भी करेगा, उसकी मुझे स्वयं कभी लज्जा नहीं आएगी। और फिर मेरी लज्जा का भार एकदम कम हो गया।

भविष्य में जीवन की किसी भी स्थिति में मेरे भाग्य जो कुछ भी आया, उस समय मुझे श्रम, गरीबी अथवा किसी भी प्रकार की अभावग्रस्तता की लज्जा का अनुभव नहीं हुआ।

कालांतर में इस बात का ज्ञान हुआ वह भी छोटे भाई विनोद के द्वारा कि, रोजगार हमी के काम पर जाते समय माई मुझे चार-पाँच दिन के लिए पर्याप्त हो इतनी गेहूँ की रोटियाँ बना कर देती थी और जब तक मैं वापस नहीं आता तब तक वह और विनोद केवल ज्वारी की रोटियाँ ही खाते थे। मेरी अनुपस्थिति में घर में कभी गेहूँ की रोटियाँ नहीं बनती। यह सब कुछ जब एकांत में याद करता हूँ, तब मैं अपनी भावनाओं के आवेश को रोक नहीं पाता हूँ।

कन्नड़ में नारायण नागदकर पाटिल द्वारा कला और वाणिज्य महाविद्यालय की शुरुआत हो गई थी। वहाँ जाकर मैंने प्री डिग्री वाणिज्य के लिए आवेदन पत्र की माँग की, तब कन्नड़ नगरपालिका के नूतन निर्मित सभागृह में टेबल की आड़ में बैठे हुए बाबू ने विस्मयता से मेरी ओर देखा। हाफ पैंट और हाफ शर्ट पहना यह लड़का प्री यूनिवर्सिटी कोर्स के लिए आवेदन पत्र की माँग कर रहा है? यह बात उसकी कल्पना शक्ति से परे थी। फिर मैंने अभिमान से मैट्रिक की गुण पत्रिका उसे दिखाई और उसने छोटी सी पुस्तिका मेरे हाथ में थमा दी; किंतु प्रवेश पत्र कहाँ है? मैंने उन्हें पूछा। तब उन्होंने बताया, इसी पुस्तिका को 'प्रोस्पेक्टस' कहते हैं और उसके अंत में प्रवेश पत्र किस प्रकार जोड़ा गया है, यह उन्होंने मुझे दिखाया।

कुछ देर वहीं बैठ कर मैंने प्रवेश पत्र भर दिया। प्रवेश के लिये महत्त्वपूर्ण सारे कागजात की सत्य प्रीति को प्रवेशपत्र के साथ जोड़ दिया और उस क्लर्क के पास जाकर उसे वह प्रवेशपत्र दिखाया। उसने उसे ठीक से पढ़ा और रोखपाल के टेबल की ओर दिशा निर्देश करते हुए वहाँ जाकर फीस भरने को कहा। पीछे मुड़कर देखा तो धवल रंग का पूर्ण शर्ट और बहुत बड़े बॉटम की पैंट पहने हुए मुझसे बहुत बड़ा लड़का, सच पूछो तो व्यक्ति ही, मेरे पीछे खड़ा था। उसने पूछा, ''कहाँ प्रवेश लिया?'' और मैंने अभिमान से कहा, ''वाणिज्य।''

उसने अपना परिचय दिया, ''मैं लक्ष्मण काले। मैंने भी वाणिज्य में प्रवेश लिया है। दो मिनट के लिए रुको। दोनों भी वहाँ साथ जाएंगे।'' कन्नड़ के उस नूतन महाविद्यालय में वाणिज्य शाखा के लिए पहला मैं और दूसरा लक्ष्मन काले ऐसे दो छात्र उस दिन उन्हें मिले थे।

उस समय एक बच्चे का बाप था, लक्ष्मण काले। जो अंधानेर का जमाई था। बाद में वह चार्टर्ड अकाउंटेंट हुआ। वर्तमान में मुंबई के फोर्ट परिसर में उसका प्रशस्त

कार्यालय है। वर्तमान में औरंगाबाद हाई कोर्ट में वकीली व्यवसाय कर रहे भिमराव पवार की कन्या की सगाई में हम सब बहिरगाँव में मिले थे। लक्ष्मण काले और मैं सभी कार्यक्रमों के समापन के बाद अंधानेर गए थे। लगभग 22-23 साल बाद मैं अंदर गया था। वहाँ काफी परिवर्तन हो चुका था। पुरानी सब पहचान इस परिवर्तन के पीछे छुप गई थी। लक्ष्मण और मैं भटकते-भटकते सरोवर की ओर गए। वहाँ से वापस आकर पाठशाला गए। वहाँ चार-पाँच लोग ताश खेलते और बीडी फूँकते हुए बैठे थे। ''क्या जमाई बाबू, कैसे हो?'' आदि उन्होंने लक्ष्मण की पूछताछ की।

लक्ष्मण ने उनके घरवालों की पूछताछ की। मेरी ओर उँगली निर्देश करते हुए पूछा, ''इसे पहचानते हो?''

मुमकिन ही नहीं था। फिर एक व्यक्ति ने बीड़ी की राख झटकते हुए, ''कौन है यह?'' ऐसा प्रति प्रश्न किया।

लक्ष्मण ने पूछा, ''माई डॉक्टरीन याद है? यह उसी का लड़का है।''

एक ने थोड़ा सर खुजाया और हाँ कहते हुए कहा, ''इसे नहीं पहचानता; किंतु माई के समान डॉक्टरीन फिर इस गाँव को नहीं मिली। बहुत सहन किया उसने; किंतु भलाई का त्याग कभी नहीं किया।''

थोड़ी देर की शांति के बाद एक दूसरे वृद्ध ने कहा, ''किंतु माई तो अपने लड़के को नंदू कहती थी ना?''

''मैं वही हूँ।'' मैंने कहा, तब उसका चेहरा स्मरण के उजाले से चमक उठा।

कानों पर उँगलियों को मोड़कर बलाईयाँ लेते हुए उसने कहा, ''माई के देहांत की खबर सुनी तब बहुत बुरा लगा था।'' पल दो पल यूँ ही बीत गए। उसका हाथ आँखों के पास गया। पलकों को पोंछा और मेरे मन में भावनाओं का सैलाब आ गया। किसी व्यक्ति के विषय में उसकी मृत्यु के बाद भी 20-22 साल पश्चात् अच्छा बोला जाता है और जिसके विषय में कहा जा रहा है, वह मेरी माई है। इन सारी भावनाओं ने मेरे मन का कोना कोना द्रवित करा दिया था।

''बहुत सहन किया उसने।'' यह वाक्य याद आया, जब मैं वापस जा रहा था और मेरी भावनाओं का बांध टूट गया। मैं बहुत रोया। माई के मातृत्व की पहचान जैसे उसके बहते हुए आँसुओं से सर्वप्रथम हुई थी, उसी प्रकार मेरे अपराध बोध को उजागर करने वाले मेरे ही आंसू थे....

प्रेमभाव का नम्रतासागर

- राजीव खांडेकर

आप 'एबीपी माझा' इस वृत्त वाहिनी के मुख्य संपादक है। एबीपी माझा को अल्पावधि में महाराष्ट्र की लोकप्रिय वृत्त वाहिनी का सम्मान प्राप्त कराने में आपका अमूल्य योगदान है। न्यूज़ ब्रॉडकास्टिंग स्टैंडर्ड अथॉरिटी पर निकट समय में ही आपकी सम्माननीय नियुक्ति की गई है। आप 'लोकसत्ता' के निवासी संपादक के रूप में भी कार्यरत थे। आपके द्वारा लिखित 'हार्ट टु हार्ट' यह कॉलम आपकी दिल को छूने वाली भाषा शैली के कारण पाठकों के चीर स्मरण में है। आपके 'हार्ट टु हार्ट' इस पुस्तक को भी राज्य शासन द्वारा उत्कृष्ट साहित्य निर्मिति के पुरस्कार से सम्मानित किया गया है। राजीव खांडेकर जी ने अपनी पत्रकारिता का शुभारंभ 1989 में पुणे के 'सकाळ' वृत्तपत्र के माध्यम से किया। सन 2000 में आपने 'ईटीवी मराठी' का काम भी किया है। राज्य के अनेक सम्माननीय पुरस्कारों से आपको सम्मानित किया गया है। महाराष्ट्र संपादक परिषद का 'आचार्य अत्रे पुरस्कार', सासवड के आचार्य अत्रे प्रतिष्ठान का सम्मानीय पुरस्कार, 'एकमत पुरस्कार', आचार्य बाळशास्त्री जांभेकर पुरस्कार, महर्षि नारद पुरस्कार आदि का समावेश है।

माँ के विषय में लिखना, इससे कठिन विषय कोई भी नहीं हो सकता, इसका एहसास मुझे अब लिखना प्रारंभ करते ही हो रहा है। मन में अनेक बातों एवं घटनाओं का तूफान उमड़ आया है... माँ के विषय में लिखना है अर्थात् क्या क्या लिखना है और कितना लिखना है! यह सब कुछ सागर को गागर में भरने का महत् प्रयास है, बस!

याद करता हूँ, तब पलुस की आँगनवाड़ी याद आती है, घर के पास ही थी। चार साल का मैं, माँ को छोड़कर उस आँगनवाड़ी जाने के लिए अधिक उत्सुक नहीं रहता। जबरदस्ती वहाँ भेज दिया जाता। तब पीछे द्वार के पास की जगह पकड़ कर बैठ जाता। यह जगह बहुत महत्वपूर्ण थी, क्योंकि वहाँ बैठकर घर में काम करने

वाली माँ कभी-कभी दिख जाती। नहीं चाहिए वह कक्षा, नहीं चाहिए वह बाई और नहीं चाहिए उनके गीत... इस प्रकार से आक्रोशित उद्विग्न मन को उसके दर्शन से बहुत शांति मिलती थी, धैर्य मिलता था। आज भी स्पष्ट रूप से याद है कि, वह पाठशाला थी ही केवल 2 घंटे की। उसमें कुछ गीत, खेल और टिफिन खाना बस इतना ही होता था। किन्तु माँ से बिछड़कर वहाँ रुकना पड़ता था। इसलिए वह दो घंटे भी, जैसे किसी काल कोठरी में कैद किया हो, इस भावना को मन में निर्मित कर जाते!

घर में सबसे छोटा था इसलिए माँ और पिताजी दोनों से अधिक प्रेम प्राप्त किया। किंतु जब कभी कोई अनुचित घटना मेरे हाथों से घटित हो जाती, तब माँ ने माफ किया हो, यह याद नहीं। पलुस से पिताजी का तबादला सांगली में हुआ। पेठ विभाग क्षेत्र में हम रहते थे। गणपति मंदिर में स्थित आँगनवाड़ी में मेरा प्रवेश निश्चित किया गया। शायद पाँच-साढ़े.पाँच साल का था। एक दिन दादी ने अण्णाप्पा के दुकान से नमक लाने के लिए भेजा। यह सारी घटना 45 साल पुरानी है। किंतु इस संपूर्ण घटनाक्रम की हर वह छोटी बात जीवनभर मेरे चीर स्मरण में सुरक्षित है। नमक 22 पैसे किलो था। काला खड़ा नमक लेना था। (उस समय दुकान में बारीक अर्थात् पिसा हुआ नमक और कंकड़ के समान दिखने वाला खड़ा नमक ऐसे दो प्रकार का नमक मिलता था। उसमें भी खड़ा नमक काले और सफेद ऐसे दो प्रकारों में उपलब्ध था। काला नमक स्वाद में कुछ ज्यादा नमकीन होने के कारण उनकी माँग अधिक थी।) बस नमक ले लिया। किंतु मेरी नजर अण्णाप्पा की दुकान में रखी लाल रंग की छोटी-छोटी गोलियों पर पड़ी। जैसे इंजेक्शन के लिए इस्तेमाल की जाती हैं उसी प्रकार की काँच की नलियों में यह लाल-लाल बड़ीसौंप की गोलियाँ भरी हुई थीं। और इन नलियों से अण्णाप्पा की बड़ी भरणी भरी हुई थी। पाँच पैसे में मिलने वाली यह लाल रंग के गोलियों की नली मैंने खरीद ली। अण्णाप्पा को पैसे दिए। उसने बचे हुए तीन पैसे वापस भी दिए। दुकान से बाहर पड़ते ही नली की सारी गोलियाँ मैंने अपने मुँह में रिक्त कर ली।

उस समय मेरे सारे बालमित्र यह गोलियाँ खाते थे। किंतु मुझे यह गोलियाँ कभी भी नहीं मिलती थी। घर में इसके लिए कभी जिद भी की थी। किंतु उसे पूरा नहीं किया गया। आज वह मौका मिल गया था। हाथ में पैसे थे और सामने गोलियाँ। मैंने मौके फायदा उठाकर उसे वास्तविकता में परिवर्तित कर स्वर्णिम लाभ हासिल किया था।

घर आकर तीस पैसे से बचे हुए तीन पैसे दादी के हाथ में थमा दिए। नमक की थैली माँ के पास दी। घर से भागने का प्रयास किया; किंतु हाथ में केवल तीन पैसे देखकर दादी अचानक जोर से चिल्लाई, "यह क्या? केवल तीन ही पैसे कैसे वापस आए? बाकी के पैसे कहाँ है? नमक कितने का लिया?"

उस समय मुझ में हिम्मत कहाँ से आयी ईश्वर ही जाने! अथवा पेट में गई हुई गोलियों के कारण मेरी हिम्मत बढ़ गई थी, ऐसा मान लेते हैं! मैंने दादी से कहा, ''इतने ही पैसे वापस आए।''

उसने पूछा, ''ऐसे कैसे? नमक कितने का लिया?''

मैंने बड़े आत्मविश्वास के साथ कहा कि, ''27 पैसों का।''

''अब तक 22 पैसे किलो मिलने वाला नमक अचानक 27 पैसे किलो कैसे हो गया?'' दादी गुस्से में थी, सो वह और भड़क गई। किंतु मुझ पर नहीं अण्णाप्पा पर! छोटे बच्चों को दुकान में आने पर ठग लेता है!

दादी ने माँ से कहा कि, ''उस लुच्चे अण्णाप्पा के पास जा और उससे पूछ, छोटे बच्चों को क्यों फसाता है?''

अब डर मेरे रोम-रोम से छलक रहा था। घर से बाहर भागना था। किंतु माँ ने मेरे हाथ को कसकर पकड़ रखा था। उसने कहा, चल मेरे साथ! अभी अण्णाप्पा के पास जाना पड़ेगा, केवल इस कल्पना से ही मेरे पसीने छूट गए। माँ के हाथ से जबरदस्ती छूटने का प्रयास करके देखा। किंतु वह माँ की पकड़ थी। शायद वह सब कुछ जान चुकी थी।

अण्णाप्पा के दुकान में आते ही उसने गुस्से से पूछा, ''अण्णाप्पा नमक की कीमत क्या है? 22 पैसे ना? फिर इसके पास से 27 पैसे कैसे लिए?'' माँ का रुद्र अवतार देख क्षणभर के लिए डरे अण्णाप्पा ने कहा कि, ''नमक की कीमत तो वही है। किंतु इसने पाँच पैसे की गोलियाँ ली थीं। इसलिए 27 पैसे हो गए। देखो ना! इसका मुँह तो देखो! गोलियाँ खाकर लाल हो रहा है!''

अण्णाप्पा ने इतने अभिमान और आत्मविश्वास से यह सब कुछ सुनाया कि, उस पर गुस्सा करने और उससे झगड़ा करने आयी हुई माँ मानो शक्ति हीन हो गई। गोलियाँ खाकर मेरा मुँह लाल हो गया है, यह अभी तक उसे समझ में नहीं आया था। अण्णाप्पा के कहने से पहले यह बात मेरी समझ में क्यों नहीं आयी? इसका विलक्षण वैषम्यभाव उसके मन में भर आया। और अपना ही सिक्का खोटा निकला, अपने ही पुत्र के कारण मुझे मुँह की खानी पड़ी, इस प्रकार की भावनाओं के कारण उसका सात्त्विक गुस्सा फूट पड़ा। अब इन सब का क्या परिणाम होगा? ऐसे विचार मेरे बालमानस में आने से पहले ही, एक थप्पड़ मेरे गाल पर पड़ी, जोर से। क्या हो रहा है? इसकी आशंका आने से पूर्व ही, दूसरे गाल पर और एक थप्पड़ पड़ी। झूठ बोलता है? घरवालों को फसाता है? झूठ बोलकर गोलियाँ खाता है? एक ओर माँ का डाँटना शुरू था, तो दूसरी ओर मारने के लिए हाथ। एक हाथ से मेरी बाँह को कसकर पकड़ा था, दूसरे हाथ से जहाँ जगह मिले फटके मारती रही। मैं जोर-जोर से रोने लगा। उसके हाथ से छूटने का प्रयास करता रहा। किंतु माँ ने दुर्गा का रूप

धारण कर लिया था। अण्णाप्पा के दुकान से पीटते हुए और मुझे घसीटते हुए वह निकल थी। रास्तेपर सभी लोग स्तंभित होकर माँ के इस विकराल रूप को देख रहे थे। रास्ते पर खेलने वाले मेरे दोस्त भी विचित्र नजरों से मुझे मार खाते हुए सहानुभूति की दृष्टि से देख रहे थे। इस सारे कोहराम में मेरे पैर के अंगूठे को ठोकर लग गई। उसमें से खून की धारा बहने लगी; किंतु उसे देख कर भी उसका मन द्रवित नहीं हुआ। घर तक पीटते हुए लाने के बाद और दादी को मेरे कारनामों की कहानी सुनाने के बाद वह शांत हो गई। किंतु इससे एक बात हमेशा के लिए मन पर अंकित हो गई। घर वालों को धोखे में रखकर कोई भी काम करने की हिम्मत जीवन भर नहीं की।

लेकिन माँ के द्वारा ऐसी मार और इस प्रकार की शिक्षा अनेक वर्षों तक खाता रहा। उस मार का मेरे जीवन में फायदा ही होता रहा।

आटपाडी के पास झरे नाम का एक गाँव है। वहाँ वक्तृत्व की स्पर्धा थी। शायद सातवीं-आठवीं में था। स्कूल में अच्छा भाषण करता था, इसलिए इस स्पर्धा के लिए पाठशाला की ओर से मुझे भेजा गया। इसमें इनाम भी प्राप्त हुआ। शाम को घर आने के बाद माँ को यह सब कुछ बता रहा था। माँ बड़े आनंद के साथ सुन रही थी। लेकिन क्यों पता नहीं? किंतु यह स्पर्धा जिस स्कूल में थी, वहाँ के मुख्याध्यापक मुझे पसंद नहीं आये। उनके विषय में बहुत सी शिकायतें मन में थी। बोलते-बोलते मेरी जुबान फिसल गई और ''वहां के मुख्याध्यापक ने मुझे ऐसे-वैसे कहा...'' ऐसा ही कुछ मैं बता रहा था। किंतु मेरा वाक्य पूर्ण होने से पहले ही, जोर से एक गाल पर पड़ी। ''मुख्याध्यापक का नामोल्लेख इतनी असभ्यता से करता है?''

मेरा भाषण, मुझे प्राप्त पारितोषिक सब कुछ खत्म। मुझे यह अन्याय लगा। कहाँ की स्कूल और कहाँ का मुख्य अध्यापक उनका नाम भी मुझे पता नहीं था। उनके लिए मार खाना मुझे भयंकर अपमानजनक लगा। मैंने माँ के साथ इस विषय पर विवाद उपस्थित करने का प्रयास किया। किंतु माँ अपनी भूमिका पर निश्चल थी। उसके तत्व उसकी दृष्टि से बहुत सामान्य थे, ''शिक्षक-शिक्षक होते हैं। उनका नामोल्लेख अनुचित रूप से करने वाला तू कौन है रे टिकोजीराव? क्या समझता है अपने आपको? बड़े बुजुर्ग और शिक्षकों के विषय में आदरयुक्त वाणी का उपयोग करना चाहिए, इतनी छोटी बात नहीं समझती तुझे?''

गाल पर पड़े उस एक थप्पड़ ने संपूर्ण जीवन में बड़े बुजुर्ग और शिक्षकों के लिए आदरयुक्त वाणी का उपयोग करने का पाठ पढ़ाया।

माँ की शादी कम उम्र में ही हो गई थी। उसकी पढ़ाई भी ठीक ढंग से पूर्ण नहीं हुई थी। किंतु मेरी परीक्षा के दिन पास आते ही, मेरी पढ़ाई लेने की अपार ऊर्जा और उत्साह उसके शरीर में संचालित हो जाता। पढ़ाई लेने की उसकी पद्धति भी तय थी। अर्थात् इतने सालों बाद आज भी वह दृश्य मेरी आँखों के सामने साक्षात प्रगट हो

जाता है। अनाज अथवा सब्जी चुनने का काम हाथ में लेकर पढ़ाई करने के लिए उसने मुझे अपने सामने बिठाया है। साथ में नवनीत का गाइड और स्केल पट्टी। एक ओर वह अपना काम करते-करते प्रश्न पूछ रही है। मैं जो उत्तर दे रहा हूँ उसे गाइड में देख रही है और उत्तर गलत हो रहा है ऐसा दिखने पर, पट्टी का एक फटका हाथ पर दे रही है। फिर मैं बहुत गुस्सा करता। गाइड में जैसे लिखा है, ठीक वैसा ही उत्तर मैं कैसे दे सकता हूँ? थोडा इधर-उधर तो होगा ही... आदि कहकर उसके साथ झगड़ा करने का प्रयास किंतु मेरी बातों की ओर उसका कोई ध्यान नहीं!

किंतु एक बात पर मुझे तब भी आश्चर्य होता था और आज तो असीम कौतुहल महसूस करता हूँ। क्योंकि पढ़ाई बीच में ही छुट गई किंतु फिर भी पढ़ने की इच्छा को उसने कायम रखा। आज भी खूब पढ़ती है और पहले भी पढ़ती थी। इतना ही नहीं तो; पसंदीदा बातों को वह लिखकर रखती। मनपसंद कथा को लिखकर रखने वाली मेरी माँ को छोड़कर ऐसे किसी दूसरे व्यक्ति को मैंने अपने जीवन में नहीं देखा। उस समय झेरॉक्स की सेवा उपलब्ध नहीं थी। वाचनालय से लाई गई पुस्तक फिर कब हाथ में आएगी पता नहीं। शायद इस लिए, जो कथा उसे अच्छी लगती वह अपने पास रहे इसी कारण माँ उसे अपने हाथों से लिख कर रखने की आदत खुद को लगाई थी। पढ़ने का उसे इतना शौक था कि, बाद में मैं जब पढ़ाई करने के लिए सुबह उठता था, तो वह भी मेरे साथ उठ जाती और मैं नींद को आँखों से भगाने का प्रयास करते हुए पढ़ाई करने का प्रयास करता था किंतु उसी समय वह वाचनालय से लाई गए पुस्तकों को एक-एक करके पूर्ण करती थी। आज भी उसके पढ़ने की आदत में कोई परिवर्तन नहीं हुआ है। एकाग्र होकर पढ़ती है, फिर चाहे वह कोई किताब हो या फिर कोई समाचार पत्र हो या विशेष आवृत्ति...

वैसे प्रकृति से माँ नाजुक। स्वभाव से बहुत ही संवेदनशील और भोली प्रवृत्ति वर्ग की। सामान्यतः बात करते समय कोई गलत या मन को आहत करने वाले शब्द बोल दे तब भी उसकी आँखों में जल्दी ही पानी आ जाता है। अभी कुछ सालों में उसमें थोड़ी कमी आयी है ऐसा लगता है। किंतु वैसे छोटे से अपमान का डंक भी उसके स्वभाव को सहन नहीं होता। उल्टा उत्तर देना, अबे को-क्यों बे कहने का उसका स्वभाव ना होने के कारण अंदर ही अंदर उसे सहन करने के अलावा उसके पास कोई पर्याय नहीं होता। किंतु कभी-कभी उसकी दृढ़ निश्चल वृत्ति उमडकर बाहर आती थी और उसे देख कर हम भी हैरान हो जाते।

सामान्यतः बीस साल पुरानी बात है। हम नैनीताल गए थे। स्थानीय टूर ऑपरेटर की बस से नैनीताल दर्शन शुरू हुआ था। दोपहर के दो-तीन बजे होंगे। बस में बहुत भीड़ थी इसलिए माँ ड्राइवर की कैबिन वाली सीट पर बैठी थी। बस छूटने का समय हुआ, इस लिए ड्राइवर के सहायक ने कैबिन का लोहे का द्वार धड़ाम से बंद

किया; किंतु उसे यह ज्ञात नहीं था कि, माँ का हाथ पार्टीशन पर रखा हुआ है। वह दरवाजा माँ की एक उँगली पर इतने जोर से लगा कि, उँगली से खून बहने लगा। सामान्यतः उँगली का आधा हिस्सा लटक रहा था। बस में बहुत हंगामा हुआ। किंतु उसका कोई उपयोग नहीं हुआ। हम ऐसी जगह थे जहाँ से नैनीताल पहुँचने के लिए दो-तीन घंटे लगने वाले थे। बस में प्रथमोपचार की कोई सुविधा नहीं थी। उँगली से बहते खून को कैसे रोका जाए? यह मुश्किल बात थी। इसलिए उँगली को रुमाल से बांधकर हम वहाँ से निकले। संध्या समय नैनीताल पहुँचने पर उँगली को ड्रेसिंग किया। किंतु इस चार घंटे में माँ ने चुपचाप सब कुछ सहन किया। निश्चित ही वह वेदनाएँ असह्य होगी। किंतु उसका प्रदर्शन उसने प्रयत्न पूर्वक टाला था। उँगली को इतना लगने पर भी बडे आनंद के साथ उसने यात्रा पूर्ण की। बाद में दिल्ली को आने के बाद, नैनीताल की बस में कितनी अज्ञानता पूर्वक हाथ रखा था इसका उल्लेख होते ही उसके आँखों से आँसू बहने लगे। वेदना के कारण होने वाली तकलीफ कितनी ही बड़ी क्यों ना, वह सहन हो सकती है, किंतु अपमान और अवहेलना का दुख सहन करना शायद उसे कठिन होता था।

हर बच्चा अपनी माँ और पिताजी से अनगिनत बातें सीखता है। उनके दैनंदिन व्यवहार एवं बातचीत के माध्यम से बच्चों पर अनायास ही संस्कार होते हैं। इसलिए हम माँ से क्या सीखे और पिताजी से क्या सीखे यह बताना किसी भी लड़के के लिए अति कठिन कार्य है। किंतु स्वयं के संदर्भ में गहरा सोचकर यह बताने का प्रयास किया तो यह कह सकते हैं कि, किफायत से रहना, चरित्र संपन्न रहना और जितना हो सके उतनी लोगों की मदद करना यह गुण अप्पा में (मेरे पिताजी) थे। माँ का स्वभाव सामान्य सादगीभरा प्रिय वचन बोलना, छोटे बड़ों से स्नेह पूर्ण व्यवहार करना, सदैव विनम्र रहना यह मुझे अनुभूत माँ की विशेषताएँ हैं। माँ और अप्पा इनके जैसा व्यवहार मैं कर पाऊंगा या नहीं पता नहीं; किंतु उनके द्वारा मौन रूप से निर्देशित पथ पर चल रहा हूँ। सोच समझकर नहीं, प्राकृतिक दृष्टि से। उनके समान सफल हो सका तो, जीवन के अंतिम क्षणों में निश्चित ही मन को समाधान मिलेगा।

■■■

माँ : अवर्णनीय महानता

– मंदार फणसे

आप ने सन 1999 से मुद्रित माध्यमों के साथ-साथ 'एन.डी.टी.वी.', 'सी.एन.एन.' और 'आय.बी.एन. लोकमत' में काम किया है। 2011 के बाद वे 'भारत-फॉर इंडिया' इस वृत्त संकेतस्थल के प्रमुख संपादक के रूप में कार्य किया है। वर्तमान में मंदार जी 'मिरर नाऊ' में संपादक हैं। ग्रामीण पत्रकारिता करने वाली एक पीढ़ी को आकार देने का कार्य आपने किया है। अण्णा हजारे द्वारा शुरू किए गए भ्रष्टाचार विरोधी जन आंदोलन 1996-97 में आप सक्रिय रूप से सहभागी थे। अविनाश धर्माधिकारी के 'चाणक्य मंडल' में संस्थापक सदस्य के रूप में आपने कार्य किया। जव्हार के आदिवासी क्षेत्र में संपूर्ण शिक्षा, जन आंदोलन और महाराष्ट्र के अनेक मान्यवर संपादक, साहित्यिक एवं पुरोगामी-प्रतिगामी विचारधाराओं के कार्यकर्ताओं से जव्हार का निकटतम परिचय... अनेक पुरस्कारों से आपको सम्मानित किया गया है।

सामान्यतः समझ बढ़ने की उम्र थी, माँ के विषय में अनेक सवालों ने मन में जन्म लिया था। इन प्रश्नों की अधिकता तब तीव्र हो गई, जब मेरे पिताजी के साथ मेरे हमेशा ही झगड़े बढ़ने लगे। कॉलेज खत्म हुआ और तनाव के दिन बढ़ने लगे। मन में केवल गुस्सा और प्रक्षोभ के यह दिन, हर किसी के जीवन में आते हैं। पिताजी के साथ दो टूक मतभेद होने का वह समय था, जब कभी यह मतभेद अपनी चरम सीमा तक पहुँचते तब माँ केवल पिताजी का पक्ष क्यों लेती थी? यह सवाल मुझे पिताजी की मृत्यु के पश्चात् माँ के विषय में और उसके व्यक्तित्व के विषय में बहुत सी समझ देकर गया। एक बार मैंने माँ से सीधे सवाल किया, ''अगर अप्पा का व्यवहार यही रहता होगा और तुम्हें इससे बहुत तकलीफ होती है, तो उनके साथ क्यों रहती हो? तू चल मेरे साथ।'' उस समय माँ ने मुझे गुस्से में डाटा था, ''अब तू नौकरी करके इतना बड़ा हो गया तो क्या

खुद को बड़ा होशियार समझता है क्या?'' इन शब्दों में उसने मेरी होशियारी निकाली। अर्थात् उस समय मेरा गुस्सा शांत नहीं हुआ था। मैं अपने विचारों पर कायम था।

जव्हार में उस समय हमारे पास तीन कमरों का खपरैल का घर था, अगर उस घर को छोड़कर वह मेरे साथ आ जाती तो, एक प्रकार से उसका फायदा ही था। घर में हमेशा काम, पानी भरना, आने-जाने वाले लोगों के लिए असमय चाय, अच्छा खाना पकाना और फिर भी प्रशंसा का एक भी शब्द ना आप्पा ने कहा और ना हम बच्चों के मुँह से निकला। यह सब सहन करने के बाद भी वह हमेशा हंसमुख रही थी। गाँव में आए व्यक्तियों का, आस-पड़ोस के परिवार का सुख दुख बाँटती। पिताजी सिविल इंजीनियर थे। ठेकेदारी करते थे। सरकारी बिल कभी भी समय पर नहीं मिलता। इसकी सबसे ज्यादा तकलीफ माँ को सहन करनी पड़ती। गाँव के किराना दुकान से लेकर मेडिकल की दुकान तक सभी आर्थिक व्यवहार उधारी से ही चलते। इसलिए कभी-कभी कटु शब्द, तो कभी पैसों की देरी के कारण माँ को सब सुनना पड़ता था। वैसे वह किसी का भी सुनकर लेने वाली, अबला नारी नहीं थी।

आज भी जब दिवाली का त्यौहार आता है तो मेरे शरीर पर रोंगटे खड़े हो जाते हैं। मुझे दिवाली बिल्कुल पसंद नहीं है।

पटाखे, नए कपड़े और पदार्थों की भरमार और छुट्टी ऐसे समय में हर साल माँ की होने वाली दयनीय अवस्था मैंने देखी है। यूँ ही कुछ अप्रैल तक ठेकेदारी से मिलने वाले और स्थगित बिल चुका कर बचे हुए पैसे आप्पा उसे देते थे। जून की बारिश से दिवाली तक के दिन बहुत मुश्किल भरे होते।

ऐसी स्थिति में दिवाली को हम तीनो भाई-बहनों को और हमारे यहाँ काम करने वाले कुछ चुनिंदा लोगों के बच्चों को एक समान और एक साथ कपड़े लेने वाले पिताजी को उस समय हम ज्यादा समझ नहीं पाए। खुद के बच्चों के साथ औरों के बच्चों के लिए वह कपड़े क्यों लेते थे? यह भी उस समय समझ में नहीं आता था। दिवाली के पदार्थ बनाने के लिए तेल और कुछ महत्वपूर्ण चीजें माँ को पडोस से उधार लेनी पड़ती। किंतु उसके अपने नियम थे। जिससे वह कुछ उधार लाती उन्हें वापस करते समय वह दोगुना करके देती। अर्थात् नुकसान हमारा ही और घर में दो बहनें होकर भी यह कार्य मुझे ही करना पड़ता।

यह दिन जितने मुश्किल भरे थे, उतने ही बहुत कुछ जीवन के पाठ भी पढ़ा जाते। सामान्यतः मेरी पीढ़ी के हर घर की कहानी कम-अधिक इसी प्रकार की होगी।

माँ का बचपन उसके चाचा के घर बड़े लाड़ दुलार के साथ गुजारा। उसके पिताजी की आर्थिक हालत अच्छी होने की तो कोई संभावना ही नहीं थी। क्योंकि वह

रेलवे में खलासी के रूप में मेहनत का काम करते थे। उसके चाचा-चाची ने उसे अपनी कन्या के समान, सच कहूँ तो कन्या के रूप में उसका पालन पोषण किया। उसके चाचा सखाराम बेंद्रे कल्याण के थे। जनसंघ के गढ़ में वह कांग्रेस के नगर अध्यक्ष थे। उसके पिताजी गजानन बेंद्रे 'नमस्कार मंडल' की तालीम के कुश्तीगिर वस्ताद थे।

ऐसी अवस्था में पुरानी मैट्रिक की परीक्षा के समय ही माँ ने कल्याण के स्कूल से पिताजी के साथ भाग कर शादी की। सतीश दत्तात्रेय फणसे, इस दूध नाके पर रहने वाले उसी जाति के लड़के के साथ माँ ने शादी करने का फैसला किया वह 1970 में। आप्पा के साथ उन्हीं के ट्रक से यह 'करुणा' जब भाग गई तब बड़ा हंगामा हुआ। जान से मारने की धमकियाँ दीं और लीं गईं। सांताक्रुझ को हमारे चचेरे नाना चाचा के घर यह शादी शीघ्रता से संपन्न हो गई। हमारी काकी-दादी इंदिरा फणसे इन्होंने अहम भूमिका निभाई। 'ऐसी है हमारी माँ' हम हमेशा उसका परिचय देते समय मेरे दोस्तों को बताते हैं। इतनी साहसी माँ कौन नहीं चाहेगा?

बाद में 1970 के भिवंडी दंगे में पिताजी के ट्रक जलाए गए। हिंदू ड्राइवर मुसलमानों द्वारा और मुस्लिम ड्राइवर हिंदू लोगों के हाथों मारे गए; ऐसा पिताजी कहते हैं। किंतु उनके मन में धार्मिक द्वेष अथवा गुस्सा कभी दिखा नहीं। इसी अवस्था में उन्होंने जव्हार जाने का निर्णय किया। सीमेंट की कमी के कारण वे जैसे जव्हार को आए तब से यही के हो गए। प्रारंभ में कल्याण में माँ को सब ने डराया, 'बाई' तू जोव्हार को जा रही है, आदिवासी क्षेत्र है, सुना है वहाँ जादू टोना किया जाता है आदि; किंतु माँ जिद से पिताजी के साथ आयी। प्रारंभ में दो कमरों के घर में। मुश्किल स्थितियों में दिन निकाले। पिताजी रास्ते अथवा पूल निर्माण के कारण साइट पर ही रहते; तब माँ अकेले ही हम भाई-बहनों को लेकर रहती थी।

उस समय पिताजी जावा मोटरसाइकिल से माँ को डबल सीट बिठाकर गाँव में चक्कर लगाते। बडी मूछों वाले जबरदस्त, शरीरसौष्ठव वाले व्यक्ति इस लंबे बालवाली, बड़ी बिंदी लगाने वाली, गोरे रंग वाली बीवी को ले जाते थे, तब लगता मानो कोई हीरो ही है, ऐसा गाँव के पुराने लोग कहते थे। आज भी जब मैं गाँव जाता हूँ तो हर घर से लोग माँ के विषय में कुशलक्षेम पूछते हैं। तब सबको मैं, ''मेरे पास माँ है'' ऐसे शशि कपूर के अंदाज में उसकी कुशलता बताता हूँ।

कॉलेज के बाद और फिर करियर निर्माण के समय, जिस प्रकार माँ के विषय में प्रश्नों की मालिका मन में निर्माण होती, वैसे ही वर्तमान समय में, मेरे उम्र के 40 साल पश्चात् भी मेरे मन की अवस्था वही है।

माँ वैसे बहुत याद आती है। स्कूल जाते समय हम तीनों को गरमा-गरम रोटियाँ खिलाने वाली, जबरदस्त मटन बनाने वाली, बारिश के दिनों कुकर पर कपड़े सुखाते थकने वाली, मैं जंगल में सुबह से गया और शाम तक वापस नहीं आया ''तो कहाँ

मर गया?'' ऐसा गुस्से से हमारी महादेव चाल में खड़े रहकर पुकारने वाली हमारी माँ, ऐसे उसके अनेक रूप चेहरे के सामने आ जाते हैं। मेरी एक दोस्त ने मुझे 'ल्हासा अफसो' जाति का घने बाल वाला कुत्ता दिया था। उसे मैंने गाँव जाकर माँ को दिया। बाद में माँ, आप्पा और पम्मी ऐसा एक अटूट रिश्ता हमारे घर में निर्माण हो गया।

हम भाई-बहन मेरी दसवीं और बहनों की शादी के बाद जैसे हम माँ से दूर गए, वैसे वह अधिक बीमार और अधिक तनाव में रहने लगी। तब तक पिताजी की बीमारी, उनकी व्यवसायिक असफलता सब में वह उलझ गई। उसकी रजोनीवृत्ति की घटनाओं ने उसके तेज को छुपा लिया। उसे मधुमेह हो गया। यह उसका सबसे कठिन समय, पिताजी होकर भी शायद अकेले ही व्यतीत किया होगा। इस समय मैं उसे कोई आधार न दे सका ना ले सका।

जब संपदा और मुझे लड़की हुई, उस समय मुझे छोटी सी कन्या का चेहरा उसके दादी के अर्थात् मेरी माँ के समान ही लगा। उसी समय, मुझे जन्म देते समय माँ ने कितनी यातनाओं को सहन किया होगा, इसका एहसास मुझे अधिक होने लगा।

घर में इकलौता लड़का होकर भी माँ ने मुझे कोई विशेष छूट दी हो अथवा मुझसे कोई भिन्न व्यवहार किया हो, यह मुझे याद नहीं। इसके विपरित सबसे ज्यादा मार मैंने उसी के हाथों से खाया और इस विषय में माँ क्यों इतना सख्त और गुस्से वाली थी? यह सवाल भी उस समय मुझे परेशान करता।

शायद मेरे पिताजी की सामाजिक उदारता, बहुत सी बेफिक्री, सख्त स्वभाव, आर्थिक तनावों की पारिवारिक पार्श्वभूमि माँ के उस व्यवहार का मूल कारण थी, मालूम नहीं।

मूलतः मैं भी स्कूल में मस्ती करने वाला और झगड़े करने वाला ही था। एक दो बार मैंने मुझसे बड़े लड़कों के साथ झगड़ा करके उन्हें बड़ी हानि पहुंचाई थी। इस दशा में उन बच्चों के माता-पिता मेरे पिताजी के पास शिकायत करने आए, किंतु तब माँ ने पिताजी का रोष सहन करते हुए मेरा पक्ष लिया। यह आज भी मेरे लिए एक पहेली है।

माँ के विविध रूप चंद्र कलाओं के समान आँखों से गुजरते हैं और जीवन का सारा लेखा-जोखा आँखों के सामने आ जाता है।

पिताजी के देहांत के बाद माँ हमारे साथ ही रहती है। मेरे जीवन का सबसे बड़ा सहारा अब वही है। माँ अब थोड़ी थक गई है। उसका अधिकतम समय सीरियल देखने और पमी के साथ ही गुजरता है। माँ के विषय में लिखने को बहुत कुछ है। उसका सबसे मनपसंद गीत, ''या चिमण्यांनो परत फिरा रे घराकडे अपुल्या'' उसकी आवाज में सुनना और उसमें निहित आंतरिक भाव को सुनना, इसमें मेरे मन की असह्य स्थिति आज तक किसी के सामने शब्दों में बयां नहीं कर सका।

■■■■

'गोकुल' की कामधेनू

- विद्याविलास पाठक

आप मराठी पत्रकारिता में प्रसिद्ध और वरिष्ठ नाम है। मराठवाड़ा के दैनिक 'एकमत' इस समाचार पत्र को पाठक जी ने ही सफलता के शिखर तक पहुँचाया है। तत्पश्चात् सायं दैनिक 'सांजवार्ता', 'दैनिक प्रहार', 'नवशक्ति' इन समाचार पत्रों के उच्चस्तरीय विविध संपादकीय पदों पर आपने कार्य किया है। दूरदर्शन के साथ अन्य मराठी और अंग्रेजी न्यूज़ टीवी पर आप हमेशा ही विविध विषयों की चर्चाओं में विशेष रूप से सम्मिलित रहते हैं।

संपूर्ण ब्रह्मांड में माँ के समान दूसरा कोई भी पूजनीय नहीं है। इसी लिए 'श्री' से पहले अ-आ-ई को महत्वपूर्ण स्थान है।

मेरा पहला गुरु मेरी माँ है। वैसे सभी की पहली गुरु माँ ही होती है, किंतु मेरी माँ निरंतर नवीनतम बातों का ज्ञान अर्जित करती रही और हमें उस ज्ञान साधना का लाभ जीवन भर होता रहा। उसके द्वारा किए गए संस्कारों के कारण हम जीवन में आगे बढ़ते रहे। उसने केवल हमें अ-आ-ई ही नहीं सिखाई अपितु हमारे जीवन का श्री गणेशा (प्रारंभ) भी उसी ने किया। उसने मुझे चलना सिखाया। पढ़ना सिखाया। सुसंस्कृत जीवन व्यतीत करना सिखाया। व्यक्ति की आर्थिक स्थिति कितनी भी खराब क्यों न हो किंतु उसके आचार, विचार, व्यवहार सदैव उच्च संस्कारी और आदर्श होने चाहिए यह उसी की शिक्षा है। हमारी बाल्यावस्था में घर के काम करने के लिए कामवाली अथवा किसी बाहरी व्यक्ति को नियुक्त करने का चलन नहीं था। घर में झाड़ू मारने से लेकर बिस्तर बिछाने तक और पानी भरने से लेकर कपड़े और बर्तन धोने तक सारे काम माँ को करने पड़ते थे। सुबह उठते ही माँ के कार्य प्रारंभ हो जाते। तो, देर रात तक वह काम में ही व्यस्त रहती थी। फिर भी उसने कभी कोई शिकायत नहीं की और ना ही कभी किसी प्रकार का आलस्य दिखाया। हम पाँच भाई और दो बहनें साथ में चाचा-बुआ पढ़ाई के लिए हमारे साथ ही रहते थे। इस प्रकार हमारा

परिवार बड़ा था। किंतु जिस प्रकार भगवान श्री कृष्ण ने अपनी उंगली पर गोवर्धन पर्वत उठाने की लीला कर समस्त गोकुल वासियों की सहायता की थी, उसी प्रकार दस-बारह सदस्यों वाले 'गोकुल' को माँ ने अकेले ही संभाला। उसके नाम में भी 'लीला' थी, शायद इसीलिए वह अपना कार्य सहजता से कर सकी। मेरी माँ का नाम लीलावती था।

माँ का देहांत होकर आज तीन-चार साल गुजर गए हैं, किंतु माँ की याद के बगैर हमारा एक दिन भी नहीं गुजरता। वास्तव में उसने ही मुझ पर अच्छे संस्कार कर जीवन की एक नई दृष्टि दी जो इस सृष्टि को अधिक सुगम बनाती है। पाठशाला में प्राप्त पाठ्यक्रम के ज्ञान से अधिक ज्ञान एवं जीवन की कलाएँ उसने हमें अनायास ही सिखाई। एक आदर्श नागरिक और एक सुसंस्कृत व्यक्ति के रूप में जीवन यापन करने के सभी संस्कार उसने हमें दिए।

मुझे केवल उपदेशों की घुट्टी पिलाकर, डर दिखाकर अथवा मारपीट कर नहीं सिखाया, अपितु उसके संस्कारों, उसके व्यवहार, उसकी वाणी, उसकी क्रियाशीलता और उसके संयम के माध्यम से मैं एक-एक बात सीखता गया। मेरा जीवन आकार लेता गया।

मेरी माँ सुंदर तो थी ही, साथ ही सौजन्यशील भी थी। गोरी, नाजुक, शांत, सात्विक चेहरा और उतनी ही सामान्य, स्वच्छ, निर्मल जीवन शैली। रूप और गुणों का संगम थी मेरी माँ। इसी कारण उसका सौंदर्य और निखर कर सामने आता। चेहरे पर कभी भी गुस्सा, नाराजगी यहाँ तक कि कभी माथे पर एक बल भी हमने नहीं देखा। आरोग्य मानो वरदान में मिला हो। उम्र के आखिरी पड़ाव तक अर्थात् 83 साल में भी वह अपने सारे काम स्वयं करती। उसे कभी भी पूछो माँ कैसी हो? तो एक ही उत्तर मिलता, 'ठणठणीत' (एकदम स्वस्थ)। स्वावलंबन और आत्मनिर्भर, चेहरा सदैव हंसमुख रखना, यह मैंने उसी से सीखा। वह जितनी सुंदर थी उससे भी अधिक सुंदर संस्कार उसने मुझ पर किए हैं।

जीवन की समस्याएँ अथवा मुश्किलों का सामना उतने ही शांत भाव से, मन को विचलित ना कर किस प्रकार करना चाहिए यह उसने अपने आचरण से हमें सिखाया। एक बार मेरे चाचा का हाथ आराम कुर्सी में फँस गया था। तब माँ अकेले ही घर पर थी। चाचा के हाथ से खून बह रहा था। उँगलियाँ पिचक गई थी। इस कठिन समय में भी विचलित ना होते हुए माँ ने फंसी हुई उँगलियों को निकाला। तब केवल हल्दी ही एकमात्र एंटीबायोटिक था। वह लगाया। उँगलियों पर पट्टी बांधी। एक बार हमारी माई (छोटी बहन) बीमार पड़ी। उसे 'देवी' होने की आशंका डॉक्टर ने जताई। उस समय देवी इस बीमारी पर अधिक दवाइयाँ उपलब्ध नहीं थीं। अपवादात्मक कोई होता जो इस बीमारी से बच जाता। उस समय हम बहुत छोटे

थे; किंतु माँ जरा भी विचलित नहीं हुई। उसने माई को दूसरे डॉक्टर को दिखाया। उन्होंने देवी नहीं वह गोवर है यह बताया। तब माँ के जान में जान आयी।

रिश्तेदार और दादा संघ का कार्य करते थे। इसलिए घर आने-जाने वालों का ताँता लगा रहता। किंतु उसने कभी कोई शिकायत नहीं की, ना कभी एक शब्द भी निकाला और ना ही कभी माथे पर बल पड़े। सब कुछ हँसते-खेलते करती थी।

हर रिश्तेदार के प्रति उसे स्नेह था। किसी के अवगुणों के विषय में उसने कभी बात नहीं की। वह कहती, ''हर व्यक्ति के अच्छे गुणों को ही देखना चाहिए। अन्य सब बातें छोड़ देनी चाहिए। अपनी वाणी से, कृति से, जाने-अनजाने किसी भी हालत में किसी के मन को आहत नहीं करना चाहिए।'' इस संस्कार को उसने अपने तीसरी पीढ़ी तक प्रस्थापित किया। 'अबे को क्यों बे' कहने से कुछ हासिल नहीं होता। केवल मन आहत होता है। विवादित विषयों को टलने से जीवन खुशहाल हो सकता है, यह उसी का संदेश है। आर्थिक स्थिति कमजोर होने पर भी उसने अपने मन की दशा कभी प्रदर्शित नहीं होने दी। ''दुख पेट के अंदर और सुख होठों से बाहर होना चाहिए।'' यह बात वह हमसे हमेशा कहती। वह हमारी माँ तो थी ही किंतु हर रिश्ता उसने उतने ही स्नेह से संभाला था। सभी रिश्तों को उसने अपनी यथा शक्ति न्याय दिया था। इसलिए वह सभी की प्रिय थी। सबको वह आधार लगती। हमारे परिवार के लिए तो वह आकाश थी। जिसकी छत्रछाय हम पर सदैव बनी रहती। उसकी इसी शीतल छाया में हम हर संकटों से कोसों दूर थे।

पुरानी पीढियों के साथ उनकी परंपराओं के अनुकूल और नई पीढ़ी के साथ उनकी परंपराओं के अनुकूल वह स्वयं को ढालती गई। दूसरों की मदद करना उसका धर्म ही था। उसकी भगवान पर श्रद्धा थी, किंतु कर्मकांड पर नहीं। दादा जब कोई सामाजिक कार्य करने के लिए जाते, तब वह कहती, ''चले हैं लश्कर की रोटियाँ सेंकने'' किंतु यह विरासत तो उसी ने हमें दी थी। यह संस्कार उसी ने दिए थे। दासबोध, ज्ञानेश्वरी का पठन उसने नहीं किया। किंतु इन ग्रंथों को उसने अपने जीवन में ढाल लिया था, यह उतना ही सच है।

खाना खाते समय, कोई आ जाए तो उसे अपनी रोटी से आधी रोटी देनी चाहिए। उसकी आवश्यकता को पहले पूर्ण करनी चाहिए। यही संस्कार उसका जीवन था। इसी संस्कृति का पालन उसने जीवन भर किया। रिश्तों में हो अथवा आस-पड़ोस में, किसी को भी कोई मुश्किल हो, तो माँ पहले वहाँ जाती थी। कुछ भी कहो किंतु उसे तकलीफ तो होती ही होगी ना! किंतु कभी शिकायत नहीं की। हमारे घर कोई मेहमान ना हो, ऐसा एक दिन भी नहीं गुजरा। बड़ी खुशी से उसने सबका किया।

उसके पिताजी का परिवार सुसंस्कृत था और वह भी व्ह.फा. (व्हर्नाक्युलर फायनल) तक पढ़ी थी। हमारे दादा जी शिक्षा विभाग में नौकरी करते थे, इसलिए उसने उस समय शिक्षक नौकरी भी की। शादी के बाद उसने नौकरी छोड़ दी किंतु अध्ययन बंद नहीं किया। इतने बड़े परिवार को संभालकर सिलाई का डिप्लोमा पूर्ण किया, तब हम नागपुर में थे। वहाँ का संपूर्ण वातावरण गुजराती था। इसलिए पढ़ाई भी गुजराती भाषा में ही होती थी। इसके लिए उसने पहले गुजराती सीखी। डिप्लोमा पूर्ण किया और अवसर मिलते ही दादा की स्कूल में उसके साथ कुछ दिन काम भी किया। कढ़ाई-बुनाई का काम सीख लिया। संस्कार भारती की रंगोली बनाना भी सीख गई। नया कुछ भी हो, उसे सीखना चाहिए, वह हमें ज्ञात होना चाहिए, यह उसका आग्रह नहीं बल्कि जिद होती। इस लिए थैलियाँ बनाना, कागज और ऊन से फूल तैयार करना, स्वेटर बुनना यह सब सीखते हुए हमारे साथ संगणक का उपयोग करना भी सीख गई। वह कहती, कोई भी हो, लड़का अथवा लड़की, पढ़ाई तो करनी ही चाहिए और स्वावलंबी होना ही चाहिए। समय और काल बता कर नहीं आता। उसने केवल हमें ही नहीं; अपितु हमारे चाचा-बुआ इन्हें भी पढ़ाई करते समय उनकी शिक्षा-दीक्षा में किसी चीज की कोई कमी ना हो इसका विशेष ध्यान रखा। गणित यह उसका सबसे मनपसंद विषय था। उसकी शिक्षा अंकगणित तक सीमित थी; किंतु आठवीं-नौवीं तक वह हमें बिजगणित के गणित हल करने में मदद करती। माँ का गणित कभी गलत नहीं हुआ; उसी प्रकार अपनी गृहस्थी का गणित भी उसने कभी गलत होने नहीं दिया।

उसे मराठी, संस्कृत, गुजराती, हिंदी इन भाषाओं का उत्तम ज्ञान था। अनेक स्तोत्र उसे कंठस्थ थे। प्रतिदिन संध्या के समय रामरक्षा, दत्तबावनी, मारुति, गणपति, नवग्रह स्तोत्र आदि का पठन हमसे करवा लेती। श्रावण मास में उसके उत्साह की कोई सीमा नहीं रहती। रविवार की आदित्य राणूबाई की कहानी हो, अथवा नागपंचमी में नागों की पूजा, पोले (पोला - महाराष्ट्र में बैलों के सम्मान में मनाया जानेवाला त्योहार) में बैलों की पूजा, दशहरे को अश्व पूजन यह सारे कार्य वह पूर्ण मनोभावों से करती थी। रविवार की कहानी मौन रहकर स्नान करने के पश्चात् पढ़ती थी। ऐसे समय में हम उसे हमेशा बोलने के लिए उद्दीप्त करने का प्रयास करते थे।

माँ को पढ़ने में रुचि थी। जब हम नंदुरबार में रहने के लिए आए थे तब हमने वाचनालय की सदस्यता प्राप्ति की। पुस्तक लाना और बदलने के लिए जाना मेरा ही काम था। मैं, बहन बेबी और माँ इनमें पहले पुस्तक कौन पढ़ेगा इसकी स्पर्धा होती थी। एक बार हाथ में आयी किताब पढ़कर पूरी होने तक वह किसी दूसरे को नहीं मिलती। वह शीघ्र कवि थी। चारोली (आधुनिक मराठी का काव्य प्रकार। जिसमें चार पंक्तियाँ होती हैं। हिंदी की चौपाई के समान) बनाने में वह निपुण थी।

माँ के विषय में एक याद हमारी मौसी हमेशा कहती थी, वह इस प्रकार: एक बार हम केदारेश्वर के मंदिर के दर्शन के लिए गए थे। दर्शन के बाद हम सब तापी नदी पर स्नान करने के लिए गए। बच्चों का स्नान करना समाप्त होने के पश्चात् सभी महिलाएँ स्नान करने तापी नदी में उतरी। उस समय माँ का पैर फिसल गया और वह पानी में बहने लगी। उसे पानी में डूबता हुआ देखकर सब जोर-जोर से चिल्लाने लगे और एक ही शोर हुआ। उसे कुछ कुशल तैराकों ने बचाया। सभी ने तापी माता की पूजा, ओटी आदि सब कुछ विधिवत पूर्ण किया। जिन्होंने उसे बचाया था उनके आभार और यथोचित सत्कार किया और हम घर वापस आ गए। सब कुछ शांत होने के बाद अक्का ने (कुछ व्यक्तियों के लिए वह अक्का थी।) कहा कि, ''जब मैं बह रही थी, तब मुझे एक ही बात का अधिक दुख हो रहा था, वह यह कि मेरे साथ ताई की (माँ की बड़ी बहन) नई कीमती साड़ी भी बह जाएगी।'' उस दिन उसने ताई की नई साड़ी पहनी थी। यह सब सुनने के बाद सबके हृदय द्रवित हो गए। ताई का कंठ अवरुद्ध हो गया। उसने कहा, ''अरे पगली, मेरी साड़ी की कीमत तुझसे ज्यादा है क्या?'' भाई-बहन के प्रेम तथा स्नेह के अनुभव को हमारी पीढ़ी भी अनुभूत करती है।

दोपहर को वह सोई हो ऐसा मैंने कभी देखा नहीं। हमेशा अपने कार्य में व्यस्त रहना उसी ने मुझे सिखाया। वह कहती, ''मन और सिर अगर किसी कार्य में व्यस्त हो तो अनावश्यक विचार मन को स्पर्श भी नहीं कर सकते।''

आप्पा की नौकरी घूमने की होने के कारण उन्हें सदैव घर छोड़कर बाहर रहना पड़ता। ऐसे समय माँ और पिताजी इन दोनों भूमिकाओं को वह पूर्ण रूप से निभाती थी। आप्पा की अनुपस्थिति में कुछ महत्वपूर्ण निर्णय लेकर वह हमारे दादा-दादी की लाडली बहू बनी थी। माँ और आप्पा की स्नेह पूर्ण नोकझोंक नाती पोतों को आनंद देने वाली और बहुओं को कुछ नया सिखानेवाली होती। बहुओं को उसने अपनी सहेलियों के समान ही समझा। उनके साथ तुलसी बाग में खरीदारी करते समय उसका उत्साह देखने लायक होता था।

मैं बचपन से माँ का लाडला था। दादा और मैं वैसे अंतर अधिक नहीं, किंतु वह बड़ा होने के कारण मार उसके हिस्से और स्नेह मेरे हिस्से आता। बचपन में मैं माँ के पीछे-पीछे ही रहता। माँ की तुलसी पूजा हो अथवा गाय का दूध निकालना, मैं उसके पीछे ही। इसीलिए भोग का पहला निवाला मुझे ही मिलता और दूध की पहली धार का पहला घूँट भी मुझे ही मिलता। शहादे तहसील के लोंढरे इस गाँव में जब हम रहते थे। उस समय आप्पा ने एक सफेद रंग की गाय खरीदी थी। जब दूध निकालने जाते तब वह पैर झाड़ती थी; फिर हम उसके पैर बाँधकर पकड़ते और माँ दूध निकालती। लोंढरे में हमारे पास घोड़ा और टांगा था। घोड़े को खुराक देने का काम भी माँ करती। तब हमारे पास दो कोतवाल होते थे। एक दलित और एक

भिल्ल। इन दोनों के साथ उसने कभी कोई भेदभाव नहीं किया और ना हीं जाति के बंधन का पालन किया। उनमें से एक 'वन्या' हमारे लिए बड़े भाई के समान ही था। इसी संस्कारों के कारण किसी के साथ भी अनुबंध प्रस्तावित करते समय मुझे कभी कोई तकलीफ नहीं होती। लोंढरे में आप्पा, दादा, मैं, प्रदीप ऐसा छोटा सा परिवार था। वहाँ हमने राजसी ठाठ का अनुभव किया; नवापुर आने के दो वर्ष पश्चात् आप्पा का तबादला अक्कलकुवा में हुआ। आप्पा वहाँ अकेले ही गए। हम नवापुर में ही थे। आप्पा के वेतन में दो घरों को संभालना कठिन था। तब बाजरे और लाल ज्वारी की रोटियाँ अपने बच्चों को खिलाते समय उसकी होने वाली हालत और ऐसी अवस्था में भी उसके चेहरे पर हंसी...

जब इन सारी बातों को याद करता हूँ तब सोचता हूँ, कैसे करती होगी वह यह सब कुछ?

जब हम थोड़े बड़े हो गए तब वह हमें अपने कामों में सम्मिलित करने लगी। घर में झाड़ू मारने से लेकर बर्तन माँजने तक और पानी भरने से लेकर गेहूँ चुनने तक सब काम उसने हमें सिखाएं। बर्तन माँजते समय माँ बर्तन मांजती; मैं अथवा दादा दोनों में से कोई एक, बर्तन धोता और दूसरा उसे अपने जगह पर सजाता। इस प्रकार हमारे कार्य को बाँट दिया गया था। सिवैय्या, उड़द, ज्वार, नागली, चावल, साबुदाना के पापड़, कुरडई, अचार आदि सब माँ घर पर ही बनाती। उड़द का आटा गूँथने का काम मेरा होता। इस कारण मुझे एक-दो 'लाट्या' (पापड़ बनाने के लिये बनायी गई आटे की गोलियाँ) मुझे इनाम के रूप में मिलती थीं। हमारे नंदुरबार के घर को 'गोकुल' यह नाम दिया है। माँ ने अपने व्यवहार से इस नाम को सार्थक किया। बहुएँ, नाती-पोते, परपोते सबसे उसने स्नेह किया और उससे अनायास हुए संस्कार इसी कारण हमारा 'गोकुल' सदैव हरा-भरा और खुशहाल रहा। आज हम सभी भाई-बहन उच्च शिक्षित, सुख, शांति और संतुष्टि के साथ रहते हैं, वह केवल उसी के कारण। जब वह 75 साल की हो गई थी तब हम सब ने उससे संबंधित भावनाओं को व्यक्त करने वाली स्मरणिका प्रकाशित करने का निश्चय किया। मेरी पत्नी उसमें सबसे आगे थी। इस स्मरणिका को इतना प्रतिसाद मिला कि, कभी हमने इसकी कल्पना तक नहीं की थी। हम परिवारवालों के साथ-साथ, हम लातूर में जिनके घर किराए से रहते थे, वे डॉक्टर कासनाले सर ने भी अपने अनुभव को शब्दों के रुप में कागज़पर उतारा। वह एक अच्छी किताब हो गई। सबसे उसका स्नेह और संस्कार के कारण ही वह स्नेह और संस्कार आज भी तीसरी पीढ़ी तक उतनी ही मजबूती से कायम है।

■ ■ ■

माँ की जीवनविद्या

– महेश म्हात्रे

आप की पहचान पिछले दो दशक से मराठी पत्रकारिता को एक नई दिशा देने वाले और निरंतर नवीनता की खोज करने वाले युवा संपादक के रूप में है। महेश म्हात्रे यह बहुआयामी व्यक्तित्व के धनी है। प्रिंट, इलेक्ट्रॉनिक और वेब मीडिया इन सभी माध्यमों में उतनी ही सहजता से काम किया जा सकता है, इसका सर्वोत्तम उदाहरण देकर प्रशंसनीय कार्य कर सकते हैं, यह आपने अपनी कार्यशैली से सिद्ध किया है। महेश म्हात्रे जी ने आज तक संपादक के रूप में 'तरुण भारत, मुंबई', 'तरुण भारत, नागपुर', 'सकाळ, नागपुर', 'लोकमत, मुंबई' तथा वरिष्ठ संपादक के रुप में 'इंडियन एक्सप्रेस', 'प्रहार',' न्यूज 18', 'लोकमत' इन वृत्तपत्र समूह में अपने कार्यशैली की अमिट छाप छोड़ी है। पत्रकारिता के क्षेत्र में महेश म्हात्रे जी को अनेक सम्मानीय और महत्वपूर्ण पुरस्कारों से सम्मानित किया गया है। जागतिक संपादक परिषद, विश्व वृत्त संघ इन महत्वपूर्ण संघटनाओं से आप संलग्न हैं। आप अमेरिका के अध्यक्षीय चुनाव के प्रत्यक्ष अनुभव से लेकर दक्षिण कोरिया और इस्त्रायल के उच्चस्तरीय शिष्टमंडल में समावेश के साथ अनेक सम्मानों के धनी हैं। विश्व प्रसिद्ध 'टेड' (TED) व्याख्यानमाला में भाषण करने का अवसर प्राप्त करने वाले आप अकेले मराठी संपादक हैं। 'मनमोगरा' यह आपका ललित लेख संग्रह प्रकाशित हुआ है।

बाहर मूसलाधार बारिश हो रही थी। संपूर्ण वाड़ा गाँव किसी भीगे हुए पंछी के समान शांत हो गया था। बादलों की गड़गड़ाहट और बिजलियों की कड़कड़ाहट भी बारिश की धाराओं में अपना अस्तित्व खो चुके थे। प्रतिदिन के नित्य कर्मों नुसार मैं पिताजी के हाथ-पैर दबा रहा था। खेती के कार्यों की परेशानियों से थका हुआ उनका शरीर किसी श्रमशिल्प के समान निश्चल प्रतीत हो रहा था। वेदनाओं को सहन करता। मेरी मुंबई जाने की जिद, उसमें एक अतिरिक्त शल्य।

सच पूछो तो, पत्रकारिता आदि क्या होती है? यह घर एवं परिसर में किसी को भी ज्ञात न होने का वह समय था। 27 वर्ष पूर्व मुझे 'मुंबई-सकाळ' में प्रशिक्षणार्थी पत्रकार के रूप में कार्य करने का अवसर प्राप्त हुआ था। पारिश्रमिक इतना कम कि घर में बताना भी संभव नहीं था। एक ओर सरकारी नौकरी की आशादायी स्थिति और दूसरी ओर मनपसंद क्षेत्र में काम करने का मौका। इसलिए सच कहूं तो मैं बेचैन हुआ था। किंतु केवल मन में इच्छा थी पत्रकार होने की। अपने लोगों के लिए कुछ करने की। सामने सवाल था, पत्रकारिता का आरंभ किस प्रकार करें? पिताजी के व्यवहारिक दृष्टिकोण के सामने यह विचार कहते हुए भी डर लगता था। दूसरी ओर माँ को कुछ बताओ तो, उसकी और समाचार पत्र की पहचान हफ्ते के राशिफल तक ही सीमित थी। किंतु मुझे उसकी निर्णय क्षमता का आकलन था। मनपसंद काम अपने पुत्र का 'भविष्य उज्जवल कर सकता है' यह आत्मविश्वास उसके पारंपरिक जीवनविद्या की देन था। इसी कारण मेरे मन की अवस्था को वह समझती थी। जून 1991 में 'सकाळ' वृत्तपत्र से आया पत्र जब मैंने उसे दिखाया तब खुशी के मारे उसने पिताजी से अनुमति प्राप्त करने के लिए मैं बात करूंगी ऐसा कहा था। उस रात क्या हुआ था? याद नहीं, किंतु पिताजी जरा गुस्से में ही थे। मनमुटाव हो तो वह मेरी ओर पीठ करके सोते थे। किंतु मैं हल्के हाथों से उनके तलवे मसलता था। पाँच-सात मिनट में उनका शरीर शिथिल हो रहा था। उन्हें नींद आने ही वाली थी कि, माँ ने कहा ''अजी, सुनते हो? मयू मुंबई जाने की जिद छोड़ने को तैयार नहीं है। कहता है पत्रकार ही बनूंगा। जाना चाहता है तो जाने दो ना, आप भी अपनी जिद पर कब तक अड़े रहोगे? उसे भी समझ में आएगा बाहर का विश्व कैसा होता है और घर की छाँव कैसी होती है? और समझो उससे नहीं हुआ, तो आ जाएगा वापिस वाड़ा को। यहाँ आकर कुछ ना कुछ काम धंधा करेगा। खेत है अपने पास।''

माँ के इतना बोलने पर पिताजी ने केवल हामी भरी। उनकी 'हाँ' कानों से सुनते ही चेहरा खुशी से झूम उठा, मेरा और माँ का भी। क्योंकि मेरी इच्छाओं से उनका अटूट रिश्ता था। मेरे जन्म से लेकर... सच कहूँ तो मेरे जन्म से पूर्व उसकी कोख में एक ही नाल से हम दोनों जुड़े थे। जन्म के बाद उसने मुझे अपने आँचल में लेकर खुद से जोड़े रखा। बिल्कुल सुरक्षित और ममता के पंखों तले।

मगर देखा जाए तो, जुलाई 1991 में मुंबई सकाळ के कार्यालय में काम करने से पहले मैं दो वर्ष ठाणे में रहा था। वहाँ अंग्रेजी के अज्ञान ने कानून की पढ़ाई करने नहीं दी और विद्यापीठ चुनाव में मेरे द्वारा किए गए पराक्रम की वार्ता घर तक पहुँचने के कारण पिताजी ने घर वापस आने का फरमान भेज दिया था। किंतु उस समय रिश्तेदारों के सानिश्चय में होने के कारण वे निश्चिंत थे। किंतु अब मुंबई के अनुभव कुछ अलग होने वाले थे...

गाँव छोड़ने की 'वह' रात माँ जागती रही। मुझे लड्डू का डिब्बा दिया। चिवडे. की थैली भरी। मितभाषिता के लिए प्रसिद्ध मेरी माँ उस दिन बहुत बोलती रही। शहर के लोग, रास्ते... ऐसे अनेक विषय। बीच में थोड़ा रुकी और कहा- ''मुझे एक वचन दे, तू स्कूटर बहुत तेज चलाता है। वहाँ मुंबई में स्कूटर मत लेना। अगर कुछ लेना ही है तो कार ही ले।'' मैंने हँसकर हाँ कहा। फिर भी उसके चेहरे पर प्रश्नचिन्ह कायम थे। मैंने पूछा ''और कुछ?'' उस पर कहा- ''कुछ नहीं, तू कभी भी लोकल ट्रेन के द्वार पर खड़े मत रहना। तुम्हें मालूम है ना, वह पातकर का सतीश ऐसे ही गया। पुत्र वियोग में उसकी माँ आज भी रोती है।'' माँ के वे शब्द आज भी मेरे कानों में गूंजते रहते हैं। वार्ताहिर था तब लोकल से बहुत घुमा; किंतु द्वार पर कभी खड़ा नहीं रहा। रहूँगा भी नहीं। मेरे सभी साथी रिपोर्टर के पास मोटरसाइकिल होती थी। किंतु मैं कभी उस मोह में फंसा नहीं... कोई दोस्त तेज मोटरसाइकिल चला रहा हो, तो झट से माँ का चेहरा आँखों के सामने आ जाता था।

मुंबई के प्रारंभिक पाँच-छह साल अर्थात् अनुकूल-प्रतिकूल अनुभूतियों की 'जुगलबंदी' कभी रुलानेवाली, थकानेवाली; तो कभी हँसानेवाली सुखद। उस समय भूख का, आलोचना का, असीम डर का सामना अनेक बार किया। किंतु मुँह से कभी एक वाक्य बाहर नहीं आया। माँ हमेशा कहती- ''दुख ईश्वर से कहना चाहिए, सुख ईश्वर से माँगना चाहिए।'' अर्थात् हमें यह कहने वाली माँ का आचरण इसी शब्द की भाँति ही था। बिल्कुल आज भी, गीता के वचनों की भाँति स्थिर-अविचल योगी के समान सुख एवं दुख में वह हँसती रहती है। एक समय पिताजी पर जानलेवा हमला हुआ था। झगड़ा बहुत सामान्य था, किंतु उसे धार्मिक संघर्ष का रूप दिया गया। वाड़ा-भिवंडी के बीच रास्ते के कुछ हिंसक लोगों ने पिताजी को अनजाने में घेर लिया और हमला किया। हमारे अनगिनत हित चिंतकों ने पुलिस प्रशासन की नींद हराम कर दी। विशेष रुप से सभी पत्रकार मित्र हमारे साथ खड़े रहे। घायल पिताजी को एक गाड़ी से ठाणे के सिविल अस्पताल में लाया गया। मैं भी दौड़ते-भागते वहाँ पहुंच गया। माँ आयसीयू के बाहर हाथ में माला लेकर शायद भगवान का नामस्मरण करते हुए बैठी थी। चेहरे पर हमेशा की भाँति शांत भाव। मेरे चेहरे पर चिंता, क्रोध, निराशा ऐसी अनेक छटाएं। उन सभी भावनाओं को एक क्षण में समझकर माँ ने कहा- ''ऐ, उन्हें कुछ नहीं होगा। मेरा कृष्ण है ना उनके साथ।'' माँ के बोल सुनकर मेरे चेहरे पर मैं कुछ 'अनाकलनीय' सुन रहा हूँ, शायद यही भाव दिखे होंगे। उसे नजरअंदाज करते हुए माँ ने कहा- ''अंदर जा, डॉक्टर आए हैं।'' मैं अंदर गया। मेरे बड़े भैया डॉ. सुधीर अपने दूसरे डॉक्टर दोस्तों से गंभीरता से पिताजी के जख्मों के विषय में बात कर रहे थे। वातावरण में गंभीरता थी। मुझे देखकर भैया असहायता से हँसे और फिर दोस्तों से चर्चा करने लगे। वहाँ खड़े

रहना असह्य हो रहा था, इसलिए मैं माँ के पास आकर बैठ गया। उसके हाथों के स्पर्श के कारण उसके मन की शांति मेरे तन-मन को शांत कर गई। 4-6 घंटे बीत गए और सुधीर भैया हँसता हुआ चेहरा लेकर दौड़ते ही आया। पिताजी की तबीयत खतरे से बाहर है, उसने कहा। माँ के हाथ और आँखें अपने आप जुड़ गए, शांत स्वर कानों में पड़े- ''देख मयू, कहा था ना, उन्हें कुछ नहीं होगा। अच्छे कर्म करने वालों को ईश्वर फूलों की भाँति संभालते हैं।'' उसका श्रद्धामय मन भाव विभोर स्वर में व्यक्त हो रहा था। बाद में जब कभी पिताजी की बीमारी में उसे अस्पताल में बैठा पाया, उसके चेहरे का शांत भाव हमेशा चेहरे पर विराजमान रहता। शायद इसीलिए माँ अस्पताल के प्रतीक्षा कक्ष में बैठी हो अथवा किसी शादी के स्वागत समारंभ में, उसका शांत स्नेहपूर्ण चेहरा आसपास के लोगों को चुंबक की तरह आकर्षित करता है। पुरानी फिल्मों में होती थी ना, बस उसी प्रकार है मेरी माँ, 'टिपिकल मराठी'। उसके अंतरंग में जिस प्रकार बछड़े पर वात्सल्य बरसाने वाली गाय है, उसी प्रकार किसी भी परिस्थिति में ना डरने वाली शेरनी भी छिपी है। इसकी अनुभूति मैंने एक बार नहीं अनेकों बार की है।

वर्तमान में लड़कियाँ जिस उम्र में दसवीं में होती है, उसी उम्र में माँ की शादी हुई थी। छह लोगों के परिवार से अचानक बीस सदस्यों के परिवार में आई थी। पहले ही दिन बड़ी जेठानी ने 50-60 रोटियों का आटा उसके सामने रख दिया। शांत-संयमित माँ ने बड़े कौशल के साथ आटे के पर्वत को रोटियों में परिवर्तित कर दिया। किंतु यह करते समय उसका हल्दी युक्त गौर वर्ण चूल्हे की उग्र ज्वालाओं के कारण धूमिल होकर झुलस गया। उसकी यह दुरावस्था केवल मेरी दादी को नजर आयी और एक नववधू को शादी के पहले ही दिन हुए कष्टों को देखकर उसका मातृत्व हृदय द्रवित हुआ। ''नववधू को किसने रोटियाँ बनाने को कहा?'' यह दादी का अंगारों सा जलता हुआ सवाल रसोई घर में सन्नाटा प्रस्तावित कर गया। एक ओर चूल्हे की ज्वालाएं जल रही थीं तो दूसरी ओर दादी का मातृ हृदय। दादी के सहानुभूति पूर्वक बोल सुनकर मेरी माँ की आत्मा को थोड़ा सुकून मिला और यहीं से प्रारंभ हुआ सास-बहू के प्राकृतिक स्नेह का अद्वितीय प्रेमबंध। वह समय अधिक संपन्नता का नहीं था। अर्थात् मैं आर्थिक संपन्नता के विषय में कह रहा हूँ। किंतु मन की संपन्नता इतनी थी कि, अपने भाई के बच्चे अनाथ हो गए, तब दादा-दादी ने उन्हें अपने बच्चों के समान सर्वार्थता से पालन-पोषण किया। शादियाँ कराईं। अपने पैरों पर खड़ा किया। किसी भी प्रकार का कोई दिखावा न करते हुए। इसी कारण बिना पैसों के कोई भी कार्य सहज पूर्ण हो जाते थे, समय ही वैसा था। बहुओं को साल में चार-दो साड़ियाँ मिलती। बीच में कोई शादी हो तो नई साड़ियाँ मिलती। बाकी सब कुशल मंगल। किंतु मेरी माँ अपनी नई साड़ी सासू माँ को पहनाने का आग्रह

करती। फिर कभी दादी बड़े चाव से, लाड़-प्यार से अपनी साड़ी माँ को पहनने के लिए देती। ऐसे अनेक प्रसंगों से माँ का गर्व रहित (अभिमान रहित) और निःस्वार्थ स्वभाव के दर्शन होते हैं जो मन को भा जाते हैं।

कड़ी मेहनत करनी चाहिए और जो भाग्य में है उसमें संतुष्ट रहना चाहिए, यह माँ का मूलमंत्र। ''समाज के दुखी, यातनाओं को सहन करने वाले गरीब लोगों के लिए काम करते समय व्यक्तिगत सुखों की अनदेखी करो। फिर देखो सभी अच्छी बातें आपके पीछे-पीछे दौड़ी आएगीं।'' यह माँ हमेशा कहती थी। उम्र के साथ इन वचनों पर उसकी श्रद्धा और भी गहरी होती गई। अभंग के प्रमाण देते समय उसका श्रद्धा युक्त मन विश्वास और भक्ति से भरा हुआ होता है। 2005 की एक घटना याद आती है। 35 साल की युवा अवस्था में संपादक के रूप में नागपुर में काम करता था। दैनिक 'सकाळ' से 'लोकमत' में जाने का सुअवसर स्वयं चलकर मेरे पास आया। किंतु सकाळ का इस्तीफा और 'लोकमत' से जुड़ने की तारीख में बहुत समय जा रहा था। सामान्यतः इसी तनाव पूर्ण स्थिति में अस्वस्थ मन से माँ के साथ ठीक बातचीत भी नहीं हो रही थी। एक-दो दिन में माँ को मेरी दशा का अनुमान हो गया और इससे पूर्व कभी ना किया इतने आग्रह से उसने घर बुलाया। कहा, एक-दो दिन के लिए घर आजा। जब घर आया तो देखा, मेरी पसंद के सारे पदार्थ तैयार थे। वर्षा भाभी के द्वारा किया गया साग्रसंगीत भोजन सारी व्यथा, विवंचना को भुलाने के लिए मजबूर कर रहा था। दोपहर को हम सब कुछ आराम कर रहे थे। मैं हमेशा की तरह माँ के पास गया। मुझे कुछ बोलने का मौका न देते हुए माँ ने कहा- ''फिलहाल बहुत परेशानियाँ है क्या? फोन पर बोलते समय हमेशा की तरह बात नहीं करता। क्या हुआ है? नौकरी के संबंध में कोई चिंता है क्या? माँ के इन सवालों के कारण मुझे कुछ छुपाने का मौका ही नहीं मिला। मैंने 'हाँ' कहा।'' पहली नौकरी का इस्तीफा दिया। अब नई जगह से जब तक पत्र नहीं मिलता, तब तक दिल का बोझ हल्का कैसे होगा?

मेरे इस सवाल को सुनकर माँ मुस्कुराई। चिड़ियों से भरे हुए चौक की ओर हाथ करके कहा- ''वह देखो, चिड़िया कैसे कलकल करती, मस्त नाच रही हैं।'' मेरे करियर के इतने बड़े सवाल का और इन चिड़ियों का क्या संबंध? यह सवाल मन में निर्मित हो ही रहा था की, तलवार की धार के समान उसके शब्द चमके- ''चिड़ियों का बैंक में कोई खाता है क्या? उनके घोसले में दाना-पानी भरा हुआ होता है क्या? देखो ना...कभी चहकती चिड़ियों को रात के खाने की चिंता है क्या?'' माँ के इस अनुभवी बोल के कारण मेरी भविष्य की कल्पित सारी चिंताएं किसी कागज की तरह एक ही क्षण में जलकर खाक हो गई। माँ बोल रही थी- ''अरे अपने काम पर और ईश्वर पर श्रद्धा होनी चाहिए। फिर जीवन में किसी चीज

की चिंता करने की कोई जरूरत नहीं। तुम पढ़े-लिखे लोग संतो के अभंग पढ़ते नहीं। बाकी कथा-उपन्यास पढ़ते हो। अपने ज्ञानोबा-तुकाराम केवल प्रणाम करने तक ही सीमित नहीं है। ज्ञानोबा-तुकाराम यह अपने जीवन यापन करने की नींव है। उनके अभंग-हरिपाठ आज भी हमें जीने का बल प्रदान करते हैं। संत कहते हैं ना- ''मन करा रे प्रसन्न, सर्व सिद्धि चे कारण (मन को प्रसन्न रखिए वही सभी संकल्प सिद्धियों का कारण है)'' और हम लोग मन को दुखी करके चिंता से चिता तक की यात्रा खुद ही तय करते हैं।'' तुम्हें वह एकनाथ महाराज का अभंग याद है ना, ऐसा कहते हुए माँ उसकी मनपसंद पंक्तियाँ गुनगुनाने लगी- ''आवडीने भावे, हरिनाम घेसी, तुझी चिंता त्यासी, सर्व आहे...सकल जीवांचा करितो सांभाळ, तुज मोकलिल ऐसे नाही... (हरि का नाम जो स्मरण करता है उसकी सभी चिंताएँ ईश्वर हरता है। वह तो सभी जीवों का पालन करता है तो वह तुझे कैसे छोड सकता है, भूल सकता हैं?)''

अभंग की एक-एक पंक्ति मेरे ढलते हुए आत्मविश्वास को और मजबूत कर गई और तब से लेकर आज तक चिंताओं की चिता मेरे मन में कभी प्रज्वलित नहीं हुई। फिर भी कभी ऐसा समय आए तो मैं सीधे माँ के पास जाता हूँ। उसके और पिताजी के स्नेह स्पर्श में सारी समस्याओं को मिटाने का सामर्थ है। माँ की यह माया और पिताजी की छत्रछाया सबको मिले और सबका कल्याण हो, बस इतनी ही प्रार्थना है।

■■■

आसक्ति के बादल लाँघकर

- श्रीपाद विनायक अपराजित

आप पिछले 25 साल से पत्रकारिता के क्षेत्र में हैं। राज्य के युवा संपादक के रूप में आपकी पहचान है। 'सकाळ' समाचार पत्र में विदर्भ आवृत्ति के संपादक के रूप में आपने कार्य किया है। जनसंपर्क माध्यमों का लाक्षणिक प्रयोग करने वाले श्रीपाद अपराजित वर्तमान 'महाराष्ट्र टाइम्स' नागपुर और आवृत्ति के संपादक के रूप में कार्यरत हैं। 'मिशन नाग नदी', 'मिशन ऑरेंज सिटी' यह वही अभिनव उपक्रम हैं जिसके कारण शहर की उन्नति को एक नई दिशा देने का काम किया। इसका श्रेय अपको ही जाता है। किसान आत्महत्या, नक्सलवाद और सामाजिक समस्याओं पर आपने विस्तृत लिखा है। अखिल भारतीय मराठी साहित्य सम्मेलन के साथ-साथ विविध साहित्यिक उपक्रमों में आप सम्मिलित होते रहे हैं। घने जंगलों में नक्सली कमांडर के साथ हुए आपके संवाद के कारण हंगामा मचा था। ना.भी. परुळेकर पुरस्कार, बाळशास्त्री जांभेकर दर्पण पुरस्कार, दलित मित्र पुरस्कार, ऐसे अनेक प्रतिष्ठित पुरस्कारों से आपको सम्मानित किया गया है। एक उत्तम वक्ता एवं आशय घन कवि के रूप में आपकी पहचान है।

कल्पना विनायक यह एक सामान्य एवं सात्विक प्रवृत्ति का प्रतिनिधि नाम है। ईश्वर के प्रति आस्था रखने वाली ऐसी प्रवृत्तियाँ शहर से लेकर गाँव तक हर जगह वास करती हैं। तुलनात्मक दृष्टि से देखा जाए तो वह जहाँ रहती थी वह क्षेत्र केवल ग्रामीण तो निश्चित ही नहीं था। नागपुर के समान महानगर में निवास यह उसका वर्तमान है। इसे स्वीकृत करना उसकी अपरिहार्यता है। इस विषय की प्रारंभिक स्वीकृति अंतरात्मा से न होकर भी इस विषय में किसी भी प्रकार का खेद, पछतावा अथवा विषाद को किसी भी प्रकार से प्रदर्शित न करने में उसकी असामान्यत्व का भेद है। अपने देश में अनगिनत माताओं के भाग्य में ढलती उम्र के साथ ऐसे समझौते निहित होते हैं। इस समर्पण के भाव को केवल मुख पर ही नहीं

अपितु संपूर्ण व्यक्तित्व पर प्रकट करने की स्वाभाविक विकृति का नाम ही शायद माँ है। इस त्याग को 'मातृत्व की महानता' जैसे शब्दों से हम सभी महिमामंडित करते हैं। विश्व व्यावहारिक होता है। मातृत्व का जन्म व्यवहारविहिनता से होता है। कल्पना विनायक यह इसी प्रकार की पीढ़ी की अति सामान्य किंतु महा स्वाभिमानी प्रवृत्ति की प्रतिनिधि है। इसे मैं प्रारंभ में ही स्पष्ट करना चाहता हूँ।

कर्मकांड के अतीत को विज्ञान की कसौटी पर घीसकर स्वयं सुधार करना यह अत्यंत दुष्कर कार्य है। कल्पना विनायक इस व्यक्तित्व ने इन बातों को बड़े ही सहजता से स्वीकृत किया। उसके जीवन का अवलोकन करते समय यह बातें प्रखरता से मुखरित होती है। वैसे छोटी-बड़ी घटनाओं के माध्यम से अनुभूत होने वाली; किंतु उतनी ही अनभिज्ञ उसकी 'औपचारिक पहचान' ज्ञात होना यह इस प्रकार के व्यक्ति चरित्र पर लेखन का सच्चा मूल्य है। उसके सद् वर्तन के विषय में प्रत्यक्ष-अप्रत्यक्ष स्वामित्व लेख के माध्यम से ही क्यों न हो; किंतु खुद के नाम से मंडित करना, यह उसके द्वारा मिला एक और दान है। माँ शब्द में निहित असीम मातृत्व का स्नेह उम्र के हर पड़ाव में सबको मिलता है। स्नेह का यह स्रोत निरंतर बहता रहता है। प्रतिकूल स्थितियों में भी एक प्रेरणादायी दीपस्तंभ के समान निरंतर उचित दिशा निर्देश देने का कार्य करता है। वात्सल्य एवं स्नेह का यह अनुभव जैसे मैंने अनुभूत किया वैसे हर कोई करता है। तृष्णा के इस पूर्णत्व को केवल संपन्नता कहकर आप मुक्त नहीं हो सकते। अगर देखा जाए तो उसमें निहित कर्मकांड की वृद्धि को मुझ में निहित 'मैं' द्वारा समय-समय पर, कभी कुछ बलपूर्वक विरोध के स्वर मुखर होते रहे हैं। आक्षेपित होते रहे हैं। मातृप्रेम से व्याप्त जीवन के हर क्षण, हर पल को प्रारब्ध की पुण्यता का बखान करते समय, नियत संभावनाएं और तर्क की कसौटियों को अगर पूर्णतः अमान्य करने पर भी मुझे खुद को 'सौभाग्यशाली' कहने की आकांक्षा होती है। यह विचार भावनाओं के भाव से उत्पन्न हैं, ऐसा अनेक महानुभाव सोचेंगे; किंतु इसे एक निरपेक्ष आत्मकथन की संज्ञा के रूप में देखना चाहिए, यह मेरा विनम्र निवेदन है; इसमें किसी भी प्रकार का आत्म गौरव निहित नहीं है; अगर कुछ है तो शायद पूर्णतः न्याय न दे सकने का शल्य हो सकता है।

कल्पना विनायक अपराजित यह उसका पूर्ण नाम है। पूर्वाश्रमी की मंदा। उसका मायका विदर्भ स्थित चंद्रपुर। उसका जन्म केशवराव और ताराबाई रासपायले इनके विद्वत्ता को बनाए रखने वाले घर में हुआ। वे किसान थे। उत्पादन अधिक नहीं किंतु तुलना में परंपराओं की पैठ जबरदस्त थी। चंद्रपुर के शालेय जीवन में गायन, वक्तृत्व एवं अन्यों से कुछ भिन्न करने की उसमें निहित लालसा कभी छुपकर नहीं रह सकी। दसवीं के बाद उसका शैक्षणिक सफर थम गया। अर्थात् ऐसा वह कहती है। वास्तव में उस समय के सामाजिक परिवेश के कारण इस सफर को अवरुद्ध

किया होगा। शालेय जीवन की उसकी सहेलियों से विगत दिनों की कुछ मुलाकातों ने मेरी आशंका को सच साबित करने का कार्य किया। उसे आगे पढ़ना था। नौकरी करनी थी। बड़े भाई की गायकी के कारण संगीत विद्यालय का विकल्प उसके लिए खुला था। नियति ने उसके हाथ में सतार थमा दी। उच्चशिक्षा के विरोध की मानसिकता का शिखर इतना ऊँचा था कि, ना उसे घर वाले लांघ सके और प्रयास की इच्छा होते हुए भी माँ उस शिखर को लांघने का प्रयास ना कर सकी। घरवालों के मान सम्मान की साख बचाए रखने के लिए उसके द्वारा किया गया वह पहला त्याग होगा। भविष्य में इस प्रकार के त्याग की उसे आदत हो गई। शादी के बाद साइकिल की 'विनायकवारी' का वर्णन जब उसके मुख से सुना, तब अभाव के समय की सच्ची वैभवशीलता के दर्शन अनायास ही हो जाते हैं। सरकारी नौकरी उस समय के वर संशोधन का सर्वोच्च आधारभूत तत्व था। अपराजित का घराना वर्धा के पास था। कृषि विभाग के सरकारी प्रशिक्षण के लिए नागपुर में एक साल तक रुके पति कालांतर में वही स्थायी होंगे, उस समय उसने यही सोचा होगा। ससुराल के कर्तव्य और कर्ज की देनदारी ने उसे शहर से गाँव का रास्ता दिखा दिया। तब से यही छोटा सा गाँव अनेक वर्षों तक उसकी कर्मभूमि रहा। नौकरी के कारण अनेकों गाँव की यात्रा करने के पश्चात् अंत में ब्रम्हपुरी गाँव ने कल्पना और विनायक इन दोनों के जीवन को स्थायित्व दिया। नाम दिया। सामाजिक सक्रियता के योगदान के कारण सच्ची पहचान दी।

शायद बच्चों की पढ़ाई के लिए तहसील का गाँव उपयुक्त होगा इसलिए ब्रम्हपुरी को प्राथमिकता दी होगी। वह उसके कृतिशीलता का स्वर्णिम समय था। उसकी आवाज मधुर थी। अनेक नाट्यगीत उसे आज भी कंठस्थ हैं। उसकी पसंद जरा हटके थी। उसे लता के साथ-साथ सुमन कल्याणपुरकर भी पसंद थी। जया भादुरी के तत्कालीन निरीह चेहरे का अभिनय उसके मन को भाता था। गांधीजी और साने गुरुजी के सामान्यता की अनेक कहानियाँ उसने हमें जानबूझकर पढ़ने के लिए दी। इस वाचन शक्ति में कभी-कभी मेरे दोस्त भी फँस जाते। रिश्तेदारों के साथ अंताक्षरी खेलते समय भाव गीत, भक्ति गीत और फिल्मी गीतों का खजाना होने के कारण हर कोई उसकी ओर से खेलने के लिए लालायित रहता। उसका जनसंपर्क विशाल था। भगिनी नाट्यमंडल के नाट्य-आंदोलन में वह सक्रिय थी। अनेक नाटकों में उसने वैविध्यपूर्ण भूमिकाओं को साकार किया है। बातचीत करते समय सहज ही अनेकों सूक्ष्म निरिक्षण करना और उसकी नकल को अपनी सहेलियों के सामने प्रस्तुत करना यह उसका मनपसंद शौक था। वैसे ब्रम्हपुरी सांस्कृतिक दृष्टि से संपन्न गाँव था। एकांकिका नाट्य स्पर्धा का नतीजा सुनने के लिए रात को डेढ़ बजे तक नाट्यागृह में प्रतीक्षा करने वाले इस गाँव ने 35 साल

पूर्व ही देखे हैं। भगिनी मंडल के इसी सभागृह में गीत गायन से लेकर व्याख्यान तक सभी वैशिट्यपूर्ण कार्यक्रम होते थे। भीड़ भी होती थी। भगिनी मंडल ने उसे ऊर्जा दी थी। उसका जोश बढ़ाया। सामान्य लोगों के जीवन में थोड़ी सी सराहना भी प्रेरणाओं को पंख देने का कार्य करती है। वह उसके स्वप्नपूर्ति का समय था। भगिनी मंडल ने उसके जीवन में आत्मविश्वास को वृद्धिगत किया। किंतु एक दुर्घटना के कारण उसकी आवाज को छीन लिया। शरदोत्सव की स्पर्धाओं में खेलते समय वह गिर पड़ी। उसमें उसकी स्वर नलिका टूट गई। गायकी की इतनी चाह होते हुए भी, इस दुर्घटना के कारण सुरीले गले से हाथ धोना पड़ा। इससे उबरने के लिए उसे अनेक साल लगे। यह हिम्मत भी ब्रम्हपुरी की सहेलियों ने दी। इस बीच उसने एक निजी ग्रंथालय की नौकरी की। बाद में वह अधिक व्यस्त हो गई। उसने ग्राम पंचायत चुनाव भी लड़ा है। निर्दलीय उम्मीदवार के रूप में सबसे अधिक मतों से विजयी रही। नई वसाहत में पानी की समस्या थी। गाँव के कुछ जागरूक नागरिकों के साथ उसने नगर की अत्यावश्यक जरूरतों को ध्यान में लेकर इन सुविधाओं के लिए मोर्चा निकाला था। जो ब्रम्हपुरी की जनता को आज भी याद है।

लोकप्रतिनिधि के रूप में कार्य करते समय सरकारी समिति की पसंद पूछने पर उसने ग्रंथालय समिति को प्रधानता दी थी। भिन्न-भिन्न निजी ग्रंथालय में नौकरी करते समय भी ग्राम पंचायत के वाचनालय में स्पर्धा परीक्षा के लिए उपयुक्त मासिकों की नियमित खरीदारी होनी चाहिए, इसकी व्यवस्था की। फिल्मी मासिकों के साथ बाल पत्रिका, चित्र पुस्तिका इनको भी विशेष रूप से संग्रहित किया। इस समय उसने हमें समाचार पत्र वाचन करना अनिवार्य कर दिया था। ग्रंथालय की ऐतिहासिक, चरित्रात्मक पुस्तकों को पढ़ना और उसे याद करना यह कार्य भी वह हमें कराने को कहती। इसी बीच पति की कमाई से थोड़ी-थोड़ी पैसों की बचत की। पापड़ बनाकर, बटुए सिलाई कर उसने घर का निर्माण किया। हमारे घर के सामने से गाँव जाने वाली महिलाएं उसे मिलने के लिए बेचैन रहती। इन लोगों के लिए उसके मन में बहुत स्नेह था। छोटी बचत का एक हिस्सा ऐसे ही जरूरतमंद लोगों के लिए सदैव उपलब्ध होता था। आज भी कभी जब मैं गाँव जाता हूँ, तो उसकी इसी दरियादिली की चर्चाएं यादों के रूप में की जाती है। पड़ोस के कादर भाई उसके रक्षाबंधन की सौगात याद करते हैं। कपड़े के दुकान की कैंची छोड़कर ग्रंथालय संभालने की प्रेरणा देने के कारणों से ही चंदू आज भी घर के चावल लेकर केवल उसके लिए नागपुर तक आता है। ''अम्मी को खाना खाने घर कब लायेगा...'' यह सिकंदर का हमेशा का कहना भी इसी आत्मीयता से प्रेरित है। 'अजी म्या ब्रह्म पाहिले' (आज मुझे ईश्वर के दर्शन हो गए) इस प्रकार की कृतज्ञता पूर्ण प्रतिक्रियाओं से अंतरात्मा में यादों के बादल उमड़ आते हैं। भाव विभोर बारिश में भीग जाता है व्यक्ति ऐसे समय में।

वह संघर्ष का समय था; किंतु गाँव का मजबूत सहयोग क्या होता है, इसका अहसास भी उसी समय ने दिया। दीपावली के माह में चार पैसे बचाकर शुभेच्छा पत्र भेजने का रिवाज उसी ने हमें दिया। 'सदिच्छाओं का कवच सबसे बड़ा होता है।' यह उसका मंत्र था। बचपन में संध्या समय 'शुभंकरोति' सिखाते समय भी 'आरोग्यम् धनसंपदा' के बदले 'आरोग्यम सुख संपदा' ऐसा कहती, यही उनका दृष्टिकोण था। आठवीं-नौवीं कक्षा में मेरी पहली बारिश की कविता पूर्ण करने के लिए उसने ही सहायता की। अध्ययन को कुछ देर के लिए रोककर बच्चों ने रेडियो पर 'बालविहार' सुनना चाहिए उसकी चिंता वह हमेशा करती थी। समाचार पत्र की खबरें पढ़ने के बाद ही खाना मिलता। इस संस्कारों की निर्माता वही थी। 'नागपुर पत्रिका' में जगह रिक्त होने की जानकारी प्राप्त कर, पत्रकारिता के लिए मुझे ब्रम्हपुरी से नागपुर भेजने वाली भी वही थी। उस समय सुंदर हस्ताक्षरों में भेजे गए उसके पत्र प्रेरणा का स्रोत होते थे। वंचितों के न्याय के लिए लड़ते समय किसी भी हालत में विचलित नहीं होना, यह पुरानी शिक्षा ऐसे पत्रों के माध्यम से नए रूप में उजागर होती है। मैं 'नागपुर पत्रिका' छोड़कर 'लोकसत्ता' में काम करने लगा; तब उसके फोन, पत्र आते थे। मेरे बायलाईन्स, लेखो की, कविताओं की सराहना अवश्य करती। उसमें असीम जिद है। पति का मजबूत साथ, सहकार्य के कारण निश्चय ही उसकी सहनशीलता भी दृढ़ होती गई। जनरेटर के बिना गाँव की उन्नति संभव ही नहीं, निश्चित रूप से यह उसका मानना था।

बाद में उसने राजनीति से किनारा कर लिया। पिताजी को पक्षाघात की बीमारी हो गई। उसने खुद ही अपनी मनपसंद ग्रंथालय की नौकरी छोड़ दी। विकलांग पति का मनोधैर्य बना रहे, इसके लिए वह निरंतर प्रयासरत रहती। देखभाल की परिसीमा थी वह। बीमारी के कारण पति का स्वर आहत हो ऐसा एक भी प्रसंग उसने आने नहीं दिया। घर के मंगल कार्य में स्वयं का नियोजन यह भी उसकी एक विशेषता थी। जनसामान्यों के साथ उसके स्नेहबंध कितने दृढ़ है इसका अहसास ऐसे ही त्यौहार-समारोहों में जरूर होता था। कालांतर में अपने पुत्र की आकस्मिक मृत्यु के दुख को सहन किया। बड़ी मेहनत से बनाएं घर को बेचकर द्रवित अंतःकरण से नागपुर स्थानांतरित होने का निर्णय लेना पड़ा। स्वयं मेहनत से बनाई सृष्टि को एक झटके में त्याग देना और मन में विरक्ति के भाव को लेकर किसी विस्थापित के समान नये संस्कृति के साथ खुद को ढाल देना... सामान्य बात नहीं।

नागपुर आने के बाद कुछ वर्षों में ही उसे पति वियोग के दुख का सामना करना पड़ा। वृद्धावस्था के अकेलेपन को उसने वाचन के द्वारा समृद्ध किया। उन दिनों वह निरंतर पढ़ती। जनसंपर्क की विशेषता उसे आज भी स्वस्थ बैठने नहीं देती। मेलघाट के आदिवासियों को सोलर लैंप देने के अभियान को पढ़कर हुआ नहीं

कि, पेंशन अकाउंट से उनकी सहायता का धनादेश तैयार ही रहता है। अपार्टमेंट के सुरक्षा रक्षक की आस्था से पूछताछ करना यह उसका नित्यक्रम है। घर के काम करनेवाली महिलाओं को खुद के हाथों से चाय बनाकर देने का आनंद उसके चेहरे से साफ झलकता है। इस उम्र में भी अपनी पुरानी सहेलियों के साथ फोन से हमेशा संपर्क में रहती है। उसकी इच्छाओं की पूर्ति के लिए जीवन साथी ने अविराम मेहनत की। ऐसे प्रिय सहचर से बिछड़ने के बाद केवल अपने दुखों का हिसाब करने वाली माँ मैंने कभी नहीं देखी। अपनी आर्थिक स्थिति के अनुसार मंदिरों को जाने वाली धनराशि को उसने वंचितों के लिए उपयुक्त समझा। 'विट्ठल के समान लोक दैवत नहीं' यह उसके श्रद्धा की परिसीमा वारकरियों से किसी भी प्रकार कम नहीं है। इंसान इंसानों का इतना द्वेष क्यों करता है? यह चिंता समाचार पत्र के लेखों को पढ़ने के बाद उसके मुख से प्रकट होती है। नाति-पोतियों को रात में कहानियाँ सुनाते समय वह कभी माँ जिजाऊ की ओजस्विता; कभी चंद्रपुर की अंचलेश्वर, गोंड राजाओं की कहानियाँ, देश के सभी तीर्थ क्षेत्र के गाँव श्री गजानन महाराज मंदिर के समान स्वच्छ होने चाहिए, यह उसकी आंतरिक इच्छा ऐसी कहानियों से अनायास ही प्रवाहित होती है।

हर चीज में सुव्यवस्था और स्वच्छता का अपनी सास के इस आग्रह का पालन उसने अंतिम क्षणों तक किया। उसकी सास ने किसी ईश्वर का नहीं वास्तव में अपनी बहू का जाप करते हुए प्राण त्यागे। बहुत कम सौभाग्यशाली व्यक्तियों में मैं एक हूँ, यह समाधान उसे आज भी जीवन जीने की शक्ति प्रदान करता है। सत्प्रवृत्ति हमेशा ही आशिर्वचनों को संचित करती है। शाप, तिलमिलाहट का इन व्यक्तियों से दूर का भी कोई सरोकार नहीं होता। पुरानी बातें याद आते ही, उसे गाँव याद आता है। अपार्टमेंट के युग में आंगन अदृश्य होने की कसक तीव्र होती है। देवत्व से भी व्यक्ति के संतत्व के विषय में उसके मन में अधिक अपनत्व मुझे हमेशा ही प्रतीत होता है। अल्प उत्पन्न व्यक्ति कर्ज चुकाता है फिर बड़े उद्योगों को सरकार रियायत क्यों देती है? ऐसे सवाल उसके मन को आहत करते हैं। खेती से किसी भी प्रकार का कोई संबंध नहीं फिर भी बलिराजा के प्रति उसकी आस्था दृढ़ है। मेहनतकश किसान और शूर सैनिक के विषय में यदि कोई अनुचित बात करता है, तो उसे वह अच्छा नहीं लगता। किसी राजकीय वक्तव्य को लेकर टीवी पर चर्चा देखने के बाद उसके मन का गुस्सा घर में व्यक्त होता है। मुफ्त की आशाओं को पालकर जीवन व्यतीत करने से अच्छा है, आस-पास का क्षेत्र अच्छाइयों से परिपूर्ण हो। इस विषय की संकल्पनाएँ अति विशाल नहीं है। घर के वृक्ष फूलों से लदे हों, सुबह यदि कोई फूल तोड़ने आता है तो उसे ना नहीं कहना चाहिए, यह उसके जीवन की सामान्य कसौटी है। उसकी दृष्टि से पेड़ की सिंचाई करना सबसे

कठिन कार्य है। पेड़ तोड़ने वाला सबसे दुष्ट। जिसने कभी जीवन में धूप का सामना नहीं किया हो वह छाँव की कीमत नहीं जान सकता। कुछ इस प्रकार जब वह बोलने लगती है, तो नाति-पोते 'दादीसाहब' कहते हुए उसकी फिरकी लेते हैं। अपराजित परिवार के स्नेहमिलन में जो कुछ समय पहले ही हुआ था, सभी नातियों ने दादी को ऊँचा उठाया था। शाल नारियल देकर सत्कार किया। जिन्हें अपनी गोद में खिलाया उन्हीं नन्हें बच्चों ने आज वृद्धावस्था में जो सुखद अनुभूति का अहसास कराया है, अभी वह उसी में खो चुकी है। आसक्ति के बादलों को लाँघा जाए, नीले बादलों में जाया जाएं, सूर भूमि के गीत अंकित कर, अंबर से गाए... इस कृतार्थ अपेक्षा के साथ अमृत महोत्सव की दिशा में उसका जीवन मार्ग प्रशस्त हो रहा है।

■■■

'गीता' नामक जहाज की कहानी

- शैलेश पांडे

आप मराठी के प्रसिद्ध पत्रकार एवं लेखक हैं। ढाई दशक से अधिक समय से आप पत्रकारिता के क्षेत्र में कार्यरत हैं। 'पारुल', 'अवती-भवती' और 'ओलसावली' यह तीन मराठी और 'सुकून की एक बूँद', इस हिंदी काव्य खंड के साथ आपने चार पुस्तकों का लेखन किया है। पिछले कुछ सालों से आप कादंबरी और वैचारिक लेखन में व्यस्त हैं। पत्रकारिता में सम्मानित 'वरुणराज भिड़े पुरस्कार' और साहित्य सृजन के लिए विदर्भ साहित्य संघ की ओर से प्राप्त गौरव के साथ अनेक पुरस्कारों से आपको सम्मानित किया गया है। अखिल भारतीय मराठी साहित्य सम्मेलन के साथ-साथ आप अनेक साहित्य सम्मेलनों में सम्मिलित होते रहे। संवेदनशील किंतु उतनी ही सशक्त लेखन शैली के धनी शैलेश पांडे जी ने काव्य के क्षेत्र में भी अपना लोहा मनवाया है। मराठी, हिंदी, अंग्रेजी इन तीनों भाषाओं में आपने अपनी लेखनी से साहित्य की सेवा की हैं। ललित लेखन यह आपका मनपसंद और प्रभुत्व का प्रांत रहा है। यहाँ आपके लेखन शैली का जादू देखते ही बनता है। जागतिक साहित्य एवं घटनाक्रम, इतिहास, विज्ञान, तत्वज्ञान, अध्यात्म, मानसशास्त्र के साथ-साथ राजनीति, समाजकारण के विद्वान अभ्यासक एवं भाष्यकार के रूप में आपको जाना जाता हैं। जनसंवाद शास्त्र और विधि के उपाधि से अलंकृत शैलेश पांडे जी वर्तमान में 'सकाळ' विदर्भ आवृत्ति के संपादक के रूप में कार्यरत हैं।

~~~

तुम्हारा लड़का बड़ा लाट साहब बनने वाला है... ना! ...कलेक्टर बनने वाला है वह...! जब माँ मुझे लालटेन की धूमिल रोशनी में अध्ययन करने के लिए बिठाती, तब घर के व्यक्ति उसे इसी प्रकार ताने कसते। मुझे ना तो लाट साहब समझ में आता और ना ही कलेक्टर... मुझे बहुत पढ़ना चाहिए इसी विश्वास से माँ मुझ पर बहुत मेहनत करती है और इसी कारण घर के व्यक्ति उसे ताने देते हैं, इस बात को मैं समझने लगा था। जिला यवतमाल के आदिवासी बहुल इलाके में स्थित
~~~

करणवाड़ी नामक छोटे से गाँव की जिला परिषद प्राथमिक स्कूल में मेरी पढ़ाई हुई। यह गाँव आज भी नक्शे पर दिखता नहीं। किंतु, वह है... सामान्यत: जैसा था वैसा ही है। वहाँ हम रहते थे। प्राथमिक-माध्यमिक पाठशाला करणवाड़ी में ही... उसके बाद मोर गाँव की। वह भी गाँव ही था... थोड़ा बड़ा गाँव बस। सामान्यतः 1970-1975 का समय। पता-करणवाड़ी। जिला परिषद की एकमेव पाठशाला। वह पाठशाला अध्ययन के विषय में बहुत उन्नत अथवा प्रसिद्ध नहीं थी। उस समय जिला परिषद की पाठशालाएँ जैसी होती थीं, वह पाठशाला भी उसी प्रकार की थीं। कड़े अनुशासन प्रिय अध्यापक, झगड़ालू अभिभावक, न जाने कब दिया हो ऐसे पीले रंग से रंगी और दरारों से युक्त दीवारें, रंग खो चुके फलक, धूल से सनी हुई फर्श और बैठने के लिए चटाई ऐसे थे हमारे ठाठ! अध्यापन कैसा भी हो, किंतु वर्तमान की पाठशालाएँ आज अभिभावक प्रिय हो गई हैं। आकर्षक दिखती हैं। कुछ पाठशालाएँ तो दिखावेपन में माहिर होती हैं। मेरे बचपन में ऐसा कुछ नहीं था। उस समय के अध्यापक जैसे गुस्से वाले थे, उसी प्रकार पाठशालाएँ भी होती थीं... पुराने ढंग की, पीले- राख के रंगों की। बिलकुल सामान्य। हमारी पाठशाला भी उसी प्रकार की थी। घर, पाठशाला, पंचायत के साथ-साथ संपूर्ण गाँव भी सामान्य ही था। उस समय करणवाड़ी में बिजली नहीं थी। मिट्टी से बने घर का रसोईघर थोड़ा गहरा ही था। द्वार के सामने के कमरे से रसोई घर में जाने के लिए दो-तीन सीढ़ियाँ थीं। मेहमानखाने की सीढ़ियाँ अर्थात् बच्चों के अध्ययन का टेबल। पास वाले लालटेन की रोशनी। चूल्हे पर खाना बनाती माँ का संपूर्ण ध्यान बच्चों के, विशेष रुपसे मेरी पढ़ाई पर होता था। माँ की शिक्षा-दीक्षा नागपुर में हुई थी। उस समय की प्रसिद्ध लक्ष्मीदेवी धीरन कन्या पाठशाला में।

नियति के कारण अति सामान्य गाँव में उसका विवाह हुआ और वह करणवाड़ी में आ गई। मेरे पिताजी अध्यापक। उन्हें पढ़ाई में आस्था तो थी; किंतु हमारे पढ़ाई की जिम्मेदारी माँ की ही थी। इसी कारण शिक्षक होते हुए भी पिताजी ने माँ के कार्यक्षेत्र में कभी कोई हस्तक्षेप नहीं किया। अपने बच्चे पढ़-लिखकर खुद अपने पैरों पर खड़े हो, जिससे उनका जीवन संवर जाए, माँ के इस संघर्ष को मैंने बचपन से अनुभव किया। बच्चों को पढ़ाई के लिए प्रेरित करना यह माँ का ही कार्य था। हमारे पिता पढ़ाई के विषय में यूं ही कभी दो-चार शब्द बोल देते, कभी एकाध थप्पड़ लगा देते। हो गया। बाकी सारी जिम्मेदारियाँ माँ को ही निभानी पड़तीं। वह उसने मेहनत से निभाईं। उसके लिए बहुत दुख झेले। उस अति ग्राम्य माहौल में शिक्षा के नाम से मुंह फेरनेवाले परिवेश में उसने अपने ही घर के सदस्यों के ताने सहन किये, किंतु बच्चों की पढ़ाई का आग्रह छोड़ा नहीं। सीधे मवेशी अथवा ट्रक ड्राइवर बनना ही मेरी परिणीति होती, ऐसे दो मोड मेरे जीवन में उम्र के बीस साल

तक ही आकर गये। बाल-बाल बचा हूँ मैं। ऐसे अनेक कठिन मोड़ केवल उसकी पुण्यता के कारण ही सहज पार कर सका। मेरा भाई भी... उसके बच्चे कलेक्टर तो नहीं बन सके, किंतु जिस परिवार में शिक्षा की कोई परंपरा नहीं अथवा कोई आस्था नहीं थी, उस परिवार की तुलना में हमारी पढ़ाई सम्मानजनक ही थी। आज सभी अपने-अपने क्षेत्र में स्थिर हैं। थोड़ा नाम भी कमाया है। हम सभी तृप्त हैं और इस तृप्ति का संपूर्ण श्रेय माँ को ही जाता है।

हमारे परिवार में ब्राह्मण्य उतना शेष नहीं था, फिर भी वह मामूली सनातनी तो था ही। इस परिवार में कोई भूखे पेट नहीं सोता; किंतु दीनता भी नहीं थी। थोड़ी खेती थी। किंतु उपजाऊं नहीं थी। पिताजी शिक्षक थे। नाट्य, समाजसेवा और पौरोहित्य यह उनके शौक थे। वह समाजशील थे। मराठी अच्छी बोलते। किंतु हमारा परिवार उस वातावरण से दूर ही सीदे-सादे एकांत में था। भौगोलिक एवं सांस्कृतिक परिवर्तनों को उचित ढंग से अपनानेवाला, सामाजिक पहचान के लिए संघर्षरत और भविष्य संवारना अर्थात् क्या करना है, इसकी कोई दृष्टि अथवा नियोजन शून्य ऐसा हमारा परिवार। दिन जैसा आए सामना करना और फिर दूसरा दिन... नशेबाज, अजीब और झगड़ालू व्यक्तियों से त्रस्त। नई पीढ़ियों को संभाल सके इतनी खेती नहीं। पैसे तो बिल्कुल ही नहीं। एक समय था जब साहूकारी करने वाला यह परिवार संपन्न था, ऐसा गाँव के लोग कहते हैं। पुराने जमाने में हमारे घर में घी के कनस्तर भरे रहते और सोने की इटें भी थी, यह भी लोग कहते हैं। किंतु मेरे बचपन तक उस संपन्नता के कोई भी अवशेष तक नहीं बचे थे। इसलिए यह सब कुछ झूठ लगता था।

आज का वर्तमान और भूतकाल में कोई समानता होने के चिन्ह दिखाई नहीं देते थे और ना ही कोई भविष्य की नींव रखने वाला। संपूर्ण खानदान में किसी को भी उच्च शिक्षा किस चिड़िया का नाम है, यह पता नहीं था। और ना ही कोई आस्था थी। न्यूनतम शिक्षा के सामने भी सभी अपने शस्त्र डालकर शरणागत का वेश धारण कर चुके थे। उच्च शिक्षा के लिए जो वातावरण चाहिए, जो प्रोत्साहन चाहिए वह तो कहीं दूर-दूर तक नजर नहीं आता था। उस क्षेत्र में हमारी पहचान 'यूपी के बम्मन' अथवा (गत वैभव को खोने वाला) 'साहूकार का घर'! इस लौकिक की मर्यादाओं को लांघने का प्रयास 'पांडे गुरुजी' ने किया, जो सूबा में मान्यता प्राप्त हो गए थे। उन्हीं के कारण इस परिवार में थोड़ा सामाजिकरण और 'अपग्रेडेशन' का प्रवेश हुआ। मेरे पिता के दोस्त सभी जाति धर्म से थे। मेरे पिताजी यही हमारे घर परिवार के पहले मैट्रिक। हमारी माँ दूसरी मैट्रिक और मैं पहला स्नातक। परिवार का शैक्षणिक इतिहास इतना छोटा। एक ओर घर में पारंपरिक सनातनी ब्राम्हण परिवार के समान वातावरण और दूसरी और माँ के कारण आने वाली प्रगतिशीलता इस

प्रकार से भिन्नता थी... बच्चे ही नहीं; तो बड़ों को भी सोचने के लिए विवश करने वाली। हमारे परिवार को 'आइडेंटिटी' नहीं थी। जिस क्षेत्र में हम रहते थे वहाँ के लोगों का हमारे 'यूपी' वाली परंपरा से कोई संबंध या सरोकार नहीं था और हमारे अधिकार का क्षेत्र हमसे बहुत दूर था। उत्तर प्रदेश से स्थलांतरित हमारे पूर्वज... कम से कम तीन-चार पीढ़ियां पूर्व। पिताजी के दादा किसी अंग्रेज अफसर के साथ यूपी से विदर्भ में तबादले के कारण आए और यहीं के होकर रह गए, हम केवल इतना ही सुनते आए हैं। इस विषय में कोई अधिक जानकारी मुझे ज्ञात नहीं। जो ज्ञात है, उसे अभिमान के साथ कहने योग्य कुछ भी नहीं। इस परिवार के 'देसी' छाप संस्कृति में मराठी संस्कृति घुलमिल गई है।

किसी जमाने में घर की महिलाएं देसी स्टाइल से पल्लू संभालती और मौसम में खेत का काम करने जाती। घर के बड़े लोग गाँव में मराठी, अर्थात् असली वऱ्हाडी भाषा बोलते और घर में हिंदी की संस्कृति कायम रखने का निरीह प्रयास करते। छोटे बच्चों से आग्रह पूर्वक हिंदी बोलते। वह हिंदी भी 'तेरे कू, मेरे कू' और 'काय कू' छाप। उस हिंदी पर भी मराठी-वऱ्हाडी की छाप होती थी। बहुजन, दलित, आदिवासी समुदाय आस-पड़ोस में और उसमें यह अकेला ब्राह्मण परिवार... जाति के पारंपरिक अभिमान पर सामाजिक अपरिहार्यता में लिप्त... ना पूर्णतः सामाजिक परिवेश में सम्मिलित और ना ही ब्राह्मण्य को स्थायी रख सका! बीच में अचानक सभी को हम उत्तर प्रदेश के ब्राह्मण आदि होने का ज्ञान होता। फिर कुछ दिन घर की सभी महिलाऐं त्यौहार में 'देसी' महिलाओं के समान व्यवहार करती, 'देश में ऐसा होता है, वैसा होता है...' आदि आपस में बोलती, वहाँ के समान विधि-पूजा आदि करना प्रारंभ होता था। पुरुषों को भी उस देसीपन से आनंद। किंतु वऱ्हाडी वातावरण की अधिकता में यह 'देसी' पन अधिक टिक नहीं पाता। कुछ समय बाद फिर संपूर्ण वातावरण वऱ्हाडीमय हो जाता। हम हिंदी भाषिक हैं या मराठी इस विषय में हम बच्चे हमेशा असमंजस की स्थिति में रहते। इसमें हमारी माँ जरा भी भिन्न नहीं थी। उसके मायके की संस्कृति पारंपरिक उत्तर प्रदेशी ठाट की। किंतु वह 'देसी' नहीं थी। उसकी पाश्वर्भूमी ग्राम्य नहीं थी। नागरी जीवन के सभी शिष्टाचार उसे ज्ञात थे। उसका मायका आर्थिक दृष्टि से संपन्न, शैक्षणिक दृष्टि से प्रगत। आदरभाव, सहनशीलता, सभ्यता यह उनके संस्कारों में ही था।

नागपुर जैसे महानगर की लड़की सीधे करणवाडी जैसे छोटे से गाँव में बहु बनकर आयी, तब उसका स्वागत कितने विसंगतियों से हुआ होगा? इन सब से उसने कैसे अपनत्व स्थापित किया होगा? ...उसने इस विपरित परिस्थितियों में खुद को कैसे समरस किया होगा? ...कल्पना भी नहीं कर सकते। उसने इस विषय में कभी कुछ कहा हो ऐसा स्मरण में नहीं है। उसके पिताजी अर्थात् हमारे 'नाना जी'

पुलिस अफसर थे। उनका उपनाम 'तिवारी'। उनके मामा बनारस में थे। वे लोग वहाँ पुलिस प्रशासन में बड़े ओहदे पर थे। अन्य रिश्तेदार भी सामान्यत: उच्च शिक्षित, उच्च पदस्थ। इस तुलना में उसका ससुराल कहीं भी नहीं। भाषा से वेशभूषा तक सब कुछ भिन्न था। गोल साड़ी वाली माँ के घर से नौवारीवाली सासू माँ के घर का सफर उसने तय किया था। संपूर्ण मराठी वातावरण से समरसता प्राप्त करते हुए हमेशा उसकी भाषा मजेदार हो जाती। आज भी वह बहुत अच्छी मराठी नहीं बोल सकती। किंतु अंग्रेजी-हिंदी में प्रभुत्व संपादन किया है।

मैं पाँचवीं में गया, तब पहली बार मेरी भेंट शालेय अंग्रेजी से हुई। किंतु माँ ने तब तक आठवीं-नौवीं कक्षा के छात्रों को जितनी अंग्रेजी आती है, उतनी अंग्रेजी उसने हमें घर पर ही पढ़ाई थी। इसमें कोई अतिशयोक्ति नहीं है। उसकी पहली संतान होने के कारण शायद वह समय दे सकी; किंतु बड़े प्यार से, आस्था से और उतने ही अनुशासन से माँ ने मेरे व्यक्तित्व को आकार दिया। अगर कोई बात दिल पर लेगा तो तू कुछ भी कर सकता है, यह आत्मविश्वास अगर किसी ने निर्माण किया है तो वह केवल माँ ही है। माँ के अनुशासन का सामना मेरे अन्य बंधुओं को अधिक नहीं करना पड़ा। जब कभी हम अपने बचपन की यादों का स्मरण करते हैं, तो पहली संतान होने के कारण माँ के लिए मैं 'स्पेशल प्रोजेक्ट' था, ऐसा कहकर हँसी उड़ाते हैं। शाम को पढ़ाई पूर्ण करने तक माँ मुझसे ज्यादा बात नहीं करती। उसकी नजरों में भय नहीं था किंतु आग्रह होता था। मैं खान-पान में थोड़ा राजसी था। दाल के साथ रोटी खाना अच्छा नहीं लगता। सब्जियों की विपुलता उस समय नहीं थी। मुझे सब्जी ही चाहिए होती थी। अगर मैं इस प्रकार की जिद करता ''जब खाना हो तो खा, नहीं तो रहने दे!... भूखा तू ही रहेगा...'' उसकी ऐसी धमकी के बाद मैं दिनभर भूखा रहता था, इसकी याद आती है। किंतु दिन समाप्त होते ही शाम को सब्जी अथवा उसके समान कुछ बनाकर वह मुझे खिलाना नहीं भूलती। अगर कुछ भी नहीं तो दाल के पेंढ़ पर प्याज, मिर्च, तेल डालकर अथवा तवे पर गर्म करके मुझे देती थी। अगर मुमकिन हुआ तो सब्जी भी देती थी। उसकी अपरिहार्यता आज मैं समझ सकता हूँ।

बचपन में मैं उस पर गुस्सा करता, उसे याद करते ही मेरी पलकें भीग जाती हैं। सच कहूँ, उस घर की आर्थिक स्थिति ही ऐसी थी कि, ठीक-ठाक खाना पहुँच से बहुत दूर था। अकाल, अनाज की कमी, मिलो (जवार का एक प्रकार) के दिनों में गुजरा हमारी पीढ़ी का बचपन। पाँच-छह एकड़ सामान्य खेती, अकेले शिक्षक पिताजी कमाने वाले और खाने वाले पंद्रह-बीस व्यक्तियों का संयुक्त परिवार नहीं, तो विस्तारित परिवार। उसमें हमारे चाचा का परिवार था, वैसे हमारे फूफाजी भी सहपरिवार हमारे साथ ही रहते थे। हमारे दादा जी के भाई भी उनके परिवार के साथ

रहते थे। इतने व्यक्तियों का खर्चा अधिक था। तुलना में कमाई कुछ भी नहीं। इसी कारण सभी की ठीक से व्यवस्था ना हो पाती। किसी को भी अच्छे कपड़े अथवा खान-पान नहीं मिलता। बीमारी घर में आते ही आर्थिक स्थिति बिगड़ जाती। उस सांस्कृतिक, सामाजिक और आर्थिक दुर्बलता में भी मेरे माता-पिता शांत और संयमित जीवन यापन करते। वे अपने कर्तव्यों का पालन मौन रहकर करते। उसमें भी मेरी माँ... कल का दिन अच्छा होगा, इस पर विश्वास रखने वाली और उसे निरंतर सार्थक करते हुए जीवन व्यतीत करने वाली। वह बहुत आशावादी है। किंतु उतनी ही व्यावहारिक, करारी और निश्चयी। मायके से उसने एक गुड्डा-गुड़िया की जोड़ी अपने साथ लाई थी। बहुत ही सुहानी जोड़ी थी वह। बचपन में हमने उसे दो-चार बार देखा होगा। माँ उसे ज्यादा दिखाती नहीं थी। मेरी बहन ने उस जोड़ी के लिए अनेक बार जिद की किंतु माँ ने वह जोड़ी उसे कभी नहीं दी, इसका स्मरण मुझे होता है। अंत तक रेशमी कपड़े में लिपटी रही वह जोड़ी फिर कभी देखी ही नहीं। शायद वह गुड्डा-गुड़िया की जोड़ी उसके सपनों के संसार का प्रतिबिंब था और अपने सपने इस वास्तविक वातावरण से विसंगत है, यह समझ में आते ही उसने अपने सपनों से नाता तोड़ लिया होगा, ऐसा ही प्रतीत होता है। उस गुड्डा-गुड़ियों से अधिक वास्तविक अभावों से भरा संसार उसने बड़े ही धैर्य और उतने ही लगन से सुंदर बनाया। हमारे पिताजी को उसने बहुत संभाला। रिश्तेदारों का साथ दिया। बच्चों को प्रेम और अनुशासन दोनों दिया। जहाँ खून का रिश्ता ना हो वहाँ भी अनुबंध की डोर को मजबूत किया। हमारे पिताजी ने भी उसका बहुत ख्याल रखा। दांपत्य जीवन का अर्धशतक पूर्ण हुआ है दोनों का। उत्तरार्ध में भी समय और प्रसंगानुरुप एक दूसरे की टांग खिंचते हैं, यही उनकी सच्ची दौलत है। उसमें हमारी माँ का श्रेय अधिक। बडे यत्न से और हंसमुख स्वभाव से उसने सारे रिश्ते नाते, संपूर्ण परिवार को संभाला है।

वह बहुत सख्त है... उतनी ही लचीली। उसका केवल मेहनती होना महत्वपूर्ण नहीं है। स्वयं की आर्थिक, सामाजिक, शैक्षणिक, सांस्कृतिक आदि से परिपूर्ण पाश्वर्भूमि को त्यागकर, भूलकर जिस सहजता से उसने इस नए ग्राम्य और दीन परिस्थितियों में खुद को ढाला है, वह समायोजन मुझे अधिक महत्वपूर्ण लगता है। अत्यंत कठिन और दुष्कर रहा होगा यह समायोजन। भाषिक, सामाजिक, आर्थिक ऐसे हर मोड़ पर। यह सब कुछ उसने हंसते-खेलते स्वीकार किया। तकलीफ हुई, प्रताड़ना हुई किंतु यह सब कुछ वह सहन करती रही। अनेकों बार अत्यंत गंभीर प्रसंगों को भी उसने हँसी-मजाक में परिवर्तित कर दिया। आज जब उन प्रसंगों को याद करता हूँ तब हँसी-मजाक के पीछे छिपी असहायता के दर्शन होते हैं...जो चुभते भी हैं।

उस समय पुलिस इंस्पेक्टर की कन्या के रूप में जीवन यापन करने वाली हमारी माँ... जन्म से 'गीतादेवी सुरेंद्रनाथ तिवारी' और शादी के बाद 'गीतादेवी हरि प्रसाद पांडे' वास्तव में इस 'पांडे' उपनाम में 'य' था। मध्य प्रदेश-उत्तर प्रदेश में 'पांडेय' है। हमारे पूर्वज महाराष्ट्र में आए, तब 'पांडेय' ही थे। समय अनुसार 'य' का लोप होता गया और महाराष्ट्र की संस्कृति के अनुकूल उपनाम हमें मिला। सांस्कृतिक पहचान मिलने का प्रथम चरण समझकर हमारे परिवार ने इसे स्वीकृत किया होगा, ऐसा मुझे लगता है। बाकी प्रगतिशीलता माँ के पैरों से ही चल कर आई। वह भी केवल हमारे परिवार में। हमारे कुलवृक्ष की शाखाएं कब की नष्ट हो गई हैं। माँ सुशिक्षित थी। वह उस समय की बुद्धिमान छात्रा थी। उसी के कारण समाचार पत्र आदि पढ़ना चाहिए इसका ज्ञान मुझे बचपन में ही हुआ। पिताजी ने पुस्तक पढ़ने की आदत लगाई। कुछ पौरोहित्य का ज्ञान भी दिया। परंपरा के कारण ब्राह्मण्यत्व के कुछ तत्व दीर्घ काल तक कायम थे हमारे घर में। समयानुसार वे भी लुप्त हो गए और केवल मानवीय मूल्य शेष बचे। उसे हमारी माँ ने वर्धिष्णू (उन्नत करना, बढ़ाना, वृद्धिंगत) किया। मैत्री आथवा भागीदारी के लिये भी (हो सके तो) अपनी ही जाति के व्यक्ति की खोज करने वाले और फिर भी खुद को 'पुरोगामी' संज्ञा से अलंकृत करने वाले महानुभव 21 वीं सदी में भी इस वसुंधरा पर विचरण करते हैं। हमारे घर में अर्धशतक पूर्व ही जाति धर्म की दीवारों को लांघकर मैत्रीभाव और मानवीय मूल्यों की स्थापना हो गई थी। वह हमारे पिताजी की सहिष्णुता और माँ की उदारता का आविष्कार था।

हमारे घर तीन अंतरजातीय विवाह संपन्न हुए हैं। जिसमें मेरा विवाह भी एक है। पारंपरिक समाज रचना में जो माता पिता को सहन करने पड़ते हैं वे सारे भोग उसके हिस्से भी ऐसे आए। किंतु, हम सबने उन स्थितियों को सहन किया। बहुत से तूफानों का सामना किया। अब सारे तूफान शांत हो गए हैं और हमारा जीवन भी। इन क्रांतिकारी और प्रगतिशील विचारों की निष्ठा के संस्कार बचपन में माँ से अनायास ही मिले। शायद उसे भी पता नहीं होगा। किंतु गाँव में जादू-टोना अथवा धार्मिक आडंबर आदि किसी भी प्रकार की अंधश्रद्धा से माँ ने हमें दूर ही रखा, इसके अधीन होकर धागे-ताबिज बांधने के लिए प्रोत्साहित नहीं किया। इसके कारण कभी-कभी घर के सदस्यों से वाद-विवाद हुए, संघर्ष हुआ। चार पाँच दशक पहले उस समय के हिसाब से उसकी यह भूमिका किसी भी सनातनी घर में किसी के भी गले नहीं उतरती थी। इस कारण उसे अनेक दूषण मिले, जिसे उसने भी सहजता से स्वीकार किया। मेरी माँ सर्व सामान्य महिला, स्त्री है। अपनी माता अथवा पिता कोई अलौकिक व्यक्ति है ऐसा कई बच्चों की धारणा होती है, वैसी मेरी कोई धारणा नहीं। मेरी माँ को शहरी पार्श्वभूमी होने का कोई अभिमान नहीं था

और अचानक ग्रामीण क्षेत्र में उसे रहना पड़ा इसका कोई शल्य भी नहीं था। इतने ग्रामीण क्षेत्र में आकर उसने सबसे स्नेह किया। जो भी उसके पास आया, उसका पालन-पोषण किया। किसी प्रकार का कोई रिश्ता ना होकर भी गरीब बच्चों पर भी स्नेह लुटाया... मानो उसके ही बच्चे हों। माँ को औषधियों की थोड़ी बहुत जानकारी थी। गाँव में डॉक्टर नहीं थे। अस्पताल नहीं था। मेरे माता-पिता डॉ. नहीं थे। किंतु, उस समय हमारे घर मेडिकल किट हुआ करती थी। उसमें बेलाडोना, अतिसार-पेटदर्द की गोलियाँ, कुछ मरहम, कुछ सायरप्स आदि होता था। नीलगिरी का तेल, खंडूचक्का आदि। एक घटना मुझे याद आती है... एक छोटे लड़के के सिर में फोड़े हुए थे... उसमें कीडे हो गए थे। वह अनाथ था... बचपन में ही माँ से बिछड़ा हुआ। मेरी माँ प्रतिदिन मेडिकल किट अपने साथ लेकर जाती और उस लड़के की मरहम पट्टी करती। उसके फोड़ों को साफ करके नीलगिरी का तेल लगाती। बाद में कोई ऑईन्टमेंट भी लगाती। यही नित्यक्रम कई दिनों तक चलता रहा... किसी दिन माँ का हाथ पकड़कर बाल्यावस्था में मैं अपनी माँ के साथ गया था इसे मैं अस्पष्ट रुप से याद करता हूँ। बाद में वह लड़का ठीक भी हो गया। माँ को अत्यंत हर्ष हुआ। मेरी मेडिकल किट सदैव परिपूर्ण होनी चाहिए, ऐसी उसकी इच्छा रहती। ''कल वापस आते वक्त ये दवाई लेकर आना जी'' ऐसा वह पिताजी से कहती। कब किसे, किस चीज की जरूरत पड़ जाए, क्या पता! ...गाँव में मेडिकल नहीं था। पड़ोस के गाँव में स्थित पाठशाला खत्म होने के बाद, साइकिल से वापस आते समय, पिताजी घर वालों के साथ साथ बाहर वालों की दवाइयां भी लेकर आते। हमारे पिताजी इस प्रकार संपूर्ण गाँव के पिताजी बने थे। किसीका भी दर्द-बुखार उनके पास आ जाता। माँ भी उसी प्रकार ही थी। उसका मातृत्व केवल उसके चार बच्चों तक सीमित नहीं था। भांजे, भतीजे, देवर, सगे-चचेरे सभी रिश्तेदार ही थे। उसमें फिर पिताजी के छात्र हो, हमारे मित्र हो, सभी के लिए वह माँ ही थी। सबका, खान-पान, बीमारियां वही संभालती।

'गीता' नामक यह जहाज सभी को सम्मिलित करके सफर करता रहा। वह सफर आज भी जारी है... हँसते-खेलते। बुराइयों को किनारे करता और प्रवाह में मीठापन मिलाता। जब मैं तीसरी-चौथी में था तब माँ बहुत बीमार हुई थी। बिस्तर पकड़ लिया था उसने। महीनों चली इस बीमारी ने पूरे घर को व्याप्त लिया था। संपूर्ण घर जैसे स्तंभित हुआ हो। हम बच्चों के खाने-पीने की मुश्किल। उस समय रिश्तो की सार्थकता को बहुत करीब से समझने का अवसर मिला। रिश्तेदारों ने भी यह अनुभव देने में कोई कमी नहीं की। मेरे भाई-बहन मुझसे छोटे थे। उन्हें वह नहीं देखा होगा। चावल के दो दानों के लिए हमारे कथित संयुक्त परिवार में किस प्रकार से राजनीति होती थी, जब आज उसे याद करता हूँ तो मन और आँखें भर आती हैं।

जरूरत और मुश्किल के समय अपनों द्वारा मिली विश्वासघात की चोट बहुत गहरी होती है। आँखों से दिखती नहीं और दिमाग से निकलती नहीं। उस समय मजबूरियाँ और अपरिहार्यता के चिन्हों को दर्शाता माँ का असहाय चेहरा आज भी मेरे दिल में बसा हुआ है। यथासंभव-यथाशक्ति हमने इसका इलाज ढूंढा। गिरे, लड़खड़ाए, संभले, किन्तु आगे ही बढ़े। बहुत आगे तक आ गए। उस समय हम बहुत गरीब थे और आज हम बहुत धनवान हैं, ऐसा नहीं। मेरे माता-पिता आज भी एसटी बस से प्रवास करते हैं, इसमें सब कुछ निहित है। हम लोग पहले से आज सुस्थिति में हैं, बस इतना ही। सभी भाई-बहन अलग रहते हैं। सभी उमर के चालीस-पचास को पार कर चुके हैं। किंतु भाई-बहन का हमारा स्नेह सशक्त है और उसे माँ के स्नेह भरे संस्कारों का संरक्षण है। लालटेन में पढ़ाई करने वाले उसके बच्चे आज 'स्वयं प्रकाशित' हैं, इससे वह बड़ी खुश है। हम भाई-बहनों के बीच स्नेहपूर्ण संबंधों को लेकर वह आश्वस्त है। बचपन में एक को ठोकर लगती तो दूसरा उतनी ही तत्परता से सहारा देता, उतनी ही तत्परता आज भी कायम है। इस कारण उसका मन निश्चिंत है। हमारे घर किसी भी रिश्ते में कोई औपचारिकता नहीं है। जब जरूरत हो तब सीधे फोन करके बात करेंगे... अन्यथा महीनों तक संपर्क नहीं। इस विषय में किसी की कोई शिकायत नहीं। कोई दिखावा नहीं। मान-अपमान नहीं। जायदाद ना होने के कारण कोई झगड़ा नहीं। हमारे परिवार के किसी भी घर में कोई दिखावा नहीं। सबका सामान्य रहन-सहन; मध्य वर्गीय और अकृत्रिम। गरीबी का कोई इलाज नहीं। चंद्रकलाओं के समान फटी स्लीपर पहनकर कॉलेज गया किंतु फिर भी शर्म नहीं की और सूट-बूट पहन कर किये विदेश प्रवासों का अभिमान भी नहीं किया। एक ही जीवन में इतनी विविधता स्थिर भाव से अनुभूत करने का सौभाग्य मिला, इसका संपूर्ण श्रेय माँ को ही जाता है। बचपन में संयम की घूट्टी पिलाना, हर स्थितियों से संधि करने की मानसिकता तैयार होना, मानवीयता पर विश्वास दृढ़ होना, और आसक्तियों में व्यस्त रहनेवाली दुनिया में स्थिर, अचल, प्रज्ञा को प्राप्त करना इससे अधिक भाग्य और क्या हो सकता है? 'गीता' का ज्ञान इससे कुछ भिन्न तो नहीं?

■■■

मेरे मन का संवेदनशील कोना

- सुभाष शिर्के

आप को प्रिंट मीडिया में दस साल और इलेक्ट्रॉनिक मीडिया में पंद्रह साल, कुल पच्चीस साल पत्रकारिता का अनुभव है। आपको तीन राष्ट्रीय और एक राज्य पुरस्कार से सम्मानित किया गया है। न्यूज़ चैनल के निर्माण और न्यूज़ मैनेजमेंट का अनुभव आपकी विशेषता है। वरिष्ठ राजनीतिक विश्लेषक, न्यूज़ एंकर के रूप में आप सर्वमान्य हैं। पत्रकारिता का प्रवास- 'आपलं महानगर', 'तारा मराठी', 'अल्फा मराठी' (वर्तमान में झी 24 तास), 'स्टार न्यूज़', 'चैनल 7 (वर्तमान में न्यूज़ 18 चैनल), 'आईबीएन लोकमत', 'यूएनआय टीव्ही', 'टीव्ही 9 न्यूज़ चैनल' 2012 से वर्तमान स्थिति में 'न्यूज नेशन न्यूज चैनल' मुंबई में ब्यूरो चीफ के रूप में कार्यरत हैं। मंत्रालय और विधिमंडल वार्ताहर संघ के उपाध्यक्ष, टीवी जर्नलिस्ट एसोसिएशन के संस्थापक सदस्य, राज्य अधिस्वीकृति समिति के सदस्य के रूप में भी आपने कार्य किया है। मेळघाट इस आदिवासी क्षेत्र में कार्य करनेवाली संस्था 'मेळघाट मित्र' की स्थापना में आपका सक्रिय सहभाग रहा है।

मेरा एक दोस्त घाटकोपर के सर्वोदय हॉस्पिटल में भर्ति था, उस समय उसे देखने मैं हॉस्पिटल गया था। तब दोस्त की बहन ने कहा तुम्हारी माँ भी यही भर्ति है। वह मुझे टीबी रोगियों के वार्ड में लेकर गई। तब मैं 12 वर्ष का था। छोटे बच्चों को टीबी पेशेंट के वार्ड में प्रवेश वर्जित था। मेरी माँ को मैंने वहाँ देखा। बहुत अशक्त हुई थी वह; किंतु गोरे मुखड़े पर बड़े आकार में लाल कुंकुम कायम था। आँखें निस्तेज थीं; किंतु मुझे देखते ही उसकी आँखों में चमक आ गई और उसने उतनी ही तीव्रता से कहा- "तू जा। यहाँ रुकना मत।" अगर कोई कर्मचारी आया तो वह मुझ पर गुस्सा होगा इसकी चिंता थी उसे। मैं वार्ड से बाहर गया। मुझे पता नहीं था कि, माँ से यह आखरी मुलाकात होगी।

मेरी माँ अनुसया उम्र के 49 साल में ही इस दुनिया से विदा हो गई। पाँच भाई-बहनों में मैं सबसे छोटा था। इसी कारण माँ का लाडला था। हर बुधवार हमारे घर उपवास करने की प्रथा थी। किंतु इस दिन स्कूल का टिफिन भरा हुआ रहता, माँ खुद इसकी चिंता करती! अपने बच्चे को उपवास सहन नहीं होगा, भूखे पेट रहा तो चिड़चिड़ा बनेगा, इसे वह अच्छे से समझती थी। इसी कारण बचपन में मैं एक सशक्त बालक था, इसका संपूर्ण श्रेय उसी का ही था।

दुर्भाग्य से मेरी माता और पिता दोनों को बचपन में उनके माता-पिता का प्यार नहीं मिला। दोनों अपने माता-पिता के इकलौती संतान थे। दोनों को कोई सगे रिश्तेदार नहीं थे। दोनों भी अपने चचेरे रिश्तेदारों के घर बड़े हुए थे। मेरी माँ का गाँव पार्लें। रायगढ़ जिले के महाड से 12 किलोमीटर दूर था। किंतु उसके माता-पिता बचपन में ही उसे छोड़ चल बसे, चाचा उसे 'शेलटोली' गाँव में लेकर आए। वे स्वतंत्रता सेनानी थे। वहाँ कडे अनुशासन में अनुसया बड़ी हो गई और सामाजिक रीतियों के अनुसार 13 वें साल हिराजी शिर्के नामक युवा से उसकी शादी हो गई। पिताजी किसान थे। ढाई एकड़ खेती थी। किंतु कोंकण की खेती अधिक उपजाऊ नहीं थी और आज भी नहीं है। उस समय कोकण के युवा अच्छे वेतन की नौकरी के लिए मुंबई आते। हिराजी शिर्के भी अपनी नववधू को लेकर मुंबई आ गए। चाचा के घर शिवाजी पार्क में रहने लगे। सास नहीं थी किन्तु चचेरी सास मिल गई। प्रथा परंपराओं के अनुसार चचेरी सास ने भी चचेरी बहू को प्रताड़ित करना प्रारंभ किया। झगड़ों से तंग आकर हिराजी शिर्के सीधे भारतीय सेना दल में भर्ति हो गए। अनुसया मुंबई में ही रही, अपने दो बच्चों के साथ। तीन साल तक हिराजी शिर्के सेनादल में थे। बाद में चाचा-चाची ने सेनादल के वरिष्ठ अधिकारियों से मिलकर अपना दुखड़ा उन्हें सुनाया। एक ही लड़का है। हमें संभालने वाला कोई नहीं है। इसलिए स्वेच्छा निवृत्ति लेकर हिराजी मुंबई आए और उनकी गृहस्थी फिर से प्रारंभ हो गई। सैन्य दल में कुछ समय आर्मी मेडिकल कॉर्प्स में काम करने के कारण मुंबई महापालिका के हेल्थ डिपार्टमेंट में पिताजी को नौकरी मिल गई। मुंबई में नायगाँव को खुद का घर हो गया। इस समय बड़ी निष्ठा से अनुसया ने अपने पति का साथ निभाया। बच्चों को कड़े अनुशासन में बड़ा किया। उनकी पढ़ाई पर विशेष ध्यान दिया। अनुसया पढ़ी लिखी नहीं थी। पति की प्रेरणा से साक्षरता वर्ग जाकर, हस्ताक्षर करना सीख गई थी। पिताजी सामाजिक कार्यों में व्यस्त थे। समस्याग्रस्त रिश्तेदार और पड़ोसी घर आते, उन्हें आर्थिक सहायता करने की जिम्मेदारी अनुसया की ही थी।

हम पाँच भाई-बहन। दो लड़कियाँ तीन लड़के। दूसरी कन्या विद्या की शादी ससुराल वालों के आग्रह के कारण बड़े धूमधाम से करनी पड़ी। दहेज देने की मांग

को निश्चयता से ठुकराया था। किंतु शादी के लिए कर्ज लेना पड़ा। कर्ज की किस्ते जल्दी चुकता हो, इसलिए अनुसया ने एक साल सब्जी बेचने का व्यवसाय किया। कर्ज अदा करने के बाद यह व्यवसाय बंद कर दिया। किंतु विद्या को बीमारियों ने घेर लिया। दो बार दिमाग का ऑपरेशन करना पड़ा। वैद्यकिय उपचार का कोई फायदा नहीं हुआ। विद्या की मृत्यु से अनुसया टूट गई। टीबी से बीमार हुई।

जब मैं दूसरी में था, तब एक नाटक में काम करने के लिए मुझे चुना गया। पावनखिंड की लड़ाई पर आधारित छोटी नाटिका थी। उसमें सरदार की भूमिका मुझे करनी थी। मैंने माँ से जिद की, तुम्हें मेरा नाटक देखने आना ही होगा। वह आयी; किंतु तब तक मेरे संवाद समाप्त हो गए थे। मैं विंग के एक कोने में खड़ा रहकर सभागृह में होने वाली माँ की एंट्री देख रहा था। घर के सारे काम समाप्त करके वहाँ आने में उसे देर हो गई। नाटक खत्म होने के बाद ऐतिहासिक रेशमी पोशाक में मुझे देखकर माँ ने मुझे सीने से लगा लिया। चौथी कक्षा में मुंबई महापालिका के अंतर शालेय नाट्य स्पर्धा के एक नाटक में मैं सहभागी हुआ था। इसे देखने माँ जरुर आयी थी। जो प्रमाण पत्र मुझे मिला था, उसे फ्रेम करके उसने घर में सजाया था।

सभी माताओं को एक आदत होती है। जब घर के सारे सदस्य खाना खा ले, तब अंत में वह खाना खाती है। माँ भी यही करती। जो बच जाए, बस उसी में ही उसका पेट भर जाता। क्षय (टीबी) की बीमारी, उसमें यह आदत उसे भारी पड़ी।

आज भी लगता है कि, वह मुझे बहुत जल्दी छोड़ कर चली गई। मेरी कोई गलती ना होते हुए भी। मेरे मन का एक कोना बहुत संवेदनशील हो गया है। मेरे दोस्तों की माताओं में मैं अपनी माँ खोजता हूँ। इन माताओं से भी मुझे बहुत स्नेह मिला। किंतु माँ के स्नेह का सागर अब मुझसे कोसों दूर चला गया। इसी कारण मराठी कहावत है- 'स्वामी तिन्ही जगाचा... (तीनों लोक के स्वामी, ईश्वर भी माँ के बिना)' यह मुझ पर उचित रुप से यथार्थ प्रतीत होती है।

■■■

तुम्हारे आँचल सा स्नेह

- संजय वरकड

आप पिछले सात सालों से 'सकाळ' मराठवाड़ा आवृत्ति के संपादक के रूप में कार्यरत हैं। 'मराठवाड़ा' नियतकालिक से आपने पत्रकारिता का शुभारंभ किया। 'महानगर', 'लोकमत', 'सकाळ' इन दैनिक समाचार पत्र में आप 'पत्रकार', 'उप- संपादक' और 'प्रमुख संवाददाता' इन पदों पर कार्यरत रहे हैं। आपके द्वारा लिखी गई, मराठवाड़ा में दलितों पर हुए अत्याचार के खबरों की गूंज विधिमंडल तक पहुंची थी। राजकीय वार्तांकन में आपने अपनी एक अलग पहचान कायम की है। 'आयबीएन लोकमत' इस वृत्त वाहिनी में साढे चार साल तक 'ब्यूरो चीफ' के पद पर आप कार्यरत रहे। इस कार्यकाल में आपने सशक्त राजकीय वार्तांकन किया है। आपने अनेक प्रश्नों को न्याय देने का कार्य पत्रकारिता के माध्यम से किया है। मराठवाड़ा की अकाल ग्रस्त परिस्थितियों को आपने उचित न्याय देने का प्रयास किया है। आपके द्वारा लिखित 'वरकडी' यह वर्तमान काव्य सदर संपूर्ण राज्य में लोकप्रिय है। आपको पत्रकारिता एवं साहित्य जगत के अनेक सम्मानित पुरस्कारों से अलंकृत किया गया है। राज्य शासन द्वारा सर्वोत्कृष्ट साहित्य निर्मिति का 'दत्तू बांदेकर' पुरस्कार से आप पुरस्कृत हैं। पुणे नगरी का प्रतिष्ठित 'आचार्य अत्रे विडंबन पुरस्कार' से भी आप सम्मानित हैं। बुलढाणा जिला साहित्य संघ की ओर से दिए जाने वाले 'श्रीपाद कृष्ण कोल्हाटकर' पुरस्कार से आपको गौरवान्वित किया गया है। अखिल भारतीय मराठी पत्रकार परिषद और 'सकाळ माध्यम समूह' का 'डॉ. नानासाहेब परुळेकर स्मृति पत्रकारिता पुरस्कार' से आप सम्मानित हैं। आपने तीन साहित्य सम्मेलन के अध्यक्ष पद को सुशोभित किया है। 'वरकडी', 'राजकारणाच्या मांडवाखालून', 'या देशात आवाज कुणाचा', 'कडी-वरकडी', 'काम चालू रास्ता बंद' यह आपकी प्रकाशित साहित्य संपदा है।

ताई। मेरी माँ। पूर्वाश्रम की लक्ष्मीबाई लक्ष्मणराव नागरे। अन्ना... मेरे पिताजी का नाम रंगनाथराव बाबूराव वरकड। अन्ना और ताई अर्थात् हमारे लिए सब

कुछ। हमारे अर्थात् केवल हम बंधुओं के ही नहीं; अपितु हमारे आप्त स्वकीय के लिए भी सब कुछ। हम चार भाई-बहन। मैं सबसे बडा। राजु, वंदना और रवि। रवि अब केवल हमारे स्मरण में ही है। 21 वर्ष पूर्व कैंसर नामक बीमारी के कारण वह हमसे एक पल में ही बिछड़ गया। यह था पारिवारिक परिचय।

वास्तव में माँ के संदर्भ में लिखना है, किंतु साहस ही नहीं जुटा पा रहा। सच लिखूं, तो मुझे और आपको बहुत वेदनाओं से गुजरना होगा, यह तो हुई स्वयं को सवारने की भूमिका। सच में, सच लिखना अर्थात् हमसे कितनी गलतियाँ हुई है? कितनी बार हमसे गलत व्यवहार हुआ है कि, सर स्वयं लज्जा से झुक जाए। सच्चा डर यही है। मैं कितना भी गलत रहा फिर भी उसका अटल विश्वास अटल ही रहा। मुझ पर, अन्ना पर और सभी पर। स्वयं पर अटल विश्वास होने वाला व्यक्ति जीवन में सभी संकट, दुख का सामना विश्वास के साथ कर सकता है, यह मैं अपनी माँ से ही सीखा हूँ। वह कभी निराश नहीं रही, ऐसा मैं नहीं कहूंगा। हुई, अनेकों बार निराश हुई। हमारा पालन-पोषण करते हुए, हमें बड़ा करते हुए नहीं, अपितु हमारे बड़ा होने के पश्चात्। निराशा में वह अपवादात्मक स्थितियों में ही रोई। बहुत रोई। किंतु दर्द वेदनोंओ को अपने सीने में दफन कर हमारे लिए हंसी। फिर से हंसी। उसने कभी किसी से कोई अपेक्षाएं नहीं रखी। कभी किसी से कुछ माँगा नहीं। उसने कुछ माँगा नहीं, इसलिए हमने भी कुछ अधिक दिया नहीं। वह देती रही। वह देती है। वही देती रहेगी, यह भी निश्चित है। मेरे बचपन की कुछ यादें हैं। जो उसी ने सुनाई थी।

हमारा स्थायी गाँव खुलताबाद तहसील का 'मावसाळा'। ताई और अन्ना की शादी हुई, तब ताई की उम्र 16 साल की थी। अन्ना 20-21 के। शादी के बाद मावसाळा से औरंगाबाद आए। क्योंकि अन्ना पुलिस में भर्ति हो गए थे। जब ताई 16 से 17 साल की थी, तब मेरा जन्म हुआ। अर्थात् उसके बाल मानस की नींव पर मातृत्व के विशाल घर का निर्माण हुआ था। उस घर में था मैं। मेरा स्नेह, मेरा कौतूहल, मेरा लाड़-प्यार, मेरे लिए सब कुछ। उसका मन स्वयं की बाल्यावस्था को भूल गया। कल-परसों तक जो खेल खेले थे उसे वह भूल गई। अब वह मेरे खेलों में व्यस्त थी। वह मेरे साथ खेलती रही। मुझे बड़ा करते-करते उसका बचपन कहाँ खो गया, इसका पता उसे हुआ ही नहीं। इसी कारण उसका मन महान है।

पिताजी औरंगाबाद आए, उस समय अभावों से ग्रस्त संसार। पिताजी का गाँव में एक दुकान था। दुकान बंद किया, इसलिए खाली तराजू यही मेरी माँ का तवा। फकीरवाड़ी के एक छोटे कमरे में मेरा बचपन गुजरा। कहा जाए तो कुछ भी नहीं। और कहें तो बहुत कुछ। 300 रुपये के वेतन में हमारी सारी आवश्यकताएँ पूर्ण होती थी। पूर्ण होकर बचता भी था। फकीरवाडी से हम बहादुरपुरा आ गए। पिताजी ने छोटे से घर का निर्माण किया। अब वह घर छोटा लगता है। तब वह घर बहुत

बड़ा था हमारे लिए। टीन के चार कमरे। दो रहने के लिए। दो किरायेदारों के लिए। घर के पीछे बहुत बड़ा आँगन था। आँगन में चूल्हा, पानी का बड़ा घड़ा, एक पेड़। चूल्हे पर भोजन बनाते समय ताई को बहुत कष्ट होते थे। सभी रिश्तेदार आस-पास ही रहते थे, इसी कारण मेहमानों का सदैव आना-जाना लगा रहता। मेहमानों को खाना खिला कर ही विदा करना है, यह माँ का नियम था। मेहमान आते ही पहले खाना खाइए, यही वह कहती। मेरी शादी के बाद मेरी पत्नी चेतना, उसके बाद मेरे भाई की पत्नी लीना इन दोनों को भी उसने यही सिखाया। कोई आए, तो उन्हें भोजन के लिए पूछना ही चाहिए। आज भी उसकी यह परंपरा हमारे घर अविरत रूप से चल रही है। अर्थात् ताई के साथ-साथ अण्णा भी इसके समर्थक थे। उन्हें भी घर से कोई भूखे पेट चला जाए यह पसंद नहीं था। पिताजी ने कुछ और कमरों का निर्माण किया। फिर वाडे में हम सब साथ मिलकर खाना खाते। इस समय वह सबसे ज्यादा खुश थी।

बहादुरपुरा में उसकी आँखों के सामने एक छोटी सी दुनिया का निर्माण हुआ था। उसका शब्द प्रमाण था। ताई ने अर्थात् लोगों के लिए अक्का ने कुछ कहा, तो बस वही करना है। मुझे आज भी याद है, एक भिखारन प्रतिदिन संध्या समय उसके पास आती थी। पाँच-दस पैसे जमा करके एक फटे पुराने कपड़े में बांधकर ताई को देती। ताई उसे खोल कर उसके पैसे उसे गिन कर देती। उसके बाद वह भिखारन माँ के पास वह पैसे रखती। बाद में एक रुपये, दो रुपये की नोट बनाकर ले जाती। वह नोटों की पुंगली बनाती। ताई उसे नोटों को ठीक से रखने को कहती। वृद्ध भिखारन वही कहानी बार-बार दोहराया करती। माँ उसे फिर से नोट ठीक से रखने की हिदायत देती। उसे खाना खिलाती। हमारे किरायेदारों के लिए ताई अर्थात् एक छत्रछाया ही थी। पीने का पानी कौन कितना लेगा इसे ताई ने एक बार कह दिया तो फिर सभी उसका पालन ठीक से करते। मुझे याद है, बहुत बड़ा होने तक माँ मुझे रोज नहलाती थी। अन्य महिलाएँ उस पर हँसती थी। कहती ''अक्का, अब तो बड़ा हो गया है। अब और कितने दिन नहलाओगी?'' वह नहीं सुनती। नहलाना तो है ही। वजरी से (बदन घिसने का पत्थर) गर्दन और पीठ का मैल निकालती। बदन पर मैल होना ही नहीं चाहिए, यह उसका कहना था। जब तन स्वच्छ होगा, तभी तो मन स्वच्छ होगा, ऐसा वह कहती थी। 'स्वच्छ' यह मेरा शब्द है। उसका शब्द 'निर्मल'। उसके मन के समान ही। नहाने के बाद बालों को तेल लगा कर अपने हाथों से कंघी करने तक उसे चैन ही नहीं मिलता।

मेरी दसवीं तक, ताई का हमारी पढ़ाई पर ध्यान है कि नहीं, यह पिताजी देखते। पुलिस विभाग में होने के कारण उन्हें समय बहुत कम मिलता था। फिर भी स्कूल में हमें किसी बात की कोई कमी ना हो इस बात का ख्याल वे सदैव रखते। प्रतिवर्ष

नया बस्ता, नया गणवेश लेना ही है, यह पिताजी का नियम ही था। यह सब होने के बाद संपूर्ण जिम्मेदारी फिर से ताई की। क्या बच्चे पढ़ाई करते हैं? यह ताई से ही पूछा जाता। मेरी मराठी अच्छी थी। मैं कविताऐं याद करता। कभी ताई के पैरों पर सर रखकर 'गे माय भू तुझे मी फेडीन पांग सारे, आणीन आरतीला हे सूर्य चंद्र तारे' (प्रसिद्ध मराठी गझलकार सुरेभ भट द्वारा लिखित यह कविता, जिसमें भारत माता, मातृभूमि के प्रति पुत्र के असीम प्रेम को दर्शाया गया है।) यह कविता पढ़ता था। मायभू अर्थात् मातृभूमि है इसका पता मुझे कालांतर में लगा। गाँव से था, इसलिए भाषा भी ग्रामीण। 'लई मजा आली' (बहुत मजा आया) वगैरह। दसवीं तक पिताजी हमारी गलतियों पर गुस्सा करते। मारते। भयावह सजा देते। पुलिस की सुंदरी (डंडा) का उपयोग हमें सजा देने के लिए होता। तब ताई बीच में आ जाती। कभी कभी पिताजी काली शाहाबादी फर्श पर कड़ी धूप में सोने के लिए कहते। अर्थात् उनके मन में भी प्रेम था। पिता का प्रेम अलग ही होता है।

दसवीं के बाद उन्होंने हमें कभी भी मारा नहीं। गुस्सा भी नहीं हुए। अपनी चप्पल जब बच्चों के पैरों में आ गई, अब वे खुद स्वयं के लिए सोचेंगे। इसी कारण ग्यारहवीं से आगे हमारे दिन खुशी से गुजरे। ताई को मेहनत तो करनी ही पड़ती थी। जब मैं कॉलेज में था तब बहन की शादी हो गई। उसे एक लड़की हुई। वह हमारे साथ ही रहने लगी। ताई और हम सब उसमें व्यस्त थे। ताई बहुत लोगों के लिए 'अक्का' है। आस-पड़ोस के सभी व्यक्तियों के लिए मुफ्त सलाहकार केंद्र ताई ही होती थी। किसी के बच्चे को कुछ तकलीफ है, 'अक्का है' किसी को बुखार हुआ, 'जैसा अक्का कहें वैसा करो।' वह जब खुद डाक्टर को औषधियों के नाम बताने लगी तब डॉक्टर हंसने लगे। डॉक्टर ने उसे कहा- ''आप तो सब कुछ जानती है।'' इसमें ही उसे समाधान की प्राप्ति हो जाती। आज भी वह जैसी ही है। उसने बहुत सी डिलीवरी की है। वाडे में किसी का भी बच्चा हो उसे पकड़कर नहलाती। अक्का के हाथों से बच्चे को नहलाया, यह आनंद महिलाओं को होता। उस बच्चे को और हमारी ताई को भी। मेरा छोटा भाई रवि जब बीमार था, तब ताई और अण्णा ने उसे बचाने के लिए जमीन-आसमान एक कर दिया। वास्तव में जब मेरी शादी तय हुई, तब रवी बहुत बीमार था। शादी के समय चेतना अर्थात् मेरी पत्नी बीए अंतिम वर्ष में थी। उसकी परीक्षा समाप्त होने के बाद अर्थात् अप्रैल 1996 में शादी करने का हमारा इरादा था। बाद में मैंने स्वयं शादी जल्दी होनी चाहिए यह तय किया।

1 जनवरी 1996 को मैंने रजिस्टर पद्धति से शादी की। उस समय भी ताई और अण्णा ने मुझे कुछ नहीं कहा। लेन-देन कुछ नहीं करना है। मान-सम्मान, उपहार, सौगातें इससे सबको बाहर आना चाहिए, यह मेरी भूमिका। आज तक सभी शादियों में यह सब कुछ करने वाली मेरी ताई और अण्णा भी मेरे इस निर्णय

के पक्ष में मेरे साथ खड़े रहे। क्योंकि इस निर्णय को उन्होंने मन से स्वीकार किया था। मेरी शादी के बाद संपन्न हुए स्वागत समारोह में मेरे अपने अनेक रिश्तेदार नहीं थे। मैंने, ताई और अण्णा ने कभी इसका बुरा नहीं माना। क्योंकि अगर परिवर्तन करना है तो, पहले स्वयं में परिवर्तन करना आवश्यक है, इसका निश्चय मैंने कर लिया था। मेरे माता-पिता मेरे साथ थे, यही मेरे लिए सब कुछ था। उस समय भी ताई ने अण्णा से कहा- ''वह कहता है वैसे करने दो उसे। वैसे भी कुछ लोग भाग कर शादी करते हैं।''

मेरी शादी के बाद भाई की तबीयत और भी बिगड़ गई। मैं और चेतना राजस्थान, आगरा घूम कर आए तब उसकी तकलीफ बहुत बढ़ गई थी। उसे एडमिट करना पड़ा। अचानक पैसों की आवश्यकता हो गई। मेरे मामा रामभाऊ मोगल और उनके दोस्तों ने मेरे पिताजी की मदद की। रामभाऊ मामा और पिताजी दो जिस्म एक जान ही थे। वह भी ताई के कारण ही। क्योंकि ताई ने ही उन्हें औरंगाबाद बुलाया था। एक कंपनी में उन्हें नौकरी पर लगाया था। वह हमारे साथ ही रहते थे। इसीलिए जब रवी एडमिट था तब उन्होंने हमें बहुत मदद की। मुझे आज भी वह रात याद है। हमने पूणे से कुछ महत्वपूर्ण इंजेक्शन्स मंगवाये थे। उस इंजेक्शन्स का भी उतना कुछ असर हुआ नहीं। मेरी शादी को जादा दिन नहीं हुए थे। जब मैं अस्पताल आता तब भी ताई और अण्णा वहाँ से हिलते ही नहीं। ताई तो रात-रात भर जागती रहती। सुबह फिर से भगवान की पूजा करती। डॉक्टरों ने मुझे सब कुछ बता दिया था। मुझे मालूम था, अब वह हम से बिछड़ने वाला है। क्योंकि उसके ऑपरेशन के बाद जब फिर से जाँच की गई, तब मैं पुणे में अकेला ही उसके साथ था। ताई ने मुझसे कहा था कि, डॉक्टर साहब को एक गणेश मूर्ति देना। जाँच खत्म होने के बाद डॉक्टर बाफना जी को एक गणेश मूर्ति भेंट दी। कहा- ''यह मूर्ति मेरी अर्थात् रवि की माँ ने आपको भेंट दी है।'' ताई की भेंट देखकर डॉक्टर भी भाव विभोर हो गये। उन्होंने मुझे सब कुछ समझा कर कहा- ''ऑपरेशन के बाद जो गांठ निकाली है, वह कैंसर की होने के कारण और बढ़ रही है। फिर से ऑपरेशन भी नहीं कर सकते।'' अब हमारे प्रयास जारी है। देखते हैं। किंतु... इस किंतु का अर्थ मेरी समझ में आ गया था। ताई को मैंने इस किंतु का अर्थ कभी नहीं बताया। अण्णा को भी नहीं। जिस रात रवि की मृत्यु हुई उस रात मैंने, ताई और अन्ना को घर जाने के लिए बहुत प्रार्थना की। अंत तक उन्होंने इसे मान्य नहीं किया। किंतु एक बात घटित हुई। प्रतिदिन रात भर जागने वाले दोनों उस रात 11:30 बजे के आसपास गहरी नींद में थे। मैं अकेला जाग रहा था। उस रात वह मौत से संघर्ष कर रहा था। डॉक्टर भाग-दौड़ कर रहे थे। अंत में दो-ढाई बजे उसने अंतिम सांस ली। डॉक्टर ने मुझे बुलाया। मैं स्तब्ध था। ताई-अण्णा

नींद में थे। मैंने उन्हें जगाया नहीं। पहले मैंने एंबुलेंस की व्यवस्था की। मैं और एक-दो रिश्तेदार साथ आए। एंबुलेंस में रवि को ले जाते समय मैंने ताई-अण्णा को जगाया। तब एक माँ पर क्या गुजरती है, इसे मैंने देखा, अनुभव किया। मानो उसके शरीर से प्राण चले गए हो।

बाद में अनेक साल तक प्रतिदिन अनेकों बार वह रवि के बारे में कहती, उसकी यादें हमें सुनाती। कभी-कभी तो वह सबसे अच्छा था, ऐसा कहती। माँ का मन था वह। उस मन को यह समझता ही नहीं होगा कि, उसका बेटा अब इस दुनिया में नहीं रहा। अब वह वापस नहीं आ सकता, इस बात को वह समझती थी; किंतु उसका मन इस बात को मानने के लिए तैयार नहीं था। इतना सब कुछ होने के बाद भी उसकी श्रद्धा में कोई कमी नहीं आयी। मेरी माँ दैववादी नहीं, किंतु ईश्वर पर उसका अटूट विश्वास है। रवि ठीक हो जाए, इसलिए उसने अनेकों मन्नतें माँगी। ईश्वर से कुछ वादे किये। रवि के लिए ही नहीं, अपितु अनेकों बार। जब घर में अधिक वाद-विवाद के प्रसंग आए, तब भी उसने ईश्वर को पानी में रखकर अपनी आशाओं को जीवित रखा। मैं इन सारी बातों को मानता नहीं हूँ, यह उसे पता है। फिर भी उसने अपना रास्ता कभी छोड़ा नहीं। ईश्वर उसकी सुनता है, आज भी उसकी इसी बात पर श्रद्धा है। माँ की इस भावना का मैंने कई बार अपमान किया है, इस बात पर मैं शर्मिंदा हूँ। अर्थात् इस घटना से मैंने एक सीख ली है। युवावस्था की इस गलती को मैंने सुधार लिया। आज मैं स्वयं के विचारों पर कायम हूँ। किंतु एक बात मैं जानबूझकर टालता हूँ। अब मैं किसी की भावनाओं का निरादर नहीं करता। युवा अवस्था में माँ की श्रद्धा का अपमान किया था, इस अपराध बोध से मैंने यह सीख ली।

गाँव के लोगों में ताई का आदर युक्त भय है। उसके लिए सबके मन में स्नेहभाव है। क्योंकि ताई के मन में भी सभी के लिए स्नेहभाव है। मुझे चार चाचा और दो फूफा है। एक मामा और एक मौसी। अन्य मौसेरे मामा-मामी भी सगे मामा-मामी के भाँति। वह केवल और केवल ताई के स्वभाव के कारण ही। पिताजी ने सदैव सभी का साथ दिया है। इस विषय में विस्तार पूर्वक लिखना उन्हें भी पसंद नहीं होगा। दोनों ने अपने विचारों से सभी आप्त-स्वकीय, रिश्तेदारों को अपना बना लिया था। आज व्यक्ति, व्यक्ति से दूर हो रहा है। ताई की दुनिया में इंसानियत ही सब कुछ है। इसीलिए वह सब के दिलों में है। उसके मन में किसी के प्रति कोई भेदभाव नहीं है। रिश्तेदारों की शादी में किसी बड़ी जिम्मेदारी को संभालना मेरे पिताजी की आदत है। ताई हमेशा उनके साथ खड़ी। पिताजी किसी के लिए भी खर्च करते, तब उसे समाधान मिलता। उसे यह पसंद था। इसी कारण कभी भी दोनों में झगड़ा नहीं हुआ। हुए भी तो केवल सामान्य बातों को लेकर। इसी

कारण वे झगड़े भी सामान्य ही रहे। इस कारण उनकी गृहस्थी फलती-फूलती रही। पिताजी की बातों का उस पर अधिक परिणाम होता है या नहीं, यह उसका मन ही बता सकता है। फिर भी अण्णा उसके लिए जी जान हैं, प्राण हैं। उनके साथ बोलते समय वह कभी आक्रमक हो जाती, वह भी गुस्सा होते। फिर दोनों शांत होते हैं। मेरी भतीजी रुतुजा, भतीजा रुद्राक्ष, भांजा रोहित, भांजी कोमल और काजोल इन्हें ताई और पिताजी के साथ आनंद मनाते हुए बहुत बार देखा है। मेरी लड़की रवीना और गायत्री ताई और अण्णा के पास जाते ही खुश हो जाती है। दादा-दादी का स्नेह, प्रेम उन्हें मिलता है यह उनका सौभाग्य है। मुझे भी यह सौभाग्य प्राप्त हुआ था। ताई सबको साथ रखने वाली एक शक्ति है। गलती करने वालों को सुधारने की ताकद उसमें है। जब वह होती है तब एक प्रकार की प्रसन्नता का अनुभव होता है। पड़ोसी, रिश्तेदार और मेरे भाई के दोस्त सभी उनके साथ घुल-मिल जाते हैं। इसीलिए मैं मजाक में उससे कहता- ''तुमने हमें जन्म दिया है, किंतु वास्तव में तुम संपूर्ण विश्व की माता हो। तुम्हें सभी रिश्तेदार अपने बच्चों के समान ही लगते हैं।'' मेरे मामा वारकरी। हमारे पिताजी मटन-चिकन खाने वाले। ताई को पसंद नहीं, इसलिए बहुत सालों तक हमने घर में बनाया नहीं। अर्थात् बनाना ही हो तो उसने कभी ना नहीं कहा। उसने उसे दूसरों से बनवा लिया। हमें खिलाया। बचपन में और आज भी।

मेरी पत्नी चेतना जब बीए पास हो गई। तब मैंने उसे बी एड को एडमिशन लेने के लिए कहा। एम ए और बी एड करते समय उसे बहुत तकलीफ उठानी पड़ी। मेरी कन्या रवीना एक डेढ़ साल की थी। उसे मेरी दादी और ताई ने बहुत संभाला। वास्तव में बी एड और एम ए करते समय उसे ताई का जो सहयोग मिला, उसे वह भी जिंदगी भर नहीं भूल सकती।

वास्तव में आज ताई और अण्णा को मैं और मेरे भाई से अधिक उन दोनों को खुश रखने का काम हमारी पत्नियाँ ही करती हैं। अपवादात्मक स्थिति में 'तू तू मैं मैं' आदि ठीक है। इसके लिए मैं ही कारण होता हूँ। पिताजी मुझ पर गुस्सा करते नहीं। वे ताई को अथवा कभी-कभी मेरी पत्नी पर गुस्सा करते हैं। जैसे कोई पिता अपनी कन्या पर गुस्सा करते हैं। वह भी इन बातों को दिल पर नहीं लेती। मेरी लड़कियाँ मुझे कहती हैं- ''आप गलती करते हो इसलिए यह सब कुछ होता है।'' बीच में वह बीमार थी। कोई बीमार हो तो ताई ही सब कुछ करती थी। जब वह बीमार पड़ी तब हमने उस पर ज्यादा ध्यान नहीं दिया। दे नहीं सके, मैं यह नहीं कहूँगा। दिया नहीं यही कहूँगा। वह खुद डॉक्टर के पास जाती रही। वह सब को समझाती है, इसलिए उसे सब पता है। यही हमारी धारणा थी। वह ठीक हो जाए ऐसा लगता था। उसने बीमारी को सहन करना सीख लिया।

एक दिन उसे बहुत वेदना हो रही थी। बहुत सहन किया उसने। उसे तत्काल एडमिट करना पड़ा। महिलाओं की कुछ बीमारियों ने उसके शरीर में घर कर लिया था। गर्भाशय निकालने की शस्त्रक्रिया हुई। कैंसर की जाँच के लिए वह गर्भाशय लेकर मैं ही लैब में गया था। जिस गर्भ में मेरा जन्म हुआ था, वह गर्भाशय उस समय भी माँ को वेदना दे रहा था, और आज भी, यह मेरी समझ में आया। हम इन वेदनाओं को समझ नहीं पाए, इसका एहसास मुझे हुआ। फिर उसे खुश रखने के लिए बीच-बीच में छोटी-छोटी बातें करता रहा। बाद में समझ आया कि, अपने खुशी में ही उसे खुशी होती है। वह दुखों को छुपाती। वह वेदना को सहलाती। उसकी और हमारी भी। हम उसकी वेदना को कैसे सहलाए? आज भी यह प्रश्न अनुत्तरित है। अर्थात् यह मैं अपनी नजरों से देखता हूँ। मेरा दिल यही सोचता है। जो मैंने महसूस किया उसे मैंने लिखा।

वास्तव में ताई जब सबसे मिलती जुलती हैं तब वह सब से खुश होती है। जब वह होती है तब सभी खुश होते हैं। उसकी आवाज हमारे कानों में गूँजती है। दिलों में बसती है। जब वह बोलती है तब डर उसके आसपास भी नहीं होता। जो है उसे बेबाक तरीके से बोल देती है। किसी को गुस्सा आए तो भी परवाह नहीं, जो बोलना है उसे वह बोल कर ही दम लेती। अगर किसी की तारिफ करने लग जाए, तो उसकी कोई सीमा नहीं और गुस्सा आए तो ठीक उसी प्रकार। जो मन में है वही होंठों पर ऐसा उसका व्यवहार होता।

वह कहती- ''कपटी मन नहीं होना चाहिए।'' इसीलिए वह सबके साथ एक समान थी। सबके साथ। चौथी तक पढ़ी है। आज भी वह चारों कोने पेपर पढ़ती है। 'चारों कोने' यह उसका शब्द है। होटल में खाना उसे पसंद नहीं। होटल में सादा खाना हो तो ठीक। नहीं तो बहुत से पदार्थ वाली थाली उसे पसंद नहीं। सबसे महत्त्वपूर्ण बात यह है कि, किफायत से रहने की आदत के कारण, अगर होटल में गए तो बिल कितना होगा? इसका विचार उसके मन में होता। अब हम ने ही उसे कह दिया है, मत करो ऐसे विचार। अब वह उस विषय पर कुछ बोलती नहीं। सोचती है अथवा नहीं यह अब उसे ही पता है। अण्णा स्वभाव से ही गर्म हैं। उनके मन में कुछ नहीं होता। जो व्यक्ति शांत दिमाग से विचार करके व्यवहार करता है, शायद उसके मन में कपट होता है। (होगा ही ऐसा नहीं) जो दिल में है उसे जोर जोर से बोलने वाले के दिल में कुछ भी नहीं होता, यह सत्य है। हमारे अण्णा भी ऐसे ही है। अण्णा की तबीयत हमेशा अच्छी रहे ऐसा सोचने वाली, हम सब खुश रहे, यह प्रार्थना करने वाली ताई अर्थात् मेरी माँ। अन्य माताओं के समान ही एक माँ। उसे साथ अण्णा की। इसलिए ताई और अण्णा की छत्रछाया ऐसे ही बनी रहे, यह केवल मुझे ही नहीं, सबको लगता है। ताई के साथ मेरी बचपन की यादों को समेटे हुए मेरी यह कविता-

माँ

तुम्हारे आँचल सा स्नेह,
माँ, विश्व में कहीं नहीं।
तुम्हारे चरणों से ऊँचा,
माँ, विश्व में कुछ भी नहीं।

उँगली थामे चलना सीखलाया।
जीवन का प्रशस्त पथ दिखलाया।
डरा, थमा जब भी लड़खड़ाया,
माँ, तेरे ही कारण संभल पाया।

सँवारने की पाठशाला में,
चलते-चलते गलतियाँ हो गई।
रोते-रोते हँसना भी सीखा,
माँ, अब वह दुनिया कहाँ गई?

झूलते झूलते झूलना,
तोतले तोतले बोलना,
रात के हर क्षण में,
माँ तेरा वह लोरी गाना।

ममता, मातृत्व, स्नेह, सराहना
दुख की कोई परवाह ही नहीं।
वह दुनिया दोनों की थी, माँ
जो इस दुनिया में कहीं नहीं।

मेहनत की कोई सीमा नहीं,
फिर भी सुनाई कहानियाँ नई।
पर उन कहानियों की बातें,
माँ, आज किसी कहानी में नहीं।

रगड़ रगड़ कर नहलाना,
गीतों से मुझको बहलाना।
तुम्हारे स्पर्श का वह पानी,
माँ, आंसू बहाती एक कहानी।

मेरी पहली सांस,
निवाला हाथों से खिलाया होगा।
इस स्नेह पूर्ण अनमोल क्षणों का,
माँ, साथ फिर से नसीब ना होगा।

मेरी भूख का निवेदन,
मैं शब्दों में नहीं कर पाता।
फिर भी कैसे तू जान पाती?
माँ, कैसे तू पहचान पाती?

माँ, विश्व में कहीं नहीं,
जो तुम्हारे पास है।
तुम्हारे चरणों से ऊँचा कोई नहीं।
तुम्हारे आँचल सा स्नेह,

माँ, विश्व में कहीं नहीं।

माँ, तुम्हारे बिना

- राम शेवडीकर

आप यह नांदेड़ से प्रकाशित होने वाले दैनिक 'उद्याचा मराठवाड़ा' के संस्थापक संपादक हैं। आपने 'मराठवाड़ा' दैनिक के माध्यम से एक सांस्कृतिक आंदोलन को एक ऊँचा मकाम देने का कार्य किया है। 'उद्याचा मराठवाड़ा' का दिवाली अंक यह हर साल राज्य के पाठक एवं साहित्य क्षेत्र में चर्चा का विषय होता है। प्रतिवर्ष इस दिवाली अंक को राज्य स्तरीय पुरस्कारों से सम्मानित किया गया है। अलग-अलग पत्रकार संघ में अपनी भूमिका को निभाते आप अनेक पदों पर कार्यरत हैं। 'आनंद पब्लिकेशन' आपकी ही अमूर्त कल्पना का साकार स्वरूप है। जिसके माध्यम से अनेक कवि, साहित्यकार, विचारवंत, गजल, व्यंग्य आदि विचारों को पुस्तक के रूप में प्रकाशित करने का कार्य किया है। अनेक पुस्तकों का प्रकाशन आपने किया है। दैनिक 'उद्याचा मराठवाडा' के माध्यम से आपके द्वारा प्रकाशित अनेक सामाजिक और सांस्कृतिक आवृत्तियाँ हमेशा ही समाज को दिशा देने में, नई सोच देने में सफल रही है।

अन्य समाचार पत्रों में अपना लेख प्रकाशित नहीं हुआ तो कोई बात नहीं; किंतु 'उद्याचा मराठवाडा' में यह लेख किसी भी हालत में प्रकाशित होना चाहिए, पाठको में इतनी आतुरता, उत्कटता निर्माण करने में सफल रहे और इन्हीं पाठकों के कारण मराठवाडा को इतनी प्रतिष्ठा प्राप्त हो सकी। समाचार पत्र नया है अथवा पुराना है, यह प्रश्न आज के युग में नहीं है। आप सकारात्मक देते हो, नया, उत्कृष्ट देते हो तो लोग इसका स्वीकार करते हैं, यह अनुभव दैनिक मराठवाडा ने हमें दिया। वैसे पत्रकारिता का और हमारा रिश्ता महाविद्यालय जीवन से आरंभ हुआ। पत्रकारिता के विविध अनुभव को समेटकर, संघर्षों की भट्टी में तप कर-निखरकर, अपने स्वतंत्र अस्तित्व की खोज में, व्यक्तित्व के निर्माण में, अपने आप को सिद्ध करते आगे बढ़ा। दैनिक 'उद्याचा मराठवाडा' उसी स्वतंत्रता की

खोज है। आज 'उद्याचा मराठवाडा' की प्रतिष्ठा दिन-प्रतिदिन बढ़ रही है। विविध दैनिकों में प्रकाशित खबर 'उद्याचा मराठवाडा' में किस प्रकार प्रकाशित की गई है, इसे 'प्रेसलाईन' में विशेष रूप से देखा जाता है। इतना ही नहीं; अपितु इस लाईन के विशेषज्ञों में 'उद्याचा मराठवाडा' का 'लेआऊट' प्रतिदिन इतना आकर्षक कैसे होता है, इस विषय पर उनके पत्र कार्यालय में विचार मंथन, चर्चाएँ होती हैं। इसी में हमें अपनी मेहनत के पसीने की हर बूंद की कीमत प्राप्त होने का आनंद मिलता रहता है।

दैनिक 'उद्याचा मराठवाडा' के दीपावली अंक ने भी प्रति वर्ष राज्य स्तरीय प्रतिष्ठित गौरव को प्राप्त कर सदैव अपनी प्रतिष्ठा कायम रखी है। आज सफलता के शिखर पर ना सही, किंतु सफलता के हरे भरे, मुलायम खास पर चलते हुए भी पैर जमीन पर ही है, इस अभिमान के साथ हृदय पुलकित होता है। किंतु सफलता की हवा को सिर में ना घुसने देना यह भी एक संस्कार है, जो हमारी माँ ने हम पर किया। माँ, जैसे सब का विक पॉइंट होती है, वैसे मेरा भी है। हमारा बचपन गाँव में गुजरा। नांदेड़ जिला पूर्वाश्रम का कंधार और वर्तमान के लोहा तहसील में स्थित शेवडी (बाजीराव) नामक ग्राम। पुराने जमाने की गढ़ी और घर था हमारा। पिताजी पांडेजी थे, चार-दो गाँव के। किंतु समय के साथ सब कुछ चला गया और बची केवल गढ़ी और घर। फिर संघर्ष प्रारंभ हुआ। जीवन से जंग हुई। हम आठ भाई-बहन हैं। छह भाई और दो बहनें इन सबको संभालना और वह भी इस परिस्थिति में अर्थात् बहुत टेढ़ी खीर थी। किंतु इस खीर के लिए ना दूध मिलता ना चावल। किंतु ऐसी विपरित स्थिति में और परिस्थितियों में भी हमें इज्जत से गर्दन उठा कर जीना सिखाया, समाज में रहना सिखाया वह केवल माँ ने।

माँ वैसे तो ईश्वर की उपासक। किंतु उसकी उपासना सजग थी। घर में त्यौहार को उसकी शास्त्र शुद्ध पूजा, भोजन नियमित पद्धति से, किंतु यह सब कुछ स्वच्छता के लिए होता था, यह विज्ञान हमें बाद में ज्ञात होता रहा। घर की दीनता के कारण कभी-कभी जब तक गढ़ी की मिट्टी बिकती नहीं, तब तक चूल्हा नहीं जलता, ऐसी भी स्थिति निर्माण होती; किंतु ऐसी भयावह स्थितियों में भी स्थिर रहती वह माँ ही थी। बच्चों को साथ लेकर पोथी पढ़कर सुनाते रहती। अपने बच्चे सुखी रहे यही श्रद्धा उसके मन में सदैव रहती। हर त्यौहार को अच्छा भोजन बने, ब्राम्हण अपने घर से भोजन कर तृप्त हो जाए, उन्हें तांबूल (खाने के पान को संपूर्ण सामग्री के साथ कूटकर बनाया गया पाचक तत्व) यथासंभव दक्षिणा दी जाए, विशेषता; यह सब कुछ चार्तुमास, नवरात्रि में संपन्न होना ही चाहिए; जिसके कारण उसके वंशजों को सुख की प्राप्ति होती है, यह उसका अटल विश्वास था। अपना मार्ग प्रामाणिकता की कसौटी पर कसा हुआ हो। प्रयत्नों के बाद जो भी रूखी-सूखी मिल जाए प्रसन्न

चित्त होकर खाना चाहिए, किसी का भी कर्ज नहीं रखना चाहिए, स्थितियाँ भले ही दीन हो किंतु व्यक्तित्व स्वतंत्र ही हो, ऐसा वह निरंतर कहती। किंतु दीनता होते हुए भी सशक्त, अपने प्रयत्नों से दीनता को परास्त कर सकता है। दीनता तो चार दिन की मेहमान होती है। इसलिए वह 'ऐसी' चली जाएगी, यह विश्वास वह हम में सदैव निर्माण करती।

मेरी माँ की तीन बहनें थीं। उसे भाई नहीं था। अर्थात् हमें मामा नहीं थे। इसी कारण हमारे माता की माँ हमारे पास ही रहती थी। माँ के पिताजी अर्थात् हमारे दादा जी (जिन्हें मैंने नहीं देखा) किसी सरकारी नौकरी में थे, किंतु वे चल बसे और दादी अकेली हो गई, इसलिए वह हमारे पास रहती थी। उसे दादाजी का कुछ पेंशन मिलता था। दादी उसे 'वजीफा' कहती। माह की पहली तारीख को वजीफा मिल जाता और फिर आठ-दस दिन कुछ सुख में बितते। इसलिए उस एक तारीख का हमें सदैव आकर्षण रहता। आठ बच्चों में मैं सबसे छोटा था, इसलिए मुझे विशेष प्रेम मिलता। कालांतर में दादी की मृत्यु हो गई। माँ की दोनों बहनें चल बसी। उस समय माँ अधिक निर्बल हो रही थी। इन सारी परिस्थितियों में माँ पिसती चली जा रही थी, किंतु यह दैनंदिन जीवन यापन करने की पद्धति जानकर वह सब कुछ भूल जाती। इस प्रकार वह सब कुछ सहन करती। इसी सहनशीलता को माँ ने हमारे जीवन का अभिन्न अंग बनाया। अपरिमित दुख और संकटों से घिरे होने पर भी धैर्य नही खोना चाहिए, सहन करते-करते प्रयत्नों की पराकाष्ठा करनी चाहिए; इसे माँ अपने व्यवहारों से हमें सिखाती रही।

बाद में हम यहाँ-वहाँ रहकर अपनी पढ़ाई जारी रखते रहे। थोड़ी समझ विकसित हुई, तब नांदेड जाकर शिक्षा प्राप्त करनी चाहिए यह निश्चित किया। 'कमवा आणि शिका' (काम करो और पढ़ो) इस मंत्र को अपने जीवन का अंग बना कर हम तीनो भाई नांदेड़ पढ़ने के लिए आए। धीरे-धीरे पत्रकारिता करने लगा। हिंगोली के नारायण महाराज हमारे आध्यात्मिक गुरु थे। माँ-पिताजी की उन पर असीम श्रद्धा थी। गुरु की प्रार्थना, दत्त पंचमी हमारे घर के नित्य कर्मों में सम्मिलित थे। हिंगोली में महाराज का आश्रम था। वे आश्रम का एक अध्यात्मिक मासिक प्रकाशित करते। कालांतर में उन्होंने 'प्रिंटिंग प्रेस' के लिए सदैव प्रेरित किया और फिर हमने प्रिंटिंग प्रेस की मशीन खरीदी, वहाँ से इस क्षेत्र में हमारा कार्य प्रारंभ हो गया। माँ सदैव कहती, ''उतू नका मातू नका, घेतला वसा टाकू नका'' (थोड़ी सी सफलता से अभिमान नहीं करना चाहिए, जिस कार्य को प्रारंभ किया है उसे बीच में ही छोड़ना नहीं चाहिए) अपने गुरु ने तुम्हें यह व्यवसाय करने की प्रेरणा दी है। उसे प्रामाणिकता के साथ निभाओ, यह उसका दैनंदिन संदेश रहता हमारे लिए। धीरे-धीरे व्यवसाय अच्छा चलने लगा। भाई-बहन, नाती-

पोती के समूह में वह बहुत खुश थी। हम बंधुओं को कार्य से लौटने के लिए रात को देर हो जाती। पिताजी माँ से कहते, ''बच्चे देर से आएंगे; तुम सो जाओ'' माँ 'हाँ' कहती, किंतु सोती नहीं थी। धीरे-धीरे घर की दीनता घर से बाहर जाने लगी, अब अच्छे दिन आ गए। किंतु माँ स्वभातः वैसी ही रही सहनशील और भोली। उसे गंगा स्नान का आकर्षण अधिक था। धूप, हवा, बारिश कुछ भी हो; वह सप्ताह में तीन-चार बार गोदावरी जाकर स्नान करती। इस उम्र में गंगा में मत जाओ, कहकर हम गुस्सा करते, किंतु वह सुबह जल्दी उठकर किसी नाती को साथ लेकर गंगा जा चुकी होती और वहाँ स्नान करके हमारी नींद खुलने से पहले वापस भी आ जाती। ''गंगा स्नान से शरीर और मन दोनों पवित्र होते हैं,'' ऐसा वह कहती। यही उसके पवित्र संस्कार उसने हम पर किए।

निरंतर बहते हुए झरने के समान उसकी हँसी थी। माँ घर में हँसती तो हमारे दुख, चिंताएँ किसी तिनके के की भाँति हवा हो जाते। इस प्रकार माँ हमारे लिए अखंड ऊर्जा स्रोत थी।

कालांतर में कुछ संकटों ने हमारे घर प्रवेश किया। हमारे हँसते खेलते हुए गोकुल का जीवन जिजीविषा के खींचतानी में बिखरता गया। चूल्हे अलग हो गए। स्वतंत्रता का सुख अनुभूत होता, किंतु सबसे बड़ा दुख हुआ था माँ को। आर्थिक संपन्नता होकर भी माँ के हिस्से केवल सहनशीलता ही समाहित थी। आँखों के सामने हँसता-खेलता हुआ गोकुल बिखरता हुआ देख सबसे अधिक संवेदनाओं को वह रात दिन सहती रहती। इस परिवार से उस परिवार तक उसकी सांत्वनाओं के साथ-साथ हमें फिर विश्वास से खड़ा करने के प्रयासों का प्रवास प्रारंभ हो गया। उसके आहत मन की वेदनाओं को देख कर मन द्रवित हो जाता। मेरा जन्मदिन नववर्ष प्रतिपदा का था। तारीख के अनुसार 2 अप्रैल; पुराने विचारों की होने के कारण और मराठी वर्ष का पहला दिन ही मेरा जन्मदिन होने के कारण उसे विलक्षण आनंद की अनुभूति होती थी। आम की नव पल्लवित टहनी, कडवे नीम के बौरयुक्त पत्ते, प्रातः काल में ही तोड़ कर लाती और सबसे पहले मेरा औक्षण (आरती उतरना) करके नव वर्ष गुड़ी को स्थापित करने का कार्य करती। यह उसकी अनेकों वर्ष की परंपरा पिछले दस वर्ष से थम गई है। 2018 के अक्टूबर माह में उसकी मृत्यु को दस वर्ष पूर्ण हो जाएंगे। पिताजी के देहांत के बाद 20 साल तक उसने हमें संभाला, प्रेम दिया। प्रसिद्ध व्यंग्य चित्रकार और लेखक शिवाजी जवरे जी ने माँ के देहांत के बाद सांत्वना पर फोन किया था। लंबे अरसे तक माँ तुम्हारे साथ थी, कितने सौभाग्यशाली है आप! उनकी सांत्वना शत-प्रतिशत सच थी; किंतु गुड़ी पड़वा आते ही मन उसकी यादों में कितना व्याकुल हो जाता है, मन की इस दशा को उन्हें कैसे कहें?

माँ, तुम्हारे बिना   205

आज जब माँ को याद करता हूँ तो याद आते हैं उसके संस्कार, उसकी अनमोल सौगातें, आत्मविश्वास, प्रामाणिकता और अविराम मेहनत करने की आदत। इन्हीं सब बातों के कारण आज संपन्नता के दर्शन हुए हैं। समस्याओं का साम्राज्य बढ़ने के बाद फिर से अपने आप को सिद्ध करना, प्रस्थापित करने के लिए अविराम मेहनत करते हुए स्वयं का दैनिक परिपाठ उतनी ही निष्ठा से पूर्ण करते हुए, कितने ही कष्टों को सहन किया। व्यावसायिकता मे आए परिवर्तन, पूंजी का अभाव, राजनैतिक अथवा अन्य कोई साथ नहीं, सहकार्य नहीं। धन का अभाव तो था ही, किंतु इस क्षेत्र का अनुभव और पत्नी की बैंक में नौकरी और उसका परिपूर्ण सहकार्य यही मेरी मेरी पूँजी थी। लड़के की उम्र विद्यालय की। स्वयं का जीवन यापन करते हुए, खुद को जीवन में सिद्ध करना और बच्चों की शिक्षा दीक्षा यह दोनों भी प्रश्न धैर्य की परीक्षा ले रहे थे। तथापि प्रामाणिकता के साथ निरंतर उद्देश्यों की डगर पर चलने से कोई भी समस्या आसान हो जाती है, सफलताएँ पास आ जाती हैं। किसे प्रधानता देनी चाहिए, सारी अनुकूलताएँ हो तो, सबके लिए समान है; किंतु प्रतिकूल परिस्थितियों में क्या करना चाहिए? इसकी शिक्षा माँ के प्रेम और संस्कारों से प्राप्त करने का सौभाग्य मुझे मिला, जो किसी ब्रह्मज्ञान के समान सदैव मेरे चिरस्मरण रहेगा। माँ का रिश्ता कुछ ऐसा ही है, इस रिश्ते के संदर्भ में उच्चारित एवं लिखित प्रत्येक शब्द मन के अंतस्थ की गहरी भावनाओं से जुड़ा हुआ है। यह सब कुछ लिखते समय सदैव उसकी ममतामयी प्रतिमा आँखों के सामने आ जाती है।

दैनिक 'उद्याचा मराठवाडा' ने प्रतिष्ठितों की पंक्ति में अपनी पहचान को कायम किया है। बड़े नामवाले, बड़े लोगों का सहयोग मिलता रहा। दीपावली अंक की प्रक्रिया दीपावली से चार-पाँच माह पूर्व ही प्रारंभ हो जाती है। दैनिक की स्थापना से अविरत ऊर्जा स्रोत से परिपूर्ण सच्चा मित्र नयन बाराहाते सदैव आत्मीयता भाव से मेरे साथ रहा है। सभी मानकों में आदर्श एवं उत्कृष्ट दीपावली अंक प्रकाशित करना और उसे राज्य के साथ-साथ जहाँ-जहाँ मराठी पाठक हैं, वहाँ तक उसे उपलब्ध करके पाठकों तक पहुँचाने के कौशल में उसे महारत हासिल है। बहुत से लोग नाम की समानता के कारण पत्र महर्षि आदरणीय अनंत भालेराव जी के 'मराठवाडा' से तुलना करते हैं। उस समय मन अपरिमित आनंद की अनुभूति करता है। सभी समस्याओं का उत्तर है। समय के साथ लड़का व्यवस्थापन शास्त्र में प्रशिक्षण पूर्ण करके एक राष्ट्रीय दैनिक में अपनी सेवा देते हुए कार्यरत है। सब कुछ है; किंतु यह देखने के लिए माँ नहीं है। आज नाती-पोतियों के साथ खेलने की उम्र में भी, जब माँ की याद आती है तब हृदय में भावनाओं का सैलाब उमड़ आता है, फिर भावनाओं का आवेग थमते नहीं थमता। अनायास ही पलकें भीग जाती हैं। एक समय था जब

गढ़ी की मिट्टी बेचने के बाद ही घर का चूल्हा जलता था; किंतु आज गढ़ी के समान विशाल सुखों को भोगने के लिए वह नहीं है। किंतु जब भी वह याद आती है, तो परिस्थितियों से जूझने की क्षमता निर्माण होती है। समस्याओं का धैर्य से सामना करने का साहस जन्म लेता है। आज वह जहाँ होगी वहाँ खुश होगी; किंतु एक कसक उनके दुखी मन में अब तक होगी, फिर से 'गोकुल' फलने-फूलने की। शायद वह कहती होगी ''या चिमण्यांनो, परत फिरा रे घरा कडे आपूल्या...!'' (मराठी का प्रसिद्ध गीत - आओ मेरे प्यारे (नन्ही) चिडियों, चले आओं अपने घर)

■ ■ ■

वह सक्षम है!

- तुलसीदास भोईटे

आप यह नई पीढ़ी के युवा संपादक हैं। अब तक आपने दैनिक 'जनशक्ति', 'जय महाराष्ट्र' मराठी न्यूज़ चैनल 'मी मराठी' यहाँ संपादक के रूप में यशस्विता के साथ गौरव पूर्ण कार्य किया है। वर्तमान में आप 'लोकमत' ई-पेपर मुंबई के संपादक हैं। पत्रकारिता के क्षेत्र में व्यवस्थापन गुरु के रूप में आपकी ख्याति है।

"सब कुछ करो; किंतु चोरी-छिनाली (असभ्य वर्तन) कभी मत करना..."
माँ के शब्द आज भी दिमाग में छपे हुए हैं। कैसे भूल सकता हूँ? वह जो कहती है उसका पालन वह स्वयं भी करती है। क्या उम्र थी उस समय मेरी... अधिक से अधिक 6 वर्ष। दादा इस दुनिया को छोड़कर दूसरी दुनिया में चले गए। मुझे तो कुछ समझता भी नहीं था। वह शांति से सो रहे हैं। लोग घर में इकट्ठा हो रहे हैं, बस इतना ही याद आता है। दादा गए कक्षा पहली की परीक्षा के बाद। नतीजे घोषित होने से पहले। किंतु माँ की परीक्षा प्रारंभ हो गई थी। छह बच्चे। मुंबई जैसा महानगर। अंधेरी की चॉल (जहाँ बहुत से परिवार किराए से रहते हैं।) में केवल एक कमरा। अनुकूल स्थिति से अचानक संपूर्ण प्रतिकूल परिस्थितियों से उसका सामना शुरू हुआ था।

मैं सबसे छोटा। किंतु परिस्थितियों ने बहुत जल्दी समझ को विकसित कर दिया। इसका संपूर्ण श्रेय शायद माँ दादा से मिली पढ़ने की विरासत को होगा। फिर भी बचपन तो बचपन होता है। माँ जो कहती थी, अधिकतर तो समझ में ही नहीं आता। एक समय की बात है, हम जिस 'गुंदवली' विभाग में रहते थे शायद वहाँ कोई अनुचित घटना घटित हो गई थी। अपने बच्चे ऐसी घटनाओं से दूर रहे... उनके हाथों ऐसी कोई घटना घटित ना हो, इसलिए माँ सदैव सजग रहती। शायद रात को अपने काम से घर लौटते समय उसे इस घटना की जानकारी मिली होगी। उसने हमें अपने पास लिया। परिश्रम से सख्त हुए हाथों को मेरे सिर पर रखकर सहलाते हुए

वह कह रही थी, ''सब कुछ करो; किंतु चोरी छिनाली मत करना... 'चोरी' समझ में आया। किंतु 'छिनाली' शब्द का अर्थ कुछ समझ नहीं आया। परंतु माँ जो कुछ बोलती थी वह मेरे लिए जीवन का तत्त्वज्ञान था। वैसे ही करना चाहिए, बस मैं इतना ही जानता था। वास्तव में उस कनिष्ठ मध्यवर्गीय कामगारों की बस्ती में अवैध धंधे भी बहुत थे। घर के पास ही दारू का धंधा था। बाहर के मैदान में आजाद रोड पर मटके का धंधा भी था। गरीबी की चक्की में पिसते परिवार के लड़के वहाँ काम करते हुए भी दिख जाते। किंतु माँ स्वयं काम करती थी। बच्चों को यहाँ-वहाँ काम करने की नौबत उसने कभी आने नहीं दी। माँ जो कहती थी, वह अपने आप दिलो दिमाग तक पहुंच जाता। व्यवहार में छलकता।

प्रारंभ में गोरेगांव में स्थित उनकी कंपनी का कारखाना चेंबूर में स्थानांतरित हुआ। अंधेरी से दादर, दादर से कुर्ला, कुर्ला से हार्बर के माध्यम से चेंबूर, वहाँ से बस पकड़ कर वाडवली गाँव के उस कारखाने में वह जाती और रात को घर वापस आती। कभी-कभी बस छोड़कर पैदल चलकर भी। तब यह सब कुछ समझ में नहीं आता था। बाद में समझ आया कि, बस टिकट के पैसे बचाकर वही पैसे हमारे लिए फल खरीदने के लिए वह खर्च करती थी। फल लाने की आदत जो उसने हमें सिखाई है वह आज भी कायम है। अंतर केवल इतना है कि, आज जब मैं अपनी लड़की को फल देता हूँ तो, जो फल मैंने खाए थे उसका स्वाद मै उसे नहीं दे पाता। माँ के परिश्रम से प्राप्त वह स्वाद कुछ अलग ही था। वैसे ही खाने के पदार्थ। भजिया-पाव, शेव-बूंदी। जब कुछ बड़ा हुआ तब उसके साथ कारखाने में जाने लगा तब समझ में आया कि, माँ कारखाने में ओव्हर टाइम करती थी; तब उसे नाश्ता मिलता था; वही नाश्ता वह हमारे लिए घर लाती थी। सच कहता हूँ आज भी वह स्वाद किसी भी चीज से मिला नहीं। वह स्वाद माँ की ममता का था। स्वयं भूखा रहकर वह माता मेरे लिए भिन्न-भिन्न पदार्थ लेकर आती।

पूरणपोली से आँखों में आँसू आने वाली एक घटना याद आती है। तब माँ ऐसा क्यों बोल रही है? इसे मैं समझ नहीं पाया। जब समझने लगा तब खाने के लिए जिद करना ही छोड़ दिया। दादा के देहांत को कुछ ही दिन हुए थे। एक वर्ष भी नहीं हुआ था। पूरणपोली मुझे बहुत पसंद है। अर्थात् माँ के हाथों की सबसे ज्यादा। शायद मैंने ऐसी ही जिद की होगी। उसने सुबह जल्दी उठकर चने की दाल पकाई। उसमें गूड़, सोंठ मिलाकर अच्छा मुलायम पूरण तैयार किया। मुझे एक कटोरी में पूरण खाने को दिया। तभी पड़ोस की ताई घर में आयी। बच्चे की जिद के कारण पति को जाकर कुछ दिन भी नहीं गुजरे की पूरणपोली बन रही है, शायद पड़ोसन यही सोचेगी, ऐसा सोच कर माँ ने कहा- ''अजी उस महिला के घर कल ज्यादा पूरण बना था, बच गया इसलिए उन्होंने दिया। खराब तो नहीं हुआ ना?'' कह कर

उस महिला को पूरण दिखाने लगी। उस ताई ने मुंह बनाकर पूरण की तरफ देखा भी नहीं। ''ज्यादा खराब नहीं हुआ'' कहते हुए वह ताई चली गई। बाद में माँ ने कहा- ''अरे, वह यूँ ही सोचती कि, हम इतने जल्दी मीठा खाने लगे हैं।'' मुझे उस समय कुछ भी समझ में नहीं आया। किंतु बाद में समझने लगा और मेरे लिए माँ को झूठ बोलना पड़ा, इसका एहसास मन को आहत करने लगा। आज भी मैं उस घटना को भूल नहीं पाया हूँ।

सबसे अधिक मजा तो तब शुरू हुआ जब घर में केबल टीव्ही शुरू हो गई। तब तक माँ का कारखाना बंद हो गया था। माँ ने घर में ही पूरणपोली, पूरी-भाजी बनाकर बाजार में पहुँचाना प्रारंभ कर दिया। माँ का मन बहुत बड़ा था। तब मुंबई की चॉल में फेरी वाले, भिखारी, फकीर ऐसे लोग बहुत आते थे। बहुत बार जब मैं स्कूल से घर आता तब तक घर का कमरा पूरा भरा हुआ रहता। भिखारी, बच्चे, फकीर, फेरी वाले सब की भीड़ रहती। माँ मुझे खटियाँ पर खाना परोसती। बहुत संकोच होता था। माँ से झगड़ा करता। किंतु माँ शांत स्वर में कहती- ''उन्हें कौन पिक्चर देखने देगा?'' शायद माँ की आँखों के सामने हमारे कठिन दिनों में पड़ोसी ताई की खिड़की से पंजों पर खड़ा रहकर टीव्ही देखने वाला तुलशीराम रहा होगा।

राहुल रनालकर, जयेश वाणी के समान मेरे कुछ दोस्त मुझ पर गुस्सा होते हैं। जिन्होंने मेरे साथ विश्वासघात किया, कठिन परिस्थिति में मैं उनकी मदद क्यों करता हूँ? यह उनके गुस्से का कारण होता है। उनके गलत बर्ताव को मैं भूल जाता हूँ, यह उन्हें ठीक नहीं लगता। उनका गुस्सा होना जायज है। कुछ लोग इस लायक होते भी नहीं। किंतु उसका कारण फिर माँ के संस्कारों में ही है। और फिर वह शब्दों तक सीमित नहीं होते, वे कृतियुक्त संस्कार होते थे। मुझे याद है दादा के देहांत के बाद हमारे रिश्तेदार के परिवार से कुछ सदस्य घर आए थे। उन्होंने घर के डिब्बों को खोलकर देखना शुरू किया। शायद उन्हें लगा होगा माँ के रिश्तेदारों ने अनाज, किराना दिया होगा। किंतु डिब्बे खाली थे। माँ ने जो जरूरत का सामान लिया था, बस वही था। देना तो दूर। कुछ तो माँगने भी आ जाते। इसलिए मुझे बहुत गुस्सा आता था। यह लोग माँ पर अधिकार क्यों चलाते हैं? फिर भी माँ उनकी इतनी मेहमान नवाजी क्यों करती है? एक बार, दो बार... अनेक बार माँ ने मेरी बातें सुनी। एक दिन शांति से बैठ कर समझाया। ''एक बात ध्यान रखो, उनका धर्म उनके पास, हमें अपना धर्म नहीं भूलना चाहिए!'' माँ का यह वाक्य मेरे लिए जीवन वाक्य हो गया है। माँ का धर्म अर्थात् 'व्यवहार' अभिप्रेत था। कोई कैसा भी व्यवहार क्यों ना करें, किंतु हमें अपनी अच्छाई छोड़नी नहीं चाहिए। नासमझ उम्र में मुझ पर किए गए इन्हीं संस्कारों ने मेरे व्यक्तित्व का निर्माण किया है।

माँ ने बहुत किया। अपरिमित परिश्रम करते हुए मुझ में मानवीय मूल्यों के संस्कार कर मानव बनाया। किंतु उसी समय स्वाभिमान का मंत्र भी दिया। किसी की नजर लगे इतने स्वाभिमान से वह स्वयं भी रहती थी। आज भी वह अलग (विभक्त) ही रहती है। किसी भी लड़के के पास नहीं रहती। परी के जन्म के बाद कुछ दिन रुकी और फिर पुराने घर चली गई। मन को तकलीफ होती है। बहुत बार लोग भी गलतफहमी के कारण कुछ भी सुना देते हैं। संयम से सुनना पड़ता है। किंतु माँ सुनती नहीं।

जब मिलने आती है, तब ठहरती नहीं। टालती है। घर चली जाती है। वास्तव में जब उसका मन परी के साथ रहने को कहता होगा। किंतु ऐंठ जाती नहीं। जिस दिन उसमें परिवर्तन होगा वह स्वर्णिम होगा। अब वह 80 साल की हो गई है। दुसरा बचपन ही। उसके साथ भाँजी रहती है। जब माँ से कहता हूँ, जिद करता हूँ, तो उसका उत्तर तय है- ‘‘मैं खुद सक्षम हूँ!’’

■ ■ ■

पिताजी को किसान बनाने वाली माँ

- आशिष जाधव

आप मराठी के ज्येष्ठ पत्रकार हैं। 'लोकमत', 'लोकसत्ता', 'आयबीएन लोकमत', 'झी 24 तास', 'महाराष्ट्र 1' यह आपके पत्रकारिता का प्रवास है। मंत्रालय, विधि-मंडल का समालोचन (वार्तांकन) करते हुए राज्य के राजनीतिक-सामाजिक समस्याओं को स्पष्ट रूप से न्याय देने की आपकी भूमिका होती है। उसी प्रकार टीव्ही माध्यम में राजकीय विश्लेषक के रूप में आपने अपनी एक अलग पहचान कायम की है।

मेरी माँ वैसी तो अन्य महिलाओं के समान ही है। सामान्य गृहिणी। किंतु आज उम्र के 69 साल में हमारे घर को ही नहीं अपितु सभी आप्त-स्वकीय को 'एक' रखने वाली, मिलनसार व्यक्ति के रूप में जब सभी उसका नाम लेते हैं, तब सीना चौड़ा हो जाता है। गाँव में सभी जाधव परिवार में माँ का शब्द अंतिम और निर्णायक है। हमारा गाँव वैसे मराठों का, उसमें भी सभी परिवार किसी ना किसी रूप में एक दूसरे के रिश्तेदार। अर्थात् आप्त-स्वकीय और रिश्तेदारों का ही गाँव है। शायद इसी कारण छोटे-बड़े सभी माँ के मार्गदर्शन के सिवा किसी भी कार्य की सामान्य योजना तक नहीं बनाते। व्यवहारी किंतु उतनी ही परोपकारी होने के कारण माँ आज संपूर्ण जाधव परिवार के साथ-साथ सभी रिश्तेदारों के लिये मार्गदर्शक बनी है।

वास्तव में, हम तीन भाई-बहन और माँ-पिताजी ऐसा हमारा पाँच लोगों का परिवार। माँ का नाम आशा इसलिए पिताजी ने हमारे नाम आशिष, अनिता और अश्विनी इस प्रकार रखे। हमारे पिताजी कॉटन फेडरेशन में सब झोनल मैनेजर और बाद में झोनल मैनेजर बने। पिताजी के 45 साल की नौकरी में विदर्भ के अनेक तहसील और जिले में तबादला होता रहा। परतवाड़ा, अचलपुर, नांदुरा, खामगांव, तेल्हारा, अकोला, अमरावती यहाँ घर करके माँ-पिताजी ने अपनी गृहस्थी चलाई।

हम पर संस्कार किए। पिताजी स्वभाव से ही अनुशासन प्रिय थे। किंतु मन से उतने ही उदार थे। संगीत के दर्दी थे। पिताजी को शास्त्रीय संगीत और गजल सुनने का शौक होने के कारण उनके रिकॉर्डिंग संग्रह को सुनने के लिए सदैव लोगों का तांता लगा रहता है। किंतु उसमें माँ के हाथ की चाय, नाश्ता अथवा खाना खाए बगैर कोई चला गया ऐसा कभी नहीं होता। कुछ महानुभाव तो घर में आते ही माँ को अधिकार स्वर में फरमान जारी कर देते, ''आज चाय-पोहे अथवा उपमा नहीं तो, तीखी पुरियाँ बनाईये,'' ऐसा सहज ही कहकर मुक्त हो जाते। बहुत बार हमारे घर भोजन करने आए व्यक्ति सहज ही माँ की रसोई में जाकर क्या बनाया अथवा क्या बना रही है यह पूछते। इस पर माँ भी क्या बना रही है, कैसे बना रही है, इतना ही नहीं तो उनके पसंद का कुछ बनाना हो तो वह भी बनाकर परोसती। मटन हफ्ते में तीन-चार बार बनना था, वह भी कम से कम 15 लोगों के लिए। माँ के हाथों से बने मटन अथवा 'पातोडी' का स्वाद पंडित भीमसेन जोशी से लेकर जाकिर हुसैन अथवा रूप कुमार राठौड़ तक अनेक मान्यवरों ने चखा है। कितनी ही बार कलाकारों को बडनेरा रेलवे स्टेशन पर मटन का डब्बा पहुंचाने पिताजी के साथ मैं भी जाता था। आज जब यह सब कुछ याद करता हूँ तो पिताजी की कृतिशिलता में माँ का योगदान बहुत बड़ा था, यही समझ में आता है।

2003 में पिताजी नौकरी से निवृत हो गए। तब हम अमरावती में स्थायी रूप से रहते थे। पिताजी की परोपकारी वृत्ति, और मिलनसार व्यक्तित्व के कारण सामाजिक प्रतिष्ठा भी बढ़ गई थी। सामाजिक और सांस्कृतिक क्षेत्र में उनका कार्य बढ़ रहा था। इस साल-दो साल में मैं मुंबई में, मुझसे छोटी बहन शास्त्रीय गायिका अनिता रायपुर में अपने ससुराल और सबसे छोटी बहन इंजीनियर अश्विनी अँमस्टरडैम में नौकरी करती थी। अमरावती में सब कुछ ठीक चल रहा है ऐसा हम भाई-बहन सोच रहे थे किंतु माँ-पिताजी रिटायर्ड लाइफ में दिल नहीं लगता ऐसी शिकायत करने लगे। उन्होंने अचानक अमरावती छोड़कर गाँव जाने का निर्णय किया। सच कहूँ तो उस समय मै बहुत विचलित हो गया था। माँ-पिताजी जीवन की सेकंड इनिंग (दूसरी पारी) प्रारंभ करने वाले थे। वृद्धावस्था में खेती करते हुए माँ-पिताजी का दुर्गम छोटे से गाँव में रहना मुझे पसंद नहीं था। उसका कारण भी वैसा ही था। हमारा गाँव साकूर पैनगंगा नदी पर स्थापित यवतमाल जिले के आर्णी तहसील का अंतिम गाँव। पैनगंगा का पौन किलोमीटर का पात्र लांघने के बाद रेणुका देवी का माहर केवल 2 किलोमीटर ही है। साकूर गाँव भी बहुत दुर्गम होने के कारण माता -पिता को कोई तकलीफ ना हो, यही मैं सोचता था। किंतु पिताजी के इस निर्णय में माँ की इच्छा सबसे अधिक थी, इसी कारण हम भाई-बहनों की एक न चली। किंतु आज 45 एकड़ की खेती सुचारू रूप

से करने वाले प्रयोगशील किसान के रूप में जब लोग उनकी सराहना करते हैं, तब माँ-पिताजी की कार्यशैली का एहसास होता है और उनके उद्यमशील होने का आनन्द भी होता है।

आज भी हम भाई-बहनों को पिताजी से अधिक डर माँ का ही लगता है। इकलौता लड़का होकर भी माँ ने कभी लाड़-प्यार में कोई विशेषता नहीं दिखाई। बचपन में पिता जी के साथ रात का भोजन करते समय शरीर पर रोंगटे खड़े हो जाते। माँ भोजन करते समय मैंने दिन भर क्या शैतानियाँ की, किस चीज के लिए आग्रह करके सताया, यह सब कुछ पिताजी से कहती थी। माँ ने खाने-पीने में कोई कमी नही की, किंतु कभी भी गलत चीजों को अपने आँचल में छुपाया नहीं, जिस कारण बच्चों का भविष्य खराब हो, ऐसी बातों के लिए दंडित करने में भी पीछे नहीं रही। शायद यही उसके व्यक्तित्व की विशेषता होगी। माँ-पिताजी के वैवाहिक जीवन की पहली पारी की कमान पिताजी के हाथ में थी। किंतु अब निवृत्ति के बाद दूसरी पारी की कमान माँ के हाथ में है। इतनी बड़ी खेती करते समय व्यक्ति, मजदूर सब को संभालना पड़ता है। उन्हें अपना बनाना पड़ता है। इन सारी परिस्थितियों को उसने सहज संभाला। उसका मोबाइल पिताजी के मोबाइल से अधिक व्यस्त रहता है। कोई पदार्थ बनाने की पद्धति पूछता है, तो कोई विवाह निश्चिति की खुश खबर सुनाता है। जीवन में मित्र परिवार बढ़ाने का लाभ वृद्धावस्था में किस प्रकार होता है, इसका अनुमान मैं माँ-पिताजी को आने वाले फोन को देख कर समझ जाता हूँ।

माँ का भोला स्वभाव और हाजिर जवाबीपन यह उसके व्यक्तित्व की विशेषता है। उसकी इसी विशेषता के कारण उसे चाहने वालों की संख्या पिताजी से अधिक है। जीवन की अच्छी-बुरी बातों के साथ-साथ व्यवहारिक बातों पर वह अपना स्पष्ट मत रखती है। खेती की दुर्दशा, कर्ज के नीचे दबा किसान और किसानों की कर्ज माफी इस विषय पर वह मुझसे हमेशा विवाद करती है। सच कहूँ तो माँ-पिताजी की बातों से कितनी ही बार मुझे टीव्ही पर चर्चा करने के लिए व्यावहारिक मुद्दे और विषय मिलते हैं। माँ तो सदैव ही सामान्य जनता के हितों के लिए सरकार ने क्या करना चाहिए, गाँव में कौनसे सरकारी काम शुरू है, क्या हो रहा है, यह सब कुछ बताती है। बीच में उसे ग्राम पंचायत चुनाव लड़ने का आग्रह भी किया गया था किंतु उसने सहज ही हंसते हुए उस प्रस्ताव को नकार दिया।

वृद्धावस्था में गाँव में रहकर उद्योग जीवन व्यतीत करते हुए आप्त-स्वकीय का आना-जाना कुछ कम नहीं हुआ है। अपितु बढ़ गया है। रेणुका देवी दर्शन को माहूरगढ़ जाने वाले रिश्तेदार, दोस्तों की बहु-जमाई-नाती निश्चित ही साकूर माँ-पिताजी से मिलने जाते हैं। तब अनायास ही माँ की रसोई में चहल-पहल

बढ़ती है। घंटे-दो घंटे में मेहमानों से घर गूंज उठता है। वृद्धावस्था में खुशी के-आनंद के यह क्षण माँ-पिताजी के लिए बड़े अनमोल होते हैं। उनकी उम्र बढ़ाने वाले होते हैं।

पिछले चार-पाँच साल से माँ को मधुमेह की बीमारी ने घेर लिया है। इसलिए वह सख्ती से डॉक्टर की सलाह का पालन करती है और चलने-फिरने की आदत से स्वास्थ्य की ओर ध्यान देती है। हम तीनों भाई-बहन माँ-पिताजी से कोसों दूर रहते हैं। इसलिए उनके स्वास्थ्य के विषय में हमेशा चिंता लगी रहती है। किंतु उनकी सहायता करने वाले आप्त-स्वकीय और रिश्तेदारों के साथ बहुत सक्षम है। यवतमाल के उनके डॉक्टर भी अपने चहेते पेशंट की चिंता करते हैं, यह देख कर मन को सुकून मिलता है। यह सब कुछ अच्छाई के सिवा नहीं होता। वास्तव में पिताजी के परिश्रमी स्वभाव को संभालते माँ को परेशानी होती है किंतु वह खुद की तबीयत संभाल कर सबका सब कुछ करती है। इसी में उसे खुशी मिलती है। यही उसकी 'लाइफ थेअरी' है। इसीलिए वास्तव में 'माँ' हम भाई-बहनों के साथ-साथ पिताजी के लिए भी प्रेरणा बनी है!

■■■

शालीन... जोखिम दृढ़ संकल्प

- निलेश खरे

आप यह वर्तमान में 'साम टीव्ही' के संपादक हैं। पिछले 20 वर्षों से समाचार पत्रों और टीव्ही माध्यम में पत्रकारिता का लोहा मनवा रहे हैं। 'लोकमत', 'तरुण भारत' आदि समाचार पत्र में काम करने के पश्चात् सन 2000 में आपने टीव्ही माध्यम में प्रवेश किया। 'ई टीव्ही', 'अल्फा मराठी', 'झी मराठी', 'झी न्यूज़' इस प्रकार यात्रा करते हुए आपने 2006 में 'स्टार न्यूज़' हिंदी वाहिनी में 'राजकीय विशेष प्रतिनिधि' के रूप में कार्य किया। इसके उपरांत 'मी मराठी', 'जय महाराष्ट्र' और 'टीव्ही 9' इस मराठी न्यूज़ चैनल के संपादक के रूप में आपने कार्य किया है। आपके द्वारा 'एबीपी माझा' चैनल पर प्रस्तुत किया गया 'मराठी बिग बॉस' यह सीरीज दर्शकों को में सर्वाधिक लोकप्रिय रही। 'महाराष्ट्र टाइम्स' और अन्य अनेक दैनिक और मासिक पत्रों के लिए आपने राजकीय व्यंगचित्र का रेखांकन किया है।

~~~

पिताजी (शांताराम खरे) स्थानांतरण के कारण धुले जिले के साक्री इस गाँव में आए थे... मैं दो-तीन साल का था शायद... मेरी माँ (शालिनी खरे) मुझे लेकर अस्पताल गई, टीका देना था इसलिए... घर वापस आए। बुखार लग रहा था इसलिए माँ ने मुझे किशमिश खाने को दी। दाहिने हाथ से किशमिश उठाना मुझे संभव नहीं हो रहा था... माँ के मन में कुछ अनहोनी की आशंका उत्पन्न हुई होगी... माँ ने बड़े भाई योगेश को पिताजी को कार्यालय से बुलाने के लिए भेज दिया। पिताजी आए... माँ-पिताजी ने फिर से अस्पताल के द्वार खटखटाये... अस्पष्ट रुप से मुझे आज भी वह सारा किस्सा याद है। डॉक्टर ने हाथ की जाँच की और इसे पोलियो हुआ है, यह घोषित कर दिया। माँ पर तो जैसे आसमान टूट गया। ऐसी हालत में भी उसने अपना धैर्य नहीं खोया। जल्द से माँ-पिताजी मुझे अमलनेर लेकर गए। वहाँ के डॉक्टर ने हमें धुले के एमडी डॉक्टर के पास जाने की सलाह दी... जैसे-वैसे रात काटी और फिर माँ-पिताजी धुले पहुँच गए... डॉक्टर साहब ने हाथ
~~~

देखा और पोलियो के लक्षण है, ऐसा कह कर घर भेज दिया। दो दिनों में पिताजी के उस समय के महीने का वेतन शायद 200 रुपये खत्म हो गए।

माँ-पिताजी की आँखों के सामने अंधेरा छा गया। सुचारू रूप से चलने वाला जीवन बड़े संकट तक लेकर आया था। सभी आस-पड़ोस के पहचान के व्यक्ति अपने-अपने अनुभव से सलाह दे रहे थे। इसी बीच किसी ने एक वैद्य के पास जाने की सलाह दी। उन्होंने हाथ देखा और औषधि तेल से मालिश करने की सलाह दी। उपचार शुरू हो गए। प्रतिदिन रात को सोते समय पिताजी मेरे दाहिने हाथ की मालिश करते थे। हाथ को हवा, ठंडक ना लगे इसलिए मालिश होते ही रूमाल लपेट कर सो जाता... कुछ दिनों में ही हाथ में ताकत आने लगी... कुछ ही महीनों बाद हाथ पहले जैसा हो गया। 40 साल पहले माँ-पिताजी ने आत्मीयता से और गतिशील प्रयास ना किए होते तो आज मेरा दाहिना हाथ; जिससे मैं व्यंगचित्र रेखांकन करता हूँ वह काम ही नहीं करता। तो क्या होता? आज मुझ पर स्नेह करने वालों में अनेक लोग मुझमें स्थित एक व्यंग्य चित्रकार से प्रेम करते हैं, उनका अस्तित्व शून्य हो जाता...।

कालांतर में पिताजी का स्थानांतरण धुले जिले में हुआ... धुले में हमने पाठक गुरुजी की हवेली में घर किराए से लिया था। वन रूम किचन का घर। उसमें हम तीन भाई-बहन; माँ-पिताजी और दादी। हवेली के पिछले दरवाजे से हमारा प्रवेश... हवेली के पिछले भाग में ही एक कुँवा था। उस कुएं पर चाची-मौसी दोपहर के समय कपड़े धोती थी। ऐसे ही एक दोपहर चाची को चाचा के शर्ट की जेब में दो रुपये की भीगी हुई नोट मिली... चाची ने वह आगे के पत्थर पर सूखने के लिए रख दी... काम खत्म करके वह घर गई होगी... मैं स्कूल से वापस घर आया। दोपहर को बाहर खेलते समय सूखी हुई वह दो रुपये की नोट मुझे उड़ती हुई देखी। मैंने उठाई और मेरे स्कूल पैंट की छोटी सी जेब में तह कर के रख दी... शायद एक-दो दिन गुजरे होंगे... और पिताजी ने मुझे बाजार साथ आने के लिए पूछा... साइकिल पर पीछे सामान पकड़ने के लिए पिताजी को कोई सहायक चाहिए होगा। पिताजी चित्रकला का साहित्य खरीदने बाजार जाते थे...मैं झट से पिताजी की साइकिल पर सवार हो गया... बाजार में सामान खरीदते समय पिताजी को कुछ पैसे कम पड़े। आज के सामान तब एटीएम नही थे। इसलिए पैसों की जरूरत हो तो सीधे घर जाना पड़ता था... हमारा वापस जाना कठिन था, कुछ सामान कम करने के अलावा कोई पर्याय नहीं था... इतने में मैंने पिताजी के सामने दो रुपये की नोट सरकाई... दो रुपये की नोट देखते ही पिताजी ने पूछा तुम्हारे पास नोट कहाँ से आयी? मुझे हवेली में खेलते हुए मिल गई मैंने पिताजी को बताया... पिताजी ने बाजार में इस विषय को लंबा नहीं खिंचा और दो रुपये नहीं चाहिए! ज्यादा पैसे

चाहिए, ऐसा कहकर कुछ सामान कम किया। संध्या समय घूमते-घूमते मैं और पिताजी घर आ गए...

दूसरे दिन इसी दो रुपये की नोट ने मेरी पीठ लाल कर दी... माँ को मेरी स्कूल पैंट की जेब में वह नोट मिली... ''चोरी करता है?'' कहकर माँ ने पीटना शुरू किया... मुझे मिली है हवेली में, यह अनेक बार बताया; किंतु माँ कुछ सुनने को तैयार ही नहीं... अगर मिली है तो फिर पूछा क्यों नही, किस की है तो... ऐसा कहते हुए मैं पीटता गया। शाम को पिताजी घर आने के बाद उन्हें भी किस्सा सुनाने लगी... पिताजी ने सब कुछ सुनने के बाद कहा, ''मुझे नहीं लगता कि उसने चोरी की है।'' ऐसा कहते हुए मुझे थोड़ा धैर्य दिया... अगर इसने चोरी की होती तो कल बाजार में मुझे पैसे कम पड़ गए थे, तब वह मुझे दो रुपये की नोट नहीं देता... उसका उद्देश्य चोरी का नहीं है, इससे यही सिद्ध होता है... अधिक मार से मुक्ति मिली; किंतु इसके बाद मुझे किसी की भी वस्तु को उठाने की हिम्मत नहीं हुई।

मूलतः पिताजी मृदु, चित्रकार और कुछ सीधे-साधे... बड़े ख्वाब उन्होंने कभी देखे नहीं। इसके पीछे एक कारण भी था... उनका बचपन मामा के पास गुजरा... युवा अवस्था में मामा ने ही कॉलेज भेजा... अकाल के कारण दादा दादी ने पिताजी को मामा के पास रखा था। अमलनेर में पढ़ाई करेगा... इसी कारण शायद संकोच वृत्ति की वृद्धि हो गई... किंतु माँ दृढ़ संकल्प वाली थी। उस समय वह मैट्रिक पास थी। माँ को अध्यापिका होने की इच्छा थी। किंतु घरवालों के विरोध के कारण माँ अध्यापिका नहीं बन सकी। आज उसकी कन्या प्राध्यापक है। वह भी इंजीनियरिंग कॉलेज में। किंतु उसने अपना दृढ़ संकल्प नहीं छोड़ा। पिताजी सरकारी नौकरी में थे किंतु वेतन मर्यादित... सहायता के लिए माँ सिलाई का काम करती। इन पैसों से हमारी सारी मांगें पूरी करती थी... कभी कुछ कमी महसूस नहीं होने दी। माँ ने ही मुझे बड़े ख्वाब देखना सिखाया... पिताजी चित्रकार। इस कारण मुझे क्रिएटिव्ह थिंकिंग करना सहज और आसान हुआ...।

बचपन से मुझे पढ़ाई में रूचि नहीं थी। परीक्षा की पहली रात माँ पाठ पढ़ती, सोते-सोते मैं सुनता और दूसरे दिन उत्तरपत्रिका काली-नीली करता... यह प्रयोग प्रतिवर्ष करते हुए मैं पास होता रहा... मूलतः मेरी पढ़ाई निरीक्षण से और बड़े सुजान लोगों की बातों से जो समझा उससे हुई। फिर घर में टीव्ही ने प्रवेश किया और फिर उसने मुझे बहुत कुछ सिखाया...

माँ-पिताजी ने अनायास ही जो कुछ सिखाया उसका उपयोग टीव्ही माध्यम में काम करते हुए बहुत होता है। टीव्ही के ग्राफिक की रंग-संगती पिताजी के चित्रकला के माध्यम से प्राप्त हुई; तो गति से और आक्रामकता से, जिम्मेदारियों से निर्णय लेने की क्षमता माँ के कारण प्राप्त हुई।

'झी टीव्ही' में छह साल पूर्ण करके नौकरी छोड़ने का मेरा फैसला उस समय पिताजी को पसंद नहीं था; किंतु माँ ने साथ दिया। फिर दस साल 'स्टार न्यूज़', 'एबीपी माझा' में नौकरी करने के पश्चात् मैंने परिवर्तन की तैयारी की। पिताजी का विरोध कायम था... माँ ने हिम्मत दी। जोखिम उठाए बगैर बड़ा नहीं बन सकते। ऐसा कहा... जोखिम उठाकर आज कुछ साल पूर्ण हो गए... बच्चों को मिलने वाली सफलता यह माँ-पिताजी के पुण्य कर्मों के कारण ही मिलती है ऐसा कहा जाता है, शायद मेरे विषय मे भी यह सत्य ही होगा...

■ ■ ■

मेरी विद्रोही माँ

- आशिष दीक्षित

आप यह मराठवाड़ा के एक मराठी युवा। माध्यमों के जगत् में सबसे अधिक ख्याति प्राप्त 'बीबीसी मराठी न्यूज़' के संपादक हैं। इससे पूर्व आपने अपने कार्य से प्रारंभ में दिल्ली और बाद में मुंबई 'आयबीएन लोकमत' को चार चाँद लगाए थे। प्रिंट और इलेक्ट्रॉनिक ऐसे दोनों माध्यमों में आप निपुण हैं, आपके कार्य की अपनी ही एक विशेष श्रेणी है... एक जानकार और मेहनती संपादक के रूप में संपूर्ण महाराष्ट्र आपको जानता था... किंतु वर्तमान में 'बीबीसी' के कारण संपूर्ण देश आपको जानता है।

~~~

कक्षा दसवीं की प्रिलिम्स को केवल दो दिन बचे थे, 'जब प्यास लगे तब कुआं खोदना' ऐसी मेरी स्थिति थी, इस कारण सब भाग दौड़ मची थी। दसवीं का वर्ष यह उस समय किसी भी मध्य वर्गीय मराठी घरों में 'करो या मरो' की श्रेणी में आता था! 'दसवीं पर संपूर्ण भविष्य निर्भर होता है।' यही धारणा उस समय होती थी... हमारा घर इससे भिन्न नहीं था।

सबसे पहले मेरी माँ ने घर का टीव्ही बंद कर दिया। मैकेनिक को घर बुलाकर टीव्ही खराब कर दी! पिताजी की नौकरी अब नहीं रही थी, इसलिए घर की आर्थिक स्थिति बिगड़ गई थी। फिर माँ ने एक-एक पैसा जोड़कर मुझे अच्छे ट्यूशन क्लासेस लगाए। कोई भी रिश्तेदार घर आने वाले हो, तो उन्हें टालते हुए माँ उनकी नजरों में बुरी बनी- "आशिष की दसवीं की परीक्षा समाप्त होने के बाद जरूर आना हं!" ऐसा कहती।

किन्तु परीक्षा के दो दिन पूर्व ही एक नई समस्या उत्पन्न हुई। हमारी सोसाइटी के सामने की जगह हथियाने के लिए कुछ लोगों ने रातों-रात एक मंदिर खड़ा कर दिया! भीड़ इकट्ठा करने के लिए मंदिर पर ध्वनिक्षेपक (भोंपू) लगाया और भजन-कीर्तन शुरू कर दिया। मेरी पढ़ाई में कोई विघ्न ना आए, इसलिए इतनी कड़ी मेहनत करने वाली माँ को यह सहन होगा? वह सीधे मंदिर में गई और उन्हें धनिक्षेपक बंद
~~~

करने को कहा। उन्होंने उसे धमकी दे दी। वह घर वापस आ गई और मुझे कहा-
''आशिष, पुलिस में जाकर शिकायत दर्ज कर दें।''

मध्य वर्गीय परिवार के व्यक्तियों को स्वयं पुलिस की सीढ़ियाँ नहीं चढ़नी चाहिए, यह मेरे पिताजी के विचार थे। किंतु सहनशीलता का अंत होने के कारण मैंने माँ के पर्याय को उचित माना और पुलिस में शिकायत दर्ज करके मै वापस आया। कुछ घंटों बाद पुलिस की गाड़ी आयी ध्वनिक्षेपक बंद हो गया।

अब जब पीछे मुड़कर देखता हूँ तब सोचता हूँ कि, मुझमें दूसरों से कुछ अलग करने का जो धैर्य निर्माण हुआ है, वह केवल मेरी माँ के कारण ही।

काव्य से कुपोषण तक –

उसका नाम आशा। जन्म नंदुरबार में। पिता जी वकलात करते थे और माँ गृहिणी थी। छह भाई-बहनों में आशा सबसे छोटी। पिताजी को अर्थार्जन से अधिक सामाजिक कार्य में रुचि थी, इसलिए घर की आर्थिक स्थिति यथासंभव। पढ़ाई पूर्ण करके वह एक सैनिक आदिवासी स्कूल में शिक्षक के रूप में कार्य करने लगी।

उसके जीवन में संघर्ष के दिन तब शुरू हुए जब उसकी शादी हो गई। मेरे पिताजी औरंगाबाद के एक निजी कारखाने में नौकरी करते थे। 80 के दशक के वह अस्थिर दिन। महीनों बीत जाते किंतु वेतन का कोई पता नहीं। मेरा बड़ा भाई बीमार था, इसलिए माँ नौकरी नहीं कर सकती थी।

मायके में अमीरी नहीं थी किंतु खुद का घर तो था। यहाँ किराए का घर, मानो बिच्छू की पीठ पर संपूर्ण गृहस्थी। उधारी पर चलने वाला। मेरे जन्म से पूर्व माँ को नौकरी मिल गई; किंतु वेतन एकदम मामूली।

किंतु आंगनवाड़ी कार्यकर्ता प्रशिक्षण केंद्र में माँ ने मेहनत से काम किया। मेरे जन्म से एक दिन पहले तक वह काम पर जाती थी। बाद में वह केंद्र की प्राचार्या बनी। इस नौकरी के कारण माँ का व्यक्तित्व ही परिवर्तित हो गया। संस्था की जिम्मेदारी का अहसास होने के कारण उसने प्रशासकीय कुशलता को आत्मसात किया। गाँव-गाँव की आंगनवाड़ी में काम करने के कारण उसका सामाजिक दृष्टिकोण विशाल हो गया था। केशवसुत और कुसुमाग्रज के काव्य में खुद को भूल जाने वाली मेरी माँ गाँव-गाँव जाकर बाल विकास और कुपोषण को जड़ से उखाड़ने की बातें बताने लगी।

संस्कार से अंतिम संस्कार तक –

उसने अन्य माताओं के समान सभी संस्कार तो किए ही; किंतु कुछ अलग बातें भी कीं।

उसने मेरे किसी भी शौक का विरोध नहीं किया। जिसके कारण उसे कितनी भी तकलीफ क्यों ना हो, वह सदैव मेरे साथ रही। प्रतिदिन कुछ नए और अनोखे शौक मुझे हो जाते। पास की इमारत का निर्माण कार्य देखकर एक बार मैंने खुद इमारत का निर्माण करने की ठान ली। शायद तब मैं पाँचवी में था। मुंबई की चॉल के सामान हमारा छोटा सा दो कमरों का अपार्टमेंट था। वहाँ मैं सीमेंट, रेती, बारिक ताल, लकड़ियों के टुकड़े, फर्श आदि, लगाकर आधा जीना खराब कर देता था। ''यह क्या नाटक है?'' कहते हुए पड़ोसी मुँह बनाते। किंतु माँ जब कार्यालय से वापस आती तब मेरे द्वारा निर्मित सीमेंट का कीचड़ साफ करती। उसने कभी एक शब्द भी शिकायत नहीं की। उल्टा जब मेरी छोटी सी इमारत का स्लैब चार खंभे पर खड़ा रहा, तब उसने बड़े कौतूहल से सबको दिखाया।

जब मैं सातवीं कक्षा में था तब मुझे खबरों की लत लगी थी। तब छुट्टियों में मैं दो ही बातें करता था। गीतों की कैसेट मेरी आवाज में रिकॉर्ड करता और बड़ी सी सफेद सीट पर हाथों से समाचार पत्र लिखता। उस समय औरंगाबाद के 'मराठवाड़ा', 'लोकमत', 'तरुण भारत' ऐसे सभी समाचार पत्र मैं हूबहू लिखता। माँ ने उन्हें अभी तक संभालकर रखा है।

गीतों के सुरीले कैसेट पर नीरस समाचार क्यों रिकॉर्ड किए, इसके लिए पिताजी ने भी कभी कोई शिकायत नहीं की। किंतु जब दसवीं की परीक्षा समाप्त हो गई, तब मैंने कहा कि मुझे पत्रकार बनना है। तब वह राजी नहीं थे। वह साल था 2000 का। तब एक या दो हिंदी न्यूज़ चैनल अस्तित्व में थे। पत्रकार कहते ही मैला कुर्ता, बढ़ी हुई दाढ़ी और शबनम कंधे पर यही प्रतिभा पिताजी की आँखों के सामने तैरने लगी। उनकी मनोकामना थी कि, मैं इंजीनियर बनूं। पिताजी के नाते वे मेरी भलाई की बात ही कर रहे थे।

किंतु मैं पत्रकार ही बनना चाहता था। तब मेरी विद्रोही माँ मेरे साथ खड़ी रही। मुंबई में एक शादी के लिए जब हम गए थे, तब उसने मेरा एडमिशन पत्रकारिता के लिए कर दिया। बाद में पिताजी को भी समझाया। बाद में स्नातकोत्तर पढ़ाई के लिए पैसे नहीं थे, तब खुद के जेवर बेचने को तैयार थी। किंतु पिताजी को कर्ज मिलने के कारण जेवर बेचने की नौबत नहीं आयी। मेरे माता-पिता और मेरा बड़ा भाई डॉ. अमित इन तीनों ने मेरी पढ़ाई के लिए अपरिमित कष्ट किए। उनका महत्व मुझे उस समय उतना नहीं समझ में आया किंतु आज मैं जहाँ हूँ, उसमें उस पढ़ाई का बहुत बड़ा महत्व है।

माँ और भी कुछ बातें करने के लिए कहती, जो उस समय अनावश्यक अथवा अटपटी लगती। मेरे स्कूल के दिनों से ही माँ मुझे सभी अंतिम संस्कारों को भेजती। पड़ोस में किसी का देहांत हो जाए तो, दोस्तों की माताएँ उन्हें घर में कैद कर लेती। किन्तु मेरी माँ मेरा हाथ पकड़ कर पार्थिव के दर्शन करने के लिए ले जाती। बाद में

अंत्ययात्रा में भेजती। यह संस्कार कितना महत्वपूर्ण है, इसका एहसास अब होता है। एक दिन हम भी इसी प्रकार मरने वाले हैं और लोग थोड़ी देर के लिए दुख व्यक्त करके अपने काम में जुड़ जाएंगे। यह महत्वपूर्ण और वास्तविक विचार उसने मुझे बचपन में ही दिए। ईश्वर के सामने हाथ जोड़कर गीता का दूसरा अध्याय पढ़ते हुए मैंने उसे देखा नहीं। किंतु वह अध्याय अगर 'थेअरी' है, तो माँ मुझे 'प्रैक्टिकल' करके दिखाती थी।

सदैव समय से आगे...

पिताजी के देहांत के बाद वह पंद्रहवें दिन कार्यालय में गई। मुझे चौथे ही दिन ऑफिस जाने की अनुमति तत्काल दे दी। घर बैठे रोते रहना उसे मंजूर नहीं था। पिताजी के देहांत को आज चार साल हो गए हैं, किंतु मैंने उसे कभी हताश अथवा निराश होते हुए नहीं देखा। हर समय वह अपने आप को व्यस्त रखती है।

वृद्धावस्था में स्वास्थ्य ठीक रहे इसलिए वह कसरत करती है। पिछले कई सालों से उसने अपने शरीर की चिंता की है। बीस साल पहले वह कैलरीज के विषय में बात करती थी, तब रिश्तेदार उसका मजाक उड़ाते थे। किंतु आज सभी स्वास्थ्य के विषय में सजग है।

माँ अनेक प्रकार से समय के आगे थी अथवा है, ऐसा लगता है। जब कुछ वर्ष पूर्व मै लिव-इन रिलेशनशिप में था, तब उसने हमें आनंद के साथ स्वीकार किया। समाज क्या कहेगा? इसकी अधिक चिंता उसने नहीं की।

मेरी पढ़ाई और भविष्य (करियर) इन दो बातों के लिए अपरिमित कष्टों को सहन करने वाले मेरे माता-पिता ने मेरे निजी जीवन में कभी हस्तक्षेप नहीं किया। यह बहुत बड़ी बात है।

मेरी माँ सर्वगुण संपन्न नहीं। खामियाँ (दोष) उसमें भी हैं। किंतु हर व्यक्ति में जो अच्छा है वही गुण लेना चाहिए, यह भी उसी ने हमे सिखाया है। आज तक मैं जो कुछ भी प्राप्त कर सका हूँ, उसमें माँ का अमूल्य योगदान है।

संस्कृत सुभाषितों में माँ को चंदन की उपाधि दी जाती है। आज वह यथार्थ प्रतीत होता है। माँ केवल अपने बच्चों के लिए जीवन भर जूझती है। इतना की स्वयं का अस्तित्व भी भूल जाती है। "माँ, तुम अपने लिए कुछ करो।" यह अनेक बार कहने के उपरांत भी, वह हमारी ही चिंता करती है। "आपके खुशी में ही मेरी खुशी है।" ऐसा वह हमेशा कहती है। उसके स्थान पर खड़ा रहकर मैं सोच नहीं सकता, किंतु मैं इतना निश्चय ही जानता हूँ कि, उसने जितना प्रेम मुझ पर किया है उतना प्रेम कोई कभी नहीं कर सकता।

■■■

माँ के साथ चल रहा हूँ

– विनोद राऊत

आप पिछले चौदह वर्षों से पत्रकारिता के क्षेत्र में कार्यरत हैं। आपको प्रिंट, इलेक्ट्रॉनिक और वेब पत्रकारिता का अच्छा अनुभव है। प्रारंभ में कुछ समय नागपुर, हैदराबाद, दिल्ली यहाँ और बाद में मुंबई में आपने पत्रकारिता की। 'ई टीव्ही', 'मी मराठी', 'आयबीएन लोकमत', 'भारत फार इंडिया', 'जय महाराष्ट्र', 'साम टीव्ही' आदि चैनलों में आप सहायक संपादक से वृत्त संपादक ऐसे विविध पदों पर कार्यरत रहे हैं। इसके साथ ही आपको अंतरराष्ट्रीय घटनाक्रमों के विशेषज्ञ के रुप जाना जाता है। इन विषयों को आपने समयबद्ध रुप से समाचार पत्र और वेबसाइट पर लिखा हैं। 'भारत फार इंडिया' इस वेब पोर्टल पर आपका 'सिरोंचा से सीरिया' यह ब्लॉग लोकप्रियता के शिखर पर है। नई उमंग के विशेषकर ग्रामीण पत्रकारों को एक सूत्र में बांधकर उन्हें प्रमुख प्रवाह में कार्य करने का अवसर आपने प्रदान किया है।

मेरी माँ का नाम जिजाबाई। नाम के समान ही करारापन। उसके बचपन का नाम विद्या। माँ वैसे सधन परिवार से थी। अच्छी खेती, साथ में व्यवसाय। इसलिए घर में किसी चीज की कोई कमी नहीं थी। माँ के तीन भाई, तीन बहनें। दूसरी ओर पिताजी की आर्थिक स्थिति बहुत ही नाजूक। रहने के लिए झोपड़ीनुमा घर। बचपन में ही पिता का साथ छूट गया था। प्रतिदिन 36 मील पैदल चलकर पिताजी ने अपनी पढ़ाई पूर्ण की थी, और शिक्षक बने थे।

ऐसे व्यक्ति के साथ नाना जी ने अपनी कन्या का विवाह क्यों किया? अपनी युवावस्था में यह सवाल मैंने कई बार माँ से पूछा था। किंतु एक दिन मुझे ही इस सवाल का जवाब मिल गया। उस समय अपनी कन्या का विवाह करते समय घर की आर्थिक स्थिति से अधिक उन्होंने कर्तृत्व को महत्व दिया था। यह उस समय की मूल्यांकन पद्धति थी। फिर क्या, सधन परिवार की मेरी माँ उजड़ी रियासत

में पिताजी को साथ देने और गृहस्थी का भार वहन करने चली आयी। यह कार्य उसने अपने जीवन भर बड़े ईमानदारी से निभाया। अभावग्रस्त ससुराल से उसने एकात्मता स्थापित किया। पिताजी का परिवार बड़ा था। तीन बड़ी बहनें, उनके लड़के। दादाजी के गुजर जाने के बाद बहनों ने पिताजी को बड़ा सहारा दिया। इसलिए पिताजी पर उनका अधिकार था। यही कारण था कि, पिताजी का वेतन बहनों के गृहस्थी पर खर्च होता। उससे बचे हुए पैसे माँ की गृहस्थी को मिलते। पिताजी की बहनें माँ पर प्रभाव दिखाती, रौब से रहती, कभी प्रताड़ित भी करती। माँ की सहनशीलता की परीक्षा ससुराल में सदैव होती रही।

इन्हीं स्थितियों में पिताजी का तबादला आदिवासी बहुल और बहुत ही दुर्गम ऐसे 'गारपीट' इस गाँव में हुआ। घर पर पिताजी का ध्यान नहीं था। उनका अधिकतम समय छात्रों को पढ़ाने में और बचा हुआ समय अपने दोस्तों के साथ वैचारिक चर्चा करने में बीत जाता। घर में माँ के हाथ बचे-खुचे वेतन को थमा दिया कि, बस उनकी जिम्मेदारियाँ जैसे समाप्त हो जाती। फिर घर में और किसी चीज की आवश्यकता है या नहीं, बच्चों को क्या चाहिए? उनका दुख-दर्द पिताजी के परिधि से कोसों दूर था।

गाँव में केवल एक ही समय एसटी बस आती थी। गाँव में प्राथमिक आरोग्य केंद्र नहीं था। निजी अस्पताल नहीं था। पीने का पानी लाने के लिए माँ को 5 मील दूर जाना पड़ता था। बच्चों को संभालना, पति का सहयोग नहीं, ऐसी अवस्था में भी माँ गृहस्थी का भार वहन करती रही।

बारिश में घर की छत टपकती ही रहती। ऐसी स्थिति में माँ चारों बच्चों को सीने से लगाकर एक कोने में बैठी रहती। उस समय गाँव में कोई बीमार हो जाए तो, मांत्रिक के पास उसे ले जाते। मुर्गे, बकरे काटते। जादू टोना करते। किंतु माँ कभी भी मांत्रिक अथवा पुजारी के पास नहीं गई। घर में कोई बच्चा बीमार हो जाये तो, माँ उसे लेकर सोलह किलोमीटर पैदल चलकर अस्पताल पहुँच जाती। यहाँ तक कि, भूत बाधा, नजर लगना इन बातों को भी वह नहीं मानती थी। उसके अंधश्रद्धा से दूर रहने के पीछे पिताजी के विचार थे।

अर्थात् घर का माहौल धार्मिक था। दादाजी प्रतिवर्ष पंढरपुर जाते थे, बिना भूले। पंढरपुर के विट्ठल ने उनकी मन्नत पूरी की इसलिए पिताजी का नाम विट्ठल रखा था। विट्ठल के नाम से पिता जी के पैर में बड़ा सा कड़ा था और कान में कुंडल थे। किंतु पिताजी ने डॉ बाबासाहेब अंबेडकर के विचारों को स्वीकार किया और 28 साल की उम्र में धर्मांतरण किया। हिंदू धर्म का त्याग किया। घर से सभी ईश्वर बाहर निकालने का निर्णय पिताजी ने किया। किंतु दादी ने इसका विरोध किया। उन्होंने अवरुद्ध कंठ से कहा, ''विठोबा, मेरे भगवान मेरे साथ ही जाने दें।

मैं अधिक दिन जीवित रहने वाला नहीं।'' किंतु पिताजी ने दादी की भावनाओं का कोई भी आदर नहीं किया और घर के सारे ईश्वर कुएं में विसर्जित कर दिए। पैर में जो चांदी का कड़ा और कानो के सोने के कुंडल बेचकर मिठाई खरीदी। इस स्थिति में माँ पहली बार सासू माँ के पक्ष में खड़ी थी, किंतु अंत में साथ पिताजी का ही दिया।

धर्मांतरण के बाद संभवत: घर की स्थिति यह हो जाती है कि, पिताजी ईश्वर नहीं मानते किंतु घर की महिलाएं चोरी छुपे अपनी श्रद्धा का पालन करती हैं। किंतु माँ ने इस प्रकार का व्यवहार कभी नहीं किया। उसने अपनी आत्मा से पिताजी से प्राप्त डॉ बाबासाहब अंबेडकर के विचारों को स्वीकार किया। संपूर्ण गाँव वृत्त, अंधश्रद्धा में लिप्त होते हुए भी माँ ने हमें इन बातों से दूर रखा। माँ ने पिताजी के अच्छे विचारों को अपनाया और जिन विचारों से सहमत नहीं थी उन्हें शांति पूर्वक अपने से दूर रखा।

मैं अनेक बार मजाक में कह देता हूँ कि, ''रशिया के स्टैलिन की रियासत का अनुभव मुझे नहीं; किंतु उस रियासत का स्वरूप मेरे पिताजी के समान ही होगा। क्योंकि पिताजी के संपूर्ण व्यवहार एकांगी होते। उनके मन के विरुद्ध बोलना भी उन्हें पसंद नहीं था। इसी कारण माँ पर सदैव गुस्सा करते। कभी गालियाँ देते। अपवादात्मक परिस्थिति में पिटाई भी करते। तब हम सभी बच्चे माँ के पक्ष में खड़े रहते थे। इसलिए पिताजी और भी गुस्सा करते। कहते- 'इसने बच्चों को मेरे खिलाफ किया है।' बहुत बार हमें पिताजी पर गुस्सा आता। किंतु माँ हमें समझाती कहती- 'अरे पिताजी हमसे बहुत प्रेम करते हैं। यह दिन भी चले जाएंगे।' ''

पिताजी हमसे प्रेम करते थे किंतु उन्होंने इसका प्रदर्शन कभी नहीं किया। शिक्षक होकर भी वे कभी हमारे स्कूल में नहीं आए, हमारी पढ़ाई कभी नहीं ली। खाना खाते समय हमें कभी साथ में बिठाया नहीं। प्यार से कभी हम से पूछताछ नहीं की। इसी कारण हम भाई-बहनों का विश्व माँ के आस-पास ही घूमता रहा। वह आज भी उसी प्रकार परिक्रमा करते रहता है।

घर के हालात नाजूक थे, किफायत से रहना, बच्चों की पढ़ाई, घर आने-जाने वाले मेहमानों की मेहमान नवाजी, ससुराल के सभी सदस्यों की आवभगत, पिताजी का चिड़चिड़ापन इन सारी बातों को संभालकर, माँ गृहस्थी चलाती रही।

माँ की दोनों बड़ी बहनों की शादी अच्छे घरों में हुई थी। बहुत बार वे आर्थिक स्थिति के कारण माँ को ताने मारती। माँ उन्हें उत्तर देती, ''तुम्हारे पास खेती है, बगीचा है। किंतु मेरी दौलत तो मेरे चार बच्चे हैं। आप देखो एक दिन हमारे घर ऐश्वर्य, सुख सब कुछ होगा।''

पिताजी मार्क्सवादी कम्युनिस्ट पार्टी के नेता रामचंद्र घंगारे इनका कार्य करते थे। किंतु स्वाभिमान से। चाटुकारिता करना उनके स्वभाव में नहीं था। इसलिए दस बार उनका तबादला हुआ। इसमें सबसे ज्यादा तकलीफ माँ को उठानी पड़ी।

पिताजी का तबादला कारंजा (घाडगे) गाँव में हुआ। हमारा सबसे अधिक समय इसी गाँव में गुजरा। इस कारण माँ के संसार में कुछ स्थिरता आयी। माँ और मेरे लिए यहाँ के दिन बड़े सुहाने गुजरे। पाठ्यक्रम से अतिरिक्त किताबें पढ़ने की आदत मुझे यहीं से लगी। इस समय टीव्ही पर रामायण, महाभारत, फौजी यह धारावाहिक प्रसारित होता था। इसमें 'फौजी' यह धारावाहिक मुझे विशेष प्रिय था। घर में टीव्ही नहीं था। गाँव में भी कुछ ही लोगों के घर टीव्ही था। किंतु यह धारावाहिक देखने के लिए माँ मुझसे चार घंटे अधिक अध्ययन करने को कहती। इसी कारण मुझे अध्ययन की आदत लग गई।

माँ का अनुशासन जबरदस्त था। जब प्यार-दुलार करना हो तब प्यार-दुलार, किंतु कुछ गलती हो जाए तो सजा तय थी। एक बार मेरा छोटा भाई नितेश इसे खेलते-खेलते मैंने बैलगाड़ी से धक्का दे दिया। वह पहियें की कील पर गिर गया। उसकी आँख बाल-बाल बच गई; किंतु चोट अधिक थी। उस दिन माँ ने मुझे बहुत पीटा। पहली बार मैंने अपनी माँ के हाथों मार खाई। उस दिन मैं बहुत रोया। दिनभर माँ ने मुझसे एक शब्द भी बात नहीं की। मैंने खाना नहीं खाया। बाद में उसने मुझे अपने पास बुलाया। छोटे भाई की आँख दिखाई। मुझे मेरी गलती का एहसास हो गया। खुद की शर्म आने लगी। पश्चाताप हुआ। मन में एक बात का निश्चय किया, जिंदगी में फिर कभी माँ के हाथ से मार नहीं खानी पडे, ऐसा कोई व्यवहार ही नहीं करना है।

कारंजा (घाडगे) इस गाँव में रहते हुए मेरा बड़ा भाई प्रमोद बुरी संगत में फंसकर बिगड़ गया। पिताजी ने माँ से कहा-इसे सीधे रास्ते पर तो लाना ही होगा। प्रमोद शाम को घर आया। इसे पहले पेट भर खाना खाने दो, फिर मारो। माँ ने पहले ही पिता जी से निवेदन किया था। खाना खाने के बाद रात भर पिताजी ने प्रमोद को पीटा। रात भर माँ रोती रही। समय पर अगर रोकेंगे नहीं तो, लड़का हाथ से चला जाएगा, इसे समझ कर माँ ने अपनी भावनाओं को नियंत्रण में रखा। इसी बीच माँ ने उसे कई बार समझाया। अनेक बार उसे मारा। रात भर माँ उसे मारती। उसे मिर्च का धुआँ देते हुए हमने देखा है। किंतु यही प्रमोद जब घर छोड़कर भाग गया तब उसका बस्ता, जूते, कपड़े, आदि को देख कर उसे दिन भर रोते हुए भी देखा है। माँ के कठोर और भावात्मक रूप को मैंने उस समय अनुभूत किया। बाद में प्रमोद सुधर गया। आज वह सफल उद्योजक है। राजकीय क्षेत्र में भी उसने अपना अस्तित्व निर्माण किया है।

बारहवीं के बाद मुझे इंजीनियरिंग नहीं करना था। मेरी रुचि कला शाखा की ओर थी। माँ-पिताजी की इच्छा थी कि मुझे इंजीनियर बनना चाहिए। मैंने माँ को अपने दिल की बात बता दी। फिर माँ ने भी एक रास्ता निकाला। पिताजी को समझाया और मैंने होटल मैनेजमेंट की पदवी कोर्स में प्रवेश लिया। इसी बीच मैं समाचार पत्र में 'पाठकों के पत्र' इस सदर में लिखने लगा। इस कारण पत्रकारिता में मेरी रुचि बढ़ने लगी। होटल मैनेजमेंट कॉलेज के पहले ही दिन मुझे समझ में आ गया कि, अपना फैसला गलत हुआ है। अब क्या किया जाए? पिताजी की नाजूक आर्थिक हालत के बीच कोर्स के लिए लिया गया खर्चा, यूँ ही बर्बाद कैसे करें? माँ के पास अपने मन की अवस्था को बयान किया। माँ ने कहा- ''तुम्हें जीवन में क्या करना है इसे तुम खुद तय करो, किंतु पदवी के रूप में तुम इस पाठ्यक्रम को पूर्ण करो।'' माँ ने मेरी चिंता दूर कर दी, अर्थात् इसे पिताजी का मौन समर्थन भी प्राप्त था। अब मैंने निर्भयता से निश्चय कर लिया था कि पत्रकार ही बनना है। अब रास्ता स्पष्ट दिखने लगा।

बारहवीं के बाद पढ़ाई के कारण मुझे घर से बाहर जाना पड़ा। बाद में नौकरी के लिए भोपाल, मुंबई, दिल्ली, हैदराबाद इन शहरों की यात्रा हुई। मेरी इस संघर्ष यात्रा पर माँ ने सदैव विश्वास और प्रेम बनाए रखा।

मैं नागपुर में पढ़ाई के लिए रहता था। उस समय घर की आर्थिक स्थिति के कारण कई बार प्रति माह पैसे भेजना संभव नहीं होता था। ऐसी अवस्था में माँ के मन की स्थिति बेचैन रहती। किंतु माँ को यह विश्वास था कि, विनोद के दोस्त अच्छे हैं। उसे संभाल लेंगे। वह मेरे दोस्तों को निश्चय ही फोन करके कहती- ''पैसे भेजने में थोड़ा विलंब हो सकता है, विनोद को थोड़ा संभाल लेना बेटा...''

दोस्तों के साथ लड़का बिगड़ जाता है, इसलिए अपने पुत्रों को दोस्तों से अलग रखने वाली अनेक महिलाएं मैंने देखी हैं। किंतु माँ का जितना विश्वास मुझ पर था, उतना ही मेरे दोस्तों पर था। मैं बाहर रहता था, इसलिए एक दूसरे पर जान छिड़कने वाले दोस्त कठिन स्थितियों में कितने महत्वपूर्ण होते हैं, यह उसे मालूम था। मेरी सफलता में मेरे दोस्तों का योगदान अनमोल है, इसे मैं विशेष रूप से कहता हूँ।

माँ ने धन-दौलत, आभूषणों की चाहत कभी नहीं की। अपने पुत्रों ने अच्छी शिक्षा-दीक्षा प्राप्त करनी चाहिए, समाज में अपनी पहचान बनानी चाहिए, यही उसकी इच्छा थी। चारों लड़कों की पढ़ाई के लिए माँ ने निरंतर प्रयास किए, तकलीफ सहन की। पिताजी का घर में ध्यान नहीं रहता, इसलिए संपूर्ण मेहनत उसे अकेले ही करनी पड़ती थी।

मेरे बड़े भाई प्रमोद को पॉलिटेक्निक में प्रवेश लेना था। किंतु पैसे की कमी थी। इसलिए माँ ने अपनी बहनों से आर्थिक सहायता की याचना की। किंतु पैसे नहीं मिले। अंत में माँ ने पिताजी से कुछ ना कहते हुए अपने गहने बेच दिए। वो खुद

भाई को लेकर प्रवेश लेने के लिए चली गई। रास्ते में उसकी चप्पल टूट गई। धूप के दिन थे। पैर जल रहे थे, किंतु फिर भी वह नंगे पैर चलती रही। इस प्रकार भाई को प्रवेश तो मिल गया किंतु उसने अपनी पढ़ाई पूर्ण नहीं कि उस समय उसके मन को बहुत यातनाएं हुईं।

चार भाइयों में केवल दो ने ही स्नातकोत्तर पढ़ाई पूर्ण की। आज सभी अपनी-अपनी नौकरी व्यवसाय में सुस्थिति हैं, फिर भी दोनों ने अपनी पढ़ाई पूरी नहीं की, इसकी टीस आज भी माँ के मन में है। माँ केवल पाँचवी तक पढ़ी है। उसे पढ़ने की इच्छा बहुत थी किंतु उसके भाइयों ने उसे आगे पढ़ने नहीं दिया। लड़की बड़ी हो गई है। उसकी शादी कर देनी चाहिए, ऐसा कहते हुए उन्होंने माँ की पढ़ाई बंद कर दी। इसलिए अपने बच्चे पढ़ने चाहिए, यह उसकी इच्छा थी।

'ई टीव्ही' में काम करते हुए शहर की एक लड़की से मुझे प्रेम हो गया। मेरे स्वभाव को देखते हुए मुझे किसी से प्रेम हो सकता है, इस बात पर माँ के साथ-साथ किसी को भी विश्वास नहीं था। किंतु जब बात बहुत आगे बढ़ी, तब माँ को बताना ही पड़ा। हमेशा की तरह माँ को बाहर ले गया और सब कुछ बता दिया। किन्तु माँ ने इसे गंभीरता से लिया ही नहीं। माँ ने कहा- ''विनोद अभी तुम्हारे पत्रकारिता की शुरुआत हुई है। फिलहाल किसी और चीज पर ध्यान मत दो...''

मेरे पास इसके लिए कोई दलिल नहीं थी। मैंने अपना आग्रह त्याग दिया। क्योंकि कुछ ही महीने पूर्व हमारे घर में मेरे बड़े भाई ने माँ की इच्छा के विरुद्ध शादी की थी। वह सुनने की स्थिति में नहीं है, यह जानकर माँ ने अपने कलेजे पर पत्थर रखकर उसकी शादी कर दी। इस घटना के कारण मैं शांत था। किंतु कुछ दिनों बाद ही उस लड़की से मैं दिल से प्यार करता हूँ इस बात का एहसास माँ को हो गया। फिर उसने मुझे बुलाया और कहा- ''तुम उसे दिलो-जान से चाहते हो, इसे उतनी ही दृढ़ता से कहना भी चाहिए। वह लड़की मुझे पसंद है। तुम बताओ कब रिश्ता लेकर जाना है...''

किंतु उस लड़की के माता-पिता ने आर्थिक स्थितियों की दीवार खड़ी कर शादी के लिए इंकार कर दिया। यही होगा, इसका अनुमान माँ को था, किंतु पुत्र के लिए वह कुछ भी करने के लिए तैयार थी।

माँ ने अधिक किताबें नहीं पढ़ी, किंतु परिस्थितियाँ और जीवन संघर्ष के कारण वह जीवन को समझ चुकी थी। विश्व की सभी अच्छी बातें, विचारों को समझना यह उसे पसंद था। इसी कारण माँ और मैं अच्छे दोस्त भी थे। हम दोनों में घंटों बातें, चर्चा होती रहती। माँ बहुत ही खुले विचारों की और उदारतावादी थी। इसी कारण किसी भी विषय के संदर्भ में माँ के विचार अन्य महिलाओं से भिन्न थे। मुझे आज भी याद है, तू अंतर जातीय विवाह कर, यह सलाह माँ ने मुझे दी थी। क्योंकि

इन लड़कियों के कारण घर में भिन्न संस्कृति, परंपराओं का प्रवेश होता है, और सच्चे अर्थ में घर में रौनक बढ़ जाती है-ऐसा वह कहती।

आज के आधुनिक युग में जाति भेद की दीवारें मजबूत होती देख मुझे मेरी माँ के विचारों का महत्व प्रखरता से ज्ञात होता है। मेरी माँ उस समय भी जाति धर्म से परे थी।

अगर हमें ठोकर लग जाए, तो मुँह से पहला शब्द बाहर आता है 'माँ'। मेरे जीवन में हर कठिन स्थितियों से उबरने का एक ही मंत्र था वह था 'माँ'। जीवन में दूसरी बार प्रेम किया। वहाँ भी असफल रहा। बहुत निराश हुआ। कहीं पर भी मन नहीं लग रहा था। माँ को यह सब पता चला। छुट्टी लेकर घर गया। उस दिन, कभी भी ना रोने वाला मैं माँ को देखते ही उसे छोटे बच्चे की तरह लिपट गया और जोर-जोर से रोने लगा। उस दिन मुझे क्या हुआ? मैं क्यों रो रहा हूँ? इस बात की खबर केवल हम दोनों को ही थी। हमेशा की तरह माँ ने मुझे इस कठिन स्थिति से भी बाहर निकाला और मेरी पत्रकारिता सच्चे अर्थों में आसमान छूने लगी।

जब मेरी शादी हो रही थी तब अनेक परंपरागत विषयों को मैंने स्पष्ट रूप से नकार दिया। माँ को इस बात पर बहुत अभिमान था। दूसरी ओर पिताजी सेवानिवृत्त हो गए थे। बच्चे बड़े होते गए वैसे घर में धीरे-धीरे 'स्टैलिनशाही' की जगह माँ को अभिप्रेत 'लोकशाही' अपनी सीमाओं का विस्तार कर रही थी।

14 वर्ष की पत्रकारिता में मैंने 7 नौकरियां छोड़ दी हैं। इस समय सर्वसमावेशक पत्रकारिता करने का प्रयास किया। दोस्तों के कारण यहाँ तक पहुँचा हूँ, इसलिए जितना हो सके उतने नई उमंग वाले, सामाजिक संदर्भों की पहचान रखने वाले, पत्रकारों को खड़ा करने का, रिपोर्टिंग की गुणवत्ता बढ़ाने का प्रयास किया। कभी काम के घंटे और माह का वेतन, शिफ्ट और माह का वेतन इस में फस कर नहीं रहा। 24 घंटे जी जान से काम किया। अच्छे लोगों के लिए भूमिका लेने का शौर्य दिखाया। उसकी कीमत भी अदा की। इसी कारण इतने छोटे समय में संपूर्ण राज्य में पत्रकारिता का जाल बुन सका। माँ मेरे इस काम से खुश है। लड़के ने पैसे नहीं कमाए; किंतु इज्जत कमाई है, ऐसा वह अभिमान के साथ कहती है।

आज तक हर नौकरी से त्यागपत्र देने के पूर्व याद से माँ को फोन करके उसकी सूचना दी। माँ ने कभी भी इसका कारण नहीं पूछा। उसका मुझ पर पूर्ण विश्वास है।

आज भी जब कभी नौकरी छोड़कर मैं घर बैठ जाता हूँ, तो वह विशेष रूप से मुंबई में मेरे पास आती है। क्योंकि वह मेरे जीवन का आधार है। मुझे धीरे से सुनाती है- "विनोद तुम यहाँ गलत हो, तुम्हें यह शोभा नहीं देता।" मैं चुपचाप सुन लेता हूँ। मेरी पत्नी को माँ-बेटे का इक्वेशन समझ में आया है। इसलिए अगर मुझे कुछ

सुझाव देने हो तो, वह सीधे माँ के पास जाती है। वह हमेशा कहती है- ''विनोद राऊत तो केवल उनकी माँ का ही है।''

पत्रकारिता में होने के कारण मन में सदैव अच्छी-बुरी घटनाएँ आती-जाती रहती है। नींद में सपने देखते हैं। किंतु एक सपना ऐसा होता है, जिसके कारण मै अचानक नींद से जाग जाता हूँ। वह सपना होता है, माँ मुझे छोड़ कर चली गई है। फिर मन अवरुद्ध हो जाता है। माँ की याद आती रहती है। लगता है माँ के बगैर मेरे अस्तित्व की कीमत ही क्या है? उसके जाने के बाद मेरा क्या होगा? उसके सिवा मेरी सफलता-असफलता, कीर्ति को क्या अर्थ है? मेरा सफलता-असफलता, सुख-दुख सब कुछ तो उसी का ही है।

उसकी प्रशंसा, मातृत्व की शाबाशी, स्नेहपूर्ण हाथ पीठ पर ना हो तो, उस अचीवमेंट को, कृतित्व को क्या अर्थ है?

सपने के बाद का दिन तो ऐसे ही माँ के विषय विचारों में बीत जाता है।

अब माँ साथ है। उसके विचार, संस्कार, शिक्षा और आशीर्वाद की पूँजी लेकर माँ के साथ चल रहा हूँ। जो मेरी अंतिम सांस तक साथ ही रहने वाले हैं।

■ ■ ■

वात्सल्यसिंधु वासंती

– दिलीप चितलांगे

आप को मेहनत और ईमानदारी के बल पर आप आसमान छू सकते हैं, इस तथ्य को यथार्थ में परिवर्तित करने वाले व्यक्तित्व के रुप में पहचाना जाता है। औरंगाबाद स्थित 'सांजवार्ता' इस संध्या दैनिक के संपादक दिलीप चितलांगे पहले एक सफल उद्योजक और बाद में एक सफल संध्यादैनिक के संपादक के रूप में संपूर्ण राज्य में आपकी विशेष पहचान है। संध्यादैनिक भी सफलता की सारी ऊंचाइयों को प्राप्त कर सकता है और वह कैसा होना चाहिए? इसके सर्वोत्तम उदाहरण के प्रतीक के रूप में एक ही नाम आता है, वह है दिलीप चितलांगे जी द्वारा संचालित संध्यादैनिक... पत्रकारिता के जगत में इस दैनिक को 'पत्रकारिता की भट्टी' के रूप में संबोधित किया जाता है। वर्तमान में अनेक सफल पत्रकार इस दैनिक की भट्टी में तपकर खरे सोने के रूप में पत्रकारिता जगत में अपनी आभा से अपना और दैनिक का नाम रोशन कर रहे हैं।

विश्व के विशाल क्षेत्र में सभी जाति, धर्म, पंथ, संस्कृति और भूत, वर्तमान, भविष्य में माँ का स्थान सर्वोच्च है और रहेगा। मानवीय समाज की उन्नति के लिए हजारों वर्षों का समय लगता है। मानव संस्कृति विकास के हर मोड़ पर माँ का स्थान सर्वोच्च और सर्वोपरि रहा है और रहेगा। माँ है इसीलिए यह विश्व है, आप हैं-हम हैं। इसीलिए विश्व के महान संवेदनशील महापुरुषों ने माँ की महानता को शब्दांकित करने का प्रयास किया है। माँ की महिमा गान से असंख्य कला -कृतियों का निर्माण हुआ है। माँ के विषय में आज तक जितना भी लेखन कार्य किया गया है, इसमें रशियन लेखक 'मैक्झिम गोर्की' द्वारा लिखित 'मदर' यह उपन्यास शीर्ष स्थान पर आसीन है। सौ साल पहले लिखा गया यह उपन्यास आज भी उतने ही रसिकता से पढ़ा जाता है। विश्व की लगभग सभी भाषाओं में इस उपन्यास का अनुवाद हुआ है।

निकट भूतकाल में 2005 को 'चिकन सूप फॉर मदर्स सोल' नामक पुस्तक साहित्य जगत में आया था। इस पुस्तक में विश्व के सभी लेखकों द्वारा माँ के विषय में लिखे गए महान साहित्य को संग्रहित करने का कार्य किया गया है। माँ के संदर्भ में मराठी साहित्य के क्षेत्र का विचार करें तो 75 साल पूर्व पांडुरंग सदाशिव साने (साने गुरुजी) इनके द्वारा लिखित 'श्यामची आई' इस महान उपन्यास का उल्लेख निश्चित रूप से करना होगा। 'श्यामची आई' सभी भाषाओं में अनुवादित किया गया है। दिवंगत पूर्व प्रधानमंत्री पी. वी. नरसिंह राव इन्होंने इस पुस्तक को तेलुगु भाषा में अनुवादित किया है। 'श्यामची आई' इस साहित्य कृति को प्रसिद्ध साहित्यिक प्रल्हाद केशव अत्रे जी ने 1954 में फिल्म के रूप में प्रदर्शित किया था। इस फिल्म को केंद्र शासन द्वारा पहला 'दादासाहब फालके' पुरस्कार देकर सम्मानित किया गया था। मराठी भाषा में कवि माधव जूलियन द्वारा लिखित 'प्रेम स्वरूप आई' इस कविता को सर्वश्रेष्ठ माना जाता है। कवि यशवंत जी द्वारा लिखित 'आई' यह कविता प्रसिद्ध है। मराठवाड़ा के प्रसिद्ध कवि प्रा. फ. मु. शिंदे इनके द्वारा माँ पर लिखित कविता भी प्रसिद्ध है।

माँ की महानता हिमालय के भव्यतम शिखरों से भी ऊँची है। सागर सी विशाल माँ की महानता को शब्दों से वर्णित करना असंभव है। माँ के संदर्भ में लिखने का सौभाग्य प्राप्त हुआ अतः इन महानुभावों का स्मरण होना क्रमप्राप्त था।

मेरी माँ वासंतीबाई। हम चार भाई-बहन। मैं सबसे बड़ा। मेरे पश्चात् एक बहन और दो छोटे भाई, माता-पिता यह हमारा छोटा सा परिवार। आज हम सभी भाई-बहन उच्च शिक्षित हैं। मैं स्वयं विद्युत अभियंता, बहन विधि शाखा की एल एल एम पदवीधारक है। वर्तमान में वह नांदेड़ लॉ कॉलेज में प्राध्यापक के रूप में अपने कर्तव्य का निर्वाह कर रही है। एक छोटा भाई अभियंता तो दूसरा विधि शाखा में स्नातकोत्तर पाठ्यक्रम पूर्ण कर चुका है। हमारी माँ ने 1966 में पदविका (बीए आर्ट्स) पाठ्यक्रम पूर्ण किया था। जिसका लाभ हमें हुआ है। चितलांगे परिवार स्थायी रूप से पूर्वाश्रमी के छोटे से हिंगोली गाँव के निवासी हैं। माँ का मायका सोलापुर जैसा बड़ा शहर। हमारे दादा जी पिता के बचपन में ही इहलोक का त्याग कर चुके थे। अतः बचपन से ही पिता की छत्र छाया से पिताजी वंचित रहे। ऐसी विपरित परिस्थितियों में भी उन्होंने अकोला से एमबीबीएस की पदवी प्राप्त की। पिताजी ने अपना वैद्यकीय व्यवसाय लातूर से प्रारंभ किया था। वैद्यकीय व्यवसाय के लिए उन्हें अनेक स्थलांतर करने पड़े। वैद्यकीय व्यवसाय प्रारंभ करते ही उनका विवाह हुआ। यही से हमारी माँ को भी विभक्त परिवार की जिम्मेदारियाँ संभालनी पड़ीं। व्यवसाय के कारण पिताजी प्रतिदिन सुबह गाँव-गाँव जाकर अपनी सेवा देकर शाम को घर वापस आते थे। उस समय गाँव-गाँव में साप्ताहिक बाजार-हाट

होता था। इसके अनुसार हर गाँव में सप्ताह में एक दिन पिताजी वैद्यकीय व्यवसाय के कारण जाते थे। तब पिताजी की अनुपस्थिति में परिवार की संपूर्ण जिम्मेदारियाँ माँ को ही संभालनी पडती थी। जब हमें इस बात का एहसास हुआ तब शायद हम दूसरी-तीसरी कक्षा में थे। माँ का विवाह संपन्न हुआ तब माँ बीए आर्ट्स के तीसरे वर्ष में थी। सितंबर में विवाह हुआ उसके बाद माँ ने अप्रैल में परीक्षा देकर बीए आर्ट्स् की उपाधि प्राप्त की। वह भी कोल्हापुर विद्यापीठ की। 1965 के समय उस विद्यापीठ की ख्याति सर्वथा ऊँचाई पर थी। इस कारण माँ को नौकरी के अवसर स्वयं घर चल कर आए। किंतु मेरे आगमन के चिन्ह और सामाजिक, पारंपरिक रीति-रिवाज के कारण माँ ने हर अवसर को ठुकरा दिया। भविष्य में भी वह अवसर को स्वीकार न कर सकी। अपनी शैक्षणिक विरासत को उसने हमें सौंप दिया।

मैं बड़ा ही नटखट था, यह माँ का कथन है। खेलना अति प्रिय था। उस समय के खेलों में शारीरिक बाधाओं का होना स्वाभाविक था। मेरे दोनों हाथों की हड्डियाँ टूटी थीं। यह मुझे स्पष्ट रूप से ज्ञात है। मेरा हाथ प्लास्टर के कारण दो माह तक मेरे गले में ही अटका रहा। तब मेरी माँ मेरी देखभाल करती थी। यह मुझे आज भी याद है।

बचपन गंगाखेड जैसे छोटे से गाँव में बीता। इसी कारण दसवीं कक्षा तक हमारा विश्व गंगाखेड तक ही सीमित था। किंतु हर गरमी की छुट्टियों में हम नाना जी के पास अर्थात् सोलापुर जाते। वह भी महीने-डेढ़ महीने के लिए। सोलापुर में जाने के बाद ज्ञात होता कि, विश्व कितना बड़ा है। शहर कैसे होते हैं? मौज-मस्ती क्या होती है? इसका भी एहसास होता था। सच कहूँ तो नाना जी के पास सोलापुर जब जाते तब (जीवाची मुंबई - मराठी भाषा का एक वाक्प्रचार) बहुत मजा आता। बहुत सी बातें प्रथम बार ही देखने को मिलती। उस समय भी सोलापुर महानगरपालिका थी। इस बात से भी शहर के विस्तार का अनुमान लगा सकते हैं। अत्याधुनिक सुविधाओं से युक्त सिनेमा घर, बड़े-बड़े उद्यान, भव्य रास्ते, शहर परिवहन की बसें, बड़े बड़े व्यापारिक दुकान यह सब देखने को मिलता था। ऐसे सिनेमा घरों में फिल्म देख कर पूरे साल का मजा हम एक-डेढ़ माह में ही पूर्ण करते थे। हर शनिवार रविवार माँ से आग्रह करके उद्यान में जाते, खेलते कूदते। इसी प्रकार शैक्षणिक साहित्य जैसे कंपास, रबड़, पेंसिल आदि वस्तुओं की खरीदारी भी करते। इसी कारण कब छुट्टियाँ शुरू होगी और कब हम सोलापुर जाएंगे ऐसी हमारे मन की अवस्था होती थी।

जब हम छोटे थे तब जो छोटी-छोटी कहानियाँ माँ ने सुनाई थीं। वह आज भी मन में घर किए बैठी सुरक्षित हैं। इन कहानियों से जो संस्कार माँ ने हम पर किए इससे हमारा जीवन सफल हुआ। चारों भाई-बहन आज अपने जीवन में सफल

हैं। घर का बड़ा बेटा होने के कारण माँ को मुझ से अधिक अपेक्षाएँ थीं। पढ़ाई के विषय में माँ विशेष रुप से ध्यान देती थी। बच्चों ने पढ़ाई करनी चाहिए, इसके लिए वह सदैव तत्पर रहती थी। प्रोत्साहन देती थी। स्वाध्याय ठीक से पूर्ण करना चाहिए, इसलिए वह स्वयं स्वाध्याय देखती। हम स्कूल में कैसे रहते हैं? इसकी जानकारी माँ को रहती थी। स्कूल का गणवेश साफ सुधरा, सुव्यवस्थित रहें इस बात पर वह सदैव ध्यान देती। गंगाखेड जैसे छोटे से गाँव में मैं दसवीं तक पढ़ा हूँ। उस समय जिला परिषद की एकमेव स्कूल दसवीं तक थी। गाँव छोटा होने के कारण अध्यापक गण परिचित ही होते थे। उनसे कभी-कभी हमारे पाठ्यक्रम और अध्ययन की जानकारी माँ को प्राप्त होती थी। हमें खबर नहीं रहती किंतु अपना लड़का पहली श्रेणी में पास होना चाहिए, इसके लिए वह दिन रात मेहनत करती थी। जब मैं दसवीं में प्रथम श्रेणी में पास हुआ, तब अपना पुत्र डॉक्टर अथवा इंजीनियर बनना चाहिए, यह उसकी इच्छा थी। जब मैं इंजीनियर बना तब माँ के खुशियों का कोई ठिकाना न रहा। उसे आसमान भी छोटा लगने लगा।

12 वीं के बाद उच्च शिक्षा के लिए मुझे पहली बार घर छोड़ना पड़ा। माँ से दूर रहना पड़ा। उस समय माँ का एहसास अधिक तीव्र हो जाता था। अपना पुत्र आज घर से दूर है इसलिए वह किसी भी बुरी संगत में ना फंस जाए, इसी कारण हर मुलाकात में वह मुझे सदैव उपदेश देती थी। उस समय आज की तरह मोबाइल फोन नहीं थे। फोन केवल उच्च वर्गीय लोगों के पास ही थे। अपना पुत्र बुरी संगत से दूर रहे, नशे से दूर रहे इसलिए हर मुलाकात में वह महान लोगों के उदाहरण देती थी। किंतु मन में एक अकल्पित बेचैनी सदैव रहती थी। यह माँ के व्यवहार से ज्ञात होता था। माँ के इसी संस्कारों के कारण आज हमें सभी भाइयों को किसी भी प्रकार की कोई आदत नहीं है। यह लिखते समय मुझे अभिमान का अनुभव हो रहा है।

जब तक मैं इंजीनियर नहीं बना तब तक घर के आर्थिक हालात सामान्य ही थे। इसी कारण हम किराए के घर में रहते थे। पिताजी व्यवसाय के कारण बाहर घूमते थे। तब किफायत से घर चला कर बचत किए हुए पैसे से कुछ पैसे वह हमें दे दी थी। बारहवीं के बाद पढ़ाई के लिए जब बाहर रहता था। तब पिताजी पढ़ाई का खर्च देते थे। अपने बच्चों को किसी चीज की कोई कमी ना हो इसलिए माँ चुपचाप दस-बीस रुपये हाथ में थमा देती थी। इसे याद करते ही मन भावनाओं से भर आता है।

मेरी अभियांत्रिकी की पढ़ाई पूर्ण होने के पश्चात् अपना पुत्र किसी अच्छे काम धंधे में लग जाए, इसके लिए वह सदैव प्रयत्नशील रहती थी। मैं प्रेम विवाह करने वाला हूँ यह समझने के बाद हमारे घर में कलह हो सकता है, घर की शांति भंग हो सकती है इसकी आशंका मुझे थी। किंतु ऐसे कठिन समय में माँ मेरे साथ खड़ी रही और आज तक है। मेरे हर कार्य में वह मेरे साथ सक्षमता से खड़ी रही। मेरे

व्यावसायिक हर मोड़ पर उसके शुभ आशिष सदा मेरे साथ रहे। विशेष रूप से एक बात मुझे याद आती है कि, मैंने जो भी व्यवसाय प्रारंभ किया उसके विषय में उसने कभी कोई शंका उपस्थित नहीं की। अपितु व्यवसाय प्रामाणिकता से करना चाहिए, यही मंत्र वह मुझे हमेशा देती। अपनी चादर देखकर ही पैर फैलाने चाहिए, यह उपदेश देते समय, अपने पुत्र को व्यवसाय करते समय किसी आर्थिक संकट का सामना ना करना पड़े, यही उसकी भावना होती थी।

आज तक कि मेरी जीवन यात्रा में सदैव मुझे कुछ देती ही आयी है। इतने सालों में उसने मुझसे किसी चीज की अपेक्षा नहीं की। कुछ माँगा हो, यह भी याद नहीं। इस विश्व में किसी को अच्छे माता-पिता मिलना इसके लिए बड़ा सौभाग्य चाहिए। ईश्वर की कृपा से मुझे वह प्राप्त हुआ। आप में स्थित संस्कार यह माँ का आईना ही होता है। यह इतिहास ने भी सिद्ध किया है। माँ जिजाऊ थी इसीलिए शिवबा का चरित्र निर्माण हुआ। हमारी माँ थी इसलिए हम भी जीवन में सफल बने।

■ ■ ■

सफर माँ से 'बाई' तक का

– शिवाजी बनकर पाटील

आप पिछले तीस साल से पत्रकारिता के क्षेत्र में कार्यरत हैं। औरंगाबाद से प्रकाशित 'लोक आश्रय' इस साप्ताहिक के आप संपादक हैं। बनकर पाटिल जी के पिताजी भाऊसाहब यादवराव बनकर पाटिल इन्होंने 'खडकी समाचार' नाम से साप्ताहिक शुरू किया और सफलतापूर्वक उसे प्रकाशित करते रहे। स्वतंत्र विचारों का एक 'सटीक साप्ताहिक' के रूप में यह साप्ताहिक प्रसिद्ध था। अपने पिता की विरासत को भविष्य में शिवाजी बनकर पाटिल जी ने उचित न्याय देते हुए अपनी विरासत को जारी रखकर उसमें चार चाँद लगा दिए। ग्रामीण क्षेत्र के प्रश्नों को न्याय देने की इच्छा हो, तो सहकार क्षेत्र से बढ़िया दुसरा मार्ग नही है। किसान, मजदूरों की भावी पीढ़ी को शिक्षा के क्षेत्र आसानी से उपलब्ध होने चाहिए, इन सारी बातों को ध्यान में रखते हुए आपने सहकारी पतसंस्था, डेअरी, शैक्षणिक संस्थानों की निर्मिति की। वर्तमान में आपके विचारों ने मूर्त रूप धारण कर लाखों जीवन को समृद्ध करने का कार्य सफलतापूर्वक किया है। समाज के प्रश्न केवल कलम के भरोसे हल नहीं होते; अपितु राजनीति में प्रवेश कर सामाजिक प्रश्नों को और मुखर किया जा सकता है, इसी बात को वास्तविक रूप देने के लिए आपने राजनीति में प्रवेश कर वर्तमान में आप महाराष्ट्र राष्ट्रवादी किसान सेल के उपाध्यक्ष हैं। ग्रामीण समस्याओं को समझकर उसे हल करने वाले जन्मजात पत्रकार के रूप में आप संपूर्ण महाराष्ट्र को चिर परिचित हैं...

मेरे जीवन का सर्वाधिक समय गाँव में ही गुजरा है और मैं सभी भाई-बहनों में सबसे बडा। इसी कारण माँ के साथ अधिक समय व्यतीत करने का सौभाग्य मुझे प्राप्त हुआ। मेरी माँ का नाम लक्ष्मीबाई... उसका जन्म हुआ और उस घर में मानो लक्ष्मी उसके पैरों से चलकर आयी। इसी श्रद्धा के कारण उसका नाम लक्ष्मीबाई रखा गया। उस समय महिलाओं को देवी के समान पूजनीय माना जाता

था, ऐसे संस्कारों में उसका जन्म हुआ। जो संस्कार पीढ़ी दर पीढ़ी समाजशीलता की विरासत को संभालकर आगे बढ़ रहा है। माँ का जन्म गाँव 'सरलाबेट' जहाँ आध्यात्मपीठ गंगागिरी महाराज का मठ है। विवाह के पश्चात् माँ अंबेलोहळ ता. गंगापुर जि. औरंगाबाद यहाँ आयी और फिर हमारे पारिवारिक इतिहास के पन्ने धीरे-धीरे आगे पलटते रहे... उसके आशीर्वाद और मेहनत के कारण एक छोटा सा पौधा कब बड़े वृक्ष में परिवर्तित हो गया, कुछ समझ में ही नहीं आया।

हम पाँच भाई और दो बहनें ऐसे सात भाई-बहन। पिताजी स्वर्गीय भाऊसाहेब बनकर किसान, राजकीय पार्टी के कार्यकर्ता और संपादक के रूप में परिचित। वैसे मेरी माँ पहले एक समाचार पत्र के संपादक की पत्नी फिर मेरी माँ। पत्रकारिता की विरासत पिता से प्राप्त हुई इसलिए मैंने लिखना सीखा। उसमें माँ के संस्कारों का आशिष। माँ पढ़ी-लिखी नहीं थी, निरक्षर थी, किंतु बहुत बुद्धिमान थी। उसकी खेती, मवेशी, रिश्तेदार, बच्चे इन सब को संभालने वाली। पिताजी अर्थात् हमारे अन्ना को गृहस्थी का दूसरा छोर कभी संभालने की जरूरत ही नहीं पड़ी। माँ को सभी 'बाई' कहते थे। उसने स्वयं घर-गृहस्थी की अधिकतम जिम्मेदारियों को खुद संभाला था। अन्ना के हर काम में उनके साथ धैर्य से खड़ी रहने वाली हमारी बाई, उसे एक ही बात पता थी मेरे पति जो भी काम करते हैं वह सही है। पिताजी सदैव बाहर ही रहते, इसलिए संस्कारों की घुट्टी हम सभी बंधुओं को उसी के द्वारा प्राप्त हुई।

सुबह तड़के उठकर चक्की पीसना। चक्की पीसते हुए सुमधुर गीतों की पंक्तियाँ कानों पर पडती थी। उसमें हम सभी के नाम होते थे। उसके चक्की पीसते हुए गाते गीतों को सुनकर हमें अपने आप नींद आ जाती। फिर प्यार से उसकी गोद में सिर रख कर सो जाते। उसका पीसना शुरु। उन गीतों के कारण हमारी पढ़ाई को भी गीतों के सुर मिलते थे। उसके संस्कारों से लालटेन के मंद प्रकाश में सुबह कब हो जाती इसका पता ही नहीं चलता। हमारी दीनता के फटे वस्त्रों को उसने अपने आंचल से ढक लिया था। इसलिए इस दीनता की आँच उसने हमें कभी नहीं लगने दी। हमारी शादी होने तक हमारी बाई कब सोती थी, यह मेरी समझ में नहीं आता था। जब रात को हम सो जाते, तब वह काम ही करती थी। सुबह जब हम उठते थे, तब भी वह काम ही करती थी। संस्कारों की बात करें तो उसके संस्कार अधिक कर्मठ नहीं होते। किंतु संध्या समय की परवचा, पाढे, श्लोक इन बातों को वह हमसे कंठस्थ करा लेती। हमारी स्कूल समाप्त होने के पश्चात् हम खेत की ओर जाते। तब तक माँ भी खेत से वापस आती अथवा काम को समेटना शुरू रहता। मजदूरों के साथ बैलगाड़ी में सूखी लकड़ियाँ, इंधन, उपले, गाड़ी के पीछे बंधी गाय और उसपर हम। गाड़ी चलाने की मेरी जिद, यह चित्र आज भी जब आँखों के सामने आ जाता है, तब लगता है, सच्चे दिन तो वही थे...

स्वच्छता के विषय में बाई कभी कोई समझौता नहीं करतीं। साफ सुथरा रहना मानो उसका स्वभाव ही था। उस समय साबुन की गंध ने ग्रामीण क्षेत्र को छुआ तक नहीं था... गंध तो केवल मिट्टी की। गंध और सुगंध का अनोखा संगम केवल गाँव में ही... खाना खाने से पहले हाथों को साफ स्वच्छ धोना चाहिए, इसके संस्कार माँ ने उस समय हमें दिए थे। आज सरकारी तौर पर हाथ धोने के लिए कहा जाता है। कभी-कभी हंसी आती है। ऐसा लगता है, यह तो हमारी बाई ने हमें बहुत पहले ही बताया है।

1972 का अकाल हमने बहुत करीब से देखा है। उस समय केवल पानी का ही अकाल नहीं था; अपितु अनाज का भी अकाल था। उस समय रोजगार हमी के कार्य बड़े पैमाने पर होते थे। हाथों से पत्थर तोड़ने पडते थे और काम समाप्ति के बाद पारिश्रमिक के बदले अनाज का वितरण किया जाता... यह वितरण करते समय अगर कोई पंक्ति तोड़कर अथवा कोई अधिकारी गलत काम कर रहा हो तो, अधिकारियों को सीधा करने वाली माँ की दहशत सब को थी। मेहनत और पसीने का पारिश्रमिक ना छोड़ने वाली, स्वाभिमान से सिर ऊंचा उठाकर जीने वाली हमारी बाई। मवेशियों को उस समय सरकारी स्तर पर पशुखाद्य का वितरण किया जाता था। उसमें कुछ अधिकारी भ्रष्टाचार करते थे। इस बात की जानकारी जब माँ को होती थी, फिर वह अधिकारी, तहसीलदार इन्हें घेरकर ''मासूम जानवरों का चारा मत खाइए...'' ऐसे कटु वचन सुनाती। इन सारी घटनाओं को मैंने करीब से देखा था। रोजगार हमी के मास्टर की हाजिरी वह मुझे घर पर रद्दी के कागज पर लिखने को कहती और यहीं से ग्रामीण संपादक के बीज का रोपण मुझमे हुआ।

1976 में देश में आपात्काल घोषित हुआ। पिताजी कांग्रेस विरोधी थे, इसलिए घर पर पुलिस आ गई; किंतु उन्हें भी स्वाभिमान से बिना डरे, बिना सहमे उसने पुलिस से सवाल किए। उसने पुलिस से पूछा ''मेरे पति की गलती क्या है?'', ''उन्होंने कौन सा अपराध किया है?'', ''चोरी की या डाका डाला?'' यह पहले बताइए ऐसे सवाल पूछने वाली हमारी बाई पुलिस को अपने प्रश्नों से निरुत्तर कर खाली हाथ वापस भेजने वाली और यहीं से निर्भयता के संस्कार हम पर हुए। वह हमेशा कहती थी, ''अगर हम सत्य के मार्ग पर हो, हमारा व्यवहार सच्चा हो तो किसी से डरने की क्या जरूरत है?''

घर में हमारी बाई और दादी दोनों सास-बहू के रिश्ते सुमधुर थे। दादी को हम माँ कहते थे। बाई और माँ के झगड़े हमने कभी देखे नहीं। किंतु शायद नियति को यह रिश्ता मंजूर नहीं था। मेरी दादी हमारी बुआ के घर शादी को गई। तब बारातियों को ट्रैक्टर की ट्रॉली में ले जाते थे। यह ट्रैक्टर की ट्रॉली ज्ञानेश्वर शुगर फैक्ट्री के पीछे मुळा बांध की नहर में पलटी हो गई। इसमें हमारे परिवार की बुआ, दादी, चाची

और ऐसी 49 महिलाओं को जल समाधि मिल गई। किंतु उस समय बाई बुरी तरह से टूट गई थी। शोक की कोई सीमा नहीं थी। ऐसा दुख मैंने अपनी जिंदगी में कभी नहीं देखा। बाई की सांस गुजर गई थी। ननद गुजर गई थी। हमारे अन्ना (पिताजी) की तो माँ गुजर गई थी। ऐसी विपरित स्थितियों में भी बाई ने, माँ की, दादी की सारी भूमिकाएं अकेले अपने सर पर ली। विपरित स्थितियों का सामना कैसे करना चाहिए, यह संस्कार इस घटना से बाई के माध्यम से हम पर अनायास ही हुए।

जब मैं शहर पढ़ने आया तब किराए के कमरे में रहता था, किंतु खाना बनाना मुझे नहीं आता। इसलिए हमारा टिफिन एस टी बस से आता था। एस टी सुबह 6:30 बजे गाँव से निकलती थी। 8:00 से 8:30 बजे तक औरंगाबाद पहुंच जाती। सुबह 6:00 बजे तक टिफिन तैयार कर पिताजी के पास दे देती थी। आप ही बताइए मेरी माँ कितने बजे उठती होगी? और फिर त्योहारों के दिनों में तो मीठे पदार्थों के साथ पंच पकवान भी इसी समय टिफिन से भेजती थी। यह मातृत्व, स्नेह विश्व के किसी पाठ्यक्रम में अथवा किसी विद्यापीठ में पढ़ाया नहीं जाता, यह तो स्नेह से निर्मित स्नेहबंध से आता है। यह भी उतना ही सच है... हमारी बाई को धन का मोह कभी नहीं था अथवा उसने धन को कभी महत्व नहीं दिया। उसे एक बात का ज्ञान था, पढ़ने से अथवा लेखन से बच्चे होशियार होते हैं। हमारे पिताजी को पढ़ने की आदत थी। उस समय हमारे घर में 'किसान मासिक' आता था। 'दैनिक मराठवाड़ा', 'दैनिक अजिंठा', 'सोबत साप्ताहिक' ऐसे अनेक मासिक, साप्ताहिक घर में आते थे। 'आवाज' का दिवाली अंक प्रतिवर्ष घर आता। फिर इन्हीं साहित्य से हमारी लेखन, वाचन की संस्कृति समृद्ध होती रही...

मैं 1982 में भारतीय सैन्य दल में भर्ती हुआ। तब भी छुट्टी खत्म होने के पश्चात् मुझे वापस भेजने वाली माता देखी है। चिंताओं से घिरा हुआ उसका चेहरा आज भी याद आता है। श्रीलंका में भेजी गई शांति सेना में जब मैं था, तब किसी ने उसे बताया कि, युद्ध शुरू हो गया है। उस समय जब मैं 15 दिन की छुट्टी पर आया था, तब की माँ देखी थी। फिर से छुट्टी खत्म होने के बाद जब मैं निकला था, तब उसकी कठोरता भी देखी थी। 1991 में मैं सैन्य दल से घर आया। व्यवसाय प्रारंभ किया। मेरी शादी होने के बाद बड़ी बहू के रूप में मेरी पत्नी द्वारकाबाई को जो संस्कार उसने दिए वह भी कमाल के थे। सास बहू के स्नेहबंध सौहार्दपूर्ण थे। प्रपंच ठीक से कैसे करना चाहिए? यह शिक्षा ही बाई ने बहु को दी। वह अपनी निरक्षरता के कारण जो कुछ नहीं कर सकी थी, वह उसने अपनी बहू के माध्यम से पूर्ण किया। अपनी बहू को पढ़ाया। डी एड करने के लिए कहा... शिक्षिका के रूप में नौकरी करने को कहा... अपने ही गाँव में अध्यापिका की सास के रूप में सम्मानित होने का मान सम्मान भी बाई को प्राप्त हुआ।

...अब तो नाती-पोते भी बहुत बड़े हो गए हैं। अपने पैरों पर खड़ा हो गए हैं। सभी अपने अपने कार्यों में व्यस्त हैं। किंतु मेरी बाई किसी भी माया-मोह से परे, आज भी अपना स्वतंत्र अस्तित्व कायम रखे हुए हैं। पिताजी के देहांत को दो वर्ष पूर्ण हो चुके हैं। उस आघात को भी उसने सहन किया है। आज भी उसके स्वाभिमान और कठोरता में कोई कमी नहीं आयी है। उसे जो उचित लगता है वह करती है, ऐसी हमारी बाई अर्थात् ''शेर का कलेजा रखने वाली माँ है।'' उसका स्वाभिमान, मानवीयता, वात्सल्य और स्नेह हमारे लिए सबसे बड़ी दौलत है। आज बाई के द्वारा लगाया गया पौधा इतने बड़े बरगद के वृक्ष में परिवर्तित हो गया है कि, उसकी जड़ें और टहनियाँ कहाँ तक हैं यही समझ में नहीं आता। उसके व्यक्तित्व और कृतित्व पर कितने ही जीवन न्यौछावर कर दूँ, तो वह भी कम ही होगा...

■■■

माँ से बिछड़ने के बाद

– डॉ. वीणा सानेकर

आप क.ज. सोमैया कला, वाणिज्य महाविद्यालय में मराठी विभाग प्रमुख के रूप में पिछले 22 सालों से कार्यरत हैं। मराठी साहित्य आंदोलन की अग्रणी कार्यकर्ता और मराठी अभ्यास केंद्र की उपाध्यक्षा के रूप में आपको समग्र साहित्य जगत् जानता है। ग्रंथाली प्रकाशन द्वारा प्रकाशित 'शब्द रूचि' मासिक की संपादक के रूप में आप अपने कार्य का निर्वाह सफलतापूर्वक निभा रही है। 'लढा मराठी शाळांचा', 'कथात्मक साहित्य... स्वरूप', 'संकल्पना', 'प्रवास', 'आरस-पानी', 'गट्टी कवितेशी' यह आपकी प्रकाशित साहित्य संपदा है। 'शिक्षणाचे मराठी माध्यम', 'अनुभव आणि अस्वस्थ वर्तमान' इन पुस्तकों का संपादन, इसी प्रकार 'आपली भाषा', 'आपल्या शाळा', 'आपली मुले' इस पुस्तक का संपादन आपने किया है। निवेदन क्षेत्र में किए गए उल्लेखनीय कार्य के लिए रोटरी क्लब की ओर से विशेष रूप से पुरस्कार देकर आपको सम्मानित किया गया है। मराठी स्कूलों के लिए किए गए प्रशंसनीय कार्य के लिए 'म्हाड़ा स्त्री शक्ति' पुरस्कार से भी आपको सम्मानित किया गया है।

कहाँ से प्रारंभ करूं माँ की कहानी? उसकी माँ उसके बचपन में ही उसे छोड़कर दूसरी दुनिया में चली गई। बाद में माँ को नई माँ मिल गई और कालांतर में वह आठ भाई-बहनों की ताई भी हो गई। कैसा था उसका बचपन? इस विषय में वह अधिक चर्चा नहीं करती। और मैंने भी इस विषय से संबंधित कभी उसे कुछ पूछा नहीं, यह भी सही है। माँ सातवीं कक्षा तक पढ़ी। सुंदर गौर वर्ण, गले पर बड़ा सा काला तिल, चेहरे को और भी सुशोभित करती नाक, रेशम से मुलायम होठ, नाजुक सा मुख... माँ मूलतः प्राकृतिक रूप से ही सुंदर...। माँ के पिताजी माँ से बहुत प्यार करते थे। इस तथ्य को मैंने बचपन में ही जान लिया... हमारे घर नाना जी आते वह दिन बड़े सुहाने थे। हम चार भाई-बहनों में मैं अकेली नाना जी के घर लालबाग में अधिकतर रही, इसलिए नानाजी में स्थित 'कण्व मुनी' के

दर्शन अत्यंत निकटता से करने का सौभाग्य मुझे प्राप्त हुआ। (मेरी माँ का मायके का नाम शकुंतला।)

और एक बात दिल में हमेशा के लिए घर कर चुकी है। माँ के पश्चात् का भाई अर्थात् हमारा मामा, माँ लाडली ताई। इसलिए हम चार भाई-बहन उसके लाडले और उनमें मैं सबसे अधिक लाडली।

यथावकाश 'शकुंतला परब' अब 'विजया माळकर' बन गई। रावजी माळकर यह व्यक्ति तो बस ग्रेट ही। पिता जी की छत्रछाया बचपन में ही खो चुका दो बहनों का अकेला भाई। उनकी 'आए' (माँ) से मेहनत की विरासत पाने वाला! यह व्यक्ति मुंबई नामक माया नगरी में रात-दिन जीवन यापन करने के लिए संघर्षरत... मसाले की गिरनी में काम करता है। होटल में काम करता है। लाल बाग में दूर के रिश्तेदार के सहारे आश्रय खोजता है। गोदरेज कंपनी में बेगारी कामगार के रूप में काम करता है। शिक्षा की अखंड ज्योत प्रज्वलित रखता है। कालांतर से दिन में विक्रोली स्थित गोदरेज कंपनी में काम करते हुए रात के स्कूल में अध्यापक भी होता है। ऐसे इस रावजी माळकर नामक 'हीरो' के जीवन में उससे 10 साल छोटी शकुंतला परब की एंट्री होती है। कर्तृत्व से हीरो किंतु दिखने में रावजी एकदम सीधे-साधे सांवले! भाग्य आदि कुछ पता नहीं, किंतु जैसे ही विजया का प्रवेश राव जी के जीवन में होता है, वैसे ही उन्नति का भी आगमन होता है। पहली कन्या का जन्म होता है दोनों के घर में। वही मैं। भाई-बहनों का बचपन देखने वाली, पिताजी का संघर्ष समझने वाली और माँ के कितने ही रूपों को अपने मन में संजोकर रखने वाली।

जिनकी मुंबई में कुछ भी जमीन नहीं, ऐसे माळकर परिवार का घर वसंत गोदरेज कॉलोनी में! उस समय घर के कार्य करने के लिए कामवाली को नियुक्त करने की परिस्थिति ही नहीं थी और ना ही काम वाली का काम माँ को पसंद था। खाना बनाना, बर्तन मांजना, कपड़े धोना आदि सभी काम माँ ही करेगी। राशन की लाइन में खड़े रहना, छोटे भाई-बहनों को संभालना, अस्पताल की लाइन में खड़े रहना, चक्की पर आटा पीसने जाना आदि कामों की जिम्मेदारी अपने आप मुझ पर ही आ गई। मुझसे छोटा भाई बड़ा शैतान! उसने माँ की बड़ी मार खायी।

जब माँ गुस्सा करती तब उसका रूप कुछ अलग ही होता। उसके इस रुद्र अवतार के दर्शन तो मैंने अपने स्कूल के दिनों में ही किए थे। माँ ज्यादा पढ़ी-लिखी नहीं थी, किंतु बचपन की बुनियादी शिक्षा के संस्कार उसी के कारण समृद्ध हुए। सिलाई, कढ़ाई, बुनाई यह भी उसे बहुत पसंद थी। किंतु माँ के महत् प्रयासों के बाद भी इन कलाओं में मैं सफल नहीं रही। पाक कला में माँ को महारत हासिल थी। आलू-वडी, मालवणी स्टाइल के वड़े-सागुती, मटर की उसल, कुर्लका, तीस-या का कालवण (महाराष्ट्रीयन खाद्य पदार्थ) कितने नाम लूं। उसके हाथ से बना दाल-चावल और आलू

की सब्जी अर्थात् स्वर्गीय सुख। और हाँ वह फ्युजन करके किस पदार्थ से कौन सा पदार्थ बनाएगी कुछ कहा नहीं जा सकता। यह 'विजया' स्पेशल रेसिपीज कहीं भी नहीं मिलेगी। त्योहारों में तो उसकी प्रसन्नता का कोई ठिकाना नहीं रहता। फिर एल्युमिनियम के बड़े डिब्बे भरकर करंजी, बेसन के लड्डू ऐसे पदार्थ तो निश्चित ही बनते थे।

घर आये मेहमान बिना खाना खाये-पिये जाए उसे पसंद नहीं था। 80 के दशक में मेरे और फिर भाई के कॉलेज के दोस्त विशेष रूप से माँ के हाथों से पिसी हुई दाल की सब्जी खाने बार-बार घर आते। महाविद्यालय, विभिन्न महाविद्यालय, महाविद्यालयीन स्पर्धा, कार्यक्रमों के निवेदन, स्नातकोत्तर पाठ्यक्रम, मै अनेक बातों में व्यस्त हो गई। घर में रहना कम हो गया। यह सब आजादी माँ ने मुझे दी थी, इसका एहसास आज मुझे तीव्रता से होता है। मासिक धर्म में माँ अलग बैठती थी। फिर सारे काम हम मिलकर करते, किंतु मेरे मासिक धर्म जब शुरू हुए मैंने ऐसे अलग बैठने के लिये मना कर दिया। माँ ने भी उसे मान्य किया। इतना ही नहीं धीरे-धीरे उसने भी अलग बैठना छोड़ दिया। किंतु इन दिनों में भगवान के सामने दिया लगाना उसे मान्य नहीं था। किंतु मैंने इन बातों को नजरअंदाज करके इन दिनों में भी बेझिझक दिए लगाए। और जब इस क्रांति की खबर उसे लगी तब नाराजगी से ही सही किंतु उसने सहन किया। किंतु घर में गणेश जी का आगमन होते ही उसके नियमों के सम्मुख मेरी क्रांति सदैव ही परास्त हो जाती। उसकी श्रद्धा, उसके नियम, उसके मन-मस्तिष्क पर गहरा असर डालने वाली कल्पनाएं इन सब का उसका अपना एक विश्व है। इसमें किसी के द्वारा अधिक हस्तक्षेप करना उसे पसंद नहीं। कुछ भी हो जाने पर सीधे डॉक्टर के पास जाने की जरूरत नहीं। बीमारी को कड़े शब्दों में कह देना- ''जाओ मेरे शरीर से निकल जाओ और विट्ठल जी का नाम लेना।'' उसके इसी धारणाओं की अच्छी खासी कीमत हमने बीच-बीच में चुकाई है। किंतु अगर हम उसे यह बताये तब भी वह उसे स्वीकृत नहीं करती। ''आपका ही विश्वास कम पड़ गया,'' इसे उतने ही निश्चयता से आपको कह कर चुप करेगी।

मेरा और उसका पहला बड़ा झगड़ा ऐसे ही कारणों से हुआ। चार भाई-बहनों में मैं बड़ी थी। 22-24 साल पहले डॉक्टर ने पिताजी को अँजियोग्राफी करने के लिए कहा। तब तक इन शब्दों से मैं उतनी परिचित नहीं थी और अन्य तीनों भाई-बहन छोटे ही थे। तब मैंने 'अँजियोग्राफी-प्लास्टीस्टेंट' आदि के संपूर्ण ब्रह्म पुराण की जानकारी प्राप्त की। अलग-अलग डॉक्टर से मिलकर जसलोक के डॉक्टर विवेक मेहन यह नाम तय किया। माँ अपनी धारणाओं के अधीन रहकर यह सब कुछ मानने को तैयार ही नहीं थी। तब निर्भयता से उसके विरोध में जाकर पिताजी के संदर्भ में मैंने निर्णय किया और उसकी नाराजगी को झेलना पड़ा। आज भी ''ऐसा कुछ करने की आवश्यकता ही नहीं थी।'' वह अपनी इसी धारणा पर कायम है।

माँ हेवी शुगर किंतु अनेक वर्षों तक उसने मीठे पदार्थ बड़े चाव से बनाएं और खाए भी। औषधियों को हाँ-ना करके उसने शुगर को परास्त किया। वह उसके शरीर में छुप कर बैठ गई और माँ ने शक्कर से कोई परहेज ना करते हुए उसे जो चाहिए वही किया सालों तक। उसकी इच्छा शक्ति जबरदस्त इसमें कोई शक नहीं। औषधियों के विषय में कुछ कहे तो उसने उसे सदैव ही नजरअंदाज करना है यह तय था। मैंने माँ की इच्छा के विरुद्ध भाई के द्वारा डॉक्टर को दिखाया, किंतु डॉक्टर के विचारों को वह इस प्रकार से टालती है कि, हम स्वयं क्लीन बोल्ड हो जाते हैं।

मैंने गज़लकार चंद्रशेखर सानेकर से प्रेम विवाह करने का निर्णय किया वह माँ-पिताजी को पसंद नहीं था। जिस व्यक्ति के पास पैसा नहीं, बड़ा घर बार नहीं, ऐसे व्यक्ति से शादी करके दुख झेलने की क्या जरूरत है? यह उसका सवाल था। उन्हें इस दुख, पीड़ाओं का अच्छा खासा ज्ञान था। पढ़ाई, नौकरी करना और छोड़ देना आदि के विषय में मेरा निश्चय उन्हें पता था। इसलिए शादी के विषय में जो मैंने तय किया है मै वैसा ही करूंगी, यह भी उन्हें ज्ञात था। व्यक्ति को हमेशा ही अपने स्वयं के फैसले की कीमत चुकानी पड़ती है, वैसे मैंने भी वह कीमत अदा की। अपने ही लोगों के बीच खड़ी संवादशून्यता की दीवारों को लांघना कठिन होता है। उन दीवारों के दायरे सहन ही करने पड़ते हैं। माँ के घर मैं जाती रही, किंतु विशेष रूप से कोई बेटी शादी के बाद कुछ दिनों के लिए मायके जाती है किंतु इस प्रकार मैं कभी गई हूँ, मुझे याद ही नहीं है। ''ऐसे ही किसी एक क्षण मुझे तुम्हारी याद आयी है।'' ऐसा मैंने कभी माँ से कहा, मुझे स्मरण नहीं है। उसका और मेरा रिश्ता माँ-बेटी के पारंपरिक रिश्तो की परिधि में कभी रहा ही नहीं। जीवन के विभिन्न मोड़ पर वह बनता-बिगड़ता रहा है।

गाड़ी, घर में अच्छा फर्नीचर, गहने आदि भाई-बहनों से तुलना इन सब के संदर्भ में उसके ताने अनेकों बार सुने। उस समय बहुत रोई थी; किंतु इन सब में फंसने वाली यह लड़की नहीं है, समय के अनुसार यह बात भी उसके समझ में आ गई। माँ को अपने गहनों से बहुत प्यार किंतु चार-पाँच साल पहले जो सोने के कंगन वह प्रतिदिन पहनती थी, एक दिन उसने वही कंगन मेरे हाथ में थमा दिए। ''तुम्हें अधिक कुछ नहीं दिया। इसे रख ले।'' इतना ही कहा। उस दिन वह अपनी आँखों से बहुत कुछ बोल गई। 'ऐश्वर्य की प्राप्ति' यह उसकी सुख समाधान की कल्पना! उसने मुझे सदैव इसी कल्पना के आईने से देखा। इसमें उसकी कुछ गलती थी, ऐसा आज नहीं लगता। शादीशुदा महिलाओं को मंगलसूत्र पहनना चाहिए, हाथ रिक्त नहीं रखना चाहिए, सजना चाहिए, सँवरना चाहिए इन बातों को कहते समय उसका उत्साह आज भी वैसा ही है। उसका यह कहना और मैंने उसे हँसी में उड़ा देना, यह क्रम निश्चित था।

माँ के संदर्भ में विचार करते समय माँ को 'मातृदेवता' के रूप में देखने की दृष्टि समाज में रूढ़ है। एक बार देवता के रूप में उसकी मंदिर में प्राण प्रतिष्ठा कर

दी, तो फिर सब कुछ बदल जाता है। किंतु वह भी हाड़-मांस का जीवित व्यक्ति ही होती है। सही-गलत, अच्छा-बुरा, कम-ज्यादा उनके हाथों से भी घटित होता है, हो सकता है।

मन का कैलिडोस्कोप घुमाते हुए माँ को देख रही हूँ। वह बाहर से और अंदर से भी मुझे स्पष्ट रुप से दिखाई दे रही है। मैं उसके मातृत्व की सीमाओं को लांघकर उसके स्त्रीत्व तक पहुँच रही हूँ; जब मैं वहाँ पहुँच जाती हूँ, तब चार बच्चों को बड़ा करते समय उसे क्या-क्या सहन करना पड़ा? इसे महसूस करती हूँ। तीन बच्चों के बाद ऑपरेशन की असफलता के कारण चौथे बच्चे का जन्म हुआ, उस समय उसके मन की अवस्था का ज्ञान होता है। छोटे बच्चे द्वारा खौलते गर्म पानी का बड़ा बर्तन, गलती से शरीर पर गिरने के बाद उसके अपराध बोध की जलन समझ में आती है, और मैं बडी होने के कारण मेरे हिस्से कम ही आने वाला उसका स्नेह भी समझ में आता है। जिन कारणों ने मुझे अनेक बार झकझोर दिया उसकी कारण मीमांसा करने के बाद, उसके प्रति जो गुस्सा था वह भी हवा हो गया।

मुझे याद है, रात में बची हुई रोटी उसके अथवा मेरे हिस्से आती। वह स्वयं उस रोटी को गर्म चाय के साथ खुशी से खाती। मेरे विषय में बड़े प्यार से कहती हमारी वीणा खाने पीने के विषय में कभी कोई जिद नहीं करती। कुछ खाने को दो तो चुपचाप खाती है। मुझे इसमें कभी कुछ गलत नहीं लगा। बड़ी होने के कारण इतनी समझदारी तो अवश्य होनी ही चाहिए। यह भावना अपने आप निर्मित हुई थी और इस विषय में उस समय कोई शिकायत भी नहीं थी। बाद में स्त्रीवाद का अध्ययन किया, अध्यापन भी करने लगी और फिर अनेक संदर्भ समझ में आने लगे। समझ में आया कि, माँ यह भी व्यवस्था की एक शिकार ही है। वह व्यवस्था जो लड़कों को सारे सुखों के अधिकार प्रदान करती है और लड़कियों को समझदारी एवं परिस्थितियों से संधि करना सिखाती है। विशेष रुप से बड़ी लड़की को अति शीघ्र ही बड़ा बना देती है। इस स्थिति के कारण धीरे-धीरे मुझे उसके मन के भेद भी ज्ञात होने लगे; किंतु समय गुजर जाने के बाद! माँ का स्वभाव कोई एक परत का नहीं होता, वह कभी-कभी इतना अविश्वसनीय व्यवहार करती है कि, आप उसका कोई मतलब नहीं लगा सकते। उसके बदलते स्वभाव, गुस्सा, जिद, व्यक्तियों के विषय में उसके भ्रम इन सब के विषय में उसके मन में जो संचित तत्व है, इसके पीछे क्या कारण है? इसे समझने के लिए मैं तो कोई मानसशास्त्री नहीं हूँ, किंतु उसके बचपन में ही माँ के देहांत के बाद जो रिक्तता उसके मन में निर्माण हुई, उसकी पूर्ति होना आसान नहीं रहा होगा। स्त्री की विवशता को सदैव ही न्याय मिलता ही है, ऐसा नहीं है। नासमझ उम्र की विवशता का मन में संचित होना अलग ही रूप धारण करता है। ऐसी कई रहस्यमयी धारणाओं के आकार मुझे माँ के व्यक्तित्व में मिले, जिन्हें

तर्कों के तराजू में नहीं तोला जा सकता। जो कन्या के रूप में मुझे कठिन जाता है, वह बहू के रूप में तो और भी कठिन! हम दो बहने हो अथवा उसकी बहुएँ हो छोटे बच्चों को संभालना तो केवल माँ ने ही। ''इस विषय पर हमारे मत एक है।'' छोटे बच्चे अर्थात् भगवान का रूप। उसकी यह धारणा है। माँ के समग्र स्वभाव में उसके इसी प्रकार के श्रद्धा का स्थान स्थिर हैं। जैसे-कितने ही प्रकार की बीमारी अथवा दर्द पर वह विक्स अथवा बाम यह दवाई 'रामबाण' की तरह झट से कह देती है। 'विट्ठल-विट्ठल' कहने से हम स्वस्थ रहते हैं, आदि।

शादी के बाद मैंने अपना क्रांतिकारी मुखौटा उतारकर डिलीवरी के लिए माँ के घर जाने का निश्चय किया। सातवें महीने के बाद मैं वहाँ गई। वैसे कभी मन को आहत ना करने वाले पिताजी एक दिन मेरी शादी को लेकर अचानक ताने कसने लगे, मुझ पर उन तानों का गहरा असर हुआ। वह रात मुझे स्पष्ट रूप से याद है। पैरों में चप्पल पहन कर घर से निकलने वाली मैं और मुझे समझाने वाली माँ! उसने पिताजी को मौन कर दिया और मुझे शांत! गर्भावस्था में मेरे मन पर क्या बीती होगी? इसे केवल माँ ने ही जाना। बाद में जब मेरी बेटी तीन माह की हो गई तब उसे माँ के पास सौंपकर मैं कॉलेज में जाने लगी। पालनाघर की संकल्पना मुझे मान्य नहीं थी। नौकरी, कार्यक्रम यह सब कुछ कर सकी क्योंकि माँ मेरी बेटी को संभालती थी। इन कठिन दिनों में माँ ने जो साथ दिया, जो सहकार्य किया उसे जीवन भर नहीं भूल सकती।

माँ को किसी भी चीज के लिए कभी बाहर जाने की जरूरत नहीं पड़ी। विक्रोली, मुलुंड ऐसे हमारे तीन घर हो गए। विक्रोली में कंपनी के और मुलुंड में खुद का! घर ही उसका विश्व। क्योंकि पिताजी उसे सब कुछ लाकर देते थे। सब्जी, फल, फूल आदि। उम्र के 75 साल तक पिताजी ने यह सब कुछ बड़े उत्साह के साथ किया। वह उनका शौक ही था। पिछले दस सालों से उनका मकान पुनर्निर्माण की प्रक्रिया से गुजर रहा है। वह फिर से कब बनकर तैयार होगा इस पर दोनों की आँखें लगी है। माँ का गुस्सा, लोभ, माया, प्रेम, स्नेह, चिड़चिड़ापन सभी अब पिताजी के भी आश्रित बने हैं। सभी नाती अब बड़े हो गए हैं। अब 'पिताजी' इन छोटे बच्चे को संभालते हैं। टूटना माँ का स्वभाव नहीं। किसी भी प्रकार की नकारात्मक सोच अथवा शब्द उसे पसंद नहीं है। बीमार होने पर बिस्तर पकड़ना उसे मंजूर नहीं है। संपूर्ण परिवार के साथ रहना, बच्चों एवं नाती के लिए रसोई में भिन्न-भिन्न पदार्थ बनाना और सब एक साथ खाना खाकर तृप्त होना, यह उसकी खुशी का सबसे बड़ा खजाना है। बेजुबान जानवरों से उसे अधिक स्नेह है, इसीलिए हमारे लव्ह बर्ड्स और भाई के घर का बिल्ली का परिवार उसके स्नेह की छत्रछाया में खुशहाल है। हमारी ओर देखने का उसका स्वयं का एक नज़रिया है। वह किसे अच्छा लगे अथवा ना लगे, वह उस पर कायम है। पिछले कुछ वर्षों में टीव्ही के कार्यक्रम यही उसका टॉनिक है।

धारावाहिक के पात्रों से वह इतना तादात्म्य स्थापित करती है कि, मानो वह उसके करीबी रिश्तेदार हो। मुझे तो उसने कई बार कहा होगा ''शेखर से (मेरे पति) कहो ना, किसी धारावाहिक में काम करें। बिल्कुल किसी हीरो के समान ही दिखता है।''

माँ की भ्रामक कल्पना सुनकर अकल्पित वास्तव का अनुभव होता है।

साक्षात् सौंदर्य का खजाना बिखेरते हुए माँ का अक्षय तेज सहित चेहरा मैंने बचपन से देखा है। पिताजी बहुत जल्दी अपने बाल काले करने लगे। किंतु माँ के बालों में अभी-अभी कुछ सफेदी दिखने लगी है। आँगन में और जहाँ-जहाँ जगह मिले वहाँ रंगोली और उसके सभी ईश्वर को फूल! यह उसका दिन क्रम, जिसमें कभी कोई बाधा नहीं आई है। निरंतर चल रहा है। कहीं कुछ हो गया और उसने वह टीव्ही पर देख लिया तो, तुरंत वह बच्चों को फोन करना प्रारंभ कर देती है। सब सुरक्षित है यह जानने के बाद ही उसके जान में जान आती है। ऐसे समय में अगर आपने फोन नहीं उठाया अथवा उसे आपके कुशलता की जानकारी नहीं मिली तो वह निश्चय ही गुस्सा होती है।

मेरे विचारों से वह कभी सहमत नहीं रही। किंतु मैं जो भी करती हूँ, उसके पीछे माँ का धैर्य और ढाढस सदैव उसके चर्चा का विषय रहता है। उसके लिए वह प्रशंसा का विषय है। अपने समाज की महिलाओं का जीवन जिस मानसिकता से संरचित है, उस मानसिकता के चक्रव्यूह को वह भी ना भेद सकी। ''कन्या पराया धन और जो पुत्र कहे वही सुनना चाहिए। अंत में वही सब कुछ देखने वाला है। उनसे कभी कोई वाद-विवाद नहीं करना चाहिए। वे जो निर्णय लेंगे वह मानने पड़ेंगे।'' यह जो परंपरागत चली आयी मानसिकता है, इसी मानसिकता की शिकार वह भी है। इस मानसिकता ने उसके तन, मन, जीवन को व्याप्त किया है। इस स्थिति अथवा अवस्था को परिवर्तित करने में मैं भी असफल रही। ऐसी माँ की मैं बडी कन्या।

बहुत आधुनिक और बुद्धिवादी विचारों की, किंतु अपनी श्रद्धाओं का उतना ही आदर रखने वाली। बहुत सी बातों में केवल प्रेक्षक के रूप में दर्शक की भूमिका निभानी चाहिए, इसे कभी स्वीकृत ना करने वाली। एकांत रहना संभव नहीं इसलिए स्वयं दुख को आमंत्रित करने वाली।

मन की सारी ध्वनित खिड़कियों को कठोरता से बंद कर मैं अपनी आँखें मूंद लेती हूँ। उसके माथे पर स्पष्ट रूप से अंकित कुमकुम, हरी-हरी चूड़ियाँ और नाजुक सोने की चूड़ियाँ, गले में मंगलसूत्र के साथ सोने का हार, बालों में एकाध फूल... उसकी शुभंकर मूर्ति मेरी आँखों से ओझल होती ही नहीं।

■ ■ ■

हिंदी रूपांतरणकार का परिचय

धिरज बालासाहेब पावडे
एम.ए. (हिंदी, अंग्रेजी, इतिहास), बी.एड्
छत्रपती नगर, सुंदर वाटिका, वाशिम
ता.जि. वाशिम (महाराष्ट्र)
मो.नं. 9822630506, 9421423882
dhirajpawade0311@gmail.com

सामाजिक कार्य

सचिव - संस्कार फाऊंडेशन, पुणे
उपाध्यक्ष - आक्का फाऊंडेशन, वाशिम
अध्यक्ष - महाराष्ट्र राज्य नशाबंदि मंडळ, रिसोड तालुका
- अखिल भारतीय मराठी नाटय परिषद, रिसोड तालुका

- 90.8 एफ.एम.रेडिओ वत्सगुल्म के लिये लेखक, गीतकार, गायक, साक्षात्कार के रुप में कार्य।
- क्रिसल फाऊंडेशन के लिये सामाजिक एवं किसानों की आर्थिक साक्षरता अभिमान में लेखन व सक्रिय सहभाग।
- सामाजिक वनिकरण एवं वन विभाग महाराष्ट्र के अंतर्गत 'हरित सेना' के माध्यम से वृक्ष संवर्धन और संगोपन का कार्य किया।
- 'महात्मा से महात्मा' समता पदयात्रा में 57 दिन 900 कि.मी.की यात्रा, 8 जिलों से होकर 110 गाँव के युवकों के साथ संपर्क किया। वाशिम जिले का प्रतिनिधित्व किया।
- नाट्य, पथनाट्य, कार्यशाळा, विविध स्पर्धा आदि के माध्यम से जनजागृति अभियान।

साहित्य एवं कला

- वनिता फिल्मस् प्रस्तुत 'जय गजानन श्री गजानन' व्हीडीओ अल्बम निर्मिति में तकनीकी सहायक के रुप में कार्य.
- 1996 से विविध समाचार पत्रों में कथा, काव्य, ललित, विडंबन, लेख, पुस्तक समीक्षा, शोध निबंध आदि प्रकाशित।
- नाट्य लेखन एवं मंच प्रस्तुतिकरण
- पहले छात्र काव्य संमेलन की संकल्पना एवं आयोजक।
- अखिल भारतीय मराठी चित्रपट महामंडल-लेखक सभासद।
- अनेक हिंदी, मराठी गीत एवं प्रचार गीतों का लेखन।

प्रकाशन की राह पर :

- मा.खा. ॲड. शिवाजीराव देशमुख (जीवनी)
- गुलाब - व्यक्तिमत्त्वाच्या जडण-घडणीचा रक्तरंजित इतिहास
- 'संघर्ष' अविरत खडतर प्रवास
- हिंदी काव्य संग्रह
- चिलम्या गप्पा (विडंबन)

पुरस्कार :

- संगणक साक्षरता के लिए औरंगाबाद में राज्यस्तरीय पुरस्कार से सम्मानित।
- सामाजिक कार्य के लिए गुरुकुंज आश्रम मोझरी यहाँ राज्यस्तरीय पुरस्कार से सम्मानित।
- वाशिम के पालक मंत्री मा. संजय राठोड एवं जिलाधिकारी द्वारा सामाजिक कार्य के लिए सम्मानित।

लेखक का परिचय

संदीप रामराव काळे

M.A., M.C.J., M.B.A, D.N.Y.S., Ph.D. (AP)

sandip98868@gmail.com

मो.नं. 9890098868

पता - मु. पाटनूर, ता. अर्धापूर, जि. नांदेड-431704

एल-30, घर नं. 1201, स्वप्नपूर्ती, सेक्टर 36,

खारघर, नवी मुंबई-410210

- **सांप्रति** : सकाळ माध्यम समूह के मुंबई में संपादक (युथ) पदपर कार्यरत।

- **अब तक पत्रकारिता से संबंधित कार्य की हुई संस्थाएँ** : जय महाराष्ट्र (मराठवाडा संपादक), आयबीएन लोकमत (रिपोर्टर), दै. लोकमत (उपसंपादक), दै. प्रहार (रिपोर्टर), दै. लोकपत्र (संपादक), दै. सांजवार्ता (चिफ रिपोर्टर), दै. उद्याचा मराठवाडा (वृत्त संपादक)

- **अब तक शिक्षा (पत्रकारिता) से संबंधित कार्य की हुई संस्थाएँ** : एम.जी.एम. कॉलेज नांदेड (प्राध्यापक), राजीव गांधी पत्रकारिता महाविद्यालय नांदेड (प्राध्यापक), विवेकानंद पत्रकारिता महाविद्यालय, नांदेड (पत्रकारिता विभागप्रमुख)।

- **अब तक किए हुए सामाजिक कार्य से जुड़ी संस्थाएं** : सर्वोदय, राष्ट्र सेवादल, अंधश्रद्धा निर्मूलन समिती, छात्रभारती, नई तालीम।

- **पुरस्कार** : महाराष्ट्रभूषण, महाराष्ट्रगौरव, महाराष्ट्रदीप, यशवंतराव चव्हाण, बाबा दळवी पुरस्कार एवं शासन, सामाजिक संस्थाएँ, पत्रकार संघ की ओर से दिए गए अन्य 44 पुरस्कार।

- **पुस्तकें** : अब तक 38 पुस्तकें प्रकाशित। 'मु. पो. आई' इस पुस्तक को मराठी में सर्वाधिक विक्रय होनेवाली पुस्तक के रूप में देखा जाता है।

- **चुनिंदा ग्रंथ :**
1. अनावृत वृत्तापलीकडचे
2. मु. पो. आई (इसके 16 संस्करण, विद्यापीठ के पाठ्यक्रम में अंतर्भूत)
3. जय भीम लाल सलाम
4. ट्वेल्थ फेल (4 संस्करण)
5. अश्रूंची फुले
6. माणुस 'की'
7. दिवस असे की,
8. सख्या बहिणी आणि पक्क्या मैत्रिणी
9. प्रेमसेतू
10. पांडवी आणि छक्का
11. संदल
12. होते... शिवराय आणि भीमराय म्हणून...
13. अण्णाभाऊ आम्हाला माफ करा...
14. आई मनाचा गुरू
15. ग्रामपरिवर्तनाचा वाटसरू
16. शेतकऱ्यांचे मारेकरी
17. गंध आपुलकीचा

- **भ्रमंती LIVE** : 'सकाळ' दैनिक पत्र के 'सप्तरंग' इस पूरक पत्रिका में हर रविवार को प्रकाशित होनेवाला 'भ्रमंती LIVE' यह स्तंभ बहुत ही लोकप्रिय हैं।

- **यिन YIN** : 'सकाळ' के द्वारा युवाओं के लिए शुरू किए गए 'यिन' इस प्रोजेक्ट (परियोजना) के प्रमुख। 'यिन' में 25 लाख युवक अनेक प्रोजेक्ट पर कार्यरत हैं।

- **यिनबझ YINBUZZ** : 'सकाळ' के द्वारा युवाओं के लिए शुरू किए गए 'यिनबझ' इस पोर्टल के संपादक, इस पोर्टलपर एक करोड युवाओं को विचारमंच प्राप्त हुआ है।

- **अध्ययन यात्राएँ** : अमेरिका, साऊथ कोरिया, मलेशिया